Manfred Flügge

Stadt ohne Seele

WIEN 1938

atb aufbau taschenbuch

Manfred Flügge, geboren 1946, studierte Romanistik und Geschichte in Münster und Lille. Von 1976 bis 1988 war er Dozent an der Freien Universität Berlin. Heute lebt er als freier Autor und Übersetzer in Berlin. 2014 erhielt er den »Literaturpreis Hommage à la France der Stiftung Brigitte Schubert-Oustry«. Im November 2014 erhielt er in Cognac den Prix Jean Monnet du Dialogue Européen.

Im Aufbau Verlag sind seine Bücher »Die vier Leben der Marta Feuchtwanger«, »Das Jahrhundert der Manns« und »Das flüchtige Paradies. Deutsche Schriftsteller im Exil an der Côte d'Azur« lieferbar.

Im Wiener März des Jahres 1938 zeigte sich deutlich wie nie zuvor die Natur des NS-Regimes, das sich in kurzer Zeit extrem radikalisierte. Manfred Flügge schildert packend und mit vielen neuen Details die Vorgeschichte des »Anschlusses«, die entscheidenden Tage vom 11. bis zum 15. März, die unmittelbaren Folgen dieses dramatischen Umbruchs sowie die Tragödie der Wiener Juden. Beleuchtet werden das Auftreten der jubelnden Massen, das Agieren Hitlers sowie die Rolle der katholischen Kirche.

»Sigmund Freud verließ Wien am Samstag, dem 4. Juni 1938. Das goldene Wiener Herz hatte jeden Glanz verloren, als der Vater der modernen Seelenkunde den Weg ins Exil antrat.«

Manfred Flügge

Stadt ohne Seele

WIEN 1938

aufbau taschenbuch

MIX
Papier aus verantwortungsvollen Quellen
FSC® C083411
www.fsc.org

ISBN 978-3-7466-3617-7

Aufbau ist eine Marke der Aufbau Verlag GmbH & Co. KG

1. Auflage 2019

Die Originalausgabe erschien 2018 bei Aufbau,
einer Marke der Aufbau Verlag GmbH & Co. KG
Umschlaggestaltung zero-media.net, München unter Verwendung
des Bildes Adolf Hitler a Vienne/© SZ Photo/Bridgeman Images
Satz LVD BmbH, Berlin
Druck und Binden CPI books GmbH, Leck, Germany
Printed in Germany

www.aufbau-verlag.de

Für Daniel und Viviane

»Werden wir auch einmal böse zueinander sein?«
»Nein, mein Kind«, sagte die Mutter, »bei uns gibt es das nicht.«

Felix Salten, *Bambi*, 1923

Inhalt

Anhang

1
Anschluss, Ausschluss, Abschluss

Sigmund Freud verließ Wien am Samstag, dem 4. Juni 1938. Das goldene Wiener Herz hatte jeden Glanz verloren, als der Vater der modernen Seelenkunde den Weg ins Exil antrat. Der begeisterte Sammler antiker Kleinplastiken reiste im Orient-Express, der Paris mit Istanbul verband. Ganz nach Fahrplan war der »König der Züge« mit seinen marineblau und golden verzierten Abteilen um 15.35 Uhr aus dem Wiener Westbahnhof gerollt. Nach einer zwölfstündigen Fahrt über Linz, Salzburg und München überquerte der Zug in tiefster Nacht die Rheinbrücke zwischen Kehl und Straßburg.

Im Pariser Ostbahnhof fanden sich an diesem Pfingstsonntag zahlreiche Journalisten ein. Begrüßt wurde die kleine Gruppe, zu der Freuds Frau Martha, die Tochter Anna, eine Ärztin, ein Hausmädchen und ein Hund gehörten, vom amerikanischen Botschafter William Bullitt und von Marie Bonaparte. Den Sonntag verbrachten die Wiener auf dem Anwesen der Prinzessin im Vorort Saint-Cloud. Nach dem Abendessen bestiegen sie im Nordbahnhof den Zug nach London. Flüchtlinge, Emigranten, Heimatlose, das waren sie jetzt, ein häufiges Schicksal in diesen Tagen. Ihre Ausreise geschah unter günstigen Bedingungen verglichen mit dem Schicksal fast aller 150 000 Landsleute, die sich in andere Länder retten mussten.

Der »Anschluss« seiner Heimat Österreich an das Deutsche Reich schloss Freud aus und damit alles, wofür er stand. Immerhin landete er nicht im Ungewissen. Als Freud das von seinem Sohn Ernst und englischen Helfern gefundene Haus am Rande eines Londoner Parks erblickte, soll er ausgerufen haben: »Heil Hitler!«, eine Kostprobe des grimmen Humors, zu dem der 82-Jährige immer noch fähig war.

* * *

Adolf Hitler erreichte Wien am späten Nachmittag des 14. März 1938. Von Linz kommend, hatte er in St. Pölten zu Mittag gegessen. Dort erhielt er einen Anruf des Wiener Kardinals Theodor Innitzer. Er hieß Hitler in Österreich willkommen und versprach, bei dessen Einzug in Wien die Kirchenglocken läuten zu lassen. Von Schloss Schönbrunn her fuhr Hitlers Autokolonne zur Innenstadt auf demselben Weg, den einst Kaiser Franz Joseph nahm, wenn er sich zur Hofburg begab. Der junge Hitler, der nahe der Mariahilfer Straße wohnte, mag den alten Kaiser damals gesehen haben.[1]

Um halb sechs hielt Hitlers Mercedes vor dem Hotel Imperial, Kärntner Ring 16, im I. Bezirk gelegen. Der markante Palast, zwischen 1862 und 1865 im Stil der italienischen Neorenaissance errichtet, war eines der architektonischen Schmuckstücke entlang der Ringstraße, die Hitler in seinen Wiener Jugendjahren begeistert hatten. Illustre Besucher wie Thomas Mann oder Luigi Pirandello waren in diesem Hotel zu Gast gewesen. Dessen jüdischer Besitzer Samuel Schallinger wurde im März 1938 enteignet und vier Jahre später im Konzentrationslager Theresienstadt ermordet.

Etwas oberhalb des Hotels, im Gärtnerhaus vom Schlosspark Belvedere, wurde seit zwei Tagen der letzte österreichische Kanzler Kurt Schuschnigg gefangen gehalten. Dass er bald in ein Land seiner Wahl ausreisen dürfe, war eine Propagandalüge der NS-Presse. Sieben Jahre Haft standen ihm bevor.

Das Nobelhotel diente eine Nacht und einen Tag als Quartier des Führers. Schon am frühen Abend des 15. März, nach einer Rede auf dem Heldenplatz und einer Parade auf der Ringstraße, flog er nach München und von dort am nächsten Tag zurück nach Berlin. Damit endete eine Schicksalswoche für Österreich und, wie sich bald zeigen sollte, für ganz Europa.

* * *

Sigmund Freud war oft und gern nach Berchtesgaden gekommen, zum ersten Mal im Sommer 1899. Auf dem Gelände des Gutshofs Riemerlehen wurde ein vierstöckiges Haus mit hölzernen Balkons gemietet. Bei diesem Aufenthalt vollendete Freud *Die Traumdeutung*. Das grundlegende Werk der Psychoanalyse erschien noch im selben Jahr, allerdings auf 1900 datiert, um den Beginn einer neuen Epoche zu markieren. Bei ihrem letzten Aufenthalt im Sommer 1929 mietete die Familie das Haus Schneewinkellehen nahe beim Königssee. Sigmund Freud arbeitete an seiner Schrift *Das Unbehagen in der Kultur*, empfing Kollegen wie Ernest Jones oder Sándor Ferenczi. Am längsten von allen Bekannten blieb Prinzessin Marie Bonaparte.[2]

Adolf Hitler hielt sich seit 1925 regelmäßig in Berchtesgaden auf, auch im Sommer 1929. Sobald er über Macht und Mittel verfügte, ließ er den Obersalzberg zum residenzartigen Hauptquartier ausbauen. Er genoss den wunderbaren Blick auf Gipfel und Täler; den Gang in höhere Gefilde vermied er freilich, denn bei jedem Aufstieg musste er mit Schwindelgefühlen kämpfen.[3]

Als Hitler im Februar 1938 eine folgenreiche Unterredung mit Kanzler Schuschnigg in Berchtesgaden führte, empörte sich Freud in einem Brief an seinen Sohn Ernst: »Denk' Dir nur auf unserem herrlichen Obersalzberg, wo Du mit soviel Glück Herrenpilze gesucht hast«.[4]

* * *

Der Wiener Dichter und Dramatiker Anton Wildgans (1881 bis 1932), zweimal Direktor des Burgtheaters, hatte im Jahr 1929 eine Rede zum 10. Jahrestag der Österreichischen Republik in Stockholm halten wollen. Krankheit verhinderte seine Reise in die schwedische Hauptstadt. Am Neujahrstag 1930 hielt er seinen Vortrag im Rundfunk.[5]

Wildgans legte ein stolzes Bekenntnis zu Österreich und zur Republik ab. Er bejahte die Eigenständigkeit und Lebensfähigkeit des Landes, an der so viele gezweifelt hatten. Dem untergegangenen Vielvölkerstaat wurde viel Positives nachgerühmt. Wildgans, der 1914 noch der Kriegseuphorie erlegen war, demonstrierte ein republikanisch-österreichisches Selbstbewusstsein, wie es im politischen Leben des Landes nur selten vorkam. Er plädierte für das »neue Österreich«, das ein widersprüchliches historisches Erbe übernommen habe. Besonders betonte er die Rolle von Wien, der ersten und eigentlichen Weltstadt innerhalb der deutschsprachigen Lande, denn hier sei Weltpolitik gemacht und Weltkultur geschaffen worden.[6]

Wildgans rechtfertigte den Stolz und das historische Bewusstsein der Österreicher, mehr noch, er verklärte den »österreichischen Menschen«. Dieser habe sich stets in die Gefühlswelten anderer Völker hineindenken müssen und sei so zum idealen Psychologen geworden.[7] Hingegen sei er gar kein »Tat- und Herrenmensch«. Der Preis dafür sei eine gewisse Rückständigkeit und Nachlässigkeit, doch habe sein Land etwas anderes bewahrt: »das menschliche Herz und die menschliche Seele«.[8] Wildgans schloss mit der Hoffnung, dass Österreich weiterhin ein »mit allen Gotteswundern der Schönheit begnadetes und von freundlichen Menschen bewohntes Land« sein möge.

Mit nur 51 Jahren starb Anton Wildgans im Jahr 1932, und so musste er den Niedergang der Republik und die feindliche Übernahme des Landes durch den deutschen Nachbarn nicht miterleben. Sein Sohn, der Klarinettist und Komponist Friedrich Wildgans, gehörte nach 1938 einer Widerstandsgruppe an und büßte dafür mit einer längeren Haftstrafe.

* * *

Der *Anschluss*, zwischen dem 11. und dem 15. März 1938 vollzogen, ist nicht einfach eine peinliche und ungern erinnerte Episode der österreichischen Geschichte; er bietet ein universelles Lehrstück von bleibendem Wert. Dabei ging es nicht nur um die Unterwerfung des Landes Österreich durch die deutschen Nationalsozialisten, sondern auch um Österreichs eigenen Weg in die Barbarei. Der Einmarsch von außen korrespondierte mit einem Aufmarsch im Innern. Wenn es auch vermutlich keine politische Mehrheit für den Anschluss gegeben hat, so gab es doch im Lande gesellschaftliche und politische Kräfte und einzelne Politiker, die diesen Weg verfolgt und gefördert haben oder ihn willig mitgegangen sind.

In Deutschland hatte es 1933 einige Monate gedauert, ehe durch Terror, Verbote und Einschüchterung die Macht vollständig in den Händen der NSDAP lag und alle staatlichen Instanzen gefügig gemacht wurden. Maßnahmen zur Diskriminierung und allmählichen Verdrängung der Juden aus der öffentlichen Sphäre, zu ihrer fortschreitenden Entrechtung, Beraubung, Vertreibung wurden über einen längeren Zeitraum eingeführt. In Wien geschah all das innerhalb weniger Tage, und der Terror setzte gleichsam über Nacht ein. Das plötzliche Hereinbrechen einer schrankenlosen Gewaltherrschaft macht die Besonderheit der Wiener Märzereignisse aus.

* * *

Die politischen und militärischen Ereignisse, die zur Eingliederung Österreichs in das Deutsche Reich führten, wurden und werden mit dem Begriff *Anschluss* bezeichnet, der eine Verharmlosung und eine scheinbare Legalisierung impliziert.[9] Es war eine

Annexion, deren formale Legalität so fragwürdig war wie Hitlers Ernennung zum deutschen Reichskanzler am 30. Januar 1933. In den offiziellen Verlautbarungen der Nazis wurde der Begriff »Anschluss« vermieden, im mündlichen Gebrauch war er allgegenwärtig. Hitler sprach in seiner Rede am Heldenplatz vom »Eintritt« seiner Heimat in das Deutsche Reich. Im sogenannten Hoßbach-Protokoll vom November 1937, das Hitlers Kriegspläne festhielt, war von einem »Angriff« auf Österreich die Rede.[10] In dem von der österreichischen Bundesregierung und von der deutschen Reichsregierung beschlossenen Gesetz vom 13. März 1938, dem entscheidenden Dokument dieses Vorgangs, wurde von »Wiedervereinigung« gesprochen, was historisch absurd war. Die von der massiven NS-Propaganda aufgebauschten Jubelbilder erzeugten den (bis heute nachwirkenden) Eindruck, dass dieses Ereignis von der Bevölkerung einhellig begrüßt wurde, was keineswegs der Fall war.

Im Sinne einer sprachlichen Vereinfachung wird der eingebürgerte Begriff »Anschluss« auch hier verwendet, analog zum Begriff »Reichskristallnacht« für die Pogrome im November 1938, der mit dem Ereignis selbst in die Welt kam und einem ebenso zynischen Gebrauch entsprang. Überdies findet man das deutsche Wort »Anschluss« auch in englischen und französischen Darstellungen der österreichischen Ereignisse vom März 1938, es dient also zur Identifizierung und enthält keine Bewertung.

* * *

Bei der Auseinandersetzung um die Staats- und Regierungsform Österreichs nach dem Ersten Weltkrieg flossen drei Krisenthemen ineinander.

1. Die Identitätsfrage: War Österreich nach dem Ende der Monarchie und der Niederlage im Ersten Weltkrieg sowie seiner territorialen Beschneidung ein eigenständiges und in sich ruhendes Gebilde mit definierten Grenzen, oder war es Teil eines größe-

ren Ganzen (»Deutsches Reich«), von dem es Geschichte (die Schlacht von Königgrätz 1866) und politischer Wille der Siegermächte des Weltkriegs (die Friedensverträge von 1919) vorerst ausgeschlossen hatten?

2. Die Verfassungsfrage: War dieses neue Österreich eine Republik oder eine Monarchie im Wartestand oder ein Gebilde ganz eigener Art? Die infolge der Niederlage entstandene Republik war nach bürgerkriegsähnlichen Auseinandersetzungen 1934 durch den sogenannten Ständestaat abgelöst worden, in dem Parteien und Parlament ausgeschaltet waren. Einzige politische Organisation war die Vaterländische Front. Der Ständestaat wurde von seinen Führern als autoritärer Staat eigener Prägung verstanden, von seinen Gegnern jedoch als eine Variante des Faschismus.

3. Die »Judenfrage«: Welchen Status haben Juden im Lande Österreich? Früher und intensiver als in Deutschland hatte sich mit Unterstützung der katholischen Kirche ein aggressiver Antisemitismus in Österreich entwickelt, lange vor 1914. Die Verfassung von 1920, aber auch die des Ständestaates vom 1. Mai 1934 garantierte den Juden gleiche Rechte und Pflichten.

Alle drei Fragen wurden im März 1938 »beantwortet«: Österreich wurde Teil von Großdeutschland und verlor jede Eigenständigkeit, bis sogar der Name des Landes verschwand. Die »Ostmark«, in sieben Reichsgaue aufgeteilt, wurde nach den Regeln der deutschen Diktatur und zumeist von reichsdeutschem Personal verwaltet, wirtschaftlich und militärisch ausgebeutet. Der Anschluss bedeutete einen entscheidenden Schritt bei der Radikalisierung des NS-Regimes insgesamt; den Juden wurde jedes Menschen- und Bürgerrecht abgesprochen, sie waren gleichsam über Nacht schrankenloser Willkür und äußerster Brutalität ausgesetzt. Die rasche Wendung der Ereignisse, die aufgeheizte allgemeine Stimmung sowie die schnelle Festnahme aller Regimegegner und unliebsamen Personen ließen der Opposition keine

Chance. Widerstand gab es zunächst nur in vereinzelten heroisch-hoffnungslosen Taten, erst nach einer gewissen Frist konnte an organisierte Gegenaktionen gedacht werden, Vorboten einer politischen und moralischen Erneuerung. Die wahre Natur des Nationalsozialismus in seiner Doppelgestalt von organisiertem Jubel und hemmungsloser Barbarei zeigte sich in so kurzer Zeit und so drastisch wie nirgends sonst bis dahin. Wahn, Blendung, historische Fiktionen sowie die Grenzen von Kritik und Aufklärung gehören zu den zentralen Aspekten dieser grausam lehrreichen Epoche.

* * *

Der Anschluss lässt sich erzählen als die Geschichte eines Augenblicks. Eine obszöne Geschichte, fast wie in Arthur Schnitzlers Theaterstück *Reigen*, mit einem Vorher und einem Nachher. Und hernach zählt das Vorher nicht mehr, die vielen Worte des Vorspiels waren nur Lug und Trug, auch Selbstbetrug, um von dem eigentlichen Ziel abzulenken.

Der Tag, auf den es ankommt, ist der 11. März 1938. Irgendwann im Laufe des Nachmittags jenes Freitags fiel eine Entscheidung: Der amtierende Kanzler gab den Kampf um Österreichs Unabhängigkeit auf. Die Dynamik, die er am 9. März in Gang gesetzt hatte, als er beschloss, eine Entscheidung durch Entscheid herbeizuführen, nämlich durch ein Referendum über den Fortbestand eines unabhängigen Staates Österreich, hatte dessen Untergang beschleunigt. Das Volk hatte sich in den Jahren zuvor entmündigen lassen, nun konnte es die drohende Entwicklung nicht mehr stoppen. Die Nazis mobilisierten ihrerseits das Volk in Gestalt begeisterter Massen, um den Anschein jubelnder Zustimmung zu erzeugen. Der Anschluss wurde nicht ohne Mitwirkung von Österreichern vollzogen, doch er geschah, weil die deutschen Machthaber ihn aus ökonomischen und militärstrategischen Gründen wollten.

* * *

Im Buch über das Schicksal seiner Familie in Wien zwischen 1842 und 1942 schildert der britische Autor George Clare, aus Wien 1938 geflüchtet als Georg Klaar, eine kuriose Episode. Seit der Anschluss vollzogen war, mussten jüdische Familien jederzeit mit Überfällen nicht nur auf der Straße, sondern auch in den eigenen Wohnungen rechnen. Voller Sorge eilte Georg zur Wohnung seiner Freundin Lisl, die ihn angerufen hatte, weil »Besucher« bei ihnen aufgetaucht waren. Und in der Tat bot die Wohnung den Anblick eines wüsten Chaos, als wäre sie geplündert worden. Die Besucher waren bewaffnete finster dreinblickende Männer gewesen, deren Uniformen eher an Faschingskostüme erinnerten. Sie hatten Bargeld und Familiensilber geraubt und sich alkoholische Getränke genehmigt. Bei ihrem Abzug hinterließen sie eine inhaltlich und orthographisch suspekte Notiz: »Nachdem die SA diese Wohnung durchsucht hat, sollen die Eigetümer nicht mehr belästigt werden. Das deutsche Folk kennt keine Rachegefühle. Sig Heil!«[11]

Die Anschluss-Woche war keine Zeit für fragwürdige Späße, obwohl die politischen Vorgänge Züge einer Groteske hatten, die ins Dramatisch-Blutige umkippte. Der Vollzug selbst stand am Ende einer jahrelangen Auseinandersetzung, die in eine Schmierenkomödie voller Pannen mündete, in der pausenlose Telefonate zwischen Wien und Berlin eine große Rolle spielten. Der 11. März 1938 war eine Klippe des Schicksals für eine Republik, für eine Kultur, für eine unvergleichliche Stadt.

2
Wien bleibt

Es ist eine große Vermessenheit,
Städte beschreiben zu wollen.
Joseph Roth

»Mittlerweile schattet der Abend über die Stadt, nimmt Häusern und Türmen ihre scharfen Konturen, zündet farblos grelle Lichtreklamen an und löst jeden eigenwilligen Stil in der monotonen, unpersönlich gleichgeschalteten Häuserfassade einer Allerwelts-Büro- und Geschäftsfront. Alles Individuelle ist aus den Gesichtern der Menschen gelöscht, alles Wienerische – zumindest im Herzen der Stadt – aus den Straßen und Plätzen. – Es ist wieder einmal eine Stunde gekommen, die alles untertauchen läßt in nivellierendem, nichts als zukunftsdurstigem Vergessen [...] Jede Großstadt wird in solchen Momenten gefährlich. [...] Darum sind Prag, München, Wien in Wendestunden besonders bedenklich; vor allem auch Wien. Weil dort die Gegensätze im Moment der Umwertung und Entfesselung des Denkens nicht nur die Menschen anspringen, die nebeneinander und aneinander vorübergehen, sondern jeden einzelnen in der Seele zerreißen [...] Dann wacht der Todfeind aller Kollektiven und Psychosen, der Schelm, wieder auf, holt das oft bewährte Schelmenzwinkern des sich selbst ironisierenden Witzes hervor und schlägt vergnügt die tollsten Kapriolen. So ist sie eben: – die alte Heimatstadt des unsterblichen Armen Augustin! Sie kann ja nicht wirklich weinen; aber wenn sie lacht – dann bisweilen in Tränen.«

Sehr poetisch kommt diese düstere Vision einer Metropole in

einer historischen »Wendestunde« daher, breit ausgemalt, etwas konturlos wie eine Passage in einer Sinfonie von Bruckner, aber in der Wirkung eindringlich wie diese. Es war einer der Hauptakteure im Anschlussdrama, Bundeskanzler Kurt Schuschnigg, der diesen Blick aus dem Fenster seines Amtszimmers festgehalten hat, am Abend seines Rücktritts und seiner politischen Niederlage.[1]

* * *

Wenn eine Stadt zu oft beschrieben, besungen, geschmäht und verklärt wird, weiß man bald nicht mehr, wie sie in Wirklichkeit ist. Vielleicht ist diese Wirklichkeit auch unfassbar, weil zu facettenreich und widersprüchlich. Oder sie verschmilzt in einer Synthese von Klischee und Realität. »Wien ist die Stadt der funktionierenden Legenden«, meinte Friedrich Torberg in einem »Traktat über das Wiener Kaffeehaus«; hier gehe die dichterische oder journalistische Erfindung oft der Wirklichkeit voraus und schaffe erst die Phänomene, die Besucher und Einheimische zu finden glauben.[2]

Über Wien nach 1900 kann man verschiedene Diskurse pflegen:

- das volkstümliche, gemütliche Wien mit Prater, Walzer, Mehlspeisen, Heurigem und süßen Mädels;
- das Wien der Moderne, der künstlerischen Avantgarde und als Begleitmusik dazu der literarische Feuilletonismus, die Kabaretts, das Kaffeehausleben;
- das Wien der Wissenschaft (besonders in Medizin und Physik nahm die Stadt eine Spitzenstellung ein) sowie der Philosophie (etwa im Wiener Kreis);
- das Wien des Antisemitismus und des Völkerhasses, angefacht auch von der katholischen Kirche, die eine klerikale Diktatur anstrebte;
- das Wien der Juden, der bürgerlich integrierten Juden wie der Bettler und Hausierer aus Osteuropa. In dieser sehr katho-

lischen Stadt lebten mehr Juden als in anderen europäischen Metropolen, insgesamt 90 Prozent aller österreichischen Juden.

Über all diesen Wien-Impressionen schwebte die Musik, die Operette, die Klassik, die Neutöner, denn die Welthauptstadt der Musik war Wien um und nach 1900 gewiss, darin das Paris des 19. Jahrhunderts ablösend.

Seine Metamorphosen hatte dieses kulturelle und politische Zentrum gut überstanden: Nach 1806, als das Heilige Römische Reich Deutscher Nation sich auflöste und die Habsburger Kaiser nicht mehr die Herren über ganz Mitteleuropa waren, sondern nur noch über weite Teile von Südosteuropa; nach der Revolution von 1848, als der kurze Völkerfrühling gerade in Wien sein blutiges Ende fand; nach der industriellen Revolution und auch nach der kriegerischen Auflösung des Gegensatzes Preußen – Österreich in der Schlacht von Königgrätz im Jahr 1866.

Seit der Mitte des 19. Jahrhunderts erlebte Wien eine lange Phase der politischen Stabilität, gleichbedeutend mit der Herrschaft von Kaiser Franz Joseph, die 1848 begonnen hatte. Zugleich vollzog sich ein rasanter gesellschaftlicher Wandel in Städtebau, Industrie, Kunst, Lebenswelt und Bevölkerungsstruktur. Der innere Bezirk wurde zu einer prachtvollen Residenzstadt umgestaltet. Der alte Stadtwall wurde ersetzt durch eine breit ausladende Avenue, die sich wie ein Ring um die historische Altstadt legte. Entlang dieser Ringstraße wurden repräsentative öffentliche Bauten errichtet, Staatsoper, Rathaus, Burgtheater, aber auch Hotels und Privatpaläste der reichen Familien. Immer neue Randgebiete der Stadt wurden baulich erschlossen und alsbald eingemeindet.

Das geistige Leben blühte auf. Künstlerische Kreativität in der Malerei, in der Musik, in der Oper und im Theater, ein Boheme- und Kaffeehausleben fast wie in Paris, Modernismus in Kunst und Architektur standen neben glorreicher Tradition, feiner Lebenskultur mit Mode und Luxusindustrie. Die Stadt erzeugte einen Dunst von Leichtigkeit, Lebensfreude, Charme und Erotik, bot an der Oberfläche das Bild einer Welt, ganz »in Traum gehüllt«, doch die politische Atmosphäre war von Hass vergiftet, vom Nationenhass und vor allem vom Antisemitismus.[3]

Wien war das Herz einer selbstbewussten Doppelmonarchie, zu der Teile von Osteuropa und dem Balkan sowie von Norditalien gehörten. An inneren Widersprüchen und zentrifugalen Kräften fehlte es nicht, doch wurden sie von Kaiser, Regierung und Bürokratie in prekärem Gleichgewicht gehalten. Der Nationalismus, der in Deutschland auf die Befreiung von der napoleonischen Besatzung folgte und zu einer treibenden Kraft im Drängen auf eine politische Einheit wurde, besaß im Habsburgerreich eine gefährliche Sprengkraft und musste eingedämmt werden. Deutschland musste seine Einheit finden, das Habsburgerreich musste sie bewahren. Das Verhältnis zu Deutschland wurde in dem kurzen Krieg von 1866 geklärt: Zwei getrennte Reiche bestanden fortan nebeneinander. 1913 konnten die Herrschaftsjubiläen von Franz Joseph (65 Jahre) und Wilhelm II. (25 Jahre) begangen werden.

Voneinander gelöst hatten sich die beiden Staatsgebilde aber nicht. Es war gerade ihre unverbrüchliche Allianz, die zur fatalen Verstrickung im Krisenjahr 1914 und zum parallelen Untergang beider Kaiserreiche am Ende des Ersten Weltkriegs führte. Auch damit war das gemeinsame Schicksal der getrennten Reiche nicht beendet, wie sich im Drama um den Anschluss zeigen sollte. Das Reich war untergegangen, hier wie dort, doch die Reichsidee hatte dort wie hier überlebt. So wie beide Staatsgebilde vor 1914 die Verwandlung in eine wahrhaft konstitutionelle Monarchie versäumt hatten, vermochten sie nach 1918 keine lebensfähigen Republiken aufzubauen. Die Gestalt Hitler symbolisiert das gemeinsame historische Scheitern beider Länder zwischen 1918 und 1945.

* * *

Noch stärker als das Land Österreich musste die Stadt Wien nach 1918 eine neue Rolle finden. Sie hatte viele ihrer Funktionen verloren und zugleich eine verstärkte Zuwanderung erlebt. Von den etwa sieben Millionen Einwohnern des Landes lebten zwei Millionen in der Hauptstadt. Das neue Wien war der »Wasserkopf einer hungernden Republik«.[4]

Nach 1919 konnte Wien weder zurück in seine Vergangenheit, noch hatte es Spielraum, eine neue Zukunft zu erfinden. Es träumte davon, Plattform der Vermittlung zu sein, was ja vielleicht seine Mission gewesen wäre, doch im autoritären Europa nach 1930 schien das bunte Wiener Leben nur noch ein Relikt zu sein, das den neuen gefährlichen Entwicklungen im Wege stand. Damit es fiel, musste man Wien seine Seele rauben. Dafür sollten die führenden Politiker selbst sorgen: Das System, das sie schufen, konnte nicht die Kräfte mobilisieren, die das Land verteidigt und geschützt hätten. Schon 1934 war die »neue Besonderheit Wiens« ausgelöscht und damit die Macht dieser Gemeinde gebrochen worden, urteilte Elias Canetti.[5]

* * *

Paris und Wien, das ist ein lohnender Vergleich. Beide Städte wurden nach der Mitte des 19. Jahrhunderts zur großartigen Kulisse mit einheitlichem Stil ausgebaut, was zunächst kritisiert und später weltweit bewundert wurde. Wie Paris war Wien nicht nur funktionale Hauptstadt eines Landes und politisches Zentrum eines Regimes, sondern eine geistige, moralische und ästhetische Welt für sich, ein geistiger Kosmos mit großer Ausstrahlung.

Im politischen Raum kam eine Sonderbeziehung Wien – Paris nicht zustande, weil Frankreich gegenüber Österreich keine konstruktive Politik entwickelte und starr auf Erfüllung der Friedensverträge von 1919 bestand. Wenn es eine Person gab, welche die vergebenen Chancen verkörperte, dann war es die Journalistin und Salonière Berta Zuckerkandl. Die Tochter des Zeitungskönigs Moritz Szeps, des Gründers des liberalen *Neuen Wiener Tageblatts*, war eine einflussreiche Persönlichkeit. Ihr Vater war ein Vertrauter des Kronprinzen Rudolf gewesen. Berta erbte seine vielfältigen Beziehungen und machte ihren Salon zu einem Ort der Begegnung von Politikern, Diplomaten und Künstlern. »Auf meinem Diwan wird Österreich lebendig«, pflegte sie zu sagen.[6] Wien war für sie vor allem ein Zentrum des modernen Denkens mit den Philosophen des Wiener Kreises und der fortschrittlichen Wissenschaft, wie sie auch ihr Mann verkörpert hatte, der liberale Mediziner Emil Zuckerkandl, der als Anatom zunächst in Graz und später in Wien wirkte, aber schon 1910 starb.

Sie war eine Dame mit Stil und sehr schönen Augen; ihre schriftlichen Erinnerungen sind von angenehmer Leichtigkeit, mit knappen, aber treffenden Porträtskizzen. Ihre Schwester hatte einen Bruder des späteren französischen Premierministers Georges Clemenceau geheiratet. In ihrem Salon waren viele bedeutende Franzosen zu Gast, etwa Auguste Rodin, als dieser 1902 Wien besuchte.

Während des Ersten Weltkriegs lebte Berta Zuckerkandl einige Zeit in der Schweiz und versuchte auf neutralem Boden, geheime diplomatische Kontakte mit Frankreich zu knüpfen, nachdem die politische Führung in Wien begriffen hatte, dass man den Krieg verlieren würde. Der Vorstoß zu einem Separatabkommen wurde von Paris nicht ernsthaft ausgelotet und zugleich durch einen deutschen Vertreter torpediert, den Diplomaten, Museumsexperten, Kunstsammler und Dandy Harry Graf Kessler.[7]

Eine letzte Blüte des freien Österreichs erlebte man im Jahr 1937 in Paris. Bei der dortigen Weltausstellung bedeckte eine riesige österreichische Landkarte die Front des Pavillons mit Werbung für Reisen in das Alpenland und seine Hauptstadt. Der Jausenzauber zog viele Leute an, sie genossen Wiener Kaffee und Gebäck, serviert von jungen Wienerinnen.[8]

Auch in den dramatischen Jahren nach 1930 pflegte Berta Zuckerkandl ihre Paris-Kontakte weiter. 13 Tage nach dem Anschluss führte ihr Weg über die Schweiz ins Pariser Exil, da sie als prominente Jüdin höchst gefährdet war. An der Seine engagierte sich die alte Dame in Kreisen der Exilösterreicher, die sie auch finanziell unterstützte. Als die Wehrmacht 1940 Frankreich besetzte, wich sie nach Algerien aus, kehrte aber bald nach der Befreiung von Paris dorthin zurück.[9]

* * *

Die Französische Republik wurde in Wien zwischen 1933 und 1938 von dem Schriftsteller Gabriel Puaux vertreten, Bruder des damals erfolgreichen Autors René Puaux. Der Botschafter residierte in einem großen frei stehenden Palais am Schwarzenbergplatz unterhalb des Belvedere-Parks. Gabriel Puaux liebte die Österreicher, weil sie keltischen Einschlag hätten (wie die Franzosen), und er hasste Deutschland, »den disziplinierten und regsamen Germanismus des großen verpreußten Reiches«; er sprach auch vom deutschen Menschenfresser und vom kleinen Österreich.[10] In den fünf Jahren seiner Amtszeit wechselte das Außenamt in Paris ständig Leitung und Linie. Puaux kritisierte durchaus den Friedensvertrag von Saint-Germain. Er war überzeugt, dass Österreich die Hilfe der anderen Mächte im Rahmen des Völkerbundes brauchte, um den Anschluss zu verhindern.[11] Puaux war ein Freund und Bewunderer von Kanzler Dollfuß. An dem kleinen Herrn mochte er das gewinnende Lächeln und die entspannte Vornehmheit, er fand ihn lebhaft, ironisch, heiter, großzügig, sah ihn als politischen Realisten und als Kämpfer.[12]

Am 19. Juni 1934 durchquerte der französische Außenminister Louis Barthou auf dem Weg nach Belgrad und Bukarest Österreich im Orient-Express. Um gegenüber diesen Regierungen – hartnäckigen Feinden Österreichs – den Eindruck eines offiziellen Treffens zu vermeiden, stieg Dollfuß am Westbahnhof zu und am Ostbahnhof wieder aus. Auf der kurzen Zugfahrt gab es nur eine informelle Unterredung. Am Ende des guten Gesprächs sagte Barthou: Auf Wiedersehen. Aber beide sollten noch in diesem Jahr 1934 ermordet werden.[13]

Louis Barthou fiel 1934 in Marseille einem Attentat zum Opfer, das dem König von Jugoslawien galt, den er empfangen hatte. Sein Nachfolger im Außenamt, Pierre Laval, hatte die fixe Idee, man müsse Deutschland einhegen, ohne ihm das Gefühl zu geben, es würde eingekreist. Er bastelte an einem Bündnis von Frankreich, Österreich und Italien, wenn möglich unter Einbeziehung von England.[14] Am 14. April 1935 wurde tatsächlich ein Abkommen aller vier Länder zur Verteidigung von Österreichs Unabhängigkeit in Stresa am Lago Maggiore geschlossen, weshalb man von der Stresa-Front sprach. Sie war auch eine Reaktion auf die Wiedereinführung der Wehrpflicht in Deutschland.[15]

Noch im selben Jahr bahnte sich die Annäherung zwischen Deutschland und Italien an. Mussolini hatte einen engen Vertrauten nach Berlin entsandt, Giuseppe Renzetti, und den beim Führer unbeliebten Botschafter Vittorio Cerruti abberufen. Hitler seinerseits schickte den deutschen Journalisten Sven von Müller zum Duce, der von dort das Zugeständnis mitbrachte, »dass Österreich als zweites deutsches Land *nicht auf die Dauer eine Politik gegen das Reich* führen kann und zu einer verständnisvollen Zusammenarbeit mit Berlin kommen muss«[16].

Als 1936 in Frankreich eine Regierung unter dem Sozialisten Léon Blum an die Macht kam, wurde die österreichfreundliche Politik abgeschwächt, denn für die französische Linke galt der von Dollfuß etablierte Ständestaat als Form des Faschismus. Vergeblich versuchte Puaux dem neuen Regierungschef in Paris zu vermitteln, dass Österreich kein totalitärer Staat sei. Puaux glaubte an Österreich, er förderte Kulturabkommen zwischen beiden Ländern und lud immer wieder prominente französische Künstler und Autoren nach Wien ein.[17]

* * *

Wien blieb Wien, und so lebten sie dort ihr Leben in »Übermut und Leichtigkeit«[18], mit Konzerten, Opern, Theater, Kabarett und Kino, Liebesaffären und Treffen in den Cafés, die immer noch Stätten der Freiheit waren. In Medizin, Biologie, Psychologie und Psychiatrie, in Mathematik, Logik, Kunst betrieb Wien weiter Gedankenarbeit. Das Theater erlebte eine großartige Zeit, in der man sich auf die eigenen Klassiker des 19. Jahrhunderts besann. Die sozialdemokratische Verwaltung der Hauptstadt führte eine fortschrittliche Sozialpolitik ein, besteuerte die Vermögenden und baute moderne Wohnblöcke als Teil einer gesellschaftlichen Utopie. Für die Gegner der Republik war das »rote Wien«, in dem die Sozialdemokraten nicht nur den Bürgermeister, sondern bis 1934 auch alle Stadträte stellten, eine Herausforderung.

In Wien überwog das Ästhetische noch in den Gedanken, Ideen und im kritischen Geist der Wiener Moderne. Die Seele und die Formen standen im Vordergrund, nicht das Politische (wie in Berlin) oder das Lebensreformerische (wie in München). Wien war eine unpolitische Stadt.[19] Lebenskultur, Formbewusstsein, Genießertum schienen alles zu dämpfen. Unglück war nur ein Mangel an Stil, Pessimismus eine Schlamperei. Wien hatte 1919 den Adel verboten, aber seine Noblesse behalten. Es war immer noch ein Juwel aus einer verlorenen Krone.

* * *

Vom 18. bis 31. August 1925 fand im Wiener Konzerthaus der 14. Zionistenkongress statt, an dem 261 Delegierte aus aller Welt teilnahmen. Der frisch in Wien eingetroffene englische Journalist George Eric Rowe Gedye wollte über dieses Ereignis berichten. Das Erste, was er sah, waren lärmende junge Männer, welche die Gäste beschimpften und mit Steinen bewarfen. Einen Augenblick fragte sich der Engländer, ob es sich um einen Studentenulk handelte, aber dann wurde ihm klar: Sie meinten es ernst. Auch ihn trafen einige Steinwürfe, als er sich dem Tagungsort näherte, dabei war er doch nur Beobachter.[20] Die Kongressteilnehmer ließen sich nicht aus der Ruhe bringen, die Angriffe bestätigten ihre Forderung nach einem eigenen Judenstaat. Die Untaten der völkischen Studenten erschütterten den englischen Beobachter ebenso wie die herzlosen, grinsenden Zuschauer. Seine englische Heimatredaktion schenkte dem Bericht keinen Glauben.

Gedye, Jahrgang 1890, hatte seinem Land im Ersten Weltkrieg als Soldat und als Geheimagent gedient. Von Köln aus hatte er 1922 die Besetzung des Ruhrgebiets verfolgt und scharfe Anklagen gegen Frankreich gerichtet. 1925 wechselte er nach Wien und pflegte von dort Verbindungen nach Budapest und Prag. Er hatte Zauber und Gemütlichkeit mit einer Prise südlicher Anmut erwartet. Schon bald wurde ihm bewusst, dass Wien der Schauplatz eines politischen Dramas war, das sich von Jahr zu Jahr verschlimmern sollte. Er wurde zum Augenzeugen und zum Chronisten der Selbstzerstörung der jungen Republik bis zu ihrer Übernahme durch Nazideutschland. Sein eigenes Land sah der Journalist durchaus kritisch, immer wieder äußerte er sich gegen die englische Europapolitik. Ab 1929 berichtete er für die *New York Times* aus Österreich und Südosteuropa.

* * *

Wien und Walzer sind untrennbar miteinander verbunden. Das dachte auch der französische Komponist Maurice Ravel, als ihn Sergej Pawlowitsch Djagilew, Chef der in Paris sehr erfolgreichen Russischen Tanzkompanie, um eine Ballettmusik zum Thema Wien bat. Der Auftrag von 1906 wurde erst zwischen Dezember 1919 und April 1920 ausgeführt. Inzwischen war einiges geschehen. »In der wehmütigen Heiterkeit der Walzer trauert Europa seiner verlorenen Lebensfreude, der fröhlichen Jugend vor dem Krieg, die reich an Illusionen war, und den umgestürzten Mythen eines sanften, lieben Glücks nach.« Diese Atmosphäre, wie sie Claudio Magris beschrieben hat, galt auch für den Ausgangspunkt von Ravels Phantasie.[21]

Für sein Stück *La Valse. Poème chorégraphique* hatte sich der französische Komponist ein kaiserliches Schloss um das Jahr 1855 vorgestellt, in noch unbeschwerten Habsburger Zeiten. Aus einem Nebel tauchen tanzende Paare auf, bis sich ein großer Saal mit einer Masse wirbelnder Menschen füllt, plötzlich angestrahlt von gleißendem Kronleuchter-Licht. Doch dann kippt der sentimentale Musikstrudel ins Finstere und Brutale, als öffne sich ein Abgrund im Parkett, bis zuletzt apokalyptischer Donner ertönt.

Dieser teuflische Walzer sei ein Meisterwerk, jedoch kein Ballett, befand Serge Diaghilev (wie er sich in Paris schrieb), sondern eher das musikalische Gemälde eines Balletts. Über dem Missklang zerbrach eine Künstlerfreundschaft. Ravel schrieb zunächst eine Fassung für zwei Klaviere und arbeitete erst später eine Orchesterfassung aus. In der Tat: Es war ein Ballett zweiten Grades, Echo einer vergangenen Epoche und zugleich Vorspiel von Katastrophen und Untergängen.[22]

Die Fassung für zwei Klaviere wurde in Wien uraufgeführt, und zwar am 23. Oktober 1920 im Kleinen Konzerthaussaal, gespielt vom Komponisten selber und von Alfredo Casella. Am 12. Dezember 1920 wurde die Klavierfassung in Paris vorgetragen, und erst am 23. Mai 1929 konnte man an der Pariser Oper eine getanzte Version erleben, eingerichtet von Ida Rubinstein.[23]

1929 führte eine Konzertreise Maurice Ravel erneut nach Wien. Dieses Mal kam er in Kontakt mit dem Pianisten und Lehrer am Wiener Konservatorium Paul Wittgenstein, der im

Weltkrieg seinen rechten Arm verloren hatte. Der reiche Erbe hatte an mehrere Komponisten Aufträge vergeben, und so schrieben Richard Strauss, Sergej Prokofjew und Benjamin Britten Konzertstücke für die linke Hand. Ravel schuf eine brillante Rhapsodie in G-Dur mit einem einzigen Satz und vielen Kadenzen. Das Stück hebt an in brodelnder, unheilschwangerer Düsternis und bleibt meist in den tiefen Lagen, eben weil es für die linke Hand gesetzt war. Der Klavierpart geht im Orchesterklang auf und färbt diesen, führt keinen Dialog.

Die Uraufführung des *Concerto pour la main gauche* fand am 5. Januar 1932 im Großen Musikvereinssaal in Wien statt. Es spielten die Wiener Symphoniker. Ravel war allerdings sehr unglücklich, ja wütend. Paul Wittgenstein, ein eigenwilliger und streitsüchtiger Mann, hatte von sich aus Änderungen an der Komposition vorgenommen, viele Schnörkel und Auszierungen eingefügt, und da er sich auf fünf Jahre die Exklusivrechte gesichert hatte, konnte die von Ravel gewollte Version erst 1937 in Paris aufgeführt werden – es war das Todesjahr des Komponisten. Im Jahr darauf »starb« Wien, und Wittgenstein musste sich ins amerikanische Exil retten. Interpreten sind nur Sklaven, hatte der wütende Komponist ausgerufen. Alle Künstler aber sind ihrer Zeit unterworfen, auch wenn sie diese zu durchschauen meinen.[24]

La Valse war nicht nur eine Beschwörung einer verlorenen Vergangenheit: Es war eine böse Zukunftsmusik. Als das Stück komponiert wurde, handelte man in Saint-Germain den Friedensvertrag mit Österreich aus, dessen Vertreter in einem Naturkundemuseum empfangen wurden – im Saal der ausgestorbenen Arten. Das mag die französischen Diplomaten amüsiert haben; besonders weitsichtig war es nicht. Versäumt wurde, sich auf Österreich zu stützen, um es gegen Deutschland in Stellung zu bringen.

3
Ohne Juden

… niemand kennt die Juden, niemand versteht sie.
Felix Salten, 1925

Am Nachmittag des 10. März 1925 verübte der 21-jährige Zahntechniker Otto Rothstock ein Revolverattentat auf den Schriftsteller und Redakteur Hugo Bettauer, der vierzehn Tage nach dem Anschlag an den Folgen der sechs Schüsse starb. Tatort war das Redaktionsbüro von *Bettauers Wochenschrift. Probleme des Lebens* im Haus Lange Gasse 5–7. Der verhaftete Schütze behauptete, er habe ein Fanal gegen die Sittenlosigkeit Bettauers setzen wollen. Er stand den österreichischen Nationalsozialisten nahe und wurde von einem Anwalt dieser Partei vertreten. Rothstocks Verbrechen wurde in rechten Kreisen gefeiert, der Mörder wurde nie verurteilt, sondern als geistig unzurechnungsfähig eingestuft, kam nach 18 Monaten in der Psychiatrie wieder frei und lebte noch lange und unbehelligt in Deutschland, wo er sich nach 1945 im Kampf gegen den Schund in Literatur und Presse hervortat.

Hugo Bettauer, erfolgreicher Verfasser zahlreicher Fortsetzungsromane und Herausgeber auflagenstarker Skandalzeitschriften, Autor von Sexual-Aufklärungsfibeln, Conférencier in Kabaretts, war schon lange ein Hassobjekt der völkischen Rechten, der er als »Schänder unseres Volkes« galt.[1] 1872 in Baden bei Wien geboren, führte er ein abenteuerliches Leben mit mehreren Ehen und Liebschaften, längeren Aufenthalten in New York, München und Berlin. In Amerika hatte er gelernt, packende Inhalte direkt und wirksam für die Presse aufzubereiten. Skandal war bei ihm Nebeneffekt, die kritisch-aufklärerische Absicht kann man ihm nicht absprechen, aber ebenso wenig das Erfolgsstreben. Mit 18 Jahren war er vom Judentum zum Protestantismus konvertiert. Zu seinen Mitschülern gehörte Karl Kraus, der ihn persönlich nicht mochte, aber verteidigte, als er zur Zielscheibe politischer Attacken geworden war.

Bettauers Roman *Die freudlose Gasse* wurde zur Vorlage für einen Klassiker des deutschen Stummfilms. Großen Erfolg hatte auch *Die Stadt ohne Juden*, 1922 erschienen und 1924 verfilmt (mit Hans Moser). Dieser »Roman von Übermorgen« führte vor Augen, was passieren würde, sollte der Slogan *Hinaus mit den Juden!* in die Tat umgesetzt werden.[2]

Im Buch lässt der christlichsoziale Kanzler Dr. Karl Schwerdtfeger die »Ausweisung aller Nichtarier aus Österreich« per Gesetz verfügen. Man sei den Juden nicht gewachsen, sagt er zur Begründung, dank ihrer Agilität und Zähigkeit, ihrem Geschäftssinn und ihrer Energie seien sie den »Ariern« überlegen; so hätten sie die geistige, wirtschaftliche und kulturelle Vorherrschaft errungen. Ein zionistischer Vertreter begrüßt das Gesetz, das eine halbe Million Menschen betreffe. Er redet aber von der Aufnahme der vertriebenen Juden in anderen Ländern, nicht von einer eigenen Heimstatt. Die Ausweisung aller Juden und Judenstämmlinge (definiert durch Rassengesetze) erfolge »human«, für Alte und Kranke werde ein Lazarettzug zur Verfügung gestellt. Jeder Versuch einer Rückkehr werde mit der Todesstrafe geahndet.

Die Masse der Wiener Bevölkerung ist begeistert und in Feierlaune. Als die negativen Folgen des Fortzugs der Juden spürbar werden (Inflation, Währungsverfall, Versorgungskrise, Wirtschafts- und Tourismusboykott durch andere Länder), schlägt die Stimmung allmählich um. Frauen und süße Mädel sind unzufrieden, weil sie nicht mehr von jüdischen Liebhabern verwöhnt werden, die Luxusindustrie leidet besonders, auf den Theater- und Operettenbühnen der »lustigen und leichtsinnigen Stadt« ist nichts mehr los. Wien ohne Juden wirkt wie ein »internationales Dummheitsmuseum«.

Eine Liebesgeschichte wird zur Kernhandlung: Leo Strakosch, als Zeichner und Radierer erfolgreich, verlobt mit Lotte Spineder, deren Eltern der künftige jüdische Schwiegersohn durchaus genehm war, emigriert nach Paris, wo er künstlerischen Erfolg hat. Ein Jahr später kehrt er heimlich zurück, verkleidet als Franzose und mit falschen Papieren ausgestattet, quartiert sich bei Lottes Eltern ein und begründet ganz allein eine Widerstandsgruppe, die sich »Die wahren Christen« nennt. Mit Plakaten und Artikeln in der *Arbeiterzeitung* stachelt er das allgemeine Unbehagen an. So wird die öffentliche Stimmung gewendet, schließlich werden Neuwahlen erzwungen, nach denen das Gesetz zu Fall kommt. Die Juden kehren zurück, und Leo kann seine Lotte heiraten. Erst eine Manipulation, von Leo selbst als »jüdische Frechheit« bezeichnet, macht dem Spuk ein Ende.

Alle antisemitischen Klischees werden hier illustriert, alle Züge der deutschnational-völkischen Politik lächerlich gemacht, alle Varianten jüdischer Lebensweisen vorgeführt, vom Schnorrer bis zum Künstler, vom Spekulanten bis zum Familienvater. Auch ein Motiv wie Sexualneid wird ins Spiel gebracht. Bettauer selbst hat sein Werk »ein ganz amüsantes Romänchen« genannt.[3]

* * *

Man kann das Buch als mehr oder weniger gelungenen Spaß mit politischem Hintersinn betrachten, doch die Völkischen (»Hakenkreuzler«), die darin vorkommen, mangels Sündenbock allerdings überflüssig werden, hatten keinen Humor, bei diesem Thema schon gar nicht. Im Nachhinein wirkt der Roman von 1922 schrecklich prophetisch.[4] »Die Wirklichkeit hat ihre Mühe, diesem Erzähler nachzukommen«, schrieb Alfred Polgar, als das Buch erschien.[5]

Modell für Bettauer war der christlichsoziale Abgeordnete Leopold Kunschak, der 1919 ein »Gesetz über die Rechtsverhältnisse der jüdischen Nation« vorgeschlagen hatte. Die Juden sollten den Status einer anerkannten Minderheit bekommen mit starker Einschränkung ihrer Bürgerrechte, ihrer Anzahl im Land und ihrer Berufswahl. Der Entwurf wurde nie in den Nationalrat eingebracht, denn Kunschaks Parteiobmann Prälat Ignaz Seipel war zwar inhaltlich einverstanden, wollte aber einen »günstigeren« Zeitpunkt abwarten.[6]

1936 schrieb Kunschak, es sei an der Zeit, »in der Judenfrage mit der Vogel-Strauß-Politik zu Ende zu kommen und sie einer Lösung auf dem Boden der Vernunft und des Rechtes zuzuführen, ehe die Lösung dem Bereich hemmungsloser Brutalität überantwortet ist«. Als diese Zeit der brutalen »Lösung« gekommen war, fand sich Kunschak in der Opposition und schließlich im Konzentrationslager wieder, weil er sich dem Anschluss widersetzte.[7]

Bettauer brauchte nichts zu erfinden, sondern nur zu zitieren, denn antijüdische Redensarten und Slogans waren weit verbreitet. Er selbst sagte, er habe sich bemüht, seinen Roman vorurteilslos zu schreiben. *Die Stadt ohne Juden* war ein Bestseller, auch in Übersetzungen. Bis 1926 wurde eine Viertelmillion Exemplare abgesetzt. Ein preußischer Nachahmer verfasste das Buch *Berlin ohne Juden.* Einige jüdische Kritiker fanden den Roman naiv, andere übermütig. Der NS-Ideologe Alfred Rosenberg sah darin ein Musterbeispiel jüdischer Zersetzungstätigkeit.[8]

* * *

Ein literarischer Vorläufer von Bettauer, der deutsche Dichter und Erzähler Otto Julius Bierbaum, schickte die problematische Hauptfigur seines Romans *Prinz Kuckuck* auf eine »Höllenfahrt« durch Milieus von der Universität über die Kunst bis zur Politik.

Bei der »Partei des christlichen Antisemitismus in Österreich« lernt er rassistische Politik kennen. Henry Felix Hauart, wie er eigentlich heißt, ist ein reicher Erbe und vagabundierender Fremdling, identitätslos, mit unbekanntem Vater. Er phantasiert, dass er der Bastard eines Habsburger Prinzen sei, aber als sein Vater kommen nur ein deutscher Musiker oder ein russischer Fürst infrage. Seine Mutter ist eine Jüdin aus Sachsen, die sich mit ihrem zur Adoption freigegebenen Sohn ein Versteckspiel liefert und damit seine Identitätszweifel verstärkt.

Als er Rückhalt und Anregungen bei den Völkischen in Österreich sucht, wird er gerade dort als Jude entlarvt, was er seelisch nicht verkraftet. Bis dahin hatte er sich eine Identität zurechtgelegt, hatte an ein Märchen geglaubt: »Immer war er in diesen erfabelten Darstellungen die Hauptperson. Es waren Übersetzungen seiner Selbstbespiegelung ins Phantastische.«[9] Der Gernegroß ist am Ende blamiert, findet keinen Halt mehr, es bleibt ihm nur, sich mit seinem geliebten Automobil in einen Abgrund zu stürzen.

In seinem 1907 erschienenen barock-ausschweifenden Deutschland-, Sozial- und Sprachpanorama setzt Bierbaum mit dieser Österreich-Episode einen markanten Schlusspunkt und liefert zugleich eine unheimliche Vorwegnahme. Im Roman wird behauptet, dass in Deutschland durchaus Platz wäre für einen Diktator. Er könnte als ein deutscher Napoleon daherkommen, als Philosoph und Feldherr, »ein Held, ein Genie der Tat«.[10] Konnte man den »Führer« genauer vorab definieren, lange bevor von Adolf Hitler die Rede war?

* * *

In Wien wurde der Antisemitismus zum politischen Faktor durch den »wotanbärtigen« Karl Lueger, der einige Jahre um das Amt des Bürgermeisters kämpfte, zwar die Wahlen gewann, vom Kaiser aber zunächst nicht bestätigt wurde. Als er 1897 mit seiner antisemitischen Suada schließlich Erfolg und das Wiener Rathaus erobert hatte, gab er sich plötzlich versöhnlicher. Privat kam er sehr gut mit Juden aus. Berühmt wurde sein Ausspruch: »Wer Jude ist, bestimme ich.« Felix Salten nannte diese zynische Methode »Luegerei«.[11] Andere sprachen von »weichem Antisemitismus«.[12]

Kirchenvertreter und Pfarrer vergaßen gern das achte Gebot und legten falsch Zeugnis ab gegen die Juden, die sie aller möglichen Untaten beschuldigten, etwa der Ritualmorde an Kindern, die ihrer eigenen Phantasie entstammten. Felix Salten klagte: »Kein Mensch wundert sich, wenn von den Juden das Schlechteste behauptet wird; aber jeder gerät in sprachloses oder stotterndes Staunen, wenn er ein Gutes an ihnen bemerkt. [...] Sie werden am meisten gehaßt, weil sie gar nicht gekannt werden.«[13]

Als antisemitischer Politiker war Georg von Schönerer noch gefährlicher; was bei Lueger pure Taktik war (heute würde man von Populismus reden: den Ängsten und Vorurteilen der Masse schmeicheln, um sich politisch durchzusetzen), war bei Schönerer fanatische Überzeugung. Sein völkischer Antisemitismus war durch und durch rassistisch im biologischen Sinn, vor allem aber steuerte er einen deutschnationalen Kurs. Österreich müsse sich dem Deutschen Reich anschließen, das war die Überzeugung seiner Anhänger und Nachfolger, schon vor 1914 und erst recht nach 1918. Begriffe und Symbole, die später im NS-Regime üblich waren (Führergruß, Heilrufe) und ein rabiater Vernichtungsantisemitismus gehörten zu seinem ideologischen Gepäck. Genau wie die Nazis nach ihm war er ein Feind des politischen Katholizismus; das machte ihn zum Gegenspieler nicht nur der politischen Linken, sondern auch der Christlichsozialen. Seltsamerweise war er ein Bewunderer Bismarcks, der die kleindeutsche Lösung der »deutschen Frage« herbeigeführt hatte.

* * *

In Deutschland wie in Österreich war die Emanzipation der Juden, also ihre gleichberechtigte Teilhabe am gesellschaftlichen Leben, seit der napoleonischen Besatzung nicht allmählich und stetig vorangeschritten. Jeder Fortschritt in der Rechtslage zog neue Wellen und Formen des Antisemitismus nach sich. Judenfeindschaft blieb ein stetes Phänomen, das sich immer wieder aus klerikalen, aber auch aus kapitalismuskritischen Kreisen speiste. Als die Integration endlich gelungen schien, im ersten Drittel des 20. Jahrhunderts, kam der schlimmste Rückschlag.

Die starke Tradition der Judenfeindschaft führte dazu, dass in Wien der Gedanke des Zionismus seine erste Ausprägung fand, im Werk von Theodor Herzl, der als Korrespondent in Frankreich mit dem dortigen Antisemitismus Erfahrungen gemacht hatte, insbesondere während der großen Staatsaffäre des Dreyfus-Skandals ab 1895. Seine im Jahr darauf erschienene Schrift *Der Judenstaat* nannte Herzl »Versuch einer modernen Lösung der Judenfrage«. Man müsse einen jüdischen Staat gründen, das war seine große Idee. Die Juden seien ein Volk, auch wenn sie das nicht wahrhaben wollten – der Feind zwinge sie zu dieser Einsicht.[14] 1897 organisierte er in Basel den ersten zionistischen Kongress. Ort des künftigen Staates sollte Palästina sein. Schlimmes musste geschehen, ehe aus dieser marginalen Strömung eine große politische Bewegung wurde und Herzls Grab in einen selbständigen Staat Israel verlegt werden konnte.

* * *

In Wien erschien im Jahr 1925 ein begeisterter Reisebericht über die Entwicklung der jüdischen Ansiedlung in Palästina. Felix Salten, wie sich Siegmund Salzmann als Autor nannte, den man im Verdacht hatte, Verfasser der romanhaften Lebensgeschichte der Wiener Dirne Josephine Mutzenbacher zu sein (was nie bewiesen wurde, stilistisch aber als wahrscheinlich gelten kann[15]), und der vor allem 1923 mit seiner Tiergeschichte *Bambi* weltweiten Erfolg hatte, berichtete von »neuen Menschen auf alter Erde«. Zwanzig Jahre nach Theodor Herzls Tod hatte eine neue Phase der jüdischen Ansiedlung auf biblischem Boden begonnen, und Saltens Bericht war ein glänzend geschriebener Augenzeugenbericht über erste Erfolge, ohne die Probleme zu verschweigen.

Der Traum von Versöhnung und einer echten Gleichberechtigung der Juden in Deutschland und in Österreich, den noch sein liberaler Vater gehegt hatte, war ausgeträumt, weil die Mehrheitsgesellschaft Assimilation und Integration der Juden nicht akzeptierte. Deutschland war zerfressen von Hass und Hader, von der »engstirnigen Brutalität der deutschnational aggressiven Gesinnung«, die sich vor allem an den Universitäten manifestierte.[16] Im Weltkrieg hatten sich die Juden als Patrioten heldenhaft geschlagen und geopfert, aber sie ernteten nur »blödsinnige Beschuldigungen«, waren nichts als Opfervieh und Sündenböcke.[17]

Salten fährt als überzeugter Zionist ins altneue Land, das noch längst kein Staat ist. Seine Beobachtungen und Begegnungen in Palästina zeugen von seiner Begeisterung. Vor allem stellt er fest, dass die zugewanderten Juden das Land und sich selbst verändern, dass sie wirklich »neue Menschen« werden, im Denken, Verhalten und Auftreten alles abwerfen und überwinden, was die lange Ghetto- und Randexistenz aus ihnen gemacht hat. Salten glaubt, dass das jüdische Volk eine Mission hat, er glaubt an »die Erdensendung der Juden« und preist ihre historische Kulturleistung: der Welt den Monotheismus geschenkt zu haben.[18]

Konflikte, Widersprüche und gewalttätige Auseinandersetzungen mit den Arabern werden nicht geleugnet, aber heruntergespielt. Entscheidend für die Zukunft wird nach Saltens Ansicht sein, dass eine Politik des Friedens und der Versöhnlichkeit geführt wird, dass Kolonialismus und europäischer Hochmut in Palästina keinen Platz haben, auch kein religiöses Eiferertum.[19]

Trotz seiner zionistischen Begeisterung lebte Salten weiter in Wien. Bis sich seine Analyse traurig bestätigte und er selbst zum Emigranten wurde.

* * *

In Wien wurde der Antisemitismus zu einer nachhaltigen politischen Bewegung; in Wien entstand als Abwehrreaktion darauf der Zionismus; in Wien wurde auch die erste umfassende Kritik des Antisemitismus geschrieben. 1901 erschien der Essay *Antisemitismus. Von den Zeiten der Bibel bis Ende des 19. Jahrhunderts*, verfasst von Heinrich Reichsgraf von Coudenhove-Kalergi. Väterlicherseits stammten seine Vorfahren aus Belgien und waren Offiziere und Diplomaten in österreichischen Diensten, mütterlicherseits aus der griechischen Familie Kalergis, welcher in Venedig der Palazzo Vendramin-Calergi gehörte, in dem 1883 Richard Wagner starb. Von Jesuiten erzogen, wurde der promovierte Jurist Heinrich Coudenhove-Kalergi Diplomat, lebte in Athen, Südamerika und Japan, wo er seine Frau kennenlernte.

Als er 1906 im Alter von 47 starb, hatte er zwei kritische Schriften verfasst, eine über die Freimaurer und eine über den Antisemitismus. Wer auch nur etwas Positives über Juden oder Freimaurer sage, werde ihnen gleich zugerechnet, schrieb der gläubige Katholik. Er gab zu, selber antisemitische Vorurteile gehegt zu haben. Nach gründlichem Studium der jüdischen Geschichte sowie der religiösen Schriften und Traditionen der Juden deutete er die Herkunft und die Wirkung des Antisemitismus in den Bahnen und Begriffen des 19. Jahrhunderts. Sigmund Freud kannte dieses Buch und soll es als das beste zu diesem Thema gelobt haben.

Der Essay beginnt mit dem Schlachtruf, den man nun allenthalben höre: Hinaus mit den Juden! Es gebe Abgrenzung und Ausgrenzung von außen durch die christliche Mehrheitsgesellschaft, aber auch von innen durch die orthodoxen Juden. Die seit der Französischen Revolution eingeleitete Emanzipation der Juden und ihre Integration sei gescheitert, ja ein regelrechtes Fiasko. Gleiche Rechte gebe es nur auf dem Papier.

Coudenhove-Kalergi würdigt Theodor Herzl und begrüßt dessen Idee vom Judenstaat. Andererseits lobt er das Reformjudentum, das eine bessere Integration der Juden in die Gesellschaft gewährleisten könne, wohingegen das orthodoxe Judentum die fanatischste aller Religionen darstelle und Selbstausgrenzung betreibe. Der Verfasser verweist auf die realen Bedingungen, unter denen Juden gelebt haben und weiterhin leben, sowie auf bedeutende Jüdinnen und Juden in der Geschichte der Menschheit. Im Schlusswort heißt es, Antisemitismus sei nichts als »fanatischer Religionshaß«, dem man wechselnde Masken aufsetze, neuerdings die Rassentheorie, aber *»weil es eine jüdische Rasse nicht gibt«* und auch kein »semitisches Wesen«, seien das Wahnvorstellungen.[20] Das Kernproblem sei die Auffassung, dass es nur *eine* wahre Religion gebe. Keine Religion solle geschmäht oder lächerlich gemacht werden. »Sacra non tangere« müsse der oberste Grundsatz lauten; an das, was den jeweiligen Religionen heilig sei, dürfe nicht gerührt werden.[21]

Als Heinrich Coudenhove-Kalergis Antisemitismus-Studie 1929 in Wien neu aufgelegt wurde, ergänzte der Sohn des Verfassers den Band um den Aufsatz »Antisemitismus nach dem Weltkrieg«. Richard Graf Coudenhove-Kalergi führt die Verschärfung der »jüdischen Frage« auf die Masseneinwanderung russischer und polnischer Juden nach der russischen Revolution von 1905 zurück. Dadurch habe sich der Antisemitismus nicht nur in ganz Europa, sondern auch in den USA ausgebreitet, wo es ihn vorher nicht gegeben habe. Diese klassische Heimat von Migranten verschärfe seither die Einwanderungsgesetze von Jahr zu Jahr.

Weitere Auswanderungswellen von Ostjuden in die USA und nach Österreich hätten eine »Assimilierungskrise« ausgelöst und dem Antisemitismus neue Argumente geliefert, etwa die willkürliche Identifizierung von Marxismus und Judentum nach dem Sieg des Bolschewismus 1917. Wie Geschichte lehre, sei »die *politische Einstellung des Judentums* [...] in den verschiedenen Staaten ein Echo der Behandlung, die ihnen zuteil wird. Während die jüdische Intelligenz im zaristischen Rußland revolutionär eingestellt war, war sie in England ebenso konservativ oder liberal wie die nicht-jüdische Intelligenz.«[22]

Die allgemeine Verarmung Mitteleuropas durch Kriegsfolgen und Inflation habe den Neid auf die Reichen und Neureichen geschürt. Dieser Neid, so Richard Coudenhove-Kalergi, sei eine der stärksten Komponenten des Nachkriegsantisemitismus gewesen und wie der Nationalismus als Blitzableiter benutzt worden. Die rechte Presse habe den Volkshass auf jüdische Banken und Warenhäuser als »Zitadellen des jüdischen Reichtums« gelenkt. »Im ganzen hatten die Juden durch den Krieg mehr verloren als gewonnen.«[23] Antisemitismus sei als Waffe gleichzeitig gegen Kapitalismus und Kommunismus verwendet worden.

Die Politik habe die antisemitische Grundstimmung der Massen aufgegriffen und die Vorurteile der Wähler verstärkt, statt ihnen entgegenzutreten. Das Kampffeld des Antisemitismus liege zurzeit in Deutschland, Österreich, Polen sowie in den osteuropäischen Staaten. »Vor dem Kriege war Rußland das *Weltzentrum* des Antisemitismus. *Heute ist es Deutschland.*«[24] Im Kapitel über den Zionismus und dessen paradoxe Wirkung heißt es: Der Zionismus liefere den Antisemiten neue Argumente; so könnten sie die Juden als fremde Nation betrachten statt als Mitbürger. Im Übrigen könne niemand Juden von Nichtjuden unterscheiden.

Coudenhove-Kalergi junior beließ es nicht bei der pessimistischen Analyse, er glaubte, ein Mittel gegen die geistige Krise seiner Epoche gefunden zu haben: die europäische Einheit, von der er England ausschließen wollte. Er vertrat die Idee einer neuen Elite, eines Adels des Geistes, und gehörte eher zur Konservativen Revolution. Bekannt wurde er 1923 mit seinem Buch *Paneuropa*, dessen Titel zum Schlagwort der von ihm geschaffenen Bewegung wurde. Er wirkte wie der Prophet einer neuen Religion, suchte aber keine Kooperation mit anderen Europa-Bewegungen.[25] Er trat in Kontakt mit vielen Berühmtheiten seiner Zeit, auch mit Thomas Mann und Heinrich Mann.

Jahr um Jahr wurden Europa-Kongresse organisiert, vor allem in Wien. Die Kanzler Seipel, Dollfuß und Schuschnigg nahmen die Ehrenpräsidentschaft der Paneuropa-Bewegung an. Noch 1937 fand in Wien ein Kongress statt. Coudenhove-Kalergi glaubte, seine Ideen mit dem österreichischen Ständestaat verbinden zu können, was ihm viele Anhänger entfremdete und ihn mehr und mehr isolierte. Er trat für eine Union der Donauländer mit Frankreich ein.

Im März 1938 flüchtete er mit seiner Familie in die Schweiz. Die Paneuropa-Bewegung hatte nun ihren Sitz in Bern. Doch reiste er weiter nach Paris, wo er 1938 seine tschechische Staatsangehörigkeit aufgab. Inzwischen war er überzeugt, dass England zu Europa gehören müsse, wolle man gegen Nazideutschland bestehen. Im August 1940 gelang ihm die Flucht über Lissabon nach New York.[26]

Auch in den USA hielt er an seinen Ideen fest, vor allem trat er für ein eigenständiges Österreich ein, sah das Land als Opfer der Nazis. Allmählich näherte er sich dem Emigranten Otto von Habsburg an, befürwortet sogar eine konstitutionelle Monarchie. Vergeblich blieb sein Bemühen um eine österreichische Exilregierung, er war inzwischen überall persona non grata.[27] Immerhin hatte er die Idee von der Einheit Europas in finsteren Zeiten plakativ lebendig gehalten. Dafür wurde er im Jahr 1950 zum ersten Preisträger des Internationalen Karlspreises in Aachen gekürt.

* * *

Die meisten Wiener Juden sahen das Kaiserhaus als Schutzmacht an, und so war es selbstverständlich, dass jüdische Soldaten nach 1914 als Patrioten in der Kaiserlichen Armee kämpften. Doch genau wie in Deutschland wurde ihr Patriotismus immer wieder angezweifelt. Seit 1915 flüchteten infolge der kriegerischen Ereignisse viele arme Juden aus Osteuropa nach Österreich, was dem Antisemitismus Auftrieb gab. Der Anteil der Juden an der Bevölkerung von Wien war höher als in den großen deutschen Städten, auch deutlich höher als in Paris oder London. In den zwanziger Jahren häuften sich antisemitische Vorfälle wie der Überfall auf das Anatomische Institut der Universität Wien. Schlägertrupps zogen durch die Straßen der Leopoldstadt. Dieser Bezirk galt beinahe als osteuropäisches Schtetl in der Großstadt, wurde im Volksmund »Mazzesinsel« genannt, doch auch hier waren nicht mehr als 30 Prozent der Bewohner Juden.[28] 1938 lebten etwa 170 000 Juden in Wien; 1945 waren es noch 6000. Im Holocaust kamen mehr als 65 000 Wiener Juden um. Außer Landes gegangen waren etwa 130 000.[29]

Zwar gab es in Deutschland seit der Gründerzeitkrise 1873 eine Antisemitenpartei, die vorübergehend auch im Reichstag vertreten war, doch hatte sich der aggressive, offen rassistische Antisemitismus in Österreich früher politisch organisiert als in Deutschland. 1904 wurde in Nordböhmen die Deutsche Arbeiterpartei (DAP) gegründet, also noch im Kaiserreich, im Zuge des Nationalitätenkonflikts zwischen Deutschen und Tschechen. Sie versammelte deutschsprachige Facharbeiter, Angestellte, Beamte und Handlungsgehilfen, die weniger qualifizierte Tschechen attackierten, die sie als Konkurrenz empfanden. Diese Strömung, die von deutsch-nationalen Gewerkschaften ausging, war antikapitalistisch und betont antisemitisch. In der Leopoldstadt hatte sie besonders viele Anhänger. 1918 konstituierte sich die DAP als Deutsche Nationalsozialistische Arbeiterpartei (DNSAP), blieb aber eine Splitterpartei.

Die in München 1919 gegründete Deutsche Arbeiterpartei nannte sich auf ihrer ersten Massenversammlung am 24. Februar 1920 in Nationalsozialistische Deutsche Arbeiterpartei (NSDAP) um. Der bis dahin unpolitische Adolf Hitler hatte sich im Herbst 1919 dieser Bewegung angeschlossen. In Salzburg, wo es ähnliche Gruppierungen gab, erhielt er vielfache Anregungen, aber keineswegs schon im Wien der Vorkriegszeit, wie er in *Mein Kampf* glauben machen wollte.

* * *

Das völkische Gerede über die »zersetzende« Wirkung der Juden, das von vielen Katholiken geteilt wurde, verkannte deren gesellschaftliche Lage. Sie waren über Jahrhunderte nur Geduldete mit minderen Rechten. Ein staatsbürgerlicher Status wurde ihnen immer nur mit Vorbehalt zuerkannt. Sie hatten (wenn man sie schon als geschlossene Gruppe betrachtet, was sie nicht waren) großes Interesse daran, dass Staat und Gesellschaft stabil blieben, dass die Rechtsordnung und ihre Instanzen zuverlässig waren, denn zu lange und zu oft hatten sie Schikanen, Willkür und Verfolgung erdulden müssen. Wo einige von ihnen revolutionär wurden, vor allem in Russland, ging es um allgemeine Rechte, nicht um Sonderrechte. Denn eigentlich waren Juden konservativ, traditionsbewusst, familienorientiert, und ihre (schriftliche!) Überlieferung war über 2000 Jahre alt.

Die religiöse und soziale Geschichte der Juden in Europa und ihre lange Leidensgeschichte, ihr mühseliger Weg zur Gleichberechtigung ist das eine Thema. Das Klischee von »dem Juden« ist ein völlig anderes Thema und hat mit der Psyche und den Interessen der Antisemiten zu tun, die ein Schreckgespenst für ihre agitatorischen Zwecke brauchten. Der böse Mythos vom Juden, als wären alle Juden nur eine einzige dämonische Gestalt, wird von Joseph Roth in seiner Erzählung *Tarabas* (vom

Frühjahr 1934) beschworen: »Der Jude! – Uraltes Gespenst, in tausendfacher Gestalt über das Land gesät, schwärender Feind im Fleisch, unverständlich, schlau, blutdürstig und sanft zugleich, tausendmal erschlagen und auferstanden, grausam und nachgiebig, schrecklicher als alle Schrecken des eben überstandenen Krieges: der Jude.«[30] Dieses Phantom stand im Zentrum aller antisemitischen Diskurse. Die behauptete Andersartigkeit der Juden wurde mit dem pseudowissenschaftlichen Begriff »Rasse« zum Schein rationalisiert. Allerdings gilt: »Wien kann nicht nur als ›Hauptstadt des Antisemitismus‹ erinnert werden, sondern auch als ein kulturelles, politisches und soziales Zentrum österreichisch-jüdischer Akkulturation und Integration.«[31]

Das Grundproblem war: Die historisch bedingte ethnische und religiöse Vielfalt des Habsburgerreiches förderte keine Kultur der gegenseitigen Toleranz. Ein Bewusstsein der Einheit des Reiches, ein Wille zu einer konstruktiven Synthese bestand in erster Linie bei den Juden, die sich mit dem Kaiserhaus und besonders mit der Kultur und der deutschen Sprache identifizierten. Sie glaubten an Österreich, sie waren die eigentlichen Patrioten, während die Nationalisten die Einheit des Reiches bedrohten. Die Erste Republik hat das Nationalitätenproblem geerbt, aber nicht die Staatsform der Republik sorgte für Zusammenhalt und innere Einheit (wie es in Frankreich seit Beginn der Dritten Republik der Fall war), sondern allein die Kultur – Literatur, Musik, Theater, bildende Kunst. Das starke Engagement so vieler Juden gerade auf diesen Feldern einschließlich der (Sprach-) Kritik und der Philosophie entsprang auch dem Willen zur Integration und zur gesellschaftlichen Teilhabe, wie die Geschichte der Salzburger Festspiele belegt.[32]

Die Vertreibung der Juden aus der Öffentlichkeit und schließlich aus der Gesellschaft nach dem Anschluss beraubte Wien seiner Seele und schuf die falsche Einheit der »Volksgemeinschaft«, die letztlich der militärischen Mobilisierung diente. Hatte sich Bettauers Romanexperiment darauf beschränkt, ein einzelnes Land und eine Weltstadt ohne Juden auszumalen, so wollten Hitler und seine Parteigänger eine Welt ohne Juden, und bei ihnen blieb es kein Gedankenspiel.

4
Die veruntreute Republik

Es war eine Zeit, in der genug geschah,
aber viel mehr noch war es eine Zeit,
in der man spürte, wieviel geschehen würde.
Elias Canetti

Mussolini, Hitler und Dollfuß eröffnen gemeinsam einen Fotoladen. Mussolini entwickelt, Hitler kopiert, und Dollfuß vergrößert die Negative … So lautete ein Wiener Witz aus dem Jahre 1934. Das war nicht nur eine Anspielung auf die Verwandtschaft der drei Regime, sondern auch auf die geringe Körpergröße des Kanzlers. Aber war Kanzler Dollfuß ein kleiner Faschist? Betrieb er wirklich dasselbe Geschäft wie die beiden großen Brüder im Geiste? Er beendete die Phase der Republik in Österreich und ersetzte das parlamentarische Regime durch eine Ordnung eigener Art. Gleichwohl kann man den Ständestaat nicht als Vorläuferregime jener Ordnung bezeichnen, die nach dem März 1938 in Österreich eingeführt wurde. Die Republik, als historischer Kompromiss zwischen Sozialdemokraten und Christsozialen zustande gekommen, war in zwei Etappen gestorben, das erste Mal 1927 und endgültig 1934.

* * *

Die Republik, welche sich 1918/19 in Deutschland konstituierte, rief die Österreicher dazu auf, sich ihr anzuschließen. So entstand Österreichs deutsche Frage.[1] In der Provisorischen Nationalversammlung in Wien waren drei Parteien vertreten: Sozialdemokraten, Christlichsoziale und Deutschnationale. Es wurde ein historischer Kompromiss geschlossen. Die Sozialdemokraten akzeptierten den demokratischen Weg und verzichteten auf revolutionäre Umsturzpläne. Die beiden bürgerlichen Parteien akzeptierten die Staatsform der Republik. Der Wiener Kardinal Friedrich Gustav Piffl forderte die Katholiken zur Mitarbeit im neuen Staat auf, was die Zustimmung der Christlichsozialen ermöglichte. So bildete sich eine Koalition des Bürgertums, des Bauernstandes und der Arbeiterschaft (wie der Sozialdemokrat Karl Renner im Wiener Parlament formulierte). Am 11. November, dem Tag der Unterzeichnung des Waffenstillstands an der Westfront, gab in Wien Kaiser Karl bekannt, dass er jede Entscheidung über die künftige Staatsform akzeptieren werde. Die Regierungsgeschäfte wolle er nicht mehr führen. Diese Erklärung bedeutete noch keinen Verzicht auf den Thronanspruch.[2]

Am Tag nach dieser Verlautbarung beschlossen die Parlamentarier: »Deutschösterreich ist eine demokratische Republik; Deutschösterreich ist ein Bestandteil der Deutschen Republik.« Mit »Deutschösterreich« war der deutschsprachige Teil des einstigen Kaiserreichs gemeint. Der Anschlussgedanke stand am Anfang der Republik Österreich, die sich selbst als Provisorium betrachtete. Das neue politische Gebilde war ein Geschöpf der Siegermächte von 1918; sie hatten ihm die äußeren Grenzen aufgezwungen und zugleich seine politische Souveränität beschränkt. Dieser außenpolitische Aspekt beherrschte die Anschlussdebatten bis 1933.[3]

* * *

Bei den Neuwahlen im Februar 1919 durften erstmals Frauen abstimmen. Es bildeten sich zwei fast gleich starke Blöcke: Sozialdemokraten und Christlichsoziale, während die Deutschnationalen zur Kleinpartei schrumpften. Die beiden großen Parteien schlossen eine Koalition, bedingt durch die wirtschaftliche

Notlage, doch das Bündnis hielt nur wenige Monate. Immerhin wurden neue Sozialgesetze beschlossen: Achtstundentag, Urlaub für Arbeiter, Einführung von Betriebsräten, Arbeitslosenversicherung. Die neue Verfassung, ausgearbeitet bis 1920, wurde nach 1945 wieder in Kraft gesetzt und gilt im Prinzip noch heute. Zum Bundespräsidenten wurde von beiden Kammern, Nationalrat und Bundesrat, der parteilose Wirtschaftsfachmann Michael Hainisch gewählt.

Nach Gründung der Ersten Österreichischen Republik war die Ansicht weit verbreitet, dieses politische Gebilde sei nicht lebensfähig. Der Sozialdemokrat Karl Renner hielt das verkleinerte Österreich für das Strandgut eines historischen Schiffbruchs.[4] In dieser Perspektive erschien der Anschluss als wünschenswert. In Deutschland hoffte man, die infolge der Niederlage 1918 verlorenen Gebiete durch den Zugewinn Österreichs zu kompensieren. Der Parteitag der Sozialdemokraten verkündete im November 1918: »Deutsch-Österreich ist, auf sich selbst gestellt, kein wirtschaftlich lebensfähiges Gebilde.« Deshalb wünsche man einen Anschluss an Deutschland als Sonder-Bundesstaat.[5] 1919 organisierten die Sozialdemokraten eine Demonstration mit dem Slogan »Großdeutschland unsere Zukunft«. Sie endete mit dem Absingen des Deutschlandlieds.[6]

Der von Frankreich erzwungene Staatsvertrag von St. Germain, unterzeichnet am 10. September 1919, verlangte: Der Staat, der nunmehr Republik Österreich heiße, müsse sich jeder Aktion enthalten, die seine Unabhängigkeit infrage stellen könne. Das Anschlussverbot wurde als Diktat und Eingriff in das Selbstbestimmungsrecht empfunden, zumal in Tirol, Vorarlberg und Salzburg bereits Abstimmungen stattgefunden hatten, die deutliche Mehrheiten für einen Anschluss ergaben. Scharfe Reaktionen der Siegermächte stoppten diese Bewegung. Das jugoslawisch besetzte Kärnten entschied sich mit 50 Prozent für den Verbleib bei Österreich. 1921 kam das ehemalige Deutsch-Westungarn hinzu, nunmehr Burgenland geheißen, damit standen die bis heute gültigen Grenzen des Landes fest.

* * *

Der rot-schwarze Konsens zerbrach schon 1920. Neuer Führer der Christlichsozialen wurde Prälat Ignaz Seipel, für zehn Jahre der starke Mann der österreichischen Politik und zweimal Bundeskanzler. Er akzeptierte das Anschlussverbot, denn er wusste, dass eine politische und wirtschaftliche Stabilisierung nur durch Anleihen beim Völkerbund möglich war, und dafür bedurfte es der Zustimmung der Siegermächte. Seipel war bei der Linken verhasst; man verhöhnte ihn als »Autrichelieu« und »Keine-Milde-Prälat« (nachdem er 1927 gesagt hatte, gegenüber den linken Demonstranten dürfe der Staat keine Milde walten lassen). Dieser katholische Politiker, der aus einer andern Epoche zu stammen schien, vertrieb den Geist von Versöhnung und Kompromiss aus der politischen Auseinandersetzung.[7]

Seipels Gegenspieler war der Sozialdemokrat Otto Bauer. Beide Politiker respektierten einander, aber im Land herrschte offene Feindschaft zwischen den politischen Lagern. 1922 schoss ein Arbeiter auf Seipel, der auf dem Weg zum Kanzleramt war. Am 15. Juli 1927 konnte sich Seipel nur mit Mühe aus seinem Dienstfahrzeug retten, als es von einer aufgebrachten Menge angegriffen wurde.

Auf beiden Seiten entstanden bewaffnete Milizen, rechts die Heimwehr, links der Schutzbund. 1927 erlebte man erstmals bürgerkriegsähnliche Verhältnisse. Nach hartem Wahlkampf eskalierte die Gewalt. Am 15. Juli mobilisierte die Linke ihre Anhänger zum Protest gegen ein Urteil, mit dem rechtsradikale Mörder freigesprochen wurden (Schattendorfer Prozesse). Die Auseinandersetzungen in Wien kulminierten im Brand des Justizpalastes. Das harte Einschreiten der Polizei ließ 90 Tote zurück. 1927 markierte einen Wendepunkt in der Geschichte der

Ersten Republik. Seither standen sich beide Lager unversöhnlich gegenüber; man kann von einem latenten Bürgerkrieg sprechen, der immer wieder zu gewaltsamen Ausbrüchen führte. Dass dieser Zwist wenige Jahre später Österreich im Abwehrkampf gegen den Nationalsozialismus schwächte, ging den Politikern erst viel später auf.

Die Wahlen vom November 1930 sollten die letzten auf nationaler Ebene sein. Es ergab sich folgendes Kräfteverhältnis: 72 Sitze für die Sozialdemokratische Arbeiterpartei (SDAP), 66 Sitze für die Christlichsozialen, 16 Mandate für die Großdeutsche Partei, 18 Mandate für den Heimwehr-Block. Am 13. September 1931 unternahm der Heimwehrführer Steidle einen Putschversuch, der jedoch rasch niedergeschlagen wurde. Am 24. April 1932 wurde in Wien gewählt. Die Sozialdemokraten erhielten 59 Prozent der Stimmen, die Christlichsozialen 20 Prozent, die Nationalsozialisten 17 Prozent. Wien blieb eine rote Stadt.

Als 1933 die Nationalsozialisten in Deutschland die Macht eroberten, erhielt die Frage des Anschlusses einen völlig neuen Sinn. Die österreichischen Sozialdemokraten änderten den Paragraphen in ihrem Programm, der sich für den Anschluss aussprach: Dieser sollte nur mit einem freien und friedlichen Deutschland vollzogen werden.

* * *

Die Kaiserfamilie war da längst aus dem Spiel. Am 23. März 1919 war sie nach einer Messe mit Absingen der Kaiserhymne in die Schweiz ausgereist. Am 3. April 1919 wurden durch die sogenannten Habsburgergesetze alle Herrscherrechte aufgehoben. Die Angehörigen des Hauses Habsburg-Lothringen wurden des Landes verwiesen, ihr Vermögen und ihre Ländereien und Schlösser von der Republik Österreich übernommen. Der Gebrauch von Adelstiteln und kaiserlichen Anreden war fortan verboten.

Vom Domizil am Genfer See aus versuchte Karl, sich immer wieder ins Gespräch zu bringen – der letzte Kaiser, den Anton Kuh »Karl den Zahmen« genannt hatte,[8] wurde zum heimlichen Putschisten. Angesichts solcher Machenschaften wurde die Familie aus der neutralen Schweiz ausgewiesen. Sie zog auf die Atlantikinsel Madeira, einst ein beliebtes Reiseziel der Kaiserin Elisabeth (alias Sisi). Das dortige Klima bekam dem kronenlosen Karl gar nicht. Außerdem war das Geld knapp geworden, man musste bescheiden leben.

Im Jahr 1921 starb der letzte Kaiser. In Österreich hatte Karl immer noch viele Anhänger. Zu Erinnerung an ihn wurde eine Gebetsliga gegründet, denn man hielt ihn für einen Heiligen. (Im Jahr 2004 hat ihn Papst Johannes Paul II. seliggesprochen.) Mit Hilfe des spanischen Königs Alfonso XIII. konnte sich die Familie 1922 im Baskenland niederlassen.

Der »Kronprinz« Otto von Habsburg, der beim Tod seines Vaters neun Jahre alt war, absolvierte Schule und Studium glänzend, lernte die Sprachen der verlorenen Reichsteile, auch Kroatisch und Ungarisch. Nach dem Abitur in Luxemburg studierte der fesch ausschauende Bub an der Freien (das heißt Katholischen) Universität im belgischen Löwen (Louvain). Wohnsitz der Familie war nun das vieltürmige steingraue Schlösschen in der Ortschaft Ham-sur-Heure südlich von Charleroi.

In Belgien führte Otto von Habsburg den Titel Othon Duc de Bar, denn einst waren die Habsburger auch Herzöge von Lothringen und Bar (am Oberlauf der Maas gelegen). Auf den Thron in Wien hatte Otto keineswegs verzichtet. Die krisenhafte Entwicklung nach 1932 schien seine Chancen zu verbessern. Im Endspiel um Österreich war er nur eine Marionette und ein Ersatzspieler. Die Vergangenheit des Kaiserreichs aber erlebte eine Art traumhafte Fortsetzung in der Literatur: als verklärender Habsburgmythos.

* * *

Der Zusammenbruch der Donaumonarchie nach dem verlorenen Weltkrieg löste eine persönliche Krise bei dem Juristen und Autor Ernst Lothar aus. Er suchte Hilfe bei Sigmund Freud. Dessen Wohnung in der Berggasse kam Lothar sehr düster vor. Freud wirkte auf ihn wie ein typischer österreichischer Arzt: »Schnurr- und Kinnbart, kurzgehalten in einem schmalen Gesicht, tiefer Kragen, [...] eine kleine schwarze Masche zwischen den Kragenrändern«. Doch als Freud an seinem Schreibtisch Platz nahm, wirkte er ganz anders. Seine Augen schienen Licht von innen zu erhalten. Lothar hatte den Eindruck, von den Augen Freuds geröntgt zu werden.

Lothar suchte eine Antwort auf seine Frage: »Wie kann man ohne das Land leben, für das man gelebt hat?« Freud erinnerte den Besucher daran, dass er doch auch nach dem Tod seiner Mutter weitergelebt habe. »Die Mutter ist die Heimat, die man hat. Daß man ohne sie weiterlebt, ist eine biologische Tatsache, weil die Mutter vor den Kindern stirbt.« Lothar war nicht überzeugt. Er dachte: Freud wurde von Österreich schlecht behandelt, es bedeutet ihm nichts. Aber der Seelenarzt fuhr fort: »Vielleicht hat es das Land, das Sie meinen, nie gegeben, und wir haben uns darüber hinweggetäuscht.« Österreich sei das einzige Land, in dem er leben könne, erwiderte Lothar. Wie viele Länder er denn kenne, fragte Freud unerschüttert. Und dann legte der Psychoanalytiker ein bemerkenswertes Bekenntnis ab.

»Ich stamme wie Sie aus Mähren. Ich habe wie Sie eine unbändige Zuneigung zu Wien und Österreich, obschon ich [...] seine Abgründe kenne. [...] Österreich-Ungarn ist nicht mehr. Anderswo möchte ich nicht leben. Emigration kommt für mich nicht infrage. Ich werde mit dem Torso weiterleben und mir einbilden, daß es das Ganze ist.« Diese letzten Sätze waren ein Zitat aus einer Niederschrift, die Freud gleich nach der Kapitulation Österreichs verfasst hatte. Er hatte also selber um eine neue

Haltung ringen müssen. Da schon der nächste Patient wartete, verabschiedete er Lothar mit dem Satz: »Sie haben nämlich recht, [...] es ist ein Land, über das man sich zu Tode ärgert und wo man trotzdem sterben will.«

Dieses Zeugnis illustriert, wie nach dem Untergang der Donaumonarchie der habsburgische Mythos entstand.[9] Manche Sätze aus der Unterredung hätten im März 1938 erneut gesagt werden können.[10]

* * *

Für einen Politiker, der den starken Mann markierte und gern in Uniform auftrat, war Engelbert Dollfuß recht klein und schmächtig, insbesondere wenn er neben Mussolini stand, der Staatsgäste zuweilen am Strand und in Badehose empfing. Dollfuß' Gestalt (die Größenangaben schwanken zwischen 151 und 157 Zentimetern) forderte die Spötter heraus. Man nannte ihn »unseren Taschenkanzler« oder »Millimetternich«. Er war leicht erregbar, wusste aber auch seine Gegner zu provozieren.

Als er 1932 Kanzler wurde, erreichte die wirtschaftliche Krise des Landes ihren Höhepunkt. Unterstützung suchte Dollfuß vor allem bei Mussolini, der am Erhalt von Österreichs Unabhängigkeit interessiert war, jedoch innenpolitische Konzessionen forderte: die Abschaffung des Parlamentarismus und die Unterdrückung aller linken Parteien. Noch waren die Sozialdemokraten die stärkste Fraktion im Parlament.

Seit Ende der 1920er Jahre intervenierte Mussolini, der sich nach außen als Mann des Friedens und der Verständigung gab, insgeheim sowohl auf dem Balkan wie in Österreich. Den Heimwehren lieferte er Waffen und Munition und überwies ihnen hohe Geldsummen, forderte dafür aber immer stärker politische Konzessionen in der Verfassung des Landes, was erst seit dem Amtsantritt von Dollfuß Wirkung zeigte. Mussolini wollte verhindern, dass Österreich an die Deutschen fiel, aus Angst, dass sie dann auch Südtirol beanspruchen könnten.[11]

Karriere gemacht hatte der Bauernsohn Dollfuß dank der katholischen Studentenverbindung CV. Im Weltkrieg hatte er sich bei den Kaiserjägern als durchaus mutig erwiesen. Legendär wurde die sogenannte Dollfuß-Bresche in den Dolomiten.[12] Seine Frau Alwine war eine Protestantin aus Deutschland. In sein Kabinett berief er Christlichsoziale, Vertreter von Bauernbund und Heimwehr, aber auch den Nazi-Sympatisanten Anton Rintelen, den Landeshauptmann des Bundeslandes Steiermark.[13]

Dollfuß betonte stets das Deutschtum Österreichs und zugleich dessen Unabhängigkeit von Deutschland, darin der Linie Seipels folgend. Er verstand sich als Demokrat, wollte den großen Faschismus durch Anbiederung unterlaufen. Er sagte am 25. März 1933, also kurz nach Hitlers Machtergreifung in Deutschland: »Die braune Welle können wir nur auffangen, wenn wir das, was die Nazis versprechen und in Deutschland getan haben, [...] selber machen.«[14]

1924 stand Österreich vor dem Bankrott. Wiederum musste der Völkerbund um Kredite ersucht werden. Frankreich knüpfte seine Zustimmung an die Bedingung, dass Österreich in den nächsten 22 Jahren keine Zollunion mit Deutschland eingehe. Dank der neuen Anleihe stabilisierte sich der Schilling alsbald und wurde sogar »Alpendollar« genannt.[15]

* * *

Für September 1932 hatte Hitler einen Auftritt in Wien angekündigt, ließ sich dann aber durch Goebbels vertreten. Die Nazis mobilisierten für das Ereignis 15 000 Leute. Da die Wiener Behörden Goebbels untersagt hatten, über Österreich zu sprechen, griff er vor allem den damaligen deutschen Kanzler von Papen an. Auf die Rede folgte eine Demonstration der Nazis, die mit einem brutalen Überfall auf jüdische Studenten endete. Die Universität wurde für einige Zeit geschlossen. Im Herbst 1932 häuften sich ähnliche Überfälle. Im Oktober 1932 überfielen völkische Studenten den Country-Club in Lainz; ausländische Gäste wurden verprügelt, Männer wie Frauen.

Am 29. März 1933 randalierten Wiener Nazis in der Innenstadt, zerstörten Geschäfte, verprügelten alle Passanten, die sie für Juden hielten. Jedermann konnte sehen, was von diesen Leuten zu erwarten war. Unter den Wiener Juden machte sich Panikstimmung breit, aber Dollfuß wirkte beruhigend, und so fanden sich etliche Unterstützer des Kanzlers in ihren Reihen, die von anderen verächtlich Dollfuß-Juden genannt wurden.

* * *

Am 4. März 1933 verlor Dollfuß eine Abstimmung im Parlament. Das Ergebnis akzeptierte er nicht. Angeblich kam die entscheidende Gegenstimme von einem sozialdemokratischen Parteigänger, der einen Abgeordneten vertrat, welcher gerade zur Toilette gegangen war; es wurde protestiert, weil der Vertreter sich nicht legitimiert hatte. Diese Groteske hatte gravierende Folgen. Parlamentspräsident Renner trat zurück. Keiner der Stellvertreter war bereit, das Amt zu übernehmen. Daraufhin erklärte Dollfuß die parlamentarische Staatsform für beendet. Fortan regierte er durch Notverordnungen; er berief sich auf ein Ermächtigungsgesetz von 1916, das für die Kriegswirtschaft gedacht war.

Seit Hitlers Machtantritt wuchs in Österreich die Anzahl der Anschlussbefürworter. Dollfuß versuchte, diese Tendenz innenpolitisch zu unterlaufen, indem er eine Art kalten Staatsstreich wagte. Ende März 1933 wurde die linke Miliz, der Schutzbund, verboten. Im Mai wurde die zahlenmäßig unbedeutende Kommunistische Partei verboten und eine neue politische Organisation gegründet, die Vaterländische Front (VF), eine Art Einheitspartei mit Ernst-Rüdiger von Starhemberg an der Spitze.

Auch nach rechts erfolgten Verbote: Am 19. Juli 1933 wurde in Österreich die NSDAP wegen terroristischer Aktivitäten verboten. Geheime Verbindungen nach Deutschland blieben aber bestehen, und die Terroraktivitäten wurden fortgesetzt. Im Oktober 1933 wurde ein Attentat auf Dollfuß versucht, der Täter war ein junger Nazi, aber die Polizei sprach von einem Sozialisten.

Das Verbot der NSDAP in Österreich beantwortete Hitler mit einer besonderen Gegenmaßnahme. Er verhängte die 1000-Mark-Sperre: Jeder Deutsche, der Österreich besuchen wollte, musste zuvor 1000 Mark deponieren. Der deutsche Österreich-Tourismus kam praktisch zum Erliegen. Auch das verschärfte die wirtschaftliche Lage in Österreich. Die Salzburger Festspiele besuchten nur wenige hundert Deutsche statt der erwarteten 15 000. Allerdings erlebten die Salzburger Festspiele seit 1934 einen internationalen Boom. Im Kleinwalsertal (das zu Vorarlberg gehörte) galt eine Ausnahmeregelung, was findige Leute nutzten und dem dortigen Fremdenverkehr sehr zugutekam. Die wichtigsten österreichischen Zeitungen waren in Deutschland verboten, nur ein paar unbedeutende Blätter oder getarnte Nazi-Postillen durften im Reich verkauft werden.[16]

Zum Allgemeinen Deutschen Katholikentag, der vom 7. bis 12. September 1933 in Wien stattfand, erschienen Teilnehmer aus aller Welt, nur nicht aus Deutschland. Unter dem Motto »Sanierung der Seelen« wurden 500 Jahre Stephansdom und 250 Jahre Befreiung von der türkischen Belagerung gefeiert.[17] Im selben Monat fand in Wien ein Treffen der Zweiten Internationale statt.

* * *

Die Uniformen des 1919 geschaffenen Bundesheeres hatten denen der deutschen Reichswehr geähnelt. Dollfuß führte nun Uniformen ein, die denen der Kaiserzeit nachgebildet waren, der Stahlhelm preußischer Art wurde ersetzt durch weichere Mützen, Offiziere trugen eine hohe, runde Schirmmütze. Die Uniformen der Generäle waren aus himmelblauem Tuch gefertigt wie zu Zeiten von Marschall Radetzky. Der kleine Kanzler hatte große Freude an seiner neuen Uniform, er liebte Schirmmützen mit Federn und reichen Ordensschmuck an der Brust.

Wenn man bei öffentlichen Zeremonien Dollfuß inmitten seiner Minister und Getreuen in altneuen Uniformen sitzen sah, entstand der Eindruck von Verlorenheit zwischen den Epochen, ein wenig Habsburger Nachklang, etwas Anlehnung an den faschistischen Mummenschanz der europäischen Nachbarn mit martialischen Symbolen, Zeremonien und Gesängen.

* * *

Im Januar 1934 suchte Dollfuß eine außenpolitische Absicherung durch Abschluss der »Römischen Verträge«. Österreich band sich an Italien und an Ungarn, das unter dem General und Politiker Guyla Gömbös beinahe faschistisch regiert wurde. Er starb 1936, doch die ungarische Politik veränderte sich nicht.

Im Februar verschärfte Dollfuß seinen Kampf gegen die Linke. Es gab Hausdurchsuchungen bei den Führern der Sozialdemokraten, deren Waffen man beschlagnahmen wollte; viele von ihnen wurden verhaftet. Am 14. Februar setzte sich der illegale Schutzbund in Linz massiv gegen polizeiliche Durchsuchungen zur Wehr. In der Folge kam es in Wien zu bewaffneten Widerstandsaktionen. Bis zum 12. Februar wurden alle Aufstandsversuche niedergeschlagen, alle sozialdemokratischen Organisationen aufgelöst.

In Salzburg hatte man auch die Villa des Schriftstellers Stefan Zweig auf dem Kapuzinerberg nach versteckten Waffen durchsucht, eine schäbige Provokation. Stefan Zweig, der für Visionen kommenden Unheils begabt war, nahm dies als Anlass, sein Schreibschlösschen und bald auch seine österreichische Heimat zu verlassen. Er war einer der ersten Österreicher im Exil und lebte fortan in London, reiste allerdings viel im (noch) freien Europa umher, kam nach Wien nur noch als Besucher, zum letzten

Mal im November 1937. Bevor er sich im brasilianischen Petrópolis im Jahr 1942 das Leben nahm, schrieb er mit *Schachnovelle* einen engagierten Text, in dem die Annexion seiner Heimat und die Grausamkeit der Gestapo im Hotel Metropol eine zentrale Rolle spielen.

* * *

Am 1. Mai 1934 verkündete Dollfuß die neue Verfassung des »deutschen, christlichen und autoritären Ständestaats«. Den Gründungsfeiertag der Republik am 12. November hatte Dollfuß schon 1933 abgeschafft. Das Parlament und die Parteien verloren ihre Rolle, die Heimwehren wurden aufgelöst, Wahlen verboten. Die »einmütige Zusammenarbeit der Berufsstände« war die Basis der neuen Ordnung. Zünfte und Korporationen sollten das gesellschaftliche Leben bestimmen. Die Freiheit des Einzelnen wurde bedeutungslos, der in seine sozialen Bezüge eingeordnete Mensch wurde von der Obrigkeit betreut. Die Vaterländische Front fungierte als Einheits- und Staatspartei, die alle Interessengruppen der Gesellschaft berücksichtigen sollte. Das Denkmal der Republik am Schmerlingplatz (Ringstraße) wurde zunächst mit Kruckenkreuzen verdeckt und später abgerissen. Dieses neue Symbol (ein gleichmäßiges Kreuz mit kurzen Querbalken an den vier Enden) war zuvor nur bei der Heimwehr üblich gewesen.

Wenn Joseph Roth oder auch Karl Kraus gleichwohl diese Verfassung befürworteten, so deshalb, weil sie als Abwehrmaßnahme gegen den Faschismus gedacht war.[18] So lehnte es Karl Kraus ab, Vertreter des Ständestaats als Bluthunde zu bezeichnen: »Wenn ein Bluthund gegen Hitler dressiert ist, dann ist auch der Bluthund mein Freund.«[19] In der neuen Verfassung wurde den Juden die volle Gleichberechtigung zugesichert. In diesem autoritären Staat, in dem alle Ämter von oben besetzt wurden, behielt allein die israelitische Kultusgemeinde einen demokratischen Status mit internen Wahlen.[20] Gleichwohl resümierte Friedrich Torberg illusionslos: Der Ständestaat bedeutete »das Ende der politischen Parteien, empfindliche Einschränkungen der Meinungsfreiheiten, allerlei Deutschtümelei mit unverkennbar antisemitischen Tendenzen, Einführung der Pressezensur und andere ganz- oder halbfaschistische Maßnahmen, die dem großen Nazi-Bruder den Wind aus den Segeln nehmen sollten (den er sich bekanntlich nicht nehmen ließ)«.[21]

Der »Ständestaat« ist mit dem Begriff »Austrofaschismus« nur ungenau bezeichnet. Kanzler Schuschnigg hielt ihn für autoritär, aber nicht für diktatorisch.[22] Das antiparlamentarische Regime, das in Österreich zwischen 1933 und 1938 herrschte, verstand sich selbst als alternatives Gesellschaftsmodell. Für den Kabarettisten Hans Weigel war es schlicht »die schlampertste Diktatur der Welt«.[23]

* * *

Lange konnte der Kanzler sich seiner neuen Rolle als Mini-Diktator nicht erfreuen. Am 25. Juli 1934 besetzte ein Nazi-Stoßtrupp sein Amt am Ballhausplatz. Dollfuß wurde von mehreren Schüssen getroffen, an denen er nach Stunden verblutete. Einen Priester zu rufen, hatten die Attentäter verweigert. Dollfuß hatte noch die Kraft gehabt, als seinen Nachfolger den Justiz- und Unterrichtsminister Kurt Schuschnigg zu empfehlen. Seltsam nur, dass schon am Tag *vor* dem Anschlag der Tod von Dollfuß in deutschen Rundfunksendern gemeldet und in NS-Zeitungen in hämischen Karikaturen »gewürdigt« wurde.[24] Am Nachmittag jenes 25. Juli besuchte Adolf Hitler die Bayreuther Festspiele. Nach der *Rheingold*-Vorstellung erfuhr er von Dollfuß' Tod. Den ganzen Abend blieb er freudig erregt.

Das Bundesheer setzte dem Wiener Putsch ein Ende. Die beiden Haupttäter wurden zum Tode verurteilt und hingerichtet. Aufstandsversuche der Nazis in der Provinz wurden unterdrückt. Als Dollfuß ermordet wurde, weilte der französische Botschafter in den Alpen. Für Puaux war er ein heroischer Märtyrer. Mussolini bot Frau Dollfuß Schutz in Italien an; zugleich ließ er 60 000 Soldaten an der Grenze aufmarschieren. Über Hitler war er wütend, nannte ihn einen »scheußlichen, sexuell entarteten, gefährlichen Narren« und den Nationalsozialismus eine »Revolution des altgermanischen Urwaldes gegen die römisch-lateinische Zivilisation«.[25]

Auf dem Heldenplatz fand am 8. August 1934 eine große Trauerfeier für Dollfuß statt, bei der 200 000 Menschen zusammenkamen. Hauptredner war Vizekanzler Rüdiger Starhemberg. Auf einem großen Plakat las man »Heil Österreich!«.[26] Deutscher Botschafter in Wien war damals Kurt Rieth. Er hatte die Auslieferung der Attentäter nach Deutschland gefordert und damit das Reich kompromittiert.[27] Er wurde abberufen und ersetzt durch Franz von Papen. Der katholische Aristokrat hatte nach dem Scheitern seiner kurzen Kanzlerschaft im Herbst 1932 Hitlers Aufstieg und Ende Januar 1933 dessen Kanzlerschaft ermöglicht. Beim Röhm-Putsch 1934 entging er den Mordbuben der Nazis nur knapp, anders als General Schleicher, der letzte deutsche Kanzler vor Hitler. Als Botschafter in Wien konnte Papen zeigen, dass er den Nazis noch nützlich war. Seine Mission war es, einen stillen Weg zur Annexion vorzubereiten, den »kalten Anschluss«.[28]

Nach der Ermordung von Dollfuß wurde im ganzen Land ein großer Kult für den Märtyrerkanzler gepflegt. Straßen und Plätze wurden nach ihm benannt, Denkmäler für ihn errichtet. In der Hauptstadt wurde eine kleine Gedächtniskirche eingeweiht. In den Schulen und in den Jugendorganisationen wurde das Dollfuß-Lied eingeübt: »Mit Dollfuß in die neue Zeit!«

* * *

Am 13. Juli 1935 ereignete sich in Ebelsberg südlich von Linz ein schwerer Verkehrsunfall. Gegen 11 Uhr vormittags prallte eine schwarze Limousine, deren hintere Scheiben mit Gardinen verhängt waren, in voller Fahrt gegen einen Straßenbaum. Der uniformierte Chauffeur und der neben ihm sitzende Kriminalbeamte wurden schwer verletzt. Im Fond des geräumigen Wagens saßen Bundeskanzler Schuschnigg und seine Familie. Der Kanzler wurde aus dem Wagen geschleudert und kam mit leichten Verletzungen davon, genau wie sein neun Jahre alter Sohn Kurt junior, über den sich die Kinderfrau Alice Ottenheimer schützend gebeugt hatte. Neben einer Gehirnerschütterung erlitt »Kurti« Schnittwunden, die bleibende Narben an der Stirn und auf der linken Wange hinterließen. Herma Schuschnigg, die Frau des Kanzlers, wurde tot aus dem Auto geborgen. Sie war mit dem Hals gegen den Rand des offenen Verdecks geschlagen.[29]

Der sehr gläubige Kanzler sah in diesem Unfall eine himmlische Strafe. Er hatte seit einiger Zeit ein Verhältnis mit der Bildhauerin Anna Mahler, einer Tochter von Alma Mahler-Werfel. Nach diesem Unfall beendete er die Liaison. Die Schuschniggs wollten für die Sommerferien nach St. Gilgen am Wolfgangsee reisen. Am Vorabend hatte ihr Chauffeur namens Tichy bis weit nach Mitternacht im Wirtshaus gesessen. Wahrscheinlich hatten ihm einige Nazis ein Schlafmittel ins Bier geschüttet. Gleichwohl trat er am nächsten Morgen um sechs Uhr seinen Dienst an. Unterwegs war er am Steuer eingeschlafen. Grausame Ironie: Der Unfall war dem eigentlichen Angriff zuvorgekommen. Kurz hinter dieser Stelle wartete ein Mann mit einer zündbereiten Bombe auf das Dienstauto. Die Polizei konnte ihn festnehmen und verhören. Von dem Kanzler, dem der Anschlag gegolten hatte, hing Österreichs Zukunft ab und, wie er gewiss glaubte, auch von Gottes schützender Hand.[30]

* * *

Für einen Mann, der gern Uniform trug, sah der neue Kanzler, wenige Tage nach der Ermordung von Dollfuß ernannt, recht zivil aus. Sein hohes, schmales Gesicht war von Strenge gezeichnet: blondes glänzendes Haar mit akkuratem Scheitel, hohle Wangen, stark hervortretende Backenknochen, schmaler Lippenbart, schlichte Brille mit dünnem Rahmen, ein mürrisch-müder Gesichtsausdruck, ein leicht angewiderter Blick. Er war zu diesem Zeitpunkt einer der jüngsten Regierungschefs in Europa, doch wollte er älter und seriös wirken. Der Großvater war vom Kaiser als Generalmajor geadelt worden, und auch der Vater war Offizier gewesen. Er selbst hatte sich im Ersten Weltkrieg tapfer geschlagen. Im Privatleben war er ein Musikliebhaber und durchaus kultivierter Mann, befreundet mit Musikern und Dichtern.

Geboren wurde er in Riva am Gardasee, als Teile Norditaliens noch zum Habsburgerreich gehörten; er besuchte das Jesuiteninternat Stella Matutina (»Morgenstern«) in Feldkirch. Gleich nach der Matura im Jahr 1915 zog er freiwillig in den Krieg und diente an der italienischen Front. 1918 in italienische Gefangenschaft gekommen, konnte er im Herbst 1919 heimkehren, das Jurastudium nachholen (als Mitglied der katholischen Studentenverbindung CV) und Rechtsanwalt in Innsbruck werden. Religion gehörte zu seinem Alltag, aus Überzeugung und familiärer Tradition.

Er heirate Herma Masera, Tochter eines Kaufmanns aus Bozen, die sich ihr Leben lang weigerte, Italienisch zu sprechen. Ihr gemeinsamer Sohn Kurt wurde 1926 geboren. In diesem Jahr zog Schuschnigg als Abgeordneter der Christlichsozialen in das Parlament ein. 1932 ernannte ihn Dollfuß zum Minister für Justiz und Unterrichtswesen. Das Prinzip des Ständestaates hat Schuschnigg unterstützt, es erschien ihm als spezifisch »österreichischer Weg« zwischen Parlamentarismus und Diktatur.[31] Er war mitverantwortlich für die Justizmorde dieser Regierung und für die Ausschaltung aller republikanischen Instanzen. Im November 1933 hatte er die Wiedereinführung der Todesstrafe durchgesetzt, die 1920 abgeschafft worden war. Aus all diesen

Gründen wurde er von den linken Parteien bekämpft und beschimpft.

In seinem 1937 erschienenen Buch *Dreimal Österreich* skizzierte er drei mögliche Wege für sein Land: radikale Neutralität; Anschluss an einen Staatenblock; relative Neutralität mit vielfältigen Bündnissen. Am besten für Österreich wäre eine Rolle als »Brücke und Mittler zwischen den Völkern und Staaten«.[32] Die Unabhängigkeit Österreichs sollte verteidigt werden, aber alle politischen Kräfte, die das Land im Notfall hätten verteidigen können, waren gelähmt oder verboten.

* * *

Über Schuschniggs politisches Denken und seinen Weg sind wir gut informiert durch seine Aufzeichnungen in den Kriegs- und Haftjahren zwischen 1938 und 1945. Schuschnigg scheint durchaus Verständnis für den Antisemitismus gehabt zu haben, auch nach seiner Meinung lebten zu viele Juden in Wien. »Wiener Antisemitismus war, auf die einfachste Formel gebracht, nur wirtschaftlicher Existenzkampf der Bodenständigen gegen uferlose Ostjudenüberschwemmung.«[33] Der gute Katholik verurteilte das Rassenprinzip und den Blutmythos. Um die Zahl der Juden in Wien zu reduzieren, hätten seiner Auffassung nach eine Revision der nach 1919 erworbenen Staatsangehörigkeit und Grenzsperren gegen weiteren Zuzug genügt, was auch im Interesse des »soliden, bodenständigen, weil alteingesessenen Judentums« gewesen wäre. Alles andere bliebe Barbarei.

Er sah »manches Gute und Richtige« mit der »neuen Lehre« der Nationalsozialisten daherkommen! Viele junge Menschen hätten sich aus purem Idealismus und fanatischem Glauben dem Nationalsozialismus verschrieben. »Es gab manches Licht« in dessen Programm, etwa die soziale Fürsorge für Mutter und Kind, das bewusste Wecken des Gemeinschaftsgedankens, die Erziehung zur Leistung, die agrarische Marktordnung, er sah also programmatische Schnittmengen zwischen seinen Christlichsozialen und dem NS-Staat.[34]

Selbst zum Führer fiel ihm einiges ein: »Hitler ist ein Phänomen. Unsinnig, solches zu leugnen. [...] Was fraglich bleibt, ist aber, ob das amoralische Prinzip des Hemmungslosen zwangsläufig durch das Geniale bedingt ist und in ihm seine Rechtfertigung findet. [...] Hitler hat magische Gewalt auf die Menschen [...].«[35]

* * *

Am 30. Juli 1934 war Schuschnigg zum Kanzler ernannt worden; zu seinem Vizekanzler machte er den ehemaligen Heimwehrführer Starhemberg, der den Nazis nahegestanden, sich aber glaubhaft von ihnen entfernt hatte. Ernst Rüdiger Graf Starhemberg (1899–1956) trug denselben Namen wie der berühmteste seiner Vorfahren, der 1683 als Stadtkommandant bei der Rettung Wiens vor den Türken eine Schlüsselrolle gespielt hatte. Im Verteidigungskampf gegen die Deutschen spielte sein Nachfahre nur eine Nebenrolle. Er war eher ein Dandy in Uniform als ein Politiker. Als Student in München war er für das Charisma des politischen Aufsteigers Hitler anfällig gewesen, war sogar bei dessen Putschversuch 1923 mitmarschiert, hatte sich aber rechtzeitig in Sicherheit gebracht. Eine Zeit lang ließ er sich von Mussolini bezahlen.[36] 1930 empfing ihn Hitler, um zu sondieren, ob er in Österreich verwendbar wäre. Und schon damals sagte Hitler, dass die Südtirol-Frage niemals das deutsche und das italienische Volk entzweien würde. Von 1934 bis 1936 war Starhemberg zugleich Chef der Vaterländischen Front, konnte aber nie eine eigene politische Hausmacht aufbauen. Im Winter und Frühjahr 1938 lebte er mit seiner Familie in der Schweiz.[37]

Kanzler Schuschnigg führte den politischen Kurs von Dollfuß fort, nach innen wie nach außen. Er versuchte seinen Spielraum zu erweitern, indem er Kontakt zu Otto von Habsburg aufnahm. Schuschnigg war Legitimist, aber er hatte verstanden, dass eine Rückkehr der Habsburger zu internationalen Verwicklungen führen würde. Schon Dollfuß hatten seinen Minister Schuschnigg im Frühjahr 1933 zu Gesprächen mit Otto in Paris ermutigt. Dieser war im Jahr 1930 volljährig geworden, reiste viel in Europa umher, vermutlich auch auf Brautschau. Mussolini zeigte sich wohlwollend interessiert und empfing den jungen Habsburger in Rom.

In Österreich war die Dynastie keineswegs vergessen, die Kaisertreuen konnten viele Anhänger mobilisieren und brachten sich auch gern selbst ins Gespräch. In einem Brief vom 15. September 1933 erinnerte Otto den Wiener Kardinal Innitzer an die glücklichen Zeiten, welche die Völker im Kaiserreich erlebt hätten. Er begrüßte den Kampf des katholischen Österreichs um die Zukunft und Unabhängigkeit des Landes.

Die Zentralkanzlei der legitimistischen Organisationen Österreichs wurde geleitet von Baron Friedrich von Wiesner, einem alten k. u. k. Diplomaten, der überzeugt war, dass nur die Monarchie die österreichischen Wirren beenden könne. Ein anderer wichtiger Repräsentant war Herzog Max von Hohenberg. 1931 gründete Wiesner den Eisernen Ring, der alle monarchistischen Verbände zusammenfasste, darunter jüdische Frontkämpfer und Sozialdemokraten. Von den Führern des Ständestaates hoben sich die Habsburger dadurch ab, dass sie besonderen Wert auf die Einbeziehung der Arbeiterschaft legten. Auch unter den österreichischen Juden gab es viele Monarchisten. Bis 1938 machten 1602 Gemeinden Otto von Habsburg zu ihrem Ehrenbürger. Nach dem Anschluss wurden diese Ehrungen (fast) alle widerrufen. 475 Vereine im Lande trugen Otto die Ehrenmitgliedschaft an. Ende 1937 schätze man die Anhänger der Legitimisten in Österreich auf 1,2 Millionen.

Anfang Januar 1933 reiste Otto von Habsburg nach Berlin. Unerkannt in der Menschenmenge stehend, verfolgte er eine Rede von Hitler. Einladungen zu Hitler und zu Göring, vom ehemaligen deutschen Kronprinzen August Wilhelm überbracht, schlug er aus. Allerdings wurde der junge Mann von Reichspräsident Hindenburg empfangen, der bei dieser Gelegenheit alle österreichischen Orden anlegte, die Kaiser Franz Joseph ihm verliehen hatte. Am Tag von Hitlers Machtergreifung hielt sich Otto noch in Berlin auf. Von dort fuhr er weiter nach München, wo er nur knapp einer Verhaftung entging.[38]

Nachdem Nazis im März 1933 das Festspielhaus in Erl am Inn in Brand gesetzt hatten, schrieb Otto einen Solidaritätsbrief an den Bürgermeister jenes Grenzdorfes zwischen Tirol und Bayern. Er verurteilte jede Art von Terror und machte sich damit dauerhaft die Nazis zu Feinden. Für den Fall einer Restaurierung der Habsburger wurden in Deutschland im Auftrag von Reichswehrminister von Blomberg Einmarschpläne entworfen (»Fall Otto«). An diese Pläne wurde 1938 wieder angeknüpft.

Außenpolitisch warnte Otto von Habsburg davor, sich allein auf Italien und Mussolini zu verlassen. Die Unabhängigkeit Österreichs könne nur durch Rückversicherung in Paris und London erhalten werden.[39] Nach Dollfuß' Ermordung wurde Otto geraten, sofort nach Wien zu fahren; sein plötzliches Erscheinen könne beruhigend wirken. Er wollte jedoch nicht ohne Erlaubnis Schuschniggs kommen, der übrigens dem Eisernen Ring angehörte.[40] Der Kanzler lehnte die Einreise des Thron-Prätendenten ab, schickte aber einen Emissär zu ihm mit der Bitte, er möge ihm Zeit lassen, den richtigen Moment für seinen Besuch zu finden. Manche Berater glaubten, Otto habe in dieser Situation eine Chance verpasst. Bundespräsident Miklas, durchaus »legitimistisch« eingestellt, glaubte sogar, dass die Sozialdemokraten für eine Rückkehr der Habsburger sein könnten, weil ihre Partei dann wieder zugelassen würde.

Im September 1935 kam es zu einem geheimen Treffen zwischen Kanzler Schuschnigg und Otto von Habsburg im elsässischen Ort Mulhouse, im Hôtel du Parc, das vom französischen

Geheimdienst kontrolliert wurde. Otto versprach, nicht ohne Schuschniggs Einverständnis zurückzukehren, und Schuschnigg sagte zu, Otto über alle Abmachungen mit Deutschland zu informieren. Doch gerade daran sollte sich Schuschnigg nicht halten beim Abkommen mit Hitler am 11. Juli 1936. Otto war wütend, schob alles dem bösen Einfluss des neuen deutschen Botschafters von Papen zu.[41]

Schuschnigg fürchtete im Falle einer Rückkehr der Habsburger politische und vielleicht militärische Reaktionen von Berlin, aber auch von Belgrad und Prag.[42] Ungarn und Italien schienen nichts gegen eine Wiedereinführung der Monarchie in Wien zu haben. In London und Paris hatte Otto inzwischen politische Kontakte geknüpft. Politisches Fernziel der Anhänger der alten Dynastie war eine Wirtschaftsunion der Nachfolgestaaten des einstigen Reiches. Drei Geschwister von Otto kehrten nach Österreich zurück; Felix besuchte eine Militärakademie, Carl Ludwig wurde Schüler eines Benediktiner-Gymnasiums in Wien, und seine Schwester Adelhaid übernahm Aufgaben bei der Caritas. Sie vertrat Otto bei offiziellen Anlässen im Lande, etwa der Verleihung von Ehrenbürgerschaften.[43]

Die Nazis fassten alle ihre Gegner in einer großen Schmähung zusammen. Im Blatt *Der SA-Mann* las man am 20. Februar 1937: »Hinter dem teuflischen Bolschewismus steht der Jude, hinter allerlei kapitalistischen Restbeständen steht der Jude, hinter der Reaktion steht der Jude – darum haben die Wiener Synagogen gerade in letzter Zeit einen großen Bittgottesdienst für die Heimkehr vom Habsburger Otto gemacht – und hinter den politisierenden hetzenden Pfaffen steht der Jude auch.« Man sieht: »Jude« war der Sammelbegriff für alles, was den Nazis an der Wirklichkeit nicht passte.[44]

* * *

Der Ständestaat besaß durchaus Anziehungskraft für intelligente junge Leute, die ihn als dritten Weg und als Utopie einer neuen, katholisch geprägten Gesellschaftsordnung in dem chaotischen Europa der Zeit nach 1918 verstanden. Das galt zum Beispiel für den Soziologen und Journalisten Eugen Kogon, in dessen frühen Jahren Österreich eine Schlüsselrolle spielte. Er kam daher wie eine Gestalt aus Bierbaums Roman *Prinz Kuckuck*: Der Sohn einer jüdischen Mutter wuchs katholisch auf und irrte umher zwischen Deutschland und Österreich, zwischen der Weimarer Republik und dem Wiener Ständestaat.

Eugen Kogon war der Sohn einer ukrainischen Jüdin und eines unbekannten Vaters. Die Mutter, Sophie Kogon, nach eigenen Angaben Studentin der Philosophie, stammte aus Nikolajew, kam im Juli 1902 nach München und brachte dort am 2. Februar 1903 ihren Sohn zur Welt. Sie gab ihn in Pflege und zog nach Genf, wo sich ihre Spur verlor. Möglicherweise war sie nach Nikolajew zurückgekehrt und dort in einem Pogrom ermordet worden.

Eugen wurde von katholischen Pflegeeltern erzogen und besuchte mehrere Klosterschulen. Er studierte Nationalökonomie und Soziologie in München und Florenz, doch vor allem in Wien. Für sein politisches Denken schien diese unruhige Weltstadt, die ihre Welt verloren zu haben schien, das richtige Terrain. Ihn faszinierten die Hochschullehrer Hans Kelsen und Othmar Spann, bei dem er 1927 über *Faschismus und Korporativstaat* promovierte.

Spann war der eigentliche Theoretiker des Ständestaats. Ab 1919 war der Weltkriegsteilnehmer Professor für Nationalökonomie und Soziologie an der Universität Wien. 1921 erschien sein Buch *Der wahre Staat*, das sich gegen den Liberalismus und die parlamentarische Demokratie, aber auch gegen den Marxismus wandte. 1929 trat der Verfasser in die NSDAP ein, aber schnell zeigten sich politische Differenzen. Spann vertrat einen

»dritten Weg«, den autoritären Ständestaat. Den radikalen Antisemitismus der Nazis lehnte er ab. Seit 1935 wurden seine Staatstheorien von den Nazis kritisiert. Gleichwohl hat er ihnen geholfen: in seinem Gutshaus befand sich zwischen 1936 und 1938 eine illegale Druckerei der NSDAP. Sein Schüler Kogon ist Spanns Weg einige Jahre mitgegangen, hat sich aber bald auf die Seite der Opposition gestellt. 1938 galten Spann wie Kogon den Nazis als auszuschaltende Gegner.

Nach der Promotion wurde Kogon von Spann den christlichen Gewerkschaften empfohlen. Der gesellschaftlich aktive Katholizismus entsprach seiner politischen Orientierung, und dessen Betätigungsfeld war in Österreich besonders ausgeprägt. Seine Arbeit versah Kogon als Redakteur der konservativen Wochenschrift *Schönere Zukunft* in Wien. Bald nach der Promotion heiratete er seine Münchner Jugendfreundin Magarethe Lang. Erst jetzt erfuhr er, dass er eine jüdische Mutter hatte.

1927 hatten Kogon und seine Frau die österreichische Staatsangehörigkeit erworben (wohingegen der nach München ausgewichene Österreicher Hitler erst 1932 deutscher Staatsbürger und nur Monate später deutscher Kanzler wurde). In den Jahren 1932 bis 1934 war Kogon Geschäftsführer bei der *Neuen Zeitung*; von Januar bis April 1934 arbeitete er sogar als Chefredakteur für den *Österreichischen Beobachter*, war politisch also sehr weit rechts verortet. Spätestens nach dem sogenannten Röhm-Putsch im Juni 1934 mit der Liquidierung der SA-Führung und vieler politischer Gegner der NSDAP verlor Kogon alle Illusionen, der Nationalsozialismus könne christlich umgepolt werden. Von da an arbeitete er gegen den NS-Einfluss in Österreich.

Im Jahr 1934, nach dem gescheiterten Putsch der österreichischen Nationalsozialisten, übernahm Kogon die Vermögensverwaltung des Hauses Sachsen-Coburg-Koháry. In dieser Funktion verstieß er gegen die neu erlassenen deutschen Devisengesetze, die einem wirtschaftlichen Boykott Österreichs gleichkamen. Bei Reisen nach Deutschland war er 1936 kurzzeitig verhaftet worden und hatte erste Bekanntschaft mit der Gestapo gemacht. Man ließ ihn aber stets nach Österreich zurückkehren. Hier half er deutschen Emigranten, was man ihm noch zum Vorwurf machen sollte.

Im März 1938 stand sein Name auf den für Wien vorbereiteten Verhaftungslisten der Nationalsozialisten. Zu dieser Zeit arbeitete er an dem Buch *Gespräche mit Deutschen*, in dem er zu dem Resümee kam, dass es nur wenige Deutsche gäbe, »die nicht in irgendeinem Punkt mit dem Nationalsozialismus übereinstimmten und irgendwas an seiner Praxis begrüßenswert, zumindest anerkennenswert fanden«.[45] Seine Frau vernichtete das Manuskript nach seiner Verhaftung.

* * *

Interessante Parallelen zu Kogons intellektuellem und politischem Weg bis 1938 zeigt die Entwicklung von Erich Hermann Wilhelm Vögelin, der im amerikanischen Exil unter dem Namen Eric Voegelin publizierte und ein bedeutender Politikwissenschaftler wurde. 1901 in Deutschland geboren, hatte er von 1919 bis 1922 in Wien Jura studiert und in Politikwissenschaft promoviert. Zu seinen Lehrern gehörten Hans Kelsen, der die Verfassung der Republik Österreich entworfen hatte, Joseph A. Schumpeter, der in Graz lehrte, in Wien aber viel gelesen wurde, und schließlich Othmar Spann. In den Seminaren bei Spann lernte er Alfred Schütz kennen, F. A. von Hayek und viele andere spätere Emigranten. An den Universitäten lehrte noch das Personal aus der Kaiserzeit, darunter viele jüdische Professoren. Nach 1918 wurden keine jüdischen Ordinarien mehr berufen. Manche talentierte Wissenschaftler dachten deshalb schon lange vor dem Anschluss an Auswanderung.[46]

Zu den Intellektuellen, die Voegelin maßgeblich prägten, gehörten Stefan George, den er als Symbolisten verstand, der Germanist Friedrich Gundolf, aber auch Karl Kraus, dessen *Fackel* er eifrig las. Kraus' Sprachkritik war für ihn eine wichtige Vorstufe der Ideologiekritik. Diese Lektüre machte ihn auch immun gegen Heidegger. Voegelin glaubte, dass die deutsche Sprache und damit das Denken in Deutschland schon in der Zeit des Kaiserreichs verdorben worden war.[47] Im Verlauf der 30er Jahre erweiterte der getaufte Protestant Voegelin seinen geistigen Horizont durch die Lektüre bedeutender katholischer Autoren wie Jacques Maritain, Étienne Gilson und Hans Urs von Balthasar, vor allem aber durch Studienaufenthalte in den USA (an der Columbia University in New York), in London am Warburg Institute (wo er Arnold Toynbee entdeckte) und in Paris.[48]

Nach einem dreijährigen Rockefeller-Stipendium in den USA wollte er sich in Wien habilitieren. Sein Weg in eine Professur in Österreich erschien vorgezeichnet. Seit 1929 war er Privatdozent, 1936 wurde er Assistent bei Kelsen und verdiente zunächst 100 Schilling im Monat. Bis 1938 wurden es 250 Schilling (was damals 50 Dollar entsprach). Die politische Unruhe im Lande entging Voegelin, der stets sozialdemokratisch gewählt hatte, keineswegs. Ihm missfiel, dass die Sozialdemokraten an revolutionären Konzepten festhielten und nicht verstehen wollten, dass so ein kleines Land wie Österreich auf die Nachbarn Rücksicht nehmen musste. Ihr Faschismusbegriff ebnete alle politischen Unterschiede ein.[49]

Voegelins Sympathien gehörten inzwischen eher den Christlichsozialen. Den Marxismus lehnte er strikt ab. Die ideologische Verbohrtheit der sozialistischen Führer stieß ihn ab. Zwar gab er ihnen recht, was die Analyse der ökonomischen und sozialen Lage betraf, aber dass sie an ihrem apokalyptischen Programm auch angesichts von Hitler festhielten, war ihm unverständlich. Karl Kraus hat die Linke entsprechend kritisiert, und sie verzieh es ihm nicht. Resultat von Voegelins Reflexionen und

Beobachtungen war sein Buch *Der autoritäre Staat* (1936). Im amerikanischen Exil hat Voegelin sich davon distanziert, doch bewies es zur Genüge, dass der Ständestaat nicht ohne intellektuelle Basis daherkam. Im Wien jener Jahre diente das Buch dem Versuch, neben der Lehrbefugnis in Soziologie auch die in Politikwissenschaft zu erhalten. Mit dem Anschluss wurde es Makulatur. Der Denker musste sein Heil in der Flucht suchen. In den USA hatte er dann nicht nur Lektüren, sondern auch eigene Erfahrungen zu bedenken.[50]

* * *

Gott ist kein Österreicher. Der Wiener Kardinal Innitzer muss es gewusst haben, denn er riet Kanzler Dollfuß davon ab, sich unentwegt auf Gott zu berufen, aber Dollfuß sprach gar von »Österreichs göttlicher Mission«. Gott, wenn es ihn denn gibt, kümmert sich nicht um menschliche Angelegenheiten, um Staatsdinge schon gar nicht. Das bewies das böse Ende des gläubigen Kanzlers.[51]

Nicht einmal um das Wetter kümmert sich Gott: Wenn es am 15. März 1938 in Wien stark geregnet, gestürmt oder gehagelt hätte, was wäre aus dem Aufmarsch der Nazis geworden und aus Hitlers Rede von der Hofburg herab? Hätte es trotzdem ähnlich fabelhafte und politisch wirksame Propagandabilder gegeben?

Gott in Wien, das ist ein ganz eigenes Kapitel. Wenn Wien nicht nur Stadt der Leichtlebigkeit, der Musik, der Liebe und der freien Kunst war, sondern auch eine Stadt des Glaubens, ein spirituelles Zentrum? Und wenn sich die Juden gerade deshalb von Wien angezogen fühlten und nicht nur des schnellen Erfolges wegen? Die katholische Kirche war vor allem eine politische und gesellschaftliche Macht; 90 Prozent der Österreicher waren katholisch, vom Bildungswesen bis zu den restriktiven Ehegesetzen hatte sie überall entscheidenden Einfluss.

* * *

Theodor Innitzer, Sohn eines böhmischen Fabrikarbeiters, seit März 1933 Kardinal von Wien, war ein kräftiger Mann mit offenem kantigem Gesicht. Nach einer akademischen Karriere als Theologe und einer kurzen Zeit als Mitglied einer christlichsozialen Regierung wurde er zum führenden Kirchenfürsten Österreichs. Den politischen Kurs von Kanzler Dollfuß begrüßte er als den Anbruch einer neuen Zeit. Nach dessen Ermordung predigte er im Wiener Dom, lobte den Kanzler als »wahren Nachfolger unseres göttlichen Heilands« und als Märtyrer, sprach gar von Heldentod. Das klang nicht nach Verteidigung der Demokratie, aber es konnte auch den Nazis nicht gefallen.[52]

Schon 1929 warnte der Linzer Bischof Gföllner vor Hitler als falschem Propheten. Rassedenken und christlicher Glaube seien unvereinbar, schrieb er im Januar 1933. Aber zugleich zeigte er keine Abkehr vom traditionellen Antisemitismus der Kirche, bekannte sich als antijüdisch im »geistig-ethischen« Sinn. Man müsse einen Damm aufrichten gegen »all den geistigen Unrat und die unsittliche Schlammflut, die vorwiegend vom Judentum aus die Welt zu überschwemmen droht«.[53]

Der Münchner Kardinal Faulhaber beschwerte sich in Rom bei Papst Pius XI. über Gföllner, weil der eine Trennlinie gegenüber den Nazis zog, während der bayerische Klerus sich mit dem neuen Regime zu arrangieren versuchte. Noch als Minister handelte Schuschnigg mit dem Nuntius Eugenio Pacelli ein Konkordat zwischen der Dollfuß-Regierung und dem Vatikan aus. Unterzeichnet wurde es am 6. Juni 1933. Wenige Wochen später schloss der Heilige Stuhl das Konkordat mit dem Deutschen Reich ab. Dollfuß befürchtete, dass der Nationalsozialismus dadurch Auftrieb in Österreich erhalten könnte, und ließ in Rom intervenieren. Die vatikanische Presse solle klarstellen, dass es sich um ein Abkommen mit Deutschland handele und nicht mit dem NS-Regime. Pacelli äußerte sich nur vage, beschränkte sich auf lobende Worte für Österreich. In den nächsten Jahren fanden sich allerdings in der Vatikanzeitung *L'Osservatore Romano* immer wieder Sätze, welche Österreichs besondere Rolle und Unabhängigkeit betonten.[54]

Innitzer versuchte Gföllner für einen Kompromisskurs zu gewinnen, im Namen religiöser Interessen (womit ja nur die weltlichen Interessen der Kirche gemeint sein konnten). Am 21. Dezember 1933 erschien ein vom Linzer Bischof redigierter Weihnachtshirtenbrief, der sich gegen den Nationalsozialismus und für den Kurs von Dollfuß aussprach. Die Menschheit sei eine Familie, nur ein christlicher Nationalismus sei von Gott gewollt, Religion sei übernational. Die Nazis reagierten mit Beschimpfungen.

Am 14. März 1937 veröffentlichten die österreichischen Bischöfe eine Solidaritätsadresse an ihre Amtsbrüder im Dritten Reich. Sie kritisierten, dass der NS-Staat den Einfluss der Religion zurückdränge, und bedauerten, dass in Österreich allzu viele der Gottlosigkeit zum Sieg verhelfen wollten. Der politische Kurs des Dollfuß-Nachfolgers Schuschnigg und dessen Bemühen um die Unabhängigkeit Österreichs wurden von der Kirche unterstützt. Das Berchtesgadener Abkommen vom 11. Juli 1936 zur Normalisierung der deutsch-österreichischen Beziehungen begrüßte Innitzer als Friedenstat und als Ende eines Bruderzwistes.[55]

Die Zeitung *Reichspost* unter Chefredakteur Friedrich Funder war das inoffizielle Organ des Ständestaats. Auch sie begrüßte das Abkommen. Man könne nicht länger Österreicher und Deutsche gegeneinander ausspielen. Es gebe im Nationalsozialismus einen prochristlichen Flügel. Mit diesen nationalen und christlichen Kräften müsse man zusammenarbeiten. Der ungenannte Verfasser dieses Artikels war Alois Hudal, österreichischer Theologe im Vatikan. (Nach dem Krieg agierte er als Fluchthelfer für untergetauchte Nazis.) Im Herbst 1936 brachte Hudal das Buch *Die Grundlagen des Nationalsozialismus* heraus, dessen erstes Exemplar er Hitler widmete, dem es durch von Papen persönlich überbracht wurde. In Deutschland wurde das Werk kaum verbreitet, in Österreich hingegen unter den führenden Katholiken heftig diskutiert. Den Nazis ging es nicht um geistig-historische Zusammenhänge und ähnlich wohlwollende Deutungen; es ging um Macht und Kontrolle, was die Vermittler zwischen Kirche und Partei nicht verstanden hatten.[56]

Es gab christliche Kräfte, die Hudals Kurs der Anbiederung bekämpften, durchaus im Namen des Ständestaats. Der aus München nach Wien emigrierte Philosoph Dietrich von Hildebrand schrieb 1936: »Friede mit dem Deutschen Reich ist gut, Friede mit dem Nationalsozialismus ist der Tod.«[57] Bereits im Juni 1935 verurteilte er in der Zeitschrift *Der Christliche Ständestaat* den Nationalsozialismus als »Blutmaterialismus« und »brutale Herrenmoral«. Diese Bewegung breche mit allem, was seit je das Christentum ausgemacht habe, daher dürfe es keine faulen Kompromisse mit ihr geben. Einzelne Stimmen aus dieser kleinen Gruppe hielten sogar den bewaffneten Aufstand gegen den Nationalsozialismus für legitim, wie der Jesuit Bernhard Franzelin.

Der Vatikan war besorgt über den Machtzuwachs des NS-Regimes, weshalb im März 1937 die Enzyklika *Mit brennender Sorge* veröffentlicht wurde. Sie enthielt das Eingeständnis, daß sich die Kirche über das Wesen dieser Bewegung habe täuschen lassen: Der »Friedensbaum« des Konkordats habe keine Früchte getragen, der »Anschauungsunterricht der vergangenen Jahre [...] enthüllt Machenschaften, die von Anfang an kein anderes Ziel kannten als den Vernichtungskampf«. Als Pacelli von Schuschniggs Idee eines Plebiszits erfuhr, sagte er voraus, »daß Hitlers Gewaltstreich noch vor der Abstimmung erfolgen werde«.[58]

* * *

Bestimmte Kreise der katholischen Kirche in Österreich verhandelten vom Herbst 1932 bis zum Berchtesgadener Abkommen im Juli 1936 insgeheim mit den Nationalsozialisten, was Kardinal Innitzer billigte. Vermittelt wurde der Kontakt von dem Philosophieprofessor Hans Eibl, Mitarbeiter an der Zeitschrift *Schönere Zukunft*, in der auch Eugen Kogon publizierte. Manche Politiker der Christlichsozialen verurteilten solch »verstecktes Packeln mit den Nazis«.[59] Die selbst ernannten »katholisch-nationalen Brückenbauer« galten vielen nur als fünfte Kolonne der Nazis. Sie übernahmen im März 1938 die Initiative in der katholischen Kirche Österreichs. Doch sie bauten nur Brücken in den Abgrund, der sie selber verschlang.[60]

Am 12. März 1938 wurden einige Geistliche unter Hausarrest gestellt, etwa Erzbischof Waitz. Für längere Zeit in Haft kam neben anderen katholischen Persönlichkeiten auch Friedrich Funder, Chefredakteur der Zeitung *Reichspost* (die durchaus antisemitische Artikel veröffentlichte).[61] Kritische Geistliche wurden von den Nazis aufgefordert, am Sonntag, dem 13. März 1938 nicht zum Gottesdienst zu erscheinen. Dank Kontakten zu Mussolini wurden einige Geistliche wieder freigelassen. Auf einen Vorschlag des »Brückenbauers« Karl Pischtiak ging Kardinal Innitzers Entscheidung zurück, bei Hitlers Einzug in Wien die Glocken läuten zu lassen. (Karl Pischtiak war »Halbjude« und starb 1944 im Konzentrationslager.)[62]

* * *

Sich mit blutrünstigen Regimen zu arrangieren stellte kein Problem dar, schließlich hatte die Kirche über lange Perioden der Geschichte ihre Feinde mit Hilfe staatlicher Macht vorzeitig ins Jenseits befördern lassen (eine schwerlich aus der Bibel zu begründende Praxis). Im 20. Jahrhundert galt die Sorge der katholischen Kirche in Italien, in Deutschland und auch in Österreich vor allem der Bewahrung ihres Einflusses auf die Bildungseinrichtungen, auf Kultus und Unterricht, obwohl sich gerade das als Illusion erwies. In den Zukunftsplänen der Nationalsozialisten kamen die Kirchen nicht mehr vor, insbesondere die Erziehung der Jugend wollten sie allein bestimmen. Bei den Verantwortlichen der katholischen Kirche blieb vorerst außer Betracht, dass sie über Jahrhunderte hinweg den Antisemiten die Stichworte und die Rechtfertigung für ihre Verleumdungen und Attacken geliefert hatten.

5
Roman der Seele

So vieles hat zugleich Raum in uns –! […]
Die Seele … ist ein weites Land.
Arthur Schnitzler

Die katholische Kirche war eine Großmacht in Österreich, vielleicht die eigentliche Macht, wie Sigmund Freud meinte. Sie war eine repressive, autoritäre, zensierende Macht, keine befreiende. Aber die Macht- und Nachtseite des organisierten Katholizismus, die Kirche als Institution und gesellschaftliche Säule war nur die halbe Wahrheit; die Seite des Glaubens und des persönlichen Weges war die andere. Auch diese Seite war stark in Wien, und deshalb war Wien der Ort, wo das Wissen um die »Seele« vertieft werden konnte. Wien war ein Zentrum der Philosophie wie der Naturwissenschaft, und bei Sigmund Freud (aber auch bei Robert Musil) flossen beide Stränge zusammen. Naturwissenschaftlich und empirisch fundierte Erforschung des Seelenlebens in therapeutischer Absicht, das war Freuds Thema.

In seiner Studienzeit hatte der Philosoph Franz Brentano starken Einfluss auf Freud ausgeübt. Freud hörte fünf Vorlesungsreihen bei ihm und fand ihn »verdammt klug«. Brentano war einmal Priester gewesen, er glaubte an Gott, akzeptierte jedoch die Theorien von Darwin. Der gute Bibelkenner Freud wurde für kurze Zeit zum Theisten, war jedoch bald wieder ein »gottloser Mediziner und Empiriker«. Freuds Auffassungen vom Psychischen hat der Philosoph gleichwohl beeinflusst, denn er hat nie rein medizinisch gedacht.[1]

Diese Phase endete, als Freud sich intensiver der Naturwissenschaft zuwandte, der Zoologie, später der Neurologie. Von Ludwig Feuerbach übernahm er den Impuls zur Religionskritik, die »Vernichtung« einer grundverderblichen Illusion, wie es bei Feuerbach hieß. Der aber war eigentlich kein Atheist, er wollte die Religion vor den »Pfaffen« retten. Die Frage der Religion würde sich für den Psychoanalytiker Freud dann erneut stellen.[2]

* * *

Der Glaube als Moment einer privaten Suche und als Spiegel einer gesellschaftlichen Erfahrung, das war auch ein wesentliches Thema der Literatur. Der aus Prag stammende Jude Franz Werfel, der vom katholischen Glauben fasziniert war, hat dies wie kaum ein anderer in seinen Romanen ergründet. Er tat es, ohne Gesellschaft und Politik aus dem Blick zu verlieren, ja, man kann seine wichtigsten Romane und Erzählungen als Versuche begreifen, das Aktuelle und das Ewige zu verbinden.

Barbara oder Die Frömmigkeit ist der Roman der österreichischen Seele, ein autobiographisch fundiertes Gesellschaftspanorama, das 1929 entstand. Seinem Helden Ferdinand folgen wir durch die Zeiten vor dem Ersten Weltkrieg, während der Kriegsjahre und in den revolutionären Kämpfen nach 1918, als es darum ging, was aus dem neuen, reduzierten Österreich werden solle. Für Werfel ist nicht entscheidend, welche politische Linie sich durchsetzt, sondern das, woran die Menschen glauben, wonach sie suchen oder vielmehr woran sie nicht mehr glauben. »Dieses war ja das Entsetzliche an unserer Zeit, daß es kein selbstverständliches Leben in Gott gab.«[3]

Aber auch die gesellschaftliche Verankerung fehlte nach der großen Niederlage. »Wir haben keine Nation, wir gehören nirgends hin, wir sind die armen Waisenkinder des Staates«, sagt der Vater des Helden Ferdinand. Es fehlt das Gefühl der Aufgehobenheit, das sie auf die Zeit vor 1914 projizieren, und dieses

Gefühl meint Werfel mit »Frömmigkeit«. Nunmehr herrscht ein harter gesellschaftlicher Kampf. »Das seelische Gesellschaftsleben der Menschen besteht [...] aus einem unablässigen Kampf um Überlegenheiten, wenn auch zumeist um Überlegenheiten der lächerlichsten Art.«[4]

Selbst im Krieg hatte es eine Art der Geborgenheit gegeben; für die Soldaten bedeutete der Weltkrieg »sicheres Brot, Nachtlager und Familienversorgung auf Jahre hinaus«. Zumindest den Elendsgestalten half das aus ihrer Notlage. Nach dem Krieg waren die geschlagenen Soldaten für niemanden mehr Helden, sondern nur noch orientierungslose, verwahrloste Gestalten. Nun lagen »die geistigen Nervenenden der Zeit« bloß, machten sich Gewalt, Untergangsstimmung und Zerstörungswut breit: »Es wäre gar keine große Kunst, dieses ganze Sau-Wien in die Luft zu sprengen«, sagt eine Figur im Roman. »Selbstvernichtungslust« wird diese Stimmung genannt, denn: »Wenn die Welt untergeht, ist es eine Lust zu leben.« Allgemein herrscht das Gefühl, vor einer »schweren Elementarkatastrophe« zu stehen.[5]

In den Strudel eines revolutionären Umbruchs gerät auch Ferdinand. Geprägt von Erinnerungen an die Kindheit, muss er bei jeder Wendung seines Lebens an die fromme Kinderfrau Barbara denken.

Noch wird Wien, die Stadt der Lieder, gehalten von ihrem grandiosen Dekor. Nur will das Schauspiel in den Straßen nicht mehr dazu passen: »Die greisenhaft bröckelnden Fassaden der Ringstraßenpalais starrten entsetzt über diese Schicksalsflut hinweg auf die nackten Gärten gegenüber.« Das bezieht sich auf die Unruhen gleich nach dem Krieg, es liegt aber auch ein Vorgriff auf Kommendes darin. Was aber, wenn die Untaten nicht aus dem Osten kommen, sondern von innen? Wiener Bürger seien ebenso lebensselig wie sarkastisch, aber Vorsicht, wenn aus dem schwerfälligen Riesenleib der Masse wild-süße Lust und zerstörerischer Drang hervorbricht![6]

Erinnerung an die eigene Vorgeschichte und die aufrichtige innere Suche, das allein kann den Menschen aufrecht halten, scheint der Romancier zu glauben. Was aber geschieht mit den Menschen und mit der Stadt, in der sich ihr Schicksal entscheidet, wenn die Seele verloren geht? Das kann dieser Roman (noch) nicht sagen. Aber die Realität wird es wenige Jahre später zeigen.

Verlustgefühl und umkämpfte Gegenwart, das drückte Werfels Roman als Österreich- und Wien-Gefühl aus. In der historischen Situation nach dem Untergang des Kaiserreichs entstand in der ruhelosen Republik eine andere Gemütsmacht: die verklärte Vergangenheit.

* * *

Zehn Jahre später schreibt Franz Werfel einen weiteren Roman der Seele, nun aber im französischen Exil, in Paris und in Sanary-sur-Mer. 1939 erscheint *Der veruntreute Himmel. Die Geschichte einer Magd*. Hier geht es um keine Suche, sondern um die Geschichte eines Verlustes und eines Selbstbetrugs. Teta Linek, so heißt die böhmische Magd, welche an die Stelle der Gestalt der Barbara aus dem früheren Roman tritt, will für ihr Seelenheil alles tun und unterstützt das Theologiestudium ihres Neffen. Nach Jahren stellt sie fest, dass dieser unwürdige Verwandte ihre sämtlichen Ersparnisse verjubelt und besonders unfromm gelebt hat. Ihr Glaube war tief und echt, allerdings war sie zu bequem und hat den Neffen nie besucht, hat sich mit Überweisungen begnügt.

Ein Ich-Erzähler, der im französischen Exil lebt, beschwört diesen tragischen Fall herauf, den ihm ein Kaplan namens Johannes Seydel anvertraut hat. Doch verharrt er nicht in der Trauer um die Welt von gestern: »Ich empfinde das Exil als einen Schicksalsruf zur Erneuerung.«[7]

Der Ich-Erzähler versucht auch das Unglück von 1938 zu verstehen, nämlich als »Rache des Zeitgeistes«, des »wachsamsten Polizeiorgans der göttlichen Vorsehung«.[8] Der reale Tyrann, der

Wien und Österreich unterjocht, verschmilzt in dieser Sicht zu einer Art überzeitlichem Unterdrücker, als hätte der Himmel selbst strafend eingegriffen. Wie alle Tyrannen, so dulde auch der jetzige Zeitgeist nichts weniger als freie Seelen und unabhängige Geister, sondern belohne die freiwilligen Sklaven. »So tritt in mancher Geschichtsphase das paradoxe Geheimnis zutage, daß Gott selbst nicht will, daß Gott sei.«[9]

Hier werden auch die Märzereignisse in Österreich gedeutet, denn der Ich-Erzähler berichtet, dass er eine Reise in die USA angetreten habe und dass die dortigen Freunde ihn beschworen hätten, nicht in sein Land zurückzukehren. Zumindest nach Europa kehrte er zurück, doch: »In Paris überraschte mich der freche Raub Österreichs.«[10] Es folgen Sätze über das grausame Schicksal einer Bekannten in diesem nunmehr vom Teufel beherrschten Land. Der Roman über persönliche Heilssuche ist von zeitgeschichtlicher Aktualität.

Die Geschichte der Magd gerät keineswegs aus dem Blick. Zuletzt wird ihr das Glück zuteil, dass sie mit einer Pilgergruppe nach Rom reisen darf und mit dieser zu einer Generalaudienz beim Papst zugelassen wird. Auch hier ist der Roman zeitgeschichtlich situiert, denn es handelt sich um den sterbenskranken Papst Pius XI. Werfel gelingt ein grandioses Bild: Als die Magd vor dem Papst steht, verliert dieser das Gleichgewicht und muss sich kurz auf sie stützen. Das scheinbar mächtige Oberhaupt der Weltkirche sucht Halt bei der verkörperten Volksfrömmigkeit, der Demut, der Ergebenheit. Was für ein Gleichnis für die Lage der Kirche in dieser Zeit des triumphierenden Faschismus. Und zugleich eine heimliche Kritik? Denn schwach und betrogen sind beide, der Papst wie die Pilgerin. Diese aber erleidet während der Audienz einen Herzanfall und stirbt; der Papst lebt nur noch wenige Wochen.

Im Epilog sinnen der Ich-Erzähler und der Kaplan über die Geschichte der böhmischen Köchin nach. Das Fazit des Erzählers lautet: »Unsere Seelen wollen nicht mehr an ihre Unzerstörbarkeit glauben und damit an ihre ewige Verantwortung. Der veruntreute Himmel ist der große Fehlbetrag unserer Zeit. [...] Eine konsequent gottlose Welt ist wie ein Bild ohne Perspektive. [...] Ohne sie ist alles sinnlos.« Es ist der Geistliche, der die Dinge zurechtrückt: »Nur Gott steht fest. Alles andere wandelt an ihm vorüber, auch die Kirche.«[11]

Im Wien des Frühjahrs 1938 ist die Kirche ihrerseits an vielen ihrer Mitmenschen achtlos vorübergezogen.

* * *

Traumähnliches Erzählen gemäß der gleitenden Logik der Seele, so lautet das Programm von Robert Musils Experimentalroman *Der Mann ohne Eigenschaften*. Es ist ein Zeit-Roman im doppelten Sinne wie Thomas Manns *Der Zauberberg*, ein Roman, dessen Handlung ebenfalls in der Epoche kurz vor der Katastrophe von 1914 angesiedelt ist und sich zu einem Essay über Sein und Zeit, über Lebensgefühl und Zeitgenossenschaft entwickelt. Genau wie Thomas Manns Roman wächst Musils Versuch immer mehr in die Breite, aber anders als jener gut organisierte »Großschriftsteller« erreicht er niemals sein Ziel, einen erzählerischen Abschluss. In beiden Romanen scheint die Zeit stillzustehen, doch Musils Erzählwerk stockt irgendwann und kommt nicht mehr in Gang.

Musils Roman versucht einen bestimmten Punkt in der Vergangenheit zu erreichen, an dem die Entwicklung einer saturierten und zugleich spannungsgeladenen Gesellschaft aus den Fugen geriet, nämlich am Vorabend des Weltkriegs. Über dem Versuch, diesen Augenblick zu erhaschen, glitt der Roman seinem Autor aus der Hand und wurde zum Medium seiner eigenen Suche. So wenig wie der Pfeil im antiken Denkbild je sein Ziel erreicht, weil sich seine Flugbahn unendlich oft teilen lässt, so wenig erreichte der Romancier das intendierte Ende seiner

Geschichte, den Kriegsausbruch von 1914. Die Arbeit an dem Text erstreckte sich über die gesamten zwanziger Jahre hin bis zum Wiener Schicksalsjahr 1938 und darüber hinaus bis zum Tod des Dichters im Schweizer Exil im Jahr 1942.

Musil definierte sein Vorhaben so: »Es ist immer ein aus der Vergangenheit entwickelter Gegenwartsroman gewesen …« Erfahrungen aus der Entstehungszeit, vor und nach 1933, vor und nach 1938, wurden auf die erzählte Epoche projiziert, doch mit der Zeit wurden Spanne und Spannung immer größer, schließlich zu groß, weil sich eine neue historische Katastrophe abspielte, die den Roman und seinen Autor verschlang.

Der Torso-Charakter spiegelt nicht nur ein Dilemma des Autors oder seine schwierige materielle Lage, denn Musil wäre auch nach weiteren 20 Jahren nicht zum Ziel gekommen. Er illustriert die historische Situation Österreichs vor 1938: die Unmöglichkeit, die Identität des Landes und seiner Bewohner zu definieren und zu verteidigen gegen Bedrohungen von innen wie von außen, gegen das Zusteuern auf eine Katastrophe, eben den Moment, in dem der phantasierte oder befürchtete Anschluss sich vollzieht und eine furchtbare Gewaltorgie losbricht, der Staat selber zum Verbrecher wird. Das Beschwören des Verlorenen wird wichtiger als die Beschreibung des (drohenden oder vollzogenen) Untergangs. Ähnliches lässt sich zu den letzten Erzählungen des Paris-Emigranten Joseph Roth sagen, die aber die konventionellen Anforderungen an Erzählformen beibehalten.[12]

In seinem Scheitern symbolisiert Musils Roman das ganze Drama der Wiener Kultur und Gesellschaft; er ist aber auch ein Beispiel für das Ertrinken eines Dichters bei seinem Versuch, den Roman der Seele zu schreiben und darüber Zeit und Epoche zu vergessen sowie die Zeitlichkeit und Begrenztheit der eigenen Existenz. Zu besichtigen ist ein Unfall im Feld des Imaginären, als solcher grandios und lehrreich und absolut tragisch: die Verweigerung von Identität und Zeitgenossenschaft (als Thema des Romans) wie der erzählerischen Konvention (das lineare und zielgerichtete Erzählen) weicht einem über alle Ufer tretenden Gedankenstrom.

Hauptfigur und Dichter verweigern ›gemeinsam‹ die Festlegung auf eine finale Situation, die angepeilte Katastrophe, den Kriegsausbruch und damit den Untergang einer Gesellschaft einerseits, die privaten Untaten andererseits, nämlich Liebeswirren bis hin zu Inzest, Mord, Wahnsinn werden nicht erzählt, so wie die Grundsituation festgehalten, aber nicht oder kaum weiterentwickelt wird. Somit verlagert sich die zu erzählende Katastrophe in die Arbeit am Manuskript, die in eine Sturzflut von immer neuen Entwürfen und möglichen Fortsetzungen einmündet und sich darin verliert. An diesem immanenten Programm und nicht an den äußeren Umständen ist der Roman ›gescheitert‹, in erzählerischem Luxus, der die Leiden von Luxusgeschöpfen ausbreitet, während der Dichter sozial verkümmert und in materiell prekären Verhältnissen leben muss.

Alle Werke Musils vor diesem Roman, die Erzählungen, Essays und Theaterstücke, sind nur Versuche und Einstimmungen. Alles Vorangehende mündet ein in dieses Großprojekt, das zu Beginn um 1923 klar definiert erscheint: Ein repräsentativer Kreis der Wiener Gesellschaft versucht seit Ende 1913 ein politisches Projekt für das Jahr 1918 vorzubereiten, zur Feier des dann anstehenden 70-jährigen Thronjubiläums von Kaiser Franz Joseph, parallel zu dem in dasselbe Jahr fallende 30-jährige Jubiläum des deutschen Kaisers Wilhelm II. Die Beziehung Österreichs zu Deutschland wird also mit thematisiert. Das zeitlich früher liegende deutsche Datum soll durch Verweis auf die längere und bedeutendere Regierungszeit des österreichischen Monarchen übertrumpft werden. Die Bemühungen um die Gestaltung dieser Parallelaktion (die in Wahrheit eine Rivalität verbirgt) machen den Inhalt des Romans aus; es ist klar, dass der Krieg von 1914 alles zunichte macht und dass in das reale Jahr 1918 der parallele Untergang beider Monarchien fällt.

Dass dieses klare Ziel – der Kriegsausbruch 1914 und der Zusammenbruch aller Pläne zu einer gigantischen Selbstfeier – vom Erzähler nicht erreicht wird, liegt an der Sogwirkung, die vom Charakter seines Helden Ulrich ausgeht (dessen Familienname verschwiegen wird). Die anderen Figuren der Erzählung, Generäle, Diplomaten, Politiker, Großschriftsteller, Salondamen, sind nicht eigentlich Gegenspieler von Ulrich, sondern sie spiegeln seine möglichen Existenzformen innerhalb dieser Gesellschaft. Das Lebensprogramm des Protagonisten, gerade 32 Jahre alt, besteht darin, sich jeder Festlegung zu entziehen, »Urlaub vom Leben« zu nehmen und sich einengenden Karrieren zu verweigern.

Dabei ist dieser Mann ohne Eigenschaften von seiner Vorgeschichte her ein vielseitiger Mensch, genau wie sein Autor, von dem er wesentliche Züge trägt. Er hat sich versucht als Leutnant, als Ingenieur, als Erfinder, als Archivar in staatlichen Instanzen, er ist Dandy, Narziss, Erotiker, Ordnungsfanatiker, Zwischenweltler, Verbrecherversteher, dazu ein Erforscher der Seele, der den Philosophen Nietzsche, aber auch den Physiker und Wissenschaftstheoretiker Ernst Mach gelesen hat. Dass er die vergessene und wiederentdeckte »Seele« mit wissenschaftlicher Genauigkeit verbinden will, ist des Protagonisten wie des Autors vorrangiges Ziel. (War das wirklich so viel anders als Thomas Manns Forderung, die Vernunft mit Seele und die Seele mit Vernunft zu verbinden?)[13]

Ulrich verkörpert zu viele Widersprüche als psychosoziales Mobile aus sehr verschiedenen Teilen, die sich wechselseitig in der Schwebe halten. Er lebt in einem Zustand der radikalen Unentschiedenheit, ohne den Sprung zu wagen, die Konversion, wie der Philosoph Kierkegaard, dem er darin ähnelt, dass er einerseits die Existenzzwänge definiert, sie im eigenen Leben aber vermeidet, vielleicht auch weil eine heimliche Sehnsucht nach einer radikalen Lösung herrscht: immer nur Entwurf, niemals Tat, denn die wäre vielleicht eine Untat. Und so ist das Gegenbild zu der feinen Salongesellschaft, welche die Parallelaktion definieren will, der wahnsinnige Prostituiertenmörder Moosbrugger, dessen Fall alle fasziniert, weil sie ahnen, dass am Ende ihrer Entwicklung nicht die Feier des Friedenskaisers stehen wird, sondern die Entfesselung zerstörerischer Kräfte, ohne dass man wüsste, wem man die Schuld daran geben soll. Musil selber notierte im Blick auf die Gesellschaft der Vorkriegszeit: Man fuhr vor 1914 wie im Schlafwagen, erst der Zusammenstoß weckte alle auf.[14]

Noch aber reden sie immer weiter, verfolgen ihre erotischen und geschäftlichen Interessen, kreisen um sich selbst. In dieser Unentschiedenheit liegt eine österreichische Utopie. Musils eigenes Leben war der Weg in einen nicht vollendbaren, nicht abschließbaren Lebens-Roman. Daraus entstand sein Roman der Seele, als Selbstbegegnung und Selbstbespiegelung, in einer Synthese aus Wissen, Selbstbewusstsein, Gefühl und Eros. Alles, was die österreichische Kultur und Lebenskultur groß machte, Stilbewusstsein, nachlässige Eleganz, verfeinertes Selbstbewusstsein, Spiel mit dem Untergang, Todessehnsucht, Musikalität, kulinarischer und erotischer Genuss, ist berücksichtigt, aber am Ende steht der Fall in die Barbarei, halb von innen, halb von außen bewirkt.

Dieser finale Fall wird nicht erzählt – bewahrt wird der alte Traum, der nicht vergehen will. Wir erleben nicht den angekündigten Untergang, sondern »die Wiedererrichtung Österreichs durch einen Roman«, wie Elias Canetti formulierte.[15] Wenn man allzu tief in dieser Welt versinkt, kann man glauben, dass dieses ganze Österreich nur eine Traumwelt war, auch die Republik nach 1918 erscheint dann als Chimäre.[16] Kakanien, wie die

K.-u.-k.-Monarchie bei Musil heißt, war »für den Umgang mit Wunsch- und Unwunschbildern ein ungemein geeignetes Land; das Leben hatte dort ohnehin etwas Unwirkliches«.[17] Insofern ist Musils Held Ulrich der ideale Bürger dieses irrealen Staatsgebildes dank seines Möglichkeitssinns, den er dem Wirklichkeitssinn entgegensetzt.

Ulrich begegnet nach dem Tod seines Vaters der vergessenen Schwester Agathe wieder, die zwar in den frühen Entwürfen, nicht aber im Text des ersten Bandes vorkommt. Er erkennt die fünf Jahre Jüngere als die weibliche Form seines Selbst, wird durch die Faszination immer weiter aus seinem Leben und der Gesellschaft abgezogen, lebt eine Art imaginierte Inzestgeschichte, denn es bleibt unklar, ob der Inzest irgendwann auch faktisch vollzogen wird. Reines Gedankenspiel bleibt auch die von einer informellen Kommission vorzubereitende Friedensfeier des doppelten Jubeljahres 1918. Diese Parallelaktion sollte eine »glanzvolle Lebenskundgebung Österreichs« hervorbringen[18] und »die österreichische Kultur in ihrem innersten Wesen zeigen«[19].

Kakanien war ein Reich ohne Eigenschaften, konnte nie richtig definiert werden. Und doch bestand der Plan, der Welt einmal zu zeigen, was es eigentlich sein könnte. Auf diese Weise entdeckte man das Fehlende: die Seele.[20] Nötig wäre ein »Erdensekretariat der Genauigkeit und Seele«.[21] Rationalität, angewandt auf die Psychologie – und das war in der Tat Österreichs besonderer Beitrag zur Geistesgeschichte.

Ulrich, der Mann ohne Form und Festlegung, ist ein verirrter Engel auf Erden, ein irrlichterndes Wesen, das die Entscheidung fürchtet, weil diese zur mörderischen Seite hin ausfallen könnte. Er lebt immer nur einen Schritt von der Wahnsinnstat entfernt. Doch Musil will seine Hauptfigur nicht schuldig werden lassen. Dieser Roman verweigert dem Leser das erlösende Finale und mündet in einen Ozean von Möglichkeiten.

Musil verweigerte die Festlegung auf Ablauf und Ende seiner Erzählung.[22] Er rationalisiert die Schreibkatastrophe, indem er das essayistische Moment betont, in der Romanform wie im Lebensentwurf seines Helden, aber so bleibt sein Versuch konturlos, erzeugt eine Art verbaler Sintflut, in der er ganz real ertrinkt. Seine Arbeit am Imaginären wurde selbst imaginär, zur reinen Möglichkeit. Bis der Anschluss 1938 den Abschluss seines Projektes endgültig aushebelte, weil er zu viel Eindeutigkeit schuf. Diese brutalen Fakten trieben den Autor immer stärker in seine trotzige Unentschiedenheit hinein, sein Entwurf wurde immer inaktueller, wie er selber befürchtete.[23] So verfehlte der Autor seine Zeitgenossenschaft, anders als der verhasste deutsche Großschriftsteller in seiner erzählerischen Parallelaktion, denn der wurde in der Tat eine Gewissensmacht als »Bevollmächtigter des Geistes einer Nation«[24], auch noch im Exil, nun im Widerspruch zu seiner Nation.

Eine vollkommen durchleuchtete Epoche wird uns bei Musil gezeigt, im Röntgenblick des Erzählers, der alle seine Figuren bis in ihre geheimsten Gedanken hinein kennt. Erst in großem Zeitabstand erschließt sich, dass Musils Versuch über Seele und Gesellschaft eben in seiner Unvollendbarkeit die vollkommene Darstellung der österreichischen Tragödie ist.

1931 erschien bei Rowohlt in Berlin ein erster Teil des Romans mit über 600 Seiten; im März 1933 wurde der Anfang des zweiten Teils gedruckt, etwas mehr als 300 Seiten, aber das geschah nur auf Drängen des Verlegers, denn der Autor war längst auf Abwege geraten, und auch diese ersten knapp 1000 Seiten sind eigentlich unfertig, haben Züge von Vorläufigkeit. Das Erscheinen der nächsten Kapitel, welche die Handlung kaum voranbringen, war für das Frühjahr 1938 vorgesehen, scheiterte dann aber an den historischen Umständen des Anschlusses; es gab schon Druckfahnen, die den großen Schreibtisch des Dichters bedeckten, doch waren die Korrekturen längst nicht abgeschlossen. Er könne nicht überarbeiten, sagte er selbst, er müsse alles immer wieder umstoßen.

Auf Bitten des Verlegers schrieb Musil einen Waschzettel für die geplante Fortsetzung: Der kommende Band II,2 dringe vor zu den seelischen Untergründen und Voraussetzungen eines wesentlichen Lebens. »Über die rein dichterische Gestaltung der Lebensschicksale noch hinausgreifend, weitet er sich zu einer völlig eigentümlichen umfassenden Auseinandersetzung mit der Seelenkunde der Gegenwart.«[25]

Das war seine Ambition: eine Seelenkunde der Gegenwart zu schreiben, in Konkurrenz zu Freud gleichsam. Die Lebensschicksale der Romanfiguren gerieten darüber aus dem Blick. Über das Schicksal von Autor und Verlag bestimmte dann Hitler. Die äußere Zeitgeschichte konnte ihn nicht dazu bewegen, schneller zu arbeiten, im Gegenteil. Alle neuen Erfahrungen, besonders die nach 1933, wurden hineinprojiziert in den utopischen Roman, der im Jahr 1914 spielte, also eine Katastrophe früher. Der Autor verlor den Handlungsrahmen aus dem Blick und vertiefte sich immer mehr in die Gedankenbewegungen seiner Figuren. So konnte er zu keinem Ende kommen. Teil II,2 war angekündigt für Dezember 1937, sollte etwa 300 Seiten umfassen, vielleicht auch 350, doch Musil bat um Verschiebung ins Frühjahr. Sogar für Deutschland war das Erscheinen angekündigt, mit der Preisangabe in Reichsmark.[26]

Er werde mit der Ablieferung seiner Arbeit immer im Rückstand sein, das sei die einzige Sicherheit in seinem Leben, schrieb Musil am 1. April 1938 mit makabrer Selbstironie.[27] Er hielt sich für einen Erneuerer der Erzählkunst. Aber eine übertragbare Methode hat er nicht entwickelt, sie eignete sich nur für sein Projekt. An einem bestimmten Punkt seines Schreibens hatte er Ziel und Methode und vielleicht auch das Grundkonzept geändert, sein Erzählen war nicht mehr auf den Heimathafen gerichtet, sondern auf den Horizont dahinter, wenn nicht gar ins Blaue. Und manchmal kam ihm selber der Verdacht, dass sein Roman missglückt sei, wobei er sich damit tröstete, »in einer höheren Etage verunglückt« zu sein als die meisten seiner Zeitgenossen.[28]

Elias Canetti war der Meinung, dass Musil seinen Roman nicht auf Unsterblichkeit angelegt hatte, sondern auf Unvollendbarkeit.[29] Man könnte sogar behaupten, dass das Ende des Romans ebenso illusionär war wie die beiden Jubiläen der jeweiligen Kaiser, eine Parallele von Österreich und Deutschland – in der Negativität.

* * *

Als er nach Schweden ins Exil ging, nahm der junge Bruno Kreisky eine kartonierte Ausgabe von *Der Mann ohne Eigenschaften* mit. Statt sein Heimweh zu stillen, wie er gehofft hatte, fachte es der Roman erst recht an.[30]

* * *

Einen Seelenroman der ganz anderen Art schrieb Hermann Broch. *Der Tod des Vergil* ist nur vordergründig ein Ausweichen in einen historischen Stoff oder vielmehr in eine historische Phantasie. Die Entstehungsgeschichte dieses Textes ist eng mit den Ereignissen in Österreich rings um den Anschluss verbunden. Er wurde 1937 begonnen, in der kurzen Internierung nach dem Anschluss fortgeführt und erst im Exil vollendet. Die Zeitgeschichte ist in das entstehende Manuskript gleichsam eingeschrieben. Die letzten Lebensstunden des römischen Dichters werden als imaginäre Heimkehr breit ausgemalt.

In seiner Selbstdeutung schrieb Broch Sätze, die auch für Musil oder Werfel hätten gelten können: »Seit jeher und immerdar steht die menschliche Seele unter dem Gebot, ihre eigene untergründige Irrationalität auszuloten. […] Es geht also hier um die Einheit von Rationalität und Irrationalität, deren – scheinbare –

Gegensätzlichkeit sich eben in der tieferen seelischen Realität auflöst.«[31] Diese Absicht spiegelt sich wider auf der Ebene des Stils, der zwischen Versepos und Prosa changiert: »Er trachtet in jedem Darstellungsmoment das Kontradiktorische der Seele zur Einheit zu bringen.«[32]

6
In Freuds Welt

Ah, Psyche, from the regions which/Are Holy Land!
Edgar Allan Poe (To Helen)

Die Aphorismen, die man als Blütenlese aus dem uferlosen Manuskript Robert Musils pflücken kann, decken sich mit manchen Erkenntnissen Sigmund Freuds, etwa die Ahnung von der »geheimnisvollen Doppelgeschlechtlichkeit der Seele«[1] oder die Behauptung »Phantasie ist nicht Willkür«[2]. Genau wie Freud erörtert Musil das »Unbehagen in der Kultur«; so spricht er von dem »bekannten Leiden des zeitgenössischen Menschen [...], das man Zivilisation nennt«.[3] Heißt es beim Theoretiker des Unbewussten, das Ich sei nicht Herr im eigenen Hause, so lesen wir beim Romancier: »Das Ich verliert die Bedeutung, die es bisher gehabt hat, als ein Souverän, der Regierungsakte erläßt.«[4] Der leicht kränkbare und eifersüchtige Robert Musil empfand diese »Konkurrenz« als ein Ärgernis, das zu manch bösem Seitenhieb im Roman *Der Mann ohne Eigenschaften* führte. Eine seiner Figuren ereifert sich: Psychoanalyse und Relativitätstheorie seien nur Zeugnisse der Eitelkeit ihrer Erfinder.[5] Dass es sich dabei um eine Art Parallelaktion handelte (abgesehen vom zeitlichen Vorrang des deutlich älteren Freud), war ihm allzu bewusst. Denn auch der Neurologe Sigmund Freud versuchte den Begriff der Seele mit wissenschaftlicher Theoriebildung und rationaler Aufklärung zu verbinden.

Den Gebrauch des Begriffes »Seele« hat Freud nirgends gerechtfertigt. Bruno Bettelheim vermutete, Freud habe den Ausdruck gerade wegen seiner Mehrdeutigkeit und seines emotionalen Beiklangs benutzt. Bettelheim fügte aber hinzu, »daß Freud, wenn er von Seele spricht, nicht über ein religiöses Phänomen, sondern über einen psychologischen Begriff spricht. [...] An seiner Vorstellung von der Seele ist nichts Übernatürliches, und sie hat nichts mit Unsterblichkeit zu tun. [...] Für ihn ist die Seele der Sitz des Geistes wie auch der Leidenschaften, und wir bleiben uns der Seele weitgehend unbewußt. [...] Sie ist nicht greifbar, übt aber trotzdem einen mächtigen Einfluß auf unser Leben aus.«[6]

* * *

In einem Brief vom April 1937 an Marie Bonaparte machte Sigmund Freud seinem Zorn Luft. Der französische Psychiater Pierre Janet habe behauptet, die sexuelle Erklärung der Neurosen durch Freud habe nur in der besonders leichtlebigen Atmosphäre der Stadt Wien entstehen können.[7]

Noch manches andere störte Freud an den Kommentaren zu seiner Lehre, die er aus Paris vernahm, etwa indirekte Plagiatsvorwürfe. Aber warum lehnte er gerade die Bezugnahme auf Wien so vehement ab? Er nannte dies empörenden Blödsinn. Verstand er sich nicht als Wiener? Hätte er in Leipzig eine ähnliche Karriere gemacht? Sein Vater Jakob Freud, ein Wollhändler in der mährischen Stadt Freiberg (heute Příbor), war 1859 in die deutsche Messestadt gezogen, da war sein Sohn Sigismund (wie er damals noch hieß) gerade drei Jahre alt. Nach ein paar Monaten wurde die Familie durch Polizeibeschluss aus der Stadt verwiesen. In welche Unregelmäßigkeiten Vater Freud verwickelt war, weiß man nicht. Noch manche Familiengeheimnisse blieben ungeklärt, die Verstrickung eines Onkels in eine Falschgeldaffäre oder die Frage, ob die Ehe Jakob Freuds mit der 20 Jahre jüngeren Amalia Nathansohn, die er auf einer Geschäftsreise in Wien kennengelernt hatte, seine zweite oder seine dritte Ehe war.[8]

Im Jahr 1859 ließ sich die kleine Familie in der Wiener Leopoldstadt nieder. Die nächsten 79 Jahre sollte Sigmund Freud in dieser Stadt verbringen. Hier besuchte er das Gymnasium, hier studierte er Medizin (und Wien war seinerzeit eine Spitzenadresse für diese Disziplin), hier wurde er Arzt und schließlich außerordentlicher Professor. Mit welcher Stadt hätte man ihn sonst in Verbindung bringen sollen? Wahrscheinlich störte ihn an der Ferndiagnose des französischen Kollegen die Bezugnahme auf die erotische Atmosphäre Wiens, und in der Tat war Freuds Privatleben wenig geprägt von der Welt der Kaffeehäuser, der Theater, der Opern und der leichteren Vergnügungen. Man könnte sogar behaupten, er habe nicht in Wien gelebt, sondern in seiner ganz eigenen Welt. Vom Wiener Kulturleben nahm er nur wenig zur Kenntnis, und das Wien seiner Zeit nahm nur selten Notiz von ihm.[9]

Freud war sein Leben lang empfindlich gegenüber biographischen Versuchen, die ihn zum Thema hatten. Dem befreundeten Schriftsteller Arnold Zweig musste er ein solches Vorhaben explizit ausreden, und Stefan Zweigs Versuch eines Freud-Porträts in dem Buch *Die Heilung durch den Geist* stand er skeptisch gegenüber. Lang ist die Liste seiner biographiefeindlichen Äußerungen; die biographische Wahrheit sei nicht zu haben, glaubte er, Biographien würden doch nur auf Lügen hinauslaufen.

Dabei erstaunt die in einem Brief an seine Verlobte gemachte Bemerkung, er wolle es seinen künftigen Biographen schwer machen (und deshalb alle frühen Aufzeichnungen verbrennen), denn sie fiel zu einem Zeitpunkt, als nicht ausgemacht war, dass sein Leben je Thema von Biographien sein könnte. Die Wahrheit ist, dass der junge Sigmund ein ehrgeiziger Mensch war, der schon früh daran glaubte, er werde eines Tages Großes leisten und auf seine Art ein Held sein. Er war ein brillanter Schüler, der viele Auszeichnungen erhielt, und auch als Medizinstudent glänzte er. In der Familie wurde das junge Genie ohnehin von der Mutter und den Geschwistern bewundert. Wenn Freud später Kindheitswünsche unzerstörbar nannte, muss das ja auch für ihn gegolten haben.[10]

Und doch war sein Weg lang und umwegreich, nicht nur weil er es als Jude schwer hatte, sondern auch weil er sein zentrales Thema erst noch finden musste. Von biologischen Untersuchungen zu den Geschlechtsorganen der Aale über Hirnanatomie und Kokainstudien bis zur Seelenanalyse wirkt seine wissenschaftliche Laufbahn erstaunlich planlos.

Die entscheidende Etappe war der Studienaufenthalt in Paris 1885/86 bei dem Neurologen Jean-Martin Charcot, der die Ansicht vertrat, dass bei allen psychischen Störungen die Sexualität eine Rolle spiele. Bei ihm sowie bei Hippolyte Bernheim in Nancy lernte Freud, wie man Nervenkranke mit Hilfe der Hypnose behandelt. Diese Methode stand auch am Anfang von Freuds Laufbahn als Nervenarzt, ehe er seine eigene Form der Seelenkunde entwickelte und sich langsam vortastete zu einer ganz eigenen Theorie und Behandlungspraxis, der »Gesprächskur«, der Technik des freien Assoziierens. Aus dieser Arbeit, der eine intensive Selbstanalyse vorausging, entstand die »wissenschaftliche Psychologie vom Unbewussten« und eben nicht aus der leichtlebigen und erotisch gestimmten Wiener Dekadenz.[11]

* * *

Das Privatleben von Sigmund Freud war nach allem, was wir wissen, bürgerlich-konventionell und durchaus patriarchalisch. 1886, mit 30 Jahren, hatte Sigmund Freud Martha Bernays geheiratet. Sie stammte aus einer Hamburger Kaufmannsfamilie, welche es nach dem Bankrott des Vaters von Hamburg nach Wien verschlagen hatte. Der Großvater war ein angesehener Rabbiner gewesen, und Marthas Erziehung war durchaus jüdisch-orthodox. Die Hochzeit war nach jüdischem Ritus vollzogen worden, eine Konzession des ungläubigen Sigmund Freud an die

Ehegesetze in Österreich, wo rein standesamtliche Trauungen nicht anerkannt wurden.[12] Die erste gemeinsame Adresse des Ehepaars in Wien lag in der Rathausstraße 7, wo Freud im April 1886 seine erste Praxis eröffnet hatte. Da die Miete zu hoch war, zog man in das sogenannte »Sühnhaus«, Schottenring 7, im IX. Bezirk. Es war an der Stelle des im Dezember 1881 abgebrannten Ringtheaters gebaut worden, der Komischen Oper der Stadt.

Dieser Neubau unweit der Votivkirche wurde vom Kaiser persönlich angeordnet und aus seiner Privatschatulle bezahlt. Die Mieten im neuen Gebäude waren sehr niedrig, weil niemand dort einziehen wollte. Freud war nicht abergläubisch und mietete Wohn- und Praxisräume im Mezzanin (Zwischengeschoss). Von hier zur Universität war der Weg nicht weit. In diesem Haus wurde das erste Kind der Freuds geboren, Mathilde, und da es die erste Geburt im Sühnhaus überhaupt war, erhielt die junge Familie ein Glückwunschschreiben des Kaisers. Noch zwei weitere Kinder der Freuds kamen hier zur Welt.[13] In seiner Praxis wurde als Nachfolgemöbel eines schmalen Sofas die berühmte Couch aufgestellt, ein Geschenk der dankbaren Patientin Marianne Benvenisti aus dem Jahr 1890.[14] Im September 1891 zog die Familie in ein Haus, das ganz in der Nähe lag, nämlich in die Berggasse 19, ebenfalls IX. Bezirk. 47 Jahre sollte Freud hier leben und arbeiten und die Adresse zu einer der berühmtesten in Wien überhaupt machen. Das fünfstöckige Haus im Stil der Pseudorenaissance war 1889 gebaut worden. Es dauerte ein paar Jahre, ehe Freud nach diversen Zwischenlösungen Praxisräume und Wohnräume auf derselben Etage (wiederum im Mezzanin) mieten und miteinander verbinden konnte.[15]

* * *

Die Gegend nördlich des Rings, unweit des Schottentors, war erst 1850 eingemeindet worden. Man nannte sie Alservorstadt oder Alsergrund, nach dem Flüsschen Als, das von einem mit

Weinreben bepflanzten Hügel ostwärts in Richtung Donau plätscherte. Schon zu Freuds Zeit war die gepflasterte Berggasse eine Wohngegend des gehobenen Mittelstandes, dicht bebaut mit gleichförmigen sechsstöckigen Häusern. Nach Westen hin stieg sie deutlich an, am flachen östlichen Ende stieß sie auf den Tandlmarkt, einen Trödelmarkt jüdischer Händler. In der Gasse stand kein einziger Baum, es gab nur Wohnhäuser mit vielen kleinen Geschäften.

In der Berggasse 19 entstanden bis 1910 alle grundlegenden Werke der Psychoanalyse, hier traf sich der erste Kreis, den Freud um sich scharte, die sogenannte Mittwoch-Gesellschaft, aus der bald die Psychoanalytische Vereinigung mit einem eigenen Verlag hervorging, der in der Berggasse 7 residierte. In die Berggasse 19 kamen viele Schüler und Adepten, von denen einige zu prominenten Gegenspielern wurden wie Alfred Adler oder Carl Gustav Jung, aber auch Besucher aus vielen Ländern. Ganz allmählich errang Freud eine gewisse Anerkennung, allmählich wurde er auch im Ausland bekannt, doch hatte er von vornherein zahlreiche und hartnäckige Feinde, die vor allem mit seinen Abhandlungen zur Sexualtheorie nicht einverstanden waren. Grundlegend war *Die Traumdeutung*, das 1900 erschienene Werk, in dem Träume als verkleidete Erfüllung verdrängter Wünsche verstanden werden.[16]

* * *

Wenig wissen wir über Freuds Frau Martha, außer dass sie nicht so oft ins Theater oder in die Oper kam, wie sie gewollt hätte, und dass sie ihre norddeutsche Sprechweise beibehielt.[17] Sie klagte nie, auch nicht darüber, dass ihr Mann die Vornamen aller Kinder nach seinen Helden bestimmte. Seine Liebe zu Hunden teilte sie keineswegs, litt deswegen an Hautausschlag.[18] Am 13. September 1936, als die Freuds goldene Hochzeit feierten, schrieb er an Marie Bonaparte: »Es war wirklich keine üble Lösung des Eheproblems, und sie ist noch heute zärtlich, gesund und leistungsfähig.«[19] Martha Bernays war eine belesene, selbstbewusste Frau, als Sigmund Freud sie kennenlernte, mit offenem Blick und charaktervollem Gesicht. Eine intellektuelle Partnerin ihres Mannes, der ihr in der langen Verlobungszeit ausführliche Briefe geschrieben hatte, wurde sie nicht. Eine Ausbildung hatte sie nicht genossen. Sie fügte sich in die sehr traditionelle Rolle als Hausfrau und Mutter und musste ihrem Mann zu Gefallen auf religiöse Zeremonien verzichten. Die stets elegant und gepflegt auftretende Frau hatte von Anfang an die Finanzen der Familie in der Hand, sie organisierte mit Hilfe ihres Personals Haushalt, Kindererziehung und alljährliche Sommerferien außerhalb von Wien. Dank ihrer inneren Stärke, ihrem praktischen Sinn und ihrem diplomatischen Talent sorgte sie für Gleichgewicht und Kontinuität und auch für Ausgleich, wenn das aufbrausende Temperament ihres Mannes Unruhe erzeugt hatte.[20]

Die amerikanische Dichterin Hilda Doolittle, die auch Freuds Patientin war, beschrieb ihn als einen Menschen, der alle Illusionen überwunden habe und der sich doch vor seinen eigenen Wünschen fürchte, in dessen Augen eine sanfte Traurigkeit schimmere.[21] Freud hatte durchaus seine Marotten und überdies einen problematischen Umgang mit den Menschen seiner Umgebung, angefangen bei seinen Kindern.

Die wichtigste Person in Freuds privatem Umfeld war in seinen letzten Lebensjahren ohne Zweifel seine Tochter Anna. Sie hat ihr Leben mit Kindern verbracht, allerdings nicht mit eigenen. Anna wurde als Nachzüglerin im Jahr 1895 geboren, in dem ihrem Vater der entscheidende Durchbruch in seinen Forschungen gelang. Anna Freud wuchs fast wie ein Einzelkind auf, da ihre Geschwister deutlich älter waren.[22] Um ihre Matura zu feiern, reiste sie 1914 in den Sommerferien nach England, da war sie 19. Während ihres Aufenthalts brach der Weltkrieg aus, und ihr Vater musste um sie bangen. Ihre Rückkehr nach Österreich dauerte Wochen, denn das Schiff, auf dem sie unterkam wie auch der Botschafter von Österreich-Ungarn in London, machte einen Umweg durch das Mittelmeer, da der Kontinent zum Kriegsschauplatz geworden war.[23]

Anna absolvierte eine Ausbildung zur Lehrerin; zwischen dem 19. und dem 21. Lebensjahr war sie Referendarin an einer Grundschule. Schon da entwickelte sie den Kerngedanken ihrer späteren Pädagogik: Lehrer und Schüler sollen voneinander lernen.[24] Mit 23 Jahren machte sie eine Analyse bei ihrem Vater (was in späteren Jahren undenkbar gewesen wäre). Seitdem war sie als Laienanalytikerin anerkannt und wurde ein sehr aktives Mitglied der Wiener Psychoanalytischen Vereinigung. Ein Zimmer zur Straßenseite hin innerhalb der elterlichen Wohnung diente ihr als Wohnraum und als Praxis für ihre eigenen Patienten. Nach 1923 musste ihr krebskranker Vater wiederholt an Kiefer und Gaumen operiert werden; daheim gepflegt hat ihn nur Anna. Ihr Bruder Martin, ein zugelassener Rechtsanwalt, leitete den Psychoanalytischen Verlag. Anna wird als klein, eher zierlich und dunkelhaarig beschrieben. Sie konnte lebhaft sein und auch schelmisch, war aber immer hoch konzentriert in ihrer Arbeit. Genau wie ihr Vater hielt sie ihre Vorträge auswendig und beeindruckte ihr Publikum.[25]

Privat verstand sich Anna mit Frauen am besten; eine Heirat scheint nie zur Debatte gestanden zu haben. Sehr freundschaftlich war ihr Austausch mit Lou Andreas-Salomé, besonders eng die Beziehung zu der amerikanischen Millionärin Dorothy Burlingham-Tiffany, einer Tochter des New Yorker Juwelenkönigs Louis C. Tiffany, die 1925 als Patientin zu Freud kam. Sie trennte sich von ihrem Mann und blieb mit ihren vier Kindern in Wien, arbeitete privat mit Anna Freud zusammen, die als eine der Ersten versuchte, Erkenntnisse der Psychoanalyse auf dem Feld der Pädagogik anzuwenden. Über ihr Verhältnis äußerten sich Anna und Dorothy nie, doch verbrachten sie ihre Ferien gemeinsam, und auf vielen Fotos sieht man sie im Partnerinnenlook. In Wien wie später in London veröffentlichten sie viele Aufsätze gemeinsam.[26]

Zu Freuds engerem Umfeld gehörte bald auch Max Schur, der als Medizinstudent Vorlesungen bei Freud gehört hatte. Schur blieb dessen Hausarzt bis zum Ende im Londoner Exil. Seine Erinnerungen sind ein wichtiges Zeugnis über Freuds letzte Jahre.[27]

* * *

Eine »rationale Theorie des Irrationalen«[28] war das Programm der Psychoanalyse, ein Reden über das Seelenleben, als lägen ihm neurologische Prozesse zugrunde, gesteuert von Trieben, die verwandelte Sexualtriebe und seit frühester Kindheit im Menschen angelegt sind. Freud erstrebte die »Trockenlegung« des Morastes aus Illusionen, Aberglauben, Phobien, Ticks, Fehlleistungen und scheinbaren Zufällen. Und doch war das Leben von Sigmund Freud voller Zufälle und Wunder und erstaunlicher Wendungen.

Frei von Ticks und Phobien, von allzu persönlichen Motiven und Impulsen war er keineswegs. »Ich bin auch nicht jener analytische Übermensch«, schrieb er an einen Schüler, doch wollte er nie seine Autorität infrage stellen lassen.[29] Allerdings hatte er eine intensive Selbstanalyse zum Ausgangspunkt seiner neuen Wissenschaft gemacht. Verluste und Trennungen gehörten zu Freuds Leben, auch Beziehungen zu außergewöhnlichen Persönlichkeiten, zu bedeutenden Schriftstellern.

An einem kritischen Punkt seines Lebens (wegen seiner Krebserkrankung und der Verdüsterung des politischen Horizonts) tauchte eine Art Märchengestalt auf, eine leibhaftige Prinzessin. Sie hieß Marie, war eine echte Bonaparte, verheiratet mit einem Prinzen von Griechenland und auf diesem Weg mit manchen europäischen Königshäusern verwandt und besaß diplomatischen Status. Sie war eine gebildete, mehrsprachige Frau mit naturwissenschaftlichen, psychologischen und literarischen Interessen, Mutter zweier Kinder, aber auch eine Frau mit einem komplizierten Gefühls- und Liebesleben und überdies märchenhaft reich. In einem Drehbuch oder Roman würde man solch eine Gestalt überdeterminiert nennen. Und man versteht, dass Freud skeptisch war, als sie im Jahr 1925 Kontakt zu ihm suchte. An die Französin musste sich Freud erst gewöhnen. Er nannte sie meist nur »Prinzessin« (so hatte er einst seine Verlobte Martha genannt) oder auch »unsere Prinzessin«.[30]

Ihr Urgroßvater war Kaiser Napoleons jüngerer Bruder Lucien Bonaparte (1775–1840). Ihr Großvater Pierre Bonaparte (1815 bis 1881) hatte in einem Duell den Politiker und Journalisten Victor Noir getötet, auch ein Offizier der päpstlichen Garde war sein Opfer geworden, doch man hatte ihn nie juristisch belangt. Die Jagd und die Frauen waren seine Leidenschaften; er hatte eine große Schar ehelicher und unehelicher Kinder. Sein Sohn Roland Bonaparte (1858–1924), brillanter Absolvent der Militärschule von Saint-Cyr und begabter Naturforscher, wurde verheiratet mit Marie-Félix Blanc (1859–1882). Sie war die Tochter des Mathematikers François Blanc, der seine Wissenschaft vor allem als Direktor der Casinos in Bad Homburg und Monte Carlo anwandte und damit unermesslich reich wurde.

1882 kam die Tochter Marie zur Welt, aber die Mutter starb 30 Tage nach der Geburt. Marie glaubte später, man habe ihre Mutter umgebracht, da man vor allem an ihrer Mitgift interessiert war. Sie entwickelte eine morbide Faszination für Mörder, von denen es unter ihren Vorfahren ja einige gegeben hatte, angefangen bei Kaiser Napoleon I. Als erwachsene Frau interessierte sie sich für verurteilte Mörder, kämpfte gegen die Todesstrafe, suchte verurteilte Verbrecher in europäischen und amerikanischen Gefängnissen auf, um mit ihnen zu sprechen.

Vergeblich bemühte sich Marie um die Aufmerksamkeit ihres

Vaters, der sich vor allem seinen naturwissenschaftlichen Privatstudien widmete. Nach seinem Tod (sie hatte den Krebskranken aufopferungsvoll gepflegt) entdeckte sie in dessen Schreibtisch die vielen hundert Briefe, die sie an ihn gerichtet hatte. Sie waren sorgfältig nach Datum sortiert, aber nicht einer war geöffnet und gelesen worden.

Ihr Gesicht wirkte immer lächelnd, wie erstarrt oder eingefroren, den Kopf hielt sie etwas vorgestreckt, was den Hals nach vorn zog und schief machte. Ihr Profil war stark ausgeprägt. Sie hatte intensive Augen mit hängenden Lidern, ein hohes, längliches Gesicht, eine breite Stirn, eine dreieckige Mundpartie. Die markanten, ja übermäßig ausgeprägten Konturen gaben ihr einen leichten Zug ins Groteske.

Nachdem sie sich lange gegen eine Ehe gesträubt hatte, ließ sie sich 1907 überreden, Prinz Georg von Griechenland, den zweiten Sohn des griechischen Königs, zu heiraten. Aus diesem Anlass kaufte Marie Schmuck im Wert von 100 000 Francs. Es wurde eine sonderbare Ehe. Zwei Kinder kamen zur Welt, Pierre und Eugénie, doch hatte Georg einen Geliebten mit in die Ehe gebracht, den dänischen Admiral und Prinzen Valdemar, dem er ein Leben lang verbunden blieb. 1910 tauchte in Maries Leben eine erste Vaterersatz-Gestalt auf, der Psychologe Gustave Le Bon, der eine eigene Theorie des Unbewussten vertrat und mit seiner Massenpsychologie berühmt wurde. Bei ihm lernte sie, dass Frauen eigentlich überlegen seien und dass alle Probleme mit den Männern daher rührten.

Marie war keine glückliche Frau, in ihrer Ehe nicht und auch nicht in ihren Liebschaften (die sie sorgfältig auflistete, die phantasierten wie die wirklichen). Es begann mit dem Kammerdiener ihres Gatten und führte hinauf zu Aristide Briand, der sie für Politik zu interessieren wusste. Der Arzt Albert Reverdin spielte eine gewisse Rolle in ihrem Leben; die längste Liebschaft hatte sie mit dem Arzt Jean Trosier (nach 1919), dem Mann ihrer besten Freundin Geneviève. Liebesglück hat sie nie empfunden, und so kam sie dazu, nach einer Heilung ihrer Frigidität zu suchen. Sie war eine der ersten Frauen, die über dieses Thema schrieben, wenn auch unter Pseudonym. Aber sie wusste nicht, ob die Lösung bei der Psychologie zu suchen war oder bei der Chirurgie. Sie probierte beide Wege.

1924 war ihr erstes Buch erschienen, *Le printemps sur mon jardin*, Geschichten aus ihrem Garten, geschrieben für ihre Kinder, über ihre Liebe zu Pflanzen und ihre Weltsicht. In ihren Theorien unterschied sie »pensée d'action« und »pensée de réflexion«; sie selbst war ganz entschieden eine Frau der Tat. In der Zeit des Weltkriegs und noch kurz danach dachte sie durchaus in Rassebegriffen, auch fanden sich damals antisemitische Untertöne bei ihr. Am Krankenbett ihres Vaters schrieb sie *Monologues devant la vie et la mort*; diese langen, poetischen Monologe über das Leben und den Tod, vermischt mit Erinnerungen aus Kindheit und Jugend, wurden erst 1951 gedruckt. In dieser Zeit las sie erstmals Schriften von Sigmund Freud, darunter die *Einführung in die Psychoanalyse.* Gustave Le Bon hatte ihr den Autor empfohlen, ebenso René Laforgue, ein Elsässer, der seit 1913 Freuds Werke studierte, seit 1923 mit diesem in Briefwechsel stand und 1925 Mitglied der Internationalen Psychoanalytischen Vereinigung wurde. Er übersetzte einige Schriften Freuds ins Französische.[31]

Am 9. April 1925 schrieb Laforgue im Namen der Prinzessin an Freud. Er bat darum, diese zu empfangen, sie sei zwar stark zwangsneurotisch, aber sehr intelligent. Freud reagierte zurückhaltend. Marie spürte sein Misstrauen. Er muss mich für eine frivole, extravagante Dame halten und mir ein soziales Etikett verpassen, dachte sie. Nach einigen Briefen und Missverständnissen fuhr Marie Bonaparte nach Wien und quartierte sich im Hotel Bristol ein, das ihr zwar etwas finster vorkam, jedoch nahe an der Oper lag. Ihr Gatte, der kein Tyrann war, sowie ihr Geliebter waren gegen die Reise, aber wie immer setzte sie sich durch. Am 30. September 1925 schrieb sie in ihr Notizheft: »Ich habe heute Nachmittag Freud gesehen.« Dessen Sanftmut und Stärke beeindruckten sie sehr (»douceur et puissance«).[32]

Nun begann ein neuer Lebensabschnitt für sie, sie fand ihre eigentliche Berufung, ja sogar einen Beruf. Sie übersetzte einige Werke von Freud (etwa *Der Witz und seine Beziehung zum Unbewußten*), und sie spielte eine entscheidende Rolle bei der Verbreitung der Psychoanalyse in Frankreich. Nach anfänglicher Skepsis stellte sich beidseitiges Vertrauen her, und aus der Analyse wurde eine Freundschaft mit intimen Bekenntnissen. Freud wusste bald alles über Marie, wollte aber nicht zu viel von sich selbst preisgeben. Er sei kleinbürgerlich, sagte Freud (auch in erotischer Hinsicht). Martha Freud bekannte ihr gegenüber, es habe sie überrascht, schockiert und sogar etwas beleidigt, dass ihr Mann sich plötzlich so viel mit Sexualität befasst habe. Marie unterstützte Freuds Leidenschaft für antike Kleinplastiken und hat ihm Jahr um Jahr wunderschöne Geschenke gemacht (auch dank ihrer griechischen Verbindungen).

Marie Bonaparte hat viele Gespräche mit Freud notiert, und man kann ihre Aufzeichnungen für glaubwürdig halten. So hielt sie etwa fest, dass sich Freud nach vielen Jahren der Analyse immer noch fragte: »Was will die Frau?« Von diesem oft zitierten Satz wird meist der zweite Teil fortgelassen: die Dichter hätten bisher immer nur ein falsches Bild von der Liebe gezeichnet und dadurch ihre Leserschaft irregeführt.[33]

* * *

Vom anderen Ende der sozialen Skala kam eine Person, die auch für den Weg der Freuds ins Exil bedeutsam wurde, ein ungebildetes katholisches Dienstmädchen aus dem Salzburger Hinterland, eine Gestalt wie aus einem Roman von Franz Werfel. Paula Fichtl, Jahrgang 1902, stammte aus schwierigen familiären Verhältnissen, die sie dazu brachten, ein Leben lang eine Heirat zu vermeiden.

Nach mehreren Stellungen in herrschaftlichem Dienst in der Hauptstadt kam sie als Kindermädchen zu Dorothy Burlingham-Tiffany. 1926 zog Dorothy mit ihren Kindern in den zweiten Stock der Berggasse 19. Sie mietete zwei Wohnungen, die sie ihren Kindern zuliebe zusammenlegen und für ihre Bedürfnisse umbauen ließ (offener Kamin, helles Bad, große Kinderzimmer).[34]

Im Sommer 1929 trat Paula Fichtl in den Dienst der Freuds. Sie fühlte sich zunächst abgeschoben, denn sie hatte Dorothys Kinder sehr gemocht. Nicht mehr gebraucht zu werden blieb die Angst ihres Lebens, weshalb sie auch jeden Vorschlag ablehnte, sich einmal Ferien zu gönnen.

Am 15. Juli 1929 klopfte sie bei Professor Freud an. Sie komme zu eigensinnigen alten Leuten, dachte sie. Angestellt wurde Paula von Martha Freud. Paula hielt die 68-Jährige für eine echte Hamburgerin, eine stille, feine, aber penible Hausfrau. Professor Freud schaute Paula nur kurz an und sagte: »Die kann bleiben.«

Die Freuds hatten zwei weitere Hausangestellte, die Schwestern Anna und Maria Poidinger, die jeden Morgen zur Arbeit kamen. Paula logierte in der Freud'schen Wohnung. Die Eingangstüren waren an den Innenseiten mit Eisenstäben gegen Einbruch gesichert. Im Durchgang vor dem Wartezimmer stand eine Sitzbank, die Paula jeden Abend in ihr Bett verwandelte. Sie schlief also vor den Arbeitsräumen des »Professors«, eigentlich im Flur.

Hier wird sie »viel teppichklopfen müssen«, dachte Paula, als sie das Behandlungszimmer sah. Ein Perser lag auf dem Boden, ein anderer lag als Decke auf der Couch. Die vielen Statuen im Arbeitszimmer fand Paula gruselig. Jeden Tag musste sie nun sauber machen dort, die Kissen auf der Couch auslüften und täglich mit neuen Bezügen versehen.[35]

Auf dem Schreibtisch standen Fotos von Marie Bonaparte, Lou Andreas-Salomé und Yvette Guilbert, als wären sie Freuds Schutzgöttinnen, aber keines von seiner Frau Martha. Rechts vom Schreibtisch stand der »Chinamann« und lächelte weise. Es war eine Statue des Schriftstellers Tang Xianzu aus der Zeit der Ming-Dynastie, erkennbar an seinem viereckigen Käppchen. Freud besaß auch eine große Feuerzeugsammlung, teils aus Gold und Silber. 1938 verschwand diese Sammlung spurlos.

Außer Paula lebten drei Frauen in der Wohnung, Martha Freud, deren Schwester Minna Bernays, die seit 1896 dauerhaft bei ihnen wohnte, sowie die Tochter Anna. Jeden Morgen wurde Sigmund Freuds operierter Gaumen von Anna untersucht. Medikamente, Verbandwatte und Instrumente lagen auf einem Rolltischchen bereit. Minna Bernays, vier Jahre jünger als Marta, hatte ihr Schlafzimmer direkt neben dem der Freuds. Auf Paula wirkte sie resolut und etwas plump.[36]

Die Fenster in Freuds Wohnung waren undicht, im Winter zog es unangenehm, die Kachelöfen konnten kaum genug heizen. Freud besaß ein Telefon mit der Nummer A-18-170, aber er verabscheute dieses Instrument. Seine Kinder vermieden es, ihn anzurufen, weil sie von seiner Abneigung wussten. Freud ertrug nur direkte Gespräche mit einem Gegenüber, dem er in die Augen schauen konnte.[37]

Die intellektuelle Welt, Witz und Ironie, die ganze Psychoanalyse blieben dem Hausmädchen Paula verschlossen. Scherzhafte Bemerkungen verstand sie oft nicht, aber sie verstand, dass »der Professor« eine Berühmtheit war, der auch illustre Gäste empfing. Jeden Tag um halb neun kam der Friseur und stutzte Freud den Bart. Das kostete einen Schilling pro Sitzung. Gegen neun war der Frühstückstisch im Esszimmer fertig gedeckt.

Die 27-jährige Paula war zuständig für die Arbeits- und Sprechräume Freuds, Annas Zimmer, das Schlaf- und Ankleidezimmer des Ehepaars Freud. Maria Poidinger kümmert sich um

Minnas Zimmer. In der Küche war allein die Köchin zuständig, in Absprache mit Martha. Freuds Anzüge mussten täglich gelüftet werden, dazu hängte man sie vor ein Fenster.[38] Pünktlich um 13 Uhr gab es das Mittagessen. Paula und Mizzi trugen auf. Bei Tisch sprachen nur die Frauen, Freud hörte meist zu. Dann hielt er Mittagsruhe, ehe es um 15.30 Uhr Kaffee gab. Freud arbeitete bis zum Abendessen um 19 Uhr.[39] Weil er immer auf die Minute genau zum Essen erschien, nannte man ihn in der Familie auch das »Uhrenmännchen«.[40] Am Samstagabend spielte Freud Tarock mit Minna und Bekannten. Paula servierte Kaffee, Kekse, Rotwein.[41]

Besuchern, auch den prominenten, öffnete Paula die Tür, nachdem sie sich vergewissert hatte, ob sie auch angemeldet waren. Sie sollte die Patienten so hereinführen und warten lassen, dass sie einander nicht begegneten. Bei feierlichen Anlässen schenkte ihr Freud eine Gold- oder Silbermünze. Allmählich wurde Paula auch zur Köchin, schrieb sich Rezepte auf, lernte vorzüglich backen. Vermutlich hat sie nicht gewusst, dass die Verfasserin des Kochbuchs, das sie benutzte, im ersten Stock der Berggasse 19 wohnte.[42]

Stefanie Mathias, verheiratet mit dem Rechtsanwalt Adolf Mathias, hieß die Autorin des erfolgreichen Kochbuchs *Das Beste aus aller Welt. 888 Kochrezepte einer Wiener Hausfrau*, 1935 in Leipzig erschienen. Ein Jahr später brachte sie ein Buch mit 333 Rezepten für Nachtische heraus (*Zum Après Souper*). Ihr Mann erhielt 1938 als Jude Berufsverbot; 1939 wurden acht weitere jüdische Personen zwangsweise bei ihnen einquartiert. Die Kochbuchautorin starb 1941, ihr Mann wurde 1942 nach Theresienstadt deportiert.[43]

* * *

Sigmund Freud gebühre das Verdienst, »in die Anarchie des Traums eine Verfassung eingeführt zu haben. Aber es geht darin zu wie in Österreich.« Diese hübsche Bemerkung über Freuds

Traum-Theorie veröffentlichte Karl Kraus in seiner Zeitschrift *Die Fackel*. Das geschah im Jahr 1908, als er der Psychoanalyse noch aufgeschlossen gegenüberstand. Freud deutete die Seele als Kampfplatz von Trieben; das Kaiserreich war ein Kampfplatz von politischen Umtrieben. So könnte man Kraus ergänzen. Schon bald aber wurde dieser zum erbitterten Gegner, der einige böse Aperçus über die neue Disziplin absonderte.[44]

Karl Kraus missfiel, dass sich die Psychoanalyse an die Biographien großer Künstler wagte (und damit potentiell an seine eigene, aber im Misstrauen gegen das Biographische war er Freud gar nicht so fern). »Und man hatte doch geglaubt, daß das Unbewußte eines Goethe noch immer bewußter sei als das Bewußteste eines Sexualpsychologen!« Und noch böser: »Vor dem Heiligtum, in dem ein Künstler träumt, stehen jetzt schmutzige Stiefel. Die haben sich die Psychologen ausgezogen.« Aber die seien nur Zwerge, welche sich an Riesen rächen wollten.[45]

Die Gesetze des individuellen Seelenlebens zu beschreiben, das war Freuds Anspruch, und der Traum war der Königsweg dazu, das scheinbar Irrationale auf methodische Weise zu beschreiben. Im Traum wie im ganzen Seelenleben herrscht das Prinzip des Strebens nach Wunscherfüllung, das sich aber nicht unvermittelt zu erkennen gibt, sondern zu allerlei Umgestaltungen, Verdrängungen oder gar Neurosenbildungen tendiert.

Für Freud beruhte das Seelenleben auf biologischen (neurologischen) Vorgängen. Doch fehle dem Menschen ein Organ der inneren Wahrnehmung. Deshalb bedürfe es der »Objekte«, an denen es sich festmachen könne. Denken und Phantasieren sei ein Probehandeln mit vorgestellten Objekten. Das aber sei dem Lustprinzip unterworfen, nicht dem Realitätsprinzip. Das Seelenleben werde reguliert durch einen psychischen Apparat, der recht mechanisch gedacht ist: er diene dem Aufbau und dem Abbau von Spannungen.[46] Doch Freud schaute schon bald über das rein Individuelle hinaus. Vor allem seit dem Ersten Weltkrieg behandelte er kulturelle und gesellschaftliche Themen, so im Essay *Jenseits des Lustprinzips* (1920) und erst recht in *Das Unbehagen in der Kultur* (1929). In seinen letzten Arbeiten vollzog Freud den Schritt von der Religions- und Kulturkritik hin zur Analyse mythologischer Themen. Diese Entwicklung war keine Reaktion auf den Bruch mit seinen Schülern Alfred Adler und Carl Gustav Jung. Das mythologische Interesse war bei Freud immer schon angelegt, doch hat Jungs Hinwendung zu kollektiven Strukturen der Psyche Freuds Interesse am Mythos gewiss verstärkt.

* * *

Nach dem Ende der Donaumonarchie pflegten die Literaten den habsburgischen Mythos umso intensiver, je bedrohlicher die Gegenwart wurde. Ob mit solcher Art »Kulturpatriotismus« das österreichische Selbstbewusstsein gestärkt oder wegen dessen Rückwärtsgewandtheit eher geschwächt wurde, wie Bruno Kreisky in seinen Memoiren meinte, ist eine Frage für sich.[47]

Die Autoren hatten ihre persönlichen und geistigen Wurzeln in der Zeit vor 1914, in ihnen lebte die Vielfalt des verlorenen Reiches ja fort, dessen Vorzüge erst bewusst wurden, als es verloren war. Sigmund Freud ging in seiner letzten Arbeit noch weiter zurück: Er untersuchte den »Mythos vom Juden« von der vorzeitlichen Quelle her. Das war keine Flucht in eine ferne Vergangenheit, sondern seine Reaktion auf die akuten Gefahren.

Über die Vorgänge im Dritten Reich, über die Bücherverbrennungen und den Terror in den Konzentrationslagern war Freud informiert. Er hatte die von Leopold Schwarzschild im Pariser Exil herausgegebene Zeitschrift *Das Neue Tage-Buch* abonniert. Am 23. September 1935 schrieb er an Arnold Zweig, einen engen Vertrauten seit ihrem ersten Treffen in Berlin 1929: »Wien darf nicht deutsch werden, ehe Sie mich besuchen.«[48] Das war noch grimmer Humor, aber doch schon reale Sorge. Zweig lebte damals in Haifa, kam aber immer wieder als Besucher nach

Wien oder zu seinem Kollegen Lion Feuchtwanger in den Exilort Sanary-sur-Mer.

Freuds Arzt Max Schur verschrieb nach 1933 keine Medikamente mehr aus Deutschland; er organisierte einen Boykott unter Kollegen mit Hilfe von Produktlisten, doch wurde dieser Versuch durch österreichische Ärzte unterlaufen, die mit den Nazis sympathisierten. Es gab in Wien schon zu viele Menschen, die Heil und Unheil nicht mehr unterscheiden konnten.

7
Der Mann Freud und der Mythos Moses

Den modernen Menschen ist die Kraft mythologischen Denkens und Vorstellens verloren gegangen.
Franz Werfel, 1941

Im Jahr 1909 las Freud einen Aufsatz über die Bedeutung von Symbolen in folkloristischen Ritualen. Da er auf der Suche nach jemand war, der sich mit solchen Themen auskannte, schrieb er an den Verfasser David Oppenheim, einen Lehrer am Akademischen Gymnasium. »Seit längerer Zeit verfolgt mich die Idee, daß unsere Studien über den Inhalt der Neurosen berufen sein könnten, die Rätsel der Mythenbildung aufzuklären, und daß der Kern der Mythologie kein anderer ist, als was wir den ›Kernkomplex der Neurose‹ nennen. […] Zwei meiner Schüler, Abraham in Berlin und O. Rank in Wien, haben den Versuch gewagt, ins mythologische Gebiet einzufallen. […] Aber wir sind Dilettanten und haben allen Grund, uns vor Irrtümern zu fürchten. […] Wir schauen darum nach einem Forscher aus, der die umgekehrte Entwicklung genommen hat, der die Sachkenntnis besitzt und unser psychoanalytisches Rüstzeug, das wir ihm gerne zur Verfügung stellen, dazu annehmen will.«[1]

David Oppenheim hatte 1908 an der Universität einige Vorlesungen von Freud gehört, der damals vor einem sehr kleinen Kreis von Hörern lehrte.[2] Oppenheim wurde Ende Januar 1910 in die Mittwoch-Gesellschaft eingeladen, die in der Berggasse 19 tagte. In den Sitzungsprotokollen sind seine produktiven Beiträge vermerkt. Als sich Alfred Adler von Freuds Gruppe trennte, schloss sich Oppenheim ihm an, weil er dessen stärker gesellschaftlichen Ansatz teilte, bewahrte aber gegenüber Freud großen Respekt.

Freuds geradezu manisches Interesse an kleinen antiken Objekten, insbesondere Statuen, zeigt, dass es sich um eine Obsession handelte. In seiner Arbeit wie in seinen persönlichen Vorlieben gab es sehr früh leitende Mythenfiguren: Hannibal, Ödipus, Hamlet. Das mit großer Leidenschaft betriebene Sammeln antiker Statuetten war ein Ableger dieser mythologischen Empfindsamkeit. Sie schufen das eigentliche Ambiente von Freuds Welt.[3] Zuletzt bestand Freuds Sammlung aus mehr als 3000 Objekten.[4]

Von den ersten Begriffsbildungen an (1885) war die metaphorische Bezugnahme auf die Archäologie schon präsent. Das geschah unter dem Einfluss der damals sehr populären Autobiographie von Heinrich Schliemann, die Freud oft und gern las. Der Ausgräber von Troja war aber ein ausgemachter Fall von Mythomanie, was Freud nicht wissen konnte.[5] Seine archäologische Metaphorik korrespondierte mit mythischen Begriffen und Namen, die aus dem altgriechischen Theater stammten. Der Mythos ist etwas, was auf die Vergangenheit verweist, aber auf die Gegenwart übergreift, eine Spur der Vorgeschichte im Hier und Jetzt.

* * *

Im Dezember 1937 erhielt Freud als Geschenk des Autors Hans Ehrenwald, der über neurologische Störungen forschte, dessen Buch *Über den sogenannten jüdischen Geist*. In seinem Dankschreiben vom 14. Dezember 1937 sprach Freud von seinem Interesse an der Gestalt Moses: »Ich habe vor einigen Jahren begonnen, mir die Frage vorzulegen, wie der Jude den ihm eigentümlichen Charakter erworben hat und habe nach meiner Gewohnheit bei den ersten Ursprüngen eingesetzt. Ich bin nicht weit gekommen. Ich war überrascht, zu finden, daß schon das erste, sozusagen embryonale Erlebnis des Volkes, der Einfluss des Mannes Moses und der Auszug aus Ägypten, die ganze weitere Entwicklung bis auf den heutigen Tag festgelegt hat – wie ein richtiges frühkindliches Trauma in der Geschichte des neurotischen Individuums.«[6] Freud sah eine »Analogie zwischen neurotischen Vorgängen« in der individuellen seelischen Entwicklung und »religiösen Geschehnissen«.[7] Sein Essay über Religion von 1927 trug den Titel *Die Zukunft einer Illusion*, womit nicht einfach Irrtum oder Irrglaube gemeint war, sondern im Sinne seiner Triebtheorie eine »Wunscherfüllung«.[8]

Am 14. Oktober 1935 kam der amerikanische Schriftsteller Thornton Wilder zu Besuch, der ausgezeichnet Deutsch sprach. Dessen Buch *The Bridge of San Luis Rey* liebte Freud sehr. Wilder empfahl ihm James Joyces *Ulysses* als psychoanalytischen Roman. Wilder berichtete, im Gespräch über Religion habe Freud gesagt, er müsse seine Formulierung ändern, dass Religion eine Illusion sei. Es müsse vielmehr heißen: Religion sei eine Illusion mit historischem Wahrheitsgehalt, als Rekapitulation und Lösung eines Problems, das in den ersten vier Lebensjahren auftauche und verdrängt, aber nie vergessen werde.[9]

Bereits am 6. Januar 1935 hatte Freud an Lou Andreas-Salomé geschrieben: »Die Religionen verdanken ihre zwingende Macht der *Wiederkehr des Verdrängten*, es sind Wiedererinnerungen von uralten, verschollenen, höchst effektvollen Vorgängen der Menschengeschichte. [...] Was die Religionen stark macht, ist nicht ihre *reale*, sondern ihre *historische* Wahrheit.« Aber das könne man in Österreich nicht aussprechen angesichts der katholischen Übermacht. »Und nur dieser Katholizismus schützt uns gegen das Nazitum.«[10] In einem Brief an Marie Bonaparte betonte er 1937: »Die Großartigkeit der Einsicht, daß der Religion historische Wahrheit zukommt«, fasziniere ihn noch immer.[11]

* * *

An diesem Punkt traf sich Freuds Denken mit dem von Thomas Mann.[12] Dieser schrieb seit 1926 an seiner Romanfassung der biblischen Geschichte von Joseph und seinen Brüdern. Über das Phänomen des Mythischen hatte er sich mehrfach in Essays, Vorträgen und Briefen geäußert. Ihm war sehr wohl bewusst, dass sich dieses Interesse kreuzte mit dem mythologischen Denken der Nationalsozialisten, die ihre eigene Vorstellungswelt als Mythos des 20. Jahrhunderts verstanden. Doch Thomas Mann ging es um den »Versuch einer Vereinigung von Mythus und Humanität«.[13]

Zu Ehren von Freuds 80. Geburtstag hielt Thomas Mann am 6. Mai 1936 im Wiener Konzerthaus den Vortrag »Freud und die Zukunft«. Da der Jubilar an diesem Tag nicht anwesend sein konnte, suchte ihn Thomas Mann, einer Anregung von Max Schur folgend, am 14. Juni in Begleitung von Ludwig Binswanger in der Grinzinger Sommerwohnung auf und wiederholte den Vortrag in kleinem Kreis.[14]

* * *

Im Sommer 1934 hatte Sigmund Freud einen ersten Entwurf des Manuskriptes *Der Mann Moses, ein historischer Roman* abgeschlossen, doch hatte er Bedenken, den Text zu veröffentlichen. In Österreich lebe man nämlich »in einer Atmosphäre katholischer Strenggläubigkeit«, schrieb er an Arnold Zweig, dem er Absicht und Gliederung seiner Studie erläuterte.[15]

Freud war überzeugt, dass als treibende Kraft hinter allen Angriffen auf ihn der aus Deutschland stammende Pater Wilhelm Schmidt steckte, der sich seit Freuds Studie *Totem und Tabu* auf ihn eingeschossen hatte. Freuds Sexuallehre zersetze die Familienmoral ebenso wie die Ideologie der Bolschewisten. Schmidt war auch Ethnologe und Sprachwissenschaftler. Auf die Politik der katholischen Kirche in Österreich hatte er einen gewissen Einfluss und stand der Christlichsozialen Partei nahe. Er veröffentlichte in der Zeitschrift *Schönere Zukunft*, die das geistige Rückgrat des Ständestaates war, und er vertrat traditionell antisemitische Positionen, wenn auch nicht im rassistischen Sinn.[16] Nach dem Anschluss wurde Pater Wilhelm Schmidt kurzfristig unter Hausarrest gestellt, kam aber nach einer vom Vatikan veranlassten Intervention Mussolinis wieder frei und ging in die Schweiz. Nach dem Krieg distanzierte er sich von der faschistischen Ideologie und dem Neuheidentum und kämpfte nun für ein vereinigtes christliches Europa.[17]

Die Sorge vor Reaktionen möglicher Opponenten aus dem Bereich der katholischen Kirche dürfte nicht der einzige Grund für Freud gewesen sein, den *Moses* zu überarbeiten. Bedenklich ist, dass er einen Mythos als historische Realität behandelt, welchem Einwand der Begriff »Roman« zuvorkommen wollte.

Zugleich bezog Freud starke Antriebskraft für seine Arbeit aus persönlichen Motiven. Das gilt insbesondere für die Moses-Schrift. »Der Mann, und was ich aus ihm machen wollte, verfolgt mich unablässig«, schrieb Freud an Arnold Zweig am 16. Dezember 1934.[18] Sein Moses-Buch ist auch lesbar als ein verschlüsseltes autobiographisches Bekenntnis. Allerdings ist hier »alles Biographische durch die Symbolsprache seiner Theorie verschleiert«.[19]

Sigmund Freud war das erste Kind seiner Eltern. Anderthalb Jahre nach ihm kam der Bruder Julius auf die Welt. Die Eifersucht auf den kleinen Rivalen um die Gunst der Mutter endete in einem Trauma: der Bruder starb als Kleinkind. Zu dieser Rekonstruktion des Familienromans gehört die Behauptung, die Mutter Amalia sei launisch, eitel, herrschsüchtig und nicht sehr zärtlich gewesen, wohl aber sehr schön. Inniger war die Beziehung Sigmunds zu seiner Kinderfrau Resi Wittek, einer Katholikin, die den Knaben in alle Kirchen des Geburtsortes mitnahm.[20]

Als Freud im Jahr 1901 erstmals nach Rom reiste, faszinierte ihn die Moses-Statue des Michelangelo, die ihren Platz innerhalb des Grabmals für Papst Julius II. hatte. Diese Entdeckung reaktivierte das kindliche Trauma durch die Kombination der Namen Julius und Moses. In seinen historischen Analysen versuchte Freud, das persönliche Trauma (zunächst Neid und dann Schuldgefühle gegenüber dem Bruder Julius) aufzulösen in einer kulturellen Referenz (die historische Gestalt des Moses).[21] Aus diesem Antrieb stammte die lebenslange Spannung, das anhaltende Interesse an jener Bibelfigur und schließlich in seinen letzten Lebensjahren der starke Wunsch, gerade diese Arbeit zu Ende zu bringen. Bei Freud finden sich Anhaltspunkte, dass er sich sehr wohl der persönlichen Motive seiner Arbeit bewusst war.[22]

* * *

Der Titel *Der Mann Moses und die monotheistische Religion* knüpft an den Bibelvers Exodus 11,3 an (»Moses war ein großer Mann in Ägyptenland«). Während Thomas Mann eine plausible Romanfigur erfindet, nämlich Joseph und sein Umfeld, analysiert Freud den intellektuellen Gehalt, der mit Moses einhergeht, als wäre dieser eine historische Gestalt. Hatte Freud anfangs noch von einem historischen Roman gesprochen und den wissenschaftlichen Wert dieser Arbeit relativiert, erhielt sein »Held« immer größere historische Realität, obwohl Freud wusste, dass es auf die Frage »Hat Moses gelebt?« keine Antwort geben konnte.

Freuds Moses-Abhandlung ist die Fortführung und Anwendung seiner Religionskritik unter zeitgeschichtlich dramatischen Umständen. Seit *Totem und Tabu* (1912/13) befasste sich Freud mit Religionsgeschichte und Anthropologie. Für ihn waren Mythen entstellte Überreste von Wunschphantasien ganzer Völker. Sein Schüler Karl Abraham formulierte es so: »So ist der Mythus ein erhalten gebliebenes Stück aus dem infantilen Seelenleben des Volkes und der Traum der Mythus des Individuums.«[23] Religionen verstand Freud als in die Außenwelt projizierte Neurosen, und deshalb war er als Psychologe dafür zuständig. Wesentliche Anregungen erhielt er von dem französischen Religionswissenschaftler Salomon Reinach und dessen Mythenanalyse (*Cultes, mythes et religions*), die nach 1905 erschien.[24]

In *Die Zukunft einer Illusion* (von 1927) fragte Freud nach der »psychischen Genese der religiösen Vorstellungen«. Für ihn ist Religion eine Zwangsneurose, die auf einem Schuldkomplex beruht.[25] Die Inhalte der Religion seien »Illusionen, Erfüllungen der ältesten, stärksten, dringendsten Wünsche der Menschheit; das Geheimnis ihrer Stärke ist die Stärke der Wünsche«.[26] In seiner Rekonstruktion der Entstehung der Religion liegt auch ein Schlüssel zur Analyse der entfesselten Massen in seiner Epoche. Die soziale Anwendung lieferte Freud in seiner Schrift *Massenpsychologie und Ich-Analyse* (1921), in der er die Masse als Wiederaufleben der Urhorde deutet. Die Masse sei ganz auf einen Führer bezogen, der ähnlich wie ein Hypnotiseur agiere, ein Zustand, der auf erotischer Bindung basiere.[27]

Identifizierung bezeichnet Freud als »früheste und ursprünglichste Form der Gefühlsbindung«. Massenbildung vollziehe sich als »Prozess der Identifizierung aller einzelnen Individuen mit demselben Objekt, das an die Stelle des Ichideals getreten ist: Als dieses ›Massenideal‹ erscheint der ›Führer‹« als »Abbild des ›gefürchteten Urvaters‹«. Opfer und Gewalt werden hier als heimlicher Kern dieser ambivalenten Verehrung verstanden. Nur wird das aggressive Potential des Kultes auf einen imaginären Feind gelenkt, das Sühneopfer. Das verehrte Objekt (der Führer) wird »immer großartiger, wertvoller; es gelangt schließlich in den Besitz der gesamten Selbstliebe des Ichs, so daß dessen Selbstaufopferung zur natürlichen Konsequenz wird. [...] Das Objekt hat sich an die Stelle des Ichideals gesetzt.« Das wiederum führt zur Ausschaltung aller moralischen Instanzen.[28]

Spätestens hier wird deutlich, dass Freud seine ursprüngliche Trieblehre von der Wunscherfüllung um aggressive Komponenten erweiterte, wozu nicht zuletzt die Kriegserfahrung der Jahre nach 1914 beigetragen hatte, zunächst 1915 in der Abhandlung *Zeitgemäßes über Tod und Krieg* und dann 1920 in der Schrift *Jenseits des Lustprinzips*. Nun konnte man Freud nicht mehr als unpolitisch und als reinen Sexualtheoretiker abstempeln. Er entwickelte eine Art von Kulturpessimismus, der zugleich eine Zeitdiagnose war. Allgemeine Kultur sei eben nicht gleichbedeutend mit persönlicher Vervollkommnung. Mit dieser These gab er den Fortschrittsoptimismus preis, auf seelischem wie gesellschaftlichem Gebiet. Und die Wiener Erfahrung im März 1938 sollte ihm Recht darin geben.

Freud glaubte nicht an völlige Befreiung des Sexuallebens aus den Banden der Familie, er glaubte auch nicht an die kulturelle Erziehbarkeit des Sexualtriebes. Die konstitutive Aggressivität des Menschen könne nicht in Schach gehalten werden, auch in einer veränderten Gesellschaftsordnung nicht.[29] Der ungewisse Ausgang des Kampfes zwischen Eros und Todestrieb wird so zur »Schicksalsfrage der Menschenart«, die es mit Mitteln von Wissenschaft und Technik so weit gebracht hat, sich selbst auszurotten.[30]

Der Religionsstifter Moses verkörpert die Forderung, das Geistige über das Sinnliche zu stellen. Auf dieser Linie sieht sich auch Freud selbst, dessen Theorie keine Glücksreligion darstellt. In einem Brief an den Schweizer Pfarrer Oskar Pfister, einem loyalen Anhänger, schrieb er am 7. Februar 1930: »Mein ›Pessimismus‹ erscheint mir also als ein Resultat, der Optimismus meiner Gegner als eine Voraussetzung. Ich könnte auch sagen, ich habe mit meinen düsteren Theorien eine Vernunftehe geschlossen, die anderen leben mit den ihren in einer Neigungsehe. Hoffentlich werden sie dabei glücklicher als ich.«[31]

Während Romain Rolland am ozeanischen Gefühl als religiöser Grunderfahrung festhalten wollte, lehnte Freud dergleichen ab. Für ihn galt: »Es gibt keine Instanz über der Vernunft.«

Die Religion war für ihn ein Feind der wissenschaftlichen Weltanschauung, zu der er die Psychoanalyse zählte. Gleichwohl gestand er zu, die Religion sei eine »ungeheure Macht, die über die stärksten Emotionen der Menschen« verfüge.[32]

Indem Freud inzwischen anerkannte, dass Religion historische Wahrheit besaß, wertete er den kulturhistorischen Beitrag der Juden auf. Die Einführung des Monotheismus durch die Juden galt ihm als grundlegendes Ereignis in der Kulturgeschichte, als Fortschritt in der Geistigkeit. Damit bekundete er seine Zugehörigkeit zum Judentum, das mit diesem Schritt etwas für die Menschheit geleistet hatte. Indem er den Monotheismus einführte, habe Moses »den Juden« geschaffen. Aber diese vergeistigte und anspruchsvolle Religion mit ihren vielen Vorschriften erzeugte all die negativen Reaktionen, Abwehrhandlungen und kollektiven Wahnbildungen, die Freud in seiner Religionskritik angeführt und als Dynamik der Masse beschrieben hatte.

Der Clou bei seiner Ableitung des Monotheismus war, dass Freud den »Mann Moses« für einen Ägypter hielt. Schon der Name Moses sei ein ägyptischer gewesen. Dieser Moses habe keine Religion erfunden, sondern die Religion des Pharaos Echnaton weitergegeben, nachdem dessen Reformation in Ägypten gescheitert war. Und in der Tat wird dessen Sonnenhymne in den Psalmen der Bibel zitiert.[33] Es gab also eine Form der Überlieferung aus ägyptischen Kontexten. Freuds Folgerung: Die Juden glaubten, Gott habe sie auserwählt, aber in Wahrheit habe der Ägypter Moses dieses Volk auserwählt, um den Monotheismus zu retten und in die Welt zu tragen, jenseits vom Nilufer.[34]

Freuds Moses-Buch enthält folgende Thesen:

1. Moses war ein Ägypter.

2. Moses nahm in Ägypten einen monotheistischen Glauben an, zu dem er die Juden bekehrte.

3. Moses wurde vom jüdischen Volk in einem Aufruhr erschlagen. (Gemäß der Handlungsweise der Urhorde.)

4. Die Überlieferung vom Mord an Moses ließ im jüdischen Volk ein dauerndes unbewusstes Schuldgefühl zurück. Ein zweiter Moses hat die Religionsstiftung erneuert und ergänzt.[35]

»Der Jude« (oder der »jüdische Charakter«, wie Freud auch sagt) ist demnach die Schöpfung des ägyptischen Mannes Moses und dessen streng monotheistischer und stark vergeistigter Religion. Freud unterscheidet den ursprünglichen Moses-Gott vom späteren Jahwe-Gott, geht also von einer zweistufigen Einführung der jüdischen Religion aus. (Und in der Tat wandelt sich im Laufe der biblischen Erzählung das Gottesbild.)

Aber das alles ist reine Spekulation. Freud analysiert einen quasihistorischen Vorgang, als entspräche eine seelisch-strukturelle Gegebenheit einer historischen Abfolge. Und nebenbei lässt er die ganze Geschichte der Grundmotive des Antisemitismus aus, die im griechischen Alexandria begann und über das antike Rom bis ins europäische Christentum hineinwirkte.

Immerhin konstatierte Freud: »Die tieferen Motive des Judenhasses wurzeln in längst vergangenen Zeiten, sie wirken aus dem Unbewussten der Völker.« Damit rechtfertigte er seinen Rückgriff in die Frühgeschichte der Menschheit.[36] Das Entstehen und das Überleben wie auch die seelische und soziale Wirkungsmacht der Religionen, »das unaufhörliche Spiel der Ersetzungen und Entstellungen im Bereich der Religionsgeschichte« sind in der Tat von zentraler Bedeutung. Aber der Schritt vom Wirken der Illusionen zu den historischen Anfängen der Religionen ist zu groß. Im Übrigen hat Freud die Spekulation über den ägyptischen Moses nicht erfunden; über die Jahrhunderte hinweg bis hin zu Friedrich Schiller sind ähnliche Annahmen immer wieder vertreten worden.[37]

Im Hinblick auf die Mythen-Analyse, die hier vor allem interessiert, muss man feststellen: Echnaton und sein Sonnenkult, seine Überwindung des alten ägyptischen Polytheismus, sind eine gut belegte historische Realität, ebenso das Scheitern dieser ›Reformation‹ nach seiner Herrscherzeit. Der Auszug der Hebräer aus Ägypten und die damit verbundene Übernahme einer monotheistischen Religion mit ihren vielfältigen Vorschriften, logischerweise nach Echnatons Scheitern, gehört nicht der Historie an, sondern dem Mythos.

Die (in der jüdischen Tradition grundlegende) Geschichte vom Auszug aus Ägypten und der langen Wüstenwanderung war eine Erfindung von Religionslehrern zurzeit der babylonischen Gefangenschaft der jüdischen Elite, die einem viel späteren Bereich der Historie angehört. »Ägyptens Rolle in der Exodus-Geschichte ist nicht historisch, sondern mythisch: sie gehört bestimmend zum Selbstbild derer, die diese Geschichte erzählen.«[38]

Der Moses-Mythos war eine gut erfundene Parabel, um den vielen und schwierigen Religionsvorschriften eine Grundlage und eine Rechtfertigung und vor allem einen Anfang zu geben. Diesem rein religiösen Mythos war der Mythenkritiker Freud auf den Leim gegangen. Der historische Kern des Moses-Mythos, den es gegeben haben mag, ist mangels Belegen der Analyse nicht zugänglich.

In der Vergeistigung lag die einzige Chance eines Sieges der Vernunft über rohe Gewalt und Aberglauben. Das war die historische Wahrheit der Religion. Und das ist auch die ›These‹ in Thomas Manns Joseph-Roman. Demgegenüber erschien Freud das Christentum als »kulturelle Regression«, weil es zu anfällig war für symbolische Riten und verdeckten Polytheismus.[39]

Religion zeige, so Freud, ihre »Wahrheiten« in symbolischer Verhüllung. Das aber gelte es zu dekonstruieren: »Wir sind zur Überzeugung gekommen, daß es besser ist, die Mitteilung solcher symbolischer Verschleierungen der Wahrheit zu unterlassen.« Er wollte Gott ganz aus dem Spiel lassen und an dem »rein menschlichen Ursprung aller kulturellen Einrichtungen und Vorschriften« festhalten. Damit würde die Starrheit und Unabänderlichkeit der Gebote und Gesetze entfallen. »Dies wäre ein wichtiger Fortschritt auf dem Wege, der zur Versöhnung mit dem Druck der Kultur führt.« Freud plädiert für eine »rein rationelle Begründung der Kulturvorschriften«.[40] Er hielt es für unsinnig, die Religionen gewaltsam und mit einem Schlage aufheben zu wollen. Auch war ihm klar, dass seine Deutung der Religion als »Menschheitsneurose« starke Gegnerschaft hervorrufen würde. Gleichwohl sah er seine Untersuchung als Beitrag zu einer Selbstaufklärung der Menschheit in finsteren Zeiten.

* * *

Was aber war der zeitgeschichtliche Sinn dieser letzen Arbeit von Freud? Wollte er dem Judenhass die historische Legitimation entziehen? Ist der Hass auf die Juden eine Folge der Einstellung zu den hohen Anforderungen, welche eine vergeistigte Religion nach sich zieht? Und was sagt dieser Versuch über Freuds Einstellung zur jüdischen Tradition? Wollte er sich zu der elementaren Kulturleistung der Juden – der Einführung des Monotheismus – stolz bekennen? Oder wollte er sich, wie die Literaturwissenschaftlerin Marthe Robert meinte, von alldem lösen? Oder wollte er beides zugleich?[41] Der subjektive Sinn des Versuchs ist laut Robert: Freud »will nicht sterben, bevor er nicht den Roman seines Lebens geschrieben hat, und wie jeder echte Romancier ist er von seiner fiktiven Welt so gebannt, daß er sich von der Wirklichkeit nicht mehr zur Ordnung rufen läßt«.[42] »Der letzte Roman von Freud« füge den anderen großen Legenden seine eigene Legende hinzu. So befreie er sich von einer großen spirituellen und persönlichen Last in Bezug auf das Judentum wie in Bezug auf seinen Vater.[43]

Im Anschluss an Marthe Robert kann man vielleicht sagen: Zuletzt ist Freud jenseits des Identitätsprinzips, er bricht mit allem, mit Wien, mit der deutschen Kultur, mit dem Judentum; er ist nur noch er selbst, Sigmund Freud, in einem fremden Land.

Sein Exil ist auch eine Verwandlung, Ankunft in einem neualten Land.

Andererseits: In den Moses-Studien bekennt er sich zur jüdischen Tradition und sich selbst als Jude, zugleich dekonstruiert er den jüdischen Gründungsmythos. Was ist »der Jude« (der gesetzestreue)? Eine Erfindung des Ägypters Moses! Überdies identifiziert sich Freud mit Moses als neuem Gesetzgeber. Aber dieses Mal will er nicht eine neue Religion einführen, sondern eine radikal aufklärerische, wissenschaftliche Weltanschauung, und deren Kern ist die »bittere Wahrheit« konsequenter Religionskritik. Er will die Religion als solche hinter sich lassen; die Zeit, in der die Gottesidee notwendig war, ist vorbei. Sein Moses ist ein verkapptes Selbstporträt und zugleich eine Deutung der Psychoanalyse in kulturgeschichtlicher Perspektive – denn Freud war überzeugt, dass seine Theorie vom Unbewussten das Bild vom Menschen verändert hatte.[44]

Aus ägyptologischer wie aus mythenkritischer Sicht ist Freuds Darstellung nicht haltbar. Jan Assmann, für beide Aspekte zuständig, deutet dessen Analyse als Versuch der Überwindung der »Mosaischen Unterscheidung« von wahrer und falscher Religion, mit der Gewalt und Hass in die Welt gekommen seien.[45] Freud wollte die historischen Wurzeln des Antisemitismus aufdecken. »Indem Freud Moses zum Ägypter machte, konnte er die ausgrenzende Unterscheidung […] aus dem Judentum heraus und nach Ägypten zurückverlagern.«[46] Sein »jüdisches Schicksal« des Exils hat ihm die Ausgrenzung nicht erspart. Und der Religionskritiker Freud verfing sich in den Tücken mythologischer Suggestionen.

Die deutsche Ausgabe von *Der Mann Moses* erschien im August 1939 in einem Exilverlag in Amsterdam. Ernest Jones besorgte die englische Fassung. Freud schien eher skeptisch auf die fertige Moses-Schrift zu blicken, vielleicht weil sie ihm wie ein Torso vorkam, vielleicht weil sie missverstanden werden konnte. Sein Moses imponiere ihm und missfalle ihm dann gleich wieder, schrieb er am 27. Dezember 1938 an Marie Bonaparte.

Derselbe Brief zeigt, dass er auch ganz anders auf die mythische Heimat der Juden blicken konnte. Der Prinzessin, die eine Reise nach Ägypten und Palästina unternahm, riet er, Jerusalem nicht zu versäumen. »Sie wissen, Sie sehen auf dieser Reise auch für mich, den Reise-Gelähmten.« Jerusalem war ihm jetzt so unerreichbar wie einst die Stadt Rom, in der seine Moses-Faszination begann.[47]

* * *

Freuds Schrift *Der Mann Moses* ist eine historische Spekulation, der jede empirische Basis fehlt. Es ist »phantasierte Prähistorie«.[48] Sein *Moses* ist ein theoretischer Roman, kein historischer. Freud unternimmt den Versuch, in seinen Begriffen von den Anfängen und den zivilisatorischen Grundlagen der Sittlichkeit zu erzählen, im Bewusstsein, dass durch die Religionsvorschriften eine Last aufgebürdet wurde, da sich die elementaren Triebe dieser Domestizierung widersetzen. Von der historischen Leistung des Judentums in der Kulturgeschichte der Menschheit erzählt auch Thomas Manns Joseph-Zyklus, den er am Ende eine »schöne Gotteserfindung« nannte. Freud wie Mann taten dies in einer Periode triumphierender Barbarei. Das ist auch eine Form von moralischem Widerstand. Während die Juden in der NS-Ideologie als der Feind des Menschengeschlechts dargestellt werden, zeigen Freud und Thomas Mann, dass die Menschheit den Juden einen entscheidenden Fortschritt in ihrer geistigen Entwicklung verdankt. Aber Freud wie Mann waren im religiösen Sinn Ungläubige. Sie glaubten nicht an die Inhalte der Religion, sondern nur an deren historische Funktion; in ihrem Leben und Denken kamen sie ohne die Hypothese Gott aus. Sie beleuchteten die Mythen mit Ironie und Distanz. Und doch bleibt es seltsam: Freud glaubte an keinen Gott, aber er glaubte an die Relevanz und die Wirkmächtigkeit von Mythen bei Personen wie bei Kollektiven.

Freuds ägyptische Spekulation ist nicht haltbar, doch selbst wenn man die Grundannahmen oder einzelne Aspekte seiner Lehre nicht teilt, kann man ihm den aufklärerischen Impetus nicht absprechen. Es genügt nicht, zu sagen, dass sich Religion auf nichts Beweisbares stützt, sondern nur auf überlieferte Erzählungen und Riten und auf respektierte Tradition; es genügt auch nicht, die zivilisierende Funktion von Religion im Laufe der Geschichte hervorzuheben (ihre historische Wahrheit); man muss zeigen, wie sie im Seelenleben der Menschen und in gesellschaftlichen Institutionen verankert ist. Zu dieser umfassenden ›Kritik der Religion‹ hat Freud unter dramatischen historischen Umständen einen wesentlichen Beitrag geleistet. Deshalb konnte er sich mit seiner letzten Arbeit als eine Art neuer Moses verstehen, der eine bedrohte Religion der Vernunft in ein freies Land rettete.

* * *

Was Sigmund Freud nicht wissen konnte: In Hitlers monströser Reichskanzlei in Berlin hing ein Gemälde von Domenico Tintoretto: *Die Auffindung des Moses-Knaben*. Seit 1945 ist dieses Bild verschollen.[49]

* * *

Die Realität und Wirkmächtigkeit des Mythos zu zeigen heißt nicht, ihn zu legitimieren und schon gar nicht den Gebrauch, der davon gemacht wurde. Es heißt, ihn als subjektive wie als gesellschaftliche Gegebenheit anzuerkennen und kritisch zu hinterfragen. Der Mythos antwortet auf die Kompliziertheit und die Widersprüchlichkeit der Welt.[50]

Wie pervers eine unkritische Mythenfaszination werden konnte, wie blind sie machen konnte für die Nöte der Gegenwart, zeigte in den Jahren nach 1933 das politische wie persönliche Versagen von Carl Gustav Jung. Zwischen 1905 und 1912 hatte er in engerem Kontakt mit Freud gestanden. Gerade weil er kein Jude war, hatte Freud große Hoffnungen auf den Schweizer gesetzt, hatte ihn wie einen künftigen Kronprinzen behandelt. Nach dem Bruch mit Freud wandte sich Jung in seinem Buch *Wandlungen und Symbole der Libido* (1912) von der individuellen Seelenanalyse ab hin zur Suche nach Formen eines kollektiven Unbewussten. Damit löste er sich auch von der Freud'schen Sexuallehre.[51]

Nach 1933 wurde aus der wissenschaftlichen und persönlichen Rivalität eine politische Kontroverse. Ohne Not lief Jung zu Freuds Gegnern im nationalsozialistischen Deutschland über, passte sich in seiner Wortwahl der NS-Propagandasprache an, ließ sich immer wieder instrumentalisieren und äußerte sich hemmungslos antisemitisch – in einer Zeit, in der Juden verfolgt wurden. Der Glaube an kollektive Identitäten, die Neigung zum Esoterischen und persönliche Schwächen hatten Jung auf diesen Irrweg gebracht.

Über die politischen Verhältnisse im Dritten Reich war Jung durchaus informiert. Die *Neue Zürcher Zeitung* berichtete ausführlich und genau. Im März 1933 wurde Jung auf eine Reise nach Palästina eingeladen, wo er emigrierte deutsche Juden traf. Seit 1933 war er wiederholt in Deutschland, hielt Vorträge und gab Interviews. So kam er bis 1937 oft nach Berlin, wo viele Schweizer NS-Sympathisanten lebten. Jung diente der NS-Propaganda, in der deutschen Presse fand seine Anwesenheit ein großes Echo. Seine Aktion stand in der deutschen Presse unter dem Motto »Wider die Psychoanalyse«. Jung nutzte die Gelegenheit, um mit Freud abzurechnen. Dass er diesen damit sehr konkreten Gefahren aussetzte, nahm er in Kauf.[52]

Am 26. Juni 1933 führte er ein Gespräch mit Viktor von Weizsäcker, das vom Berliner Rundfunk ausgestrahlt wurde. Einleitend hieß es, Jung habe der zersetzenden Psychoanalyse von Sigmund Freud seine »aufbauende Seelenlehre entgegengestellt«.

Das war genau der Tonfall vom Feuerspruch gegen Freuds Werke bei der Bücherverbrennung am 10. Mai 1933. Jung sprach vom germanischen Geist, der die Schöpfung in ihrer Ganzheit wirken lasse, nicht einseitig auf Sexualität ausgerichtet sei. Er sprach auch von Führertum und Führeradel. Mit seiner Bemerkung, wenn der Führer sich selbst nicht kenne, könne er auch nicht andere führen, wollte er die Notwendigkeit von Psychologie im neuen Staat unterstreichen.[53]

Klar antisemitische Äußerungen finden sich in einem Aufsatz von 1934: *Zur gegenwärtigen Lage der Psychotherapie.* »Der Jude als relativer Nomade hat nie und wird voraussichtlich auch nie eine eigene Kulturform schaffen, da alle seine Instinkte und Begabungen ein mehr oder weniger zivilisiertes Wirtsvolk zu ihrer Entfaltung voraussetzen.«[54]

Fast im Tonfall von Otto Weininger hieß es nun: Juden seien heimtückisch wie Frauen, sie zielten auf die Lücken in der Rüstung des Gegners. »Das arische Unbewußte hat ein höheres Potential als das jüdische«, denn Arier stünden der barbarischen Jugendlichkeit näher! Er sprach auch von der Schöpferkraft des germanischen Menschen und von der »gewaltigen Erscheinung des Nationalsozialismus, auf den die ganze Welt mit erstaunten Augen blickt«.[55]

Freud habe sich mit fanatischer Einseitigkeit auf das Lustprinzip berufen. Seine Psychoanalyse sei eben eine jüdische Wissenschaft. Freud nannte er aus persönlichen Gründen intolerant. Die deutsche Seele sei anders, für sie passe Freuds Theorie nicht, sondern nur für Juden.

Später rechtfertigte sich Jung, er habe den Fortbestand der Gesellschaft für Psychotherapie in Deutschland sichern wollen, die unter der Leitung von Mathias Heinrich Göring stand. Dieser Vetter von Hermann Göring hatte alle jüdischen Mitglieder aus der Vereinigung ausgeschlossen und zugleich Adolf Hitlers Buch *Mein Kampf* zur geistigen Grundlage der Arbeit seines Verbandes erklärt. Jung glaubte, er als Neutraler und als Nichtjude könne am ehesten etwas für die weitere Existenz der Psychotherapie nach 1933 bewirken.[56]

Jüdische Emigranten, die Jung in der Schweiz aufsuchten, wurden abgewiesen. Insofern galt auch seine spätere Rechtfertigung nicht, er habe einzelnen Juden helfen wollen. Allmählich wurde Jung klar, dass ihn Mathias Heinrich Göring für eigene Zwecke benutzen wollte, und so ging er auf Distanz. Auch war er erschüttert über die Ausschreitungen während der Kristallnacht, aber eine öffentliche Reaktion gab es nicht von ihm. Viele seiner Äußerungen zeigten, dass er aus Überzeugung handelte, nicht aus Taktik. In der Schweiz wurde Jung kritisiert, vor allem in der *Neuen Zürcher Zeitung*, unter anderem von Emigranten, die ihn als gleichgeschaltet bezeichneten. Sein Verhalten nach 1933 kann durchaus als eine Form von Kollaboration bezeichnet werden.[57]

Jung meinte, jede Psychologie sei subjektiv begründet und eine Sache der persönlichen Perspektive, auch die eigene; Freud solle dies zugeben. Er führte Freuds Theorie nicht auf dessen Persönlichkeit oder Lebensgeschichte zurück, sondern auf dessen jüdische Identität. Das typisch Jüdische an Freuds Haltung liege darin, dass er seine Wurzeln verleugne. Juden fehle es an chthonischer Qualität, sie seien Menschen ohne Verwurzelung. Und eben deshalb hätten Freud und Adler alles auf Sexualität zurückgeführt. Beide hätten spezifisch jüdische Theorien entwickelt, die der deutschen Mentalität nicht entsprächen.[58]

In Harvard, wo Jung 1936 zum Ehrendoktor ernannt wurde, kritisierte man ihn wegen seiner Nazi-Sympathien. Gastredner bei der Zeremonie war Präsident Roosevelt, den Jung genau beobachtete. Er hielt ihn für einen Demagogen und Despoten, wie er in einem Text über Charakterzüge von Diktatoren schrieb. Im September 1937 beobachtete Jung in Berlin Mussolini und Hitler nebeneinander; auch das fand Eingang in seine Analyse von Diktatoren.

1936 veröffentlichte Jung den Essay *Wotan: über die deutsche Seele*, eine Studie über Ergreifen und Ergriffensein, mit Gedanken zum Führerprinzip. Den Nationalsozialismus verstand er als religiöse Bewegung, was nicht kritisch gemeint war. Sich selbst bezeichnete er als völlig unpolitisch. Im Jahr 1941 definierte er Hitler als Verkörperung der deutschen Kollektivseele.[59]

Als der Niedergang der NS-Herrschaft absehbar war, änderte sich Jungs Kurs. Seit 1943 stand er in Kontakt mit dem US-Geheimdienst in Bern unter Leitung von Allen Dulles, wenn auch meist indirekt, vermittelt über die amerikanische Autorin Mary Bancroft, die mit einem Schweizer Geschäftsmann verheiratet war und bei Jung eine Therapie machte. Für Dulles hielt sie Kontakt zu deutschen Widerständlern. Jung wurde von den Amerikanern als »Agent 488« registriert. Dulles schätzte seine Berichte und Analysen. Jung teilte mit, was er vor 1939 in Deutschland gesehen und wie er die führenden Nazis erlebt hatte. Immerhin sagte er Hitlers Suizid voraus.

Dass Jung 1938 veranlasst habe, ein Willkommenstelegramm an Freud nach dessen Ankunft in London zu schicken, ist nur ein Gerücht; ebenso, dass er im März 1938 einen jungen Emissär mit Geld nach Wien geschickt habe. Nach 1945 wurde Jung in der Schweiz als NS-Sympathisant scharf kritisiert. In einem Text vom Juni 1945 sprach er von der Kollektivschuld der Deutschen. Ihnen und ihrem Führer attestierte er nun »psychopathische Minderwertigkeit«. Erich Kästner, der sich an ganz andere Töne des Schweizer Seelenarztes erinnerte, mokierte sich darüber in Zeitungsartikeln.[60]

In der Folge hielt Jung eher Abstand zur Politik, reiste auch weniger wegen akuter Herzprobleme. Gleichwohl schrieb er über die NS-Katastrophe und über das Verhältnis von Geschichte und individueller Psyche. Die Deutschen konnte er jetzt verurteilen, insbesondere ihre Führer; und er gab den Deutschen gute Ratschläge, wie sie diese historische Erfahrung verarbeiten sollten.

Nun redete er wie jemand, der das alles aus großer Ferne beobachtet hatte. Zur Selbsterkenntnis reichte es nicht.

Und was hätte er gesagt, wenn er gewusst hätte, dass Sigmund Freud beim Aufbruch ins Exil die Werke von C. G. Jung mitgenommen hatte?

8
Hitlers Wien-Lüge

Der rassenreine Gossen-Parsifal …
Walter Mehring

»Mir fällt zu Hitler nichts ein.« Mit diesem Satz eröffnete Karl Kraus, der sich selbst einen »Zeitpolemiker«[1] nannte, den Essay *Die Dritte Walpurgisnacht.* Diese Analyse der Folgen von Hitlers Machtergreifung in Deutschland wurde im Sommer und Frühherbst 1933 geschrieben und erst 1962 veröffentlicht. Nicht die Person Hitler, sondern das Wesen des Nationalsozialismus steht im Mittelpunkt des unvollendeten »Spätwerks«, das den typischen Stil von Kraus aufweist: prägnante Formulierungen, beißende Aphorismen neben weitschweifigen Analysen, Klassikerzitate neben ausführlich zitiertem ideologischem Humbug.

Zum Nationalsozialismus (»epidemische Gehirnerschütterung«[2]) und zu dessen Anhängern (gebannt »von dem betörenden Zauber der Idee, keine zu haben«[3]) fiel Kraus sehr viel ein, denn fast 300 Seiten umfasst sein Manuskript. Er beleuchtet sehr hellsichtig die Ideologie, die schlechte Sprache, den völkischen Nonsens und die Gräueltaten in Deutschland in der ersten Jahreshälfte 1933. Und er beleuchtet sehr genau die Gefahr, die nunmehr auch Österreich droht. Kraus bekennt sich zu Österreich, auch wenn er weiß, dass sein Land sich niemals zu ihm und seinem Werk bekennen würde.[4]

Er spricht von der Bücherverbrennung im Mai 1933, bei der seine eigenen Werke verschont blieben,[5] von den ersten Emigranten und auch von den Parteigängern des neuen Regimes wie Martin Heidegger oder Gottfried Benn ist die Rede. Schon 1933 stellt Karl Kraus fest, dass die NS-Diktatur die »brauchbarsten Knechte zivilisatorischen Betriebs in Feueranbeter und Bekenner eines Blutmythos« verwandelt habe.[6] *Seine* Kritik an den brutalen Slogans lautete so: In Ausrufen wie »Deutschland erwache« oder »Juda verrecke« müsste eigentlich ein Komma stehen.[7] Der Nationalsozialismus sei »eine Diktatur, die heute alles beherrscht außer der Sprache«[8]. Karl Kraus definierte den Nationalsozialismus als »Gleichzeitigkeit von Elektrotechnik und Mythos, Atomzertrümmerung und Scheiterhaufen«, als Nebeneinander von moderner Technik (in Medien, Infrastruktur und Waffen) und archaischem Denken.[9] Sein Tod 1936 ersparte es Karl Kraus, mit diesem Regime, dessen irrationalen Kern er beschrieben hatte, eigene Erfahrungen zu machen.

* * *

Der Migrationshintergrund von Adolf Hitler – seine Geburt in der Grenzstadt Braunau, seine Jahre in Wien zwischen 1907 und 1913 und schließlich seine deutsche Politikkarriere nach dem Ersten Weltkrieg – ließen ihn prädestiniert erscheinen, den Traum der Vereinigung von Deutschland und Österreich zu verwirklichen. Doch Österreich und Wien haben Hitler 1938 nur als Faktoren in einem Machtspiel interessiert, das die Ausgangsposition für den Krieg verbessern sollte, der sein eigentliches Ziel war. Dass politische Erfahrungen in Wien das Weltbild des späteren Kanzlers Hitler geprägt haben, erweist sich bei näherem Hinsehen als Lebenslüge. Nachhaltigen Einfluss bewirkten hingegen seine ästhetischen Erfahrungen in Wien und zuvor schon in Linz, die sich mit dem Werk von Richard Wagner verbinden, vorausgesetzt, man nimmt ihn als Wagner-Jünger ernst. Dass er diese Erfahrungen in einer späteren historischen Situation in die Sphäre der Politik übertrug, macht seine Besonderheit aus.[10]

Der »Entwicklungsroman«, als der Hitlers Buch *Mein Kampf* in den ersten Kapiteln gelesen werden kann, ist weitgehend Fiktion. In Darstellungen von Hitlers Werdegang werden die Kunstfigur des ›Führers‹ und seine späteren ›Ansichten‹ oft rückprojiziert auf die frühen Jahre. Das zeigt sich vor allem beim Kernpunkt seines Denkens und Handelns, dem Antisemitismus. Der politische Hitler erfand sich erst zwischen 1919 und 1922; nur auf der charakterlichen Ebene gibt es Kontinuitäten aus seiner Jugendzeit. Hitler war kein Antisemit, der beschloss, Politiker zu werden, sondern er beschloss, Antisemit zu werden, als er sich anschickte, Politiker im völkischen Lager zu sein. Um sich dort an die Spitze zu setzen, musste er bei diesem Kernthema die radikalste Position vertreten, den eliminatorischen Antisemitismus. Die Deutungen der Figur Hitler haben allzu oft die Vorgaben seiner Selbstinszenierung reproduziert, gerade was das Verhältnis zu seiner »Heimat Österreich« und zur Stadt Wien betrifft.[11]

* * *

Schon auf der ersten Versammlung der DAP, mehr ein Stammtisch als eine Partei, die Hitler im September 1919 in München als Beobachter im Auftrag der Reichswehr besuchte, wurde die Österreich-Frage bedeutsam. Vehement widersprach er einem Redner, der eine Vereinigung von Österreich und Bayern gefordert hatte, weil die Siegermächte einem solchen Gebilde günstigere Friedensbedingungen gewähren würden. Solche Ideen waren damals öfter zu hören in München, hätten aber gewiss keine Chance gehabt. Wichtiger ist, dass Hitler jeden Separatismus ablehnte und für die ganz große Lösung eintrat, den Anschluss Österreichs an das Deutsche Reich. Es müsse ein neues Deutschland geben, das groß und mächtig genug sei, um nie wieder einen Krieg zu verlieren.

Das Parteiprogramm der NSDAP vom Januar 1920 forderte den »Zusammenschluß aller Deutschen aufgrund des Selbstbestimmungsrechtes der Völker zu einem Großdeutschland«, also einen Staat, der Österreich und alle deutschsprachigen Gebiete umfasste.[12] Der erste Band von *Mein Kampf*, 1925 erschienen, beginnt mit der Anschlussfrage, hier als »Wiedervereinigung« bezeichnet. Sie sei »eine mit allen Mitteln durchzuführende Lebensaufgabe«. – »Deutschösterreich muß wieder zurück zum großen deutschen Mutterlande. [...] *Gleiches Blut gehört in ein gemeinsames Reich.*«[13]

Schon in Wien vor 1913 will Hitler erkannt haben, dass »die Sicherung des Deutschtums die Vernichtung Österreichs voraussetzte«. Er bekundete zwar »heiße Liebe zu meiner deutschösterreichischen Heimat«, zugleich aber »tiefen Hass gegen den österreichischen Staat«. Sein Geburtsort Braunau am Inn und zugleich an der deutsch-österreichischen Grenze galt ihm als »glückliche Bestimmung«.

1920 trat Hitler noch für die Rückgewinnung von Südtirol ein, das Österreich durch die Pariser Vorortverträge von 1919 verloren hatte. Auch *Mein Kampf* kann man in dem Sinne deuten. 1938 zählte die völkische Begründung weniger als die politische Rücksichtnahme auf den Bündnispartner Italien. Lange Zeit hatte Mussolini Hitler misstraut, ihn sogar verachtet, hatte ihn beobachten lassen. Erst als Hitler nach 1930 jeden Anspruch auf Südtirol aufgab (anders als manche Parteigenossen), kam es zu einer allmählichen Annäherung der beiden Diktatoren.[14]

* * *

Der Mann sieht aus wie ein Heiratsschwindler, befand der Schauspieler Max Pallenberg.[15] Und Thomas Mann nannte ihn einen Geschichtsschwindler. In *Mein Kampf* hat Hitler einige falsche Behauptungen über seine frühen Jahre aufgestellt. »Wien, die Stadt, die so vielen als Inbegriff harmloser Fröhlichkeit gilt, als festlicher Raum vergnügter Menschen, ist für mich leider nur die lebendige Erinnerung an die traurigste Zeit meines Lebens.«[16]

Solche Bemerkungen waren Teil seiner Selbstinszenierung. Nicht sein Kampf, sondern sein Bild war das Thema des Buches. Es half, seine öffentliche Gestalt zu erfinden als plakative Zentralfigur der selbst gesponnenen Lebenserzählung.[17]

Aus den politischen und ideologischen Strömungen in Wien vor 1914 lässt sich Hitlers mutmaßliche Prägung schwerlich ableiten. Fraglich ist, was der ungeschulte und arbeitsscheue junge Mann, der in selbst verschuldetem Elend lebte, davon zur Kenntnis genommen und verarbeitet hat. Nach einer sorgfältigen Rekonstruktion der politischen und ideologischen Landschaft Wiens vor 1914 kommt die Historikerin Brigitte Hamann zu der Feststellung, der »spätere Hitler, also der Diktator, der Politiker wie der Verbrecher, ist in diesen Jugendjahren nicht zu erkennen«. In Wien war er ein junger Gelegenheitsarbeiter aus der Provinz, der sehr begrenzte und sehr einseitige Interessen verfolgte, das allerdings mit sonderbarer Beharrlichkeit.[18]

Die Kontinuität bei Hitler von der Wiener Zeit bis zu seinen Anfängen als Politiker nach dem Weltkrieg liegt in seinen Charakterzügen, weniger in seinen Ansichten. Trotz seiner recht elenden Existenz in Wien kann man nicht behaupten, dass er danach einen speziellen Grund gehabt hätte, sich an der Stadt zu rächen. »Aus den Wiener Verhältnissen läßt sich Hitlers Karriere jedenfalls nicht ableiten und schon gar nicht begreifen.«[19] Das gilt auch für den zentralen Punkt seiner späteren Politik, den Antisemitismus. Denn die Frage, »wann der Antisemitismus für Hitler zum Kern- und Angelpunkt wurde, kann aus seiner Linzer und Wiener Zeit nicht beantwortet werden«.[20]

Der Arzt Eduard Bloch, der Hitlers krebskranke Mutter Klara betreute, war ein Freund und Helfer der Familie, und Hitler hatte keinen Grund, diesem böhmischen Juden etwas übel zu nehmen. Nachdem seine Mutter am 21. Dezember 1907 mit 47 Jahren gestorben war, hat Hitler den Arzt korrekt bezahlt (eine bescheidene Summe) und sich bei ihm bedankt. Als nach dem Anschluss 1938 sein »Edeljude« sich bittend an ihn wandte, wurde es Bloch und seiner Frau (einer geborenen Kafka) erlaubt, in die USA auszuwandern. Seinen Beruf durfte der alte Herr dort nicht mehr ausüben, wie die meisten emigrierten Ärzte; doch hinterließ er Erinnerungen und eine Betrachtung über Hitlers Charakter.[21]

Unter den Professoren der Wiener Kunstakademie, die Hitler zweimal die Aufnahme verweigert, ihn jedoch beim ersten Versuch zum Probezeichnen zugelassen hatten, war kein einziger Jude. Die Ablehnung durch die Akademie schuf also keinen persönlichen Grund, sich an Juden zu rächen.[22] Hingegen gibt es zahlreiche Belege, die für eine judenfreundliche Einstellung des jungen Hitler sprechen. In Wien war er, nachdem er das Erbe seiner Mutter aufgezehrt hatte, immer wieder auf Wohltätigkeitseinrichtungen angewiesen, und die wurden zumeist von wohlhabenden jüdischen Bürgern getragen, wie er sehr wohl wusste. Das galt für Suppenküchen und Teestuben und vor allem für das Meidlinger Obdachlosenasyl im Arbeiterbezirk Brigittenau jenseits des Donaukanals, eine neu eröffnete Modelleinrichtung, die Hitler in den Jahren 1909 und 1910 aufsuchte.[23]

Sein damaliger Kumpel Reinhold Hanisch berichtete später, Hitler habe die Wohltätigkeit der Juden gerühmt, auch die der Rothschilds. Er habe Moses und die Zehn Gebote für die Basis der gesamten Zivilisation gehalten. Einmal habe er sogar Lessings Ringparabel hergesagt.[24] Als Kaiser Wilhelm II. das Denkmal für Heinrich Heine von der Insel Korfu entfernen ließ, das dort von Kaiserin Elisabeth aufgestellt worden war, ein Vorgang, der von einer antisemitischen Welle in der Wiener Presse begleitet wurde, habe Hitler gemeint, dass Heine sehr wohl ein Denkmal und seine Dichtungen Respekt verdienten.[25]

Ein Land ohne Juden konnte sich Hitler damals nicht vorstellen. Würden sie das Land verlassen, wäre das ein Unglück, denn sie würden das österreichische Kapital mitnehmen. Auch glaubte er keineswegs an die damals verbreiteten Ritualmordbeschuldigungen. Er hat also die antijüdischen Polemiken zur Kenntnis genommen, sie aber nicht einfach übernommen.[26]

Hitler habe geglaubt, dass die Juden eine eigene Rasse seien und deshalb überall fremd blieben, berichtete Hanisch. Er habe die Juden als etwas Besseres empfunden und die Reinheit der jüdischen Rasse gelobt; Vermischung habe er als etwas Schlechtes empfunden. Solche Ansichten sprechen für Vorbehalte oder Ahnungslosigkeit, aber direkt judenfeindliche Äußerungen Hitlers aus dieser Zeit sind nicht belegt. Er hatte durchaus Umgang mit Wiener Juden, etwa als Mitbewohner in den Männerheimen. Ein jüdischer Hausierer schenkte ihm einen abgetragenen Anzug, in dem er wie ein jüdischer Bettler wirkte. Es ist also nicht ganz falsch, ihn sich als eine Art Stadtstreicher vorzustellen, ähnlich wie die Gestalt, die ein gewisser Charlie Chaplin um diese Zeit in Hollywood erfand.[27]

Der Kumpel Hanisch brachte Hitler auf die Idee, Postkarten oder kleine Aquarelle von Wiener Sehenswürdigkeiten zu malen. Da Hitler zu schüchtern war, sie zum Verkauf anzubieten, übernahm meist Hanisch diese Aufgabe und erhielt dafür einen Anteil von den Einnahmen. Erworben wurden sie nicht nur von Touristen, sondern auch von Rahmenhändlern, und die waren in Wien zumeist Juden. Die Bilder wurden für etwa 12 Kronen abgenommen und für 35 Kronen weiterverkauft.

Verlässlichster Abnehmer von Hitlerbildern war der jüdische Glasermeister Samuel Morgenstern, dessen Laden in der Liechtensteinstraße 4 lag, nahe bei der Wohnung von Sigmund Freud. Die Kundenkartei zeigt, dass viele der Käufer von Hitlers Bildern wiederum Juden waren, wie der Anwalt Josef Feingold. Morgenstern war mein Retter, soll Hitler damals gesagt haben. Das Rahmengeschäft wurde 1938 arisiert. Morgenstern schrieb zweimal an Hitler nach Berchtesgaden, seine Briefe wurden aber nicht weitergeleitet. 1941 wurden er und seine Frau deportiert.

Er starb 1943 im Getto Litzmannstadt; sie wurde im August 1944 nach Auschwitz verschleppt, wo sie gleich nach der Ankunft umgebracht wurde. Ihre Tochter überlebte den Holocaust und konnte sich an den unbeholfenen, linkischen Maler erinnern, der gelegentlich ins väterliche Geschäft kam. Als Hitler 1913 nach München wechselte, hatte er größere Probleme, seine Bilder loszuwerden, da er bei den dortigen Händlern nicht bekannt war. In München gab es etwa 3000 ehrgeizige Maler. Immerhin hatte Hitler nun Zugriff auf das väterliche Erbe. Das hatte es ihm erlaubt, sich neu einzukleiden und in die bayerische Landeshauptstadt überzusiedeln.[28]

* * *

Natürlich war dem eifrigen Zeitungsleser Hitler nicht entgangen, dass der Wiener Bürgermeister Lueger mit Antisemitismus Politik machte. Überliefert ist Hitlers spätere Äußerung, er habe Lueger hassen wollen, ihn aber wegen dessen großer Rednergabe bewundern müssen.[29]

Ein anderer Redner beeindruckte Hitler in seiner Wiener Zeit: sein Lieblingsschriftsteller Karl May. Wie alle Autodidakten las Hitler unsystematisch und selektiv.[30] Hingegen vertraute er sehr wohl der Presse (von »Lügenpresse« war da noch keine Rede). Für ihn war die Zeitung das wichtigste Bildungsmittel, ganz gleich, wer die Artikel geschrieben hatte und wo sie erschienen waren. Er las auch Broschüren und Lexikon-Artikel. Ihn interessierten historische Werke und Biographien; so las er viel über Prinz Eugen, über Friedrich den Großen, über Richard Wagner oder über Schopenhauer. Diese Art Lektüre war für ihn eine »todernste Arbeit«. Er eignete sich alles aktiv an, als Stoff für seine Monologe. Denn er hatte ein eigenartig gutes Schubladengedächtnis, aus dem er jederzeit Einzelheiten unerwartet hervorholen konnte.[31]

Als Karl May in Wien auftrat, war die Presse voll mit Enthüllungsgeschichten über den Erfolgsautor: Seine autobiographisch wirkenden Abenteuerbücher seien purer Schwindel. Hitler aber verteidigte sein Idol; es sei gemein, gegen einen großen Mann und bedeutenden Schriftsteller dessen Vergangenheit ins Feld zu führen.

Trotz der Kampagne waren die Sofiensäle im III. Bezirk mit 3000 Zuschauern mehr als gefüllt, als Karl May dort am 22. März 1912 seinen Vortrag hielt: »Empor ins Reich der Edelmenschen«. Hitler hatte sich mit einem Kumpel zu dieser Veranstaltung begeben, die von einer pazifistischen Vereinigung organisiert wurde. Die Friedensnobelpreisträgerin Bertha von Suttner saß als Ehrengast in der ersten Reihe. Der Erfinder von Winnetou huldigte ihr ausdrücklich, indem er Passagen aus ihrem zuletzt erschienenen Roman vorlas. In seinem Vortrag verteidigte Karl May die Einheit des Menschengeschlechts und erzählte, wie er sich aus Abgründen emporgearbeitet habe. In diesem Sinne sollte die Lektüre seiner Werke der Veredelung der Menschen dienen.

Die Wiener Presse berichtete sehr negativ über diesen Vortrag. Nur zehn Tage später starb Karl May, und sein Bewunderer Hitler war aufrichtig bestürzt. Noch als Kanzler und Feldherr verehrte er Karl May, ließ die *Winnetou*-Bände in hoher Auflage als Feldausgabe drucken und verteilen. Auch seinen Generälen empfahl er diesen Autor, weil es ihnen an Phantasie fehle.[32]

* * *

Hitlers eigene Phantasie wurde am stärksten und folgenreichsten von seinem Wagner-Erlebnis geprägt. Mit 12 Jahren hat Hitler als erste Wagner-Oper in Linz *Lohengrin* gehört. Drei Jahre später erlebte er ebendort die Oper *Rienzi*, damals ein viel gespieltes Stück. Die Opernleidenschaft teilte der junge Hitler, der bei allen Unternehmungen einen Kumpel brauchte, mit August Kubizek, genannt Gustl, der als Tapeziererlehrling begonnen hatte und sich zum Klavierspieler ausbilden ließ. Auch ins

Theater ging Hitler schon in Linz, und dort waren seine Lieblingsschauspieler zumeist Juden.[33]

Wichtiger als die Geschichte des Rienzi (eines Mannes aus dem Volk, der beschließt, Politiker zu werden, und sich zum Tribun der Massen entwickelt, ehe er zum Diktator entartet und gestürzt wird, unter Flammen und Trümmern begraben) war die affektive Wirkung von Wagners Musik. Das volle Wagner-Erlebnis erfuhr er erstmals am 5. Mai 1906 bei einem Besuch in Wien, wo er in der Staatsoper *Tristan und Isolde* sah. Unter der Leitung des Operndirektors Gustav Mahler und seines Bühnenbildners Alfred Roller wurden die Werke des Bayreuther Meisters als wirkliche Gesamtkunstwerke aufgeführt. Als Mahler 1907 die Oper verließ, blieben seine Inszenierungen auf dem Spielplan. Wichtigster Dirigent war nun Felix Weingartner, der allerdings ein Antisemit war. Hitler, so berichtete Kubizek, missbilligte die antisemitische Agitation gegen Gustav Mahler.[34]

Nachdem er 1907 ganz nach Wien gezogen war, verpassten er und sein Freund Kubizek keine Wagner-Aufführung an der Staatsoper: *Tristan und Isolde*, *Lohengrin*, *Rienzi*, *Der fliegende Holländer*, *Tannhäuser*, *Die Meistersinger*, den gesamten *Ring des Nibelungen*. Am meisten beeindruckte ihn der Tenor Leo Slezak. Hitler erwarb Karten für die billigen Plätze im Stehparterre, in dem der Eintrittspreis zwischen 1,20 und 1,60 Kronen lag, wobei er lieber in die Abteilung ging, in der Frauen nicht zugelassen waren. Hin und wieder besuchte er auch Wagner-Aufführungen in der Volksoper.

Die Opern hätten Hitler in einen rauschhaften Zustand versetzt, berichtete Kubizek später, Wagners Werke seien zu einem Teil seines Wesens geworden. Aber auch für die Wiener Operette interessierte er sich; die ein Jahr vor seinem ersten Wien-Besuch uraufgeführte *Lustige Witwe* von Franz Lehár gefiel ihm. Am Burgtheater erlebten Hitler und sein Linzer Kumpel Goethes *Faust* (Zweiter Teil) mit Josef Kainz als Mephisto.[35]

Unter Gustav Mahler und dessen Bühnenbildner Alfred Roller wurde Wagners revolutionäres Konzept der Oper als Gesamtkunstwerk erstmals konsequent realisiert. Verglichen mit diesen Aufführungen wirkten die Inszenierungen der Bayreuther Festspiele altbacken und verstaubt. Durch das Zusammenspiel von Licht, Farbe, Gestik, Mimik, durch ein vermittelndes und nicht zu dominantes Orchester, durch große Stimmen und zügiges Tempo wurde die affektive, ja magische Wirkung von Wagners Musik maximal gesteigert. Es war also eine ganz besondere Aufführungspraxis, die fortschrittlichste seiner Zeit, die Hitler hier erlebte und auskostete. Wirksame Auftritte, Macht als Schauspiel, Lichtspiele zur Unterstützung seiner ›Botschaft‹, das lernte er in der Wiener Hofoper, solche Effekte versuchte er, zum Politiker geworden, in seinen inszenierten Reden nachzuspielen.

Der junge Hitler ließ sich ein Empfehlungsschreiben für Alfred Roller geben und bewarb sich bei diesem für ein Praktikum. Er war dann aber zu dumm oder zu feige, die vorhandene Chance zu ergreifen, und ließ einen Termin verstreichen. Viele Jahre später ließ er den alten Bühnenbildner, der kein Jude war, nach Bayreuth holen, wo dieser aber kaum wirken konnte. Die Anwendung der in Wien erlebten Inszenierungselemente bei seinen Reden und Parteitagsauftritten (mit Licht- und Klangeffekten) war das Wagnerianische an ihm; hingegen lässt sich sein späterer Antisemitismus nicht aus Richard Wagners aberwitzigen judenfeindlichen Pamphleten ableiten.[36]

* * *

Die vier Jahre als Soldat im Ersten Weltkrieg haben Spuren hinterlassen. Zum Antisemiten haben sie Hitler nicht gemacht. Es war ein jüdischer Hauptmann, der ihn für seine beiden militärischen Auszeichnungen vorschlug. Bis in das Frühjahr 1919 hinein weist alles darauf hin, dass Hitler ein Anhänger der Linken war. Als Soldat gehörte er wie sein ganzes Regiment der Roten Armee der Münchner Revolutionäre an. Den Politiker Kurt Eisner hat er durchaus bewundert. Der große Trauerzug nach dessen Ermordung hat sich ihm eingeprägt und wurde von ihm, unter anderen Vorzeichen, später imitiert.[37]

Erst im Mai 1919, nachdem die Räterepublik in München gescheitert war und die Repression der Weißen, der Reaktionäre begann, deren Opfer der Soldat Hitler beinahe geworden wäre, und vor allem nachdem die harten Auflagen des in Versailles ausgehandelten Friedensvertrages bekannt geworden waren, begann seine politische Wandlung. Jetzt erst näherte er sich dem völkischen Lager an, jetzt erst beschäftigte ihn die Frage, wie man Deutschland so umgestalten könne, dass es nie wieder schwach wäre und Kriege verlöre. Jetzt erst übernahm er das politische Thema des Antisemitismus. Und jetzt erst bildet er sein eigentliches ›Talent‹ aus: die als Spektakel inszenierte Rede. Dabei flossen seine frühen Eigenarten und seine Prägungen zusammen: der Hang zum endlosen Monologisieren, die Erinnerung an die Wagner-Aufführungen, sein Selbstverständnis als Künstler.

Trotz der großen Rolle ästhetischer Aspekte in seinem politischen Handeln war Hitler kein Künstler, da er nichts produzierte. ›Künstler‹ war er höchstens im bösen Sinn von Thomas Mann, als undisziplinierter Bohemien, der Künstlertum als Attitüde verstand, ohne Werk und Ethos. Es ging nur um das Selbstbild, die eingebildete Rolle, das öffentliche Auftreten. Das eingebildete Leben ersetzte das Werk und schuf eine (Schein-)Identität durch (Selbst-)Täuschung.[38] Sein Trugbild wurde zur politischen Waffe.

Der Politiker Hitler gestaltete seine Auftritte als szenischen Vorgang. Das war das Wagnerianische an ihm, das Polit-Theatralische. Reden als Ritual, als sakrales Ereignis, Götzendienst und Überwältigung, das war sein Weg, sein Mittel von Anfang an. Gaudi und Machtsucht gehörten dazu, wohl auch die Befriedigung seiner Triebe. Hitler lebte mental in einer Wagner-Oper – in einer blutigen. Er war so sehr mit dieser Welt vertraut, ja besessen von ihr, dass er auf eine Person wie Winifred Wagner einen so tiefen Eindruck machte, denn sie lebte ja in dieser Welt, wenn auch auf andere Weise. Die Rede war Hitlers Oper: Politik aus dem Geist des Gesamtkunstwerks, medial unterstützt. Und die Masse spielte mit, wurde Teil der Inszenierung; mit ihm in der Heldenrolle, ohne Widerrede. Er musste Gegenreden, Nachfragen, Widerworte verhindern, etwa durch die Länge der Reden in seinen ersten Jahren, die kurz vor der Sperrstunde endeten. Seine Reden hielt er vor den eigenen Leuten oder im Gerichtssaal, aber nie in einem Parlament oder in einer anderen Versammlung, bei der mit Widerspruch zu rechnen war. Das Reden war das Element seines Daseins, wie ein Zeitgenosse bemerkt hat.[39]

Der Schriftsteller Felix Salten schrieb einst über das Phänomen Karl Lueger und den Erfolg des Wiener Bürgermeisters bei den Massen, bei den Kleinbürgern, niedergedrückten, führerlos blökenden Schafen. »Da kommt dieser Mann und schlachtet – weil ihm sonst alle anderen Künste mißlangen – vor der aufheulenden Menge einen Juden. Auf der Rednertribüne schlachtet er ihn mit Worten, sticht ihn mit Worten tot, reißt ihn in Fetzen, schleudert ihn dem Volk als Opfer hin.«[40] Diese Analyse passt auf den Künstler-Politiker und Redner Hitler: Auch ihm sind alle anderen Künste misslungen. Auch er pflegte in seinen Reden Juden zu »schlachten«, doch bei ihm blieb es nicht bei bösen Worten.

* * *

Genügend Indizien sind vorhanden, um nachzuzeichnen, wie Hitler ab Mai 1919 in die Politik geraten ist und allmählich seine Themen entwickelt hat. Monologe hatte er schon immer gehalten, auch in Wien, aber nun fand er ein Publikum. Nun entdeckte man den effektvollen Redner Hitler mit seiner seltsam gutturalen Stimme, die eigentlich keinem österreichischen Dialekt entsprach, erregt, fanatisch, in emotionaler Steigerung und dabei mit kalten Augen.[41]

In München befand sich Hitler in einem Brennpunkt des Geschehens. Als Randfigur und Außenseiter fand er den Weg zur Masse. So wurde er vom Befehlsempfänger zum Ausführenden.[42] Als Beobachter und Agitator der Reichswehr, der er immer noch angehörte, erhielt er ein Minimum an politischer Schulung. Sein Vorgesetzter und Ausbilder, Hauptmann Karl Mayr, war Leiter einer Propaganda-Unterabteilung. Er vermittelte wichtige Kontakte (etwa zu Wolfgang Kapp in Berlin noch vor dessen Putschversuch 1920). Mayr schloss sich der SPD an und distanzierte sich später von Hitler, geriet in Opposition und in KZ-Haft, in der er 1945 starb.

Mayr war es, der Hitler im September 1919 das Thema »Die Juden und wir« aufgab. Und erst jetzt befasste sich Hitler mit der jüdischen Frage, indem er Schriften der völkischen Rechten las. Er verstand schnell, dass dies eine Kernfrage in jenen Kreisen war, und er verstand auch, dass er die radikalste Position vertreten musste, wollte er auffallen. Aus diesem politischen Kalkül heraus und nicht als Folge der Imprägnierung durch das hasserfüllte Klima in Wien vor 1914 hat Hitler seinen Antisemitismus entwickelt. Deshalb ist dieser auch so pauschal und abstrakt: Das Judentum ist unbedingt eine Rasse und keine Religionsgemeinschaft, war seine (angelesene) Meinung. Die Juden seien nur von Gewinnstreben getrieben, sie seien der Blutegel unter den Völkern. Pogrome seien sinnlos: Man müsse die Juden prinzipiell eliminieren. Weg mit den Juden, mit allen, ohne Ansehen von Personen oder Geschichte oder sozialen Bedingungen ihrer Existenz oder ihrer gesellschaftlichen Unterschiede.

Die Juden wurden als Kategorie pauschal geleugnet (so musste man auch nichts über sie wissen). In dieser kategorialen Negation der Juden ist ihre Vernichtung schon enthalten, auch wenn

Gelegenheit und Mittel dazu noch fehlten. Für den absoluten Anspruch, den er bald mit seinem Auftreten verband, war es nützlich, einen absoluten Feind zu haben. Dass Vernichtung die Grundformel der Nazis ist, hat Karl Kraus 1933 erläutert.[43]

Durch den Mitgefangenen Rudolf Heß ist überliefert, dass Hitler während der Abfassung von *Mein Kampf* im Gefängnis in Landsberg am Lech in der Judenfrage noch geschwankt habe. Um als Anführer der völkischen Rechten glaubhaft zu wirken, hat er sich in seinem Buch eine politisch opportune Vergangenheit zurechtgezimmert und seine Jugend in Wien umgedeutet. Nun musste er sein bisheriges Leben vergessen machen, Spuren verwischen, Einflüsse leugnen. Dabei kannte er seine eigene Familiengeschichte auch nicht so genau. Als um 1930 das Gerücht aufkam, dass er selber jüdische Vorfahren habe, ließ er dies von genealogischen Experten überprüfen – er war unsicher, ob es zutraf, hielt es also für möglich.[44]

* * *

Im Oktober 1920 reiste Hitler nach Österreich. Er besuchte Braunau, Salzburg, Innsbruck. In Salzburg erzielte er mit seinen Reden keine Wirkung. Bei einem Abstecher nach Wien besuchte er seine Schwester Paula. Die 24-jährige unverheiratete Frau hatte seit dem Krieg nichts mehr von ihm gehört. Sie ging mit ihm einkaufen und besorgte ihm ordentliche Kleidung. Paula war und blieb katholisch und tiefgläubig. Hitler traf auch seine Halbschwester Angela: Sie leitete die Mensa der jüdischen Studentengemeinschaft an der Wiener Universität![45] Ende 1921 war Hitler ein letztes Mal (vor 1938) in Wien und hielt am 28. Dezember eine Rede im Alten Rathaus.

* * *

1921 fand Hitler einen Mentor, der seiner öffentlichen ›Gestalt‹ den letzten Schliff verpasste, den Dichter, Dramatiker, Journalisten und Bohemien Dietrich Eckart. Auch er war auf seine Art Künstler und zugleich von der Politik besessen. Auch Eckart hatte vor 1914 eher in jüdischen Kreisen verkehrt.[46] Durch ihn lernte Hitler den Münchner Fotografen Heinrich Hoffmann kennen sowie dessen Assistentin Eva Braun. Hoffmann hatte großen Erfolg gehabt mit dem Fotoband *Ein Jahr Bayerische Revolution im Bilde*, von dem 120 000 Exemplare verkauft wurden.[47]

Eckart war es, der Hitler die Landschaft des Obersalzbergs bei Berchtesgaden erschloss. 1923 hatte sich Eckart hierher geflüchtet, weil er nicht vor Gericht erscheinen wollte, wo ihm eine Anklage wegen Beleidigung und Tätlichkeiten drohte. Ende April 1923 kam Hitler erstmals auf den Obersalzberg, als er Eckart in seinem Versteck besuchte. Schon am 26. Dezember desselben Jahres starb Eckart an Herzversagen. Die Figur Hitler war gleichsam sein letztes Werk.[48]

In Hitler sah Eckart eine Verkörperung von Peer Gynt. Wie diese Bühnenfigur von Ibsen sollte Hitler König der Welt werden, allerdings dauerhaft triumphieren und ein glanzvolles Bild abgeben. Um Erfolg zu haben, dürfe Hitler nicht vor Gewaltanwendung zurückschrecken, schärfte Eckart ihm ein. Er verlieh Hitler eine mythische Identität (wie Thomas Mann es genannt hätte) und eine mythische Sendung, aber nicht als Wiederverkörperung von etwas oder jemand, sondern als neuartige Erlösergestalt. Hitler selbst war der strahlende Held einer neuen Erzählung, die mit ihm begann, wenn auch als Trugbild, als Projektionsfläche. Er selbst erzählte in seinen Reden unentwegt seine (falsche) Geschichte. Im Dienste seiner Mission (letztlich seiner Ich-Affirmation) steht auch die Gewalt. Denn das ist die eigentliche Frage: Solange er ein bloßer Spinner war, ein Aufschneider, wirkte er nicht gefährlich. Doch woher kam die Bereitschaft zur Gewaltanwendung? Nur aus dem Erlebnis tagtäglicher Brutalität im Krieg? Die Gewalt nistet im Herzen des bühnenhaften Selbstentwurfes, in dem eine bisherige Identität geleugnet und vernichtet und durch eine Scheinidentität überspielt wird. Diese Haltung, ein aufgeplustertes Ich in das Zentrum einer erfabelten Geschichte zu stellen, kann man Mythomanie nennen. Bricht diese Konstruktion zusammen, wird die innere Vernichtung nach außen gekehrt, gegen alle, die ihn durchschauen und auslachen könnten.

Hitlers Mythomanie »erklärt« nicht seine politische Laufbahn; sie macht aber den »merkwürdigen Rollencharakter von Hitlers Existenz« verständlich, von dem Joachim Fest gesprochen hat, auch das Nebeneinander von Verführercharme und krimineller Energie,[49] das seine Führer-Wirkung möglich machte. Es bedeutet nicht, dass die reale Person und die jeweiligen Charaktereigenschaften verschwinden, sie sollen nur überdeckt werden. Die Rolle, die Schein-Person wird zum Instrument einer »Mission«. Im Übrigen war Hitler ein begabter Imitator, der Eigenheiten und Ticks anderer Menschen gut nachahmen konnte.[50]

Das Fazit kann also nur lauten: »Es ist erstaunlich, wie radikal Hitler in *Mein Kampf* über sein Leben log. Das Buch ist weitgehend fiktiv. Ihm kam es darauf an, sein Leben so zu erzählen, dass sich die politischen Lehren daraus wie von selbst ableiten ließen, an die er 1924 glaubte.«[51] Fragen nach seiner persönlichen Vorgeschichte lösten bei Hitler wütende Reaktionen aus.[52]

Hitler war in der Tat ein Mann, der aus dem Nichts kam: aus dem Nichts einer mythomanischen Erfindung. Sein ästhetisches Modell war Wagners *Parsifal*, den er 1913 in Bayreuth sah. Die Erlöserfigur, die allen Versuchungen widerstand, der unwissende Kerl, der sich in die niedergehende Gemeinschaft der Ritter verirrt hat und nach vorübergehender Tumbheit zum Retter und neuen Anführer wurde. Allerdings: Die Erlösungsvision in *Parsifal* widersprach der NS-Ideologie. Goebbels wie Himmler äußerten sich in diesem Sinn. Hitler aber mochte diese Oper, stellte sich damit gegen die Partei. Er war, wie Parsifal, kein Erbe, er brauchte keine Vorläufer, Meister, Lehrer, Wagner nicht und auch nicht Nietzsche. Er war ein Genie, wie man es im 19. Jahrhundert verstand, hatte alles aus sich selbst geschaffen, seine Gestalt und seine Ideologie. Dass er damit »durchkam«, führte zur Tragödie.[53]

* * *

Hitler hatte eine Geschichte mit Wien, eine Rechnung offen mit der Stadt hatte er nicht. Hitler wurde in Wien vor 1913 entscheidend geprägt, aber nicht in politischer oder ideologischer Hinsicht, sondern auf ästhetischem Gebiet; er wurde zu einem besessenen Wagnerianer, der über 400 Aufführungen besucht hat.[54] Seit den ersten Erfahrungen in Linz war der zeitgenössische Wagner-Kult sein geistig-ästhetisches Biotop. Zwar verstand er sich selbst als Künstler, blieb aber Dilettant (im Sinne des 19. Jahrhunderts), also rein rezeptiv-passiv, dessen Gestaltungswunsch keinen kreativen Ausdruck fand. Aktive Anwendung fand seine Form des Ästhetizismus erst nach 1919, als er sie auf das Feld der Politik übertrug. Das machte seine Originalität und seine verblüffende Wirksamkeit aus.

So vorbereitet, konnte er in Bayreuth seit 1923 entscheidende »Entwicklungshilfe« erfahren. Hitler hat Wagner keineswegs missverstanden, sondern im Sinne von Bayreuth sich zu eigen gemacht, wenngleich sein Wagner-Bild ›moderner‹ war als das der Bayreuther Erbe-Verwalter, auch das eine Nachwirkung der Wiener Inszenierungen. Als er die Macht besaß, hat er Wagner zum Staatskult erhoben, durchaus im Widerspruch zu anderen Parteiführern.[55]

Hitlers Ästhetizismus schlug sich auf der persönlichen Ebene nieder in seinem öffentlichen Bild, seinem Auftreten als Heilsbringer und Retter (à la Parsifal), und in politischer Hinsicht in der besonderen Aufmerksamkeit für das Feld des Imaginären, für dessen Bearbeitung und Steuerung 1933 ein eigenes Ministerium gebildet wurde. Jeder im Reich wirkende Künstler, ob in der Musik, der bildenden Kunst oder im Film, war eingebunden in diese besondere Form der Beherrschung der Vorstellungswelten der ›Volksgenossen‹ – auf der Basis eines rassistischen Weltbildes, das seinen mörderischen Kern nach und nach enthüllte.

Im Dritten Reich wurde der Wagner-Kult gleichsam zur Staatsreligion.[56] Insofern kann man mit Hans Rudolf Vaget von einer Instrumentalisierung der Politik durch eine bestimmte Auffassung von Ästhetik sprechen, in Umkehrung sonstiger Darstellungen.[57] Der Antisemitismus in Richard Wagners Schriften spielte bei der ideologischen Entwicklung Hitlers hingegen keine Rolle, eher schon der Antisemitismus der Bayreuther Verantwortlichen, die Hitler auf diesem fatalen Feld bestärkten, das für ihn Neuland war.[58]

In *Mein Kampf* spielt das Thema Wagner allerdings keine Rolle, es gehört zu dem im Hinblick auf seine Wiener Erfahrungen Verdrängten, weil es ihn an vieles erinnerte, was er im Zuge seiner propagandistischen Neuerfindung umdeuten musste, vor allem seine positiven Erfahrungen im Umgang mit Juden, die sich gleichwohl rekonstruieren lassen. Damals in Wien war er ein komischer Kauz, der allen auf die Nerven ging mit seinen Monologen, seiner Kontaktscheu, seiner Unfähigkeit zum Dialog. Wenn er Sympathien weckte, dann nur, weil er so linkisch und unbeholfen wirkte, also eher aus Mitleid.

Als er *Mein Kampf* schrieb, hatte er die wesentlichen Erfahrungen in und mit Bayreuth noch vor sich. Hinter sich hatte er da schon seine Neuerfindung als öffentliche Figur aus dem Geist des Wiener Ästhetizismus, die Selbststilisierung eines im Laufe des Jahres 1919 »in die Politik verschlagenen Künstlers«.[59] Seine erfabelte Identität als neuer Volkstribun, dieser krasse Fall von Mythomanie, stand im Zeichen von Richard Wagner und geschah unter Anwendung der in Wien erlebten Mittel der Inszenierung und »gründete in seinem Selbstverständnis als eines Künstler-Politikers«.[60] Das ganze Problem Hitler erklärte der Politologe Eric Voegelin mit einem Novalis-Zitat: Die Welt soll sein, wie ich es will.[61] Vor allem sollte die Welt den passenden Rahmen und das Publikum für seine Auftritte bieten.

* * *

Hitlers Mythen-Politik war der von Sigmund Freud diametral entgegengesetzt. Während Hitler seine erfabelte Kunst-Figur mit großem propagandistischem Aufwand zum politischen Instrument machte, das im Dienste eines kommenden Reiches stand, dekonstruierte Freud den grundlegenden Mythos der jüdischen Überlieferung – als radikaler Kritiker aller Formen mythischer Identität, als Aufklärer über die Verankerung religiöser Vorstellungen in der menschlichen Psyche. In dieser Gegenläufigkeit der »Mythen-Strategie« der beiden »gelernten Wiener« liegt eine gigantische Ironie der Geschichte.

9
Winterspiele

Politisches Träumen ist Sünde.
Kurt Schuschnigg

Österreich war eine Doktor-Republik. Auf allen Seiten des politischen Spektrums gab es Anwälte mit dem juristischen Doktortitel, bei den Christlichsozialen wie bei den Sozialdemokraten – und auch bei den Nazis. Ihr Vorzeigejurist Arthur Seyß-Inquart fiel auf durch seinen hinkenden Gang. Er ließ alle Welt glauben, es handele sich um eine Kriegsverletzung, aber das war ein Schwindel wie so vieles an seinem öffentlichen Bild. Die Behinderung war die Folge eines Unfalls beim Bergsteigen zehn Jahre nach Kriegsende. Zwar hatte er im Krieg gedient, aber alles gut überstanden. Er verkörperte den legalen Teil der Doppelstrategie der österreichischen Nationalsozialisten bei der Vorbereitung des Anschlusses und hatte gleichwohl Verbindungen zum terroristischen Flügel der Bewegung.

1892 in Böhmen geboren, wuchs er in der dortigen nationalistischen und antisemitischen deutschen Minderheit auf. Der Großvater hatte Seyss geheißen und eine Maria Antonia Inquart geheiratet. Der Sohn der beiden erhielt den Doppelnamen (in der Taufurkunde noch mit ss geschrieben), der auf den Enkel überging. Als Arthur in Wien Jura studierte, war er häufiger Gast auf den billigen Plätzen in der Wiener Hofoper, vielleicht in denselben Vorstellungen wie Adolf Hitler.

Politisch war Seyß-Inquart ein Anhänger von Georg von Schönerer, dessen judenfeindlichen Kurs er billigte. Im Krieg diente er einige Monate an der italienischen Front und wurde mit der Silbernen Tapferkeitsmedaille ausgezeichnet. Dort lernte er in seinem Salzburger Infanterieregiment Nr. 59 den Feldgeistlichen und Benediktinerpater Bruno Spitzl kennen, der später als Pfarrer in seiner Heimatgemeinde Dornbach, einem westlichen Stadtteil von Wien, amtierte. 1917 konnte Seyß-Inquart zum Dr. jur. promovieren und sich als Anwalt niederlassen. Als solcher hatte er jüdische Klienten, aber auch jüdische Konkurrenten. Er wurde Mitglied im Geheimbund »Deutsche Gemeinschaft«, einer vehement antisemitischen und antisozialistischen Vereinigung, später im Deutsch-Österreichischen Volksbund, einer rechten Sammelbewegung, wie auch im katholischen Neuland-Bund. Er wurde als höflich und verbindlich angesehen, gab sich als tiefgläubiger Katholik und regelmäßiger Kirchgänger. Mit Pater Spitzl stand Seyß-Inquart in stetem Kontakt, half ihm honorarfrei als Rechtsberater, hielt auch gelegentlich Vorträge in dessen Kirche. Des Anwalts Frau, Gertrud Máschka, mit der er drei Töchter hatte, machte bei dieser Maskerade nicht mit, sie war eine unverhohlene Nazi-Anhängerin und blieb es nach dem Zweiten Weltkrieg.

Seyß-Inquart war Stammgast im Café Central, wo er täglich seinen schwarzen Kaffee trank. Er verkehrte in Kreisen, die glaubten, man könne den Nationalsozialismus veredeln wie eine Pflanze (»okulieren«). Seit Dezember 1931 war er der NSDAP verbunden und zahlte als förderndes Mitglied 100 Schilling pro Monat. Auch dem Steirischen Heimatschutz gehörte er an, einer der vielen Tarnorganisationen der NSDAP. Im Laufe des Jahres 1936 rückte er in die erste politische Reihe seiner Partei auf.[1]

* * *

Schon im Jahr 1936 hing im Arbeitszimmer von Hermann Göring eine Karte des Deutschen Reiches, auf der Österreich nicht mehr abgebildet war. Hitler jedoch ließ seine ungeduldigen Anhänger in Österreich wissen, er brauche noch zwei Jahre, bis es so weit sei – womit er vermutlich die nötigen Rüstungsanstrengungen meinte. Erst wenn Deutschland bereit für eine kriegerische Konfrontation sei, könne er den Anschluss wagen. Er vergesse sie nicht: »Ich bin ja der getreue Eckehard Österreichs.«[2] In einem Interview mit *Paris-Soir* erklärte er am 25. Januar 1936, die Anschlussfrage sei in Berlin nicht akut. »Dieses Schreckgespenst benötigt man in Wien aus innenpolitischen Gründen.«[3] Der Militärberater der französischen Botschaft Stehlin berichtete 1936 nach Paris, die deutsche Luftwaffe sei in zwei Jahren einsatzbereit. Die französische Regierung war an den Ansichten eines so niedrigrangigen Offiziers nicht interessiert.[4]

Nach dem Mord an Dollfuß, der die deutsche Regierung belastet hatte, änderte Hitler seine Strategie. Ein neuer Botschafter wurde ernannt, der ehemalige Kanzler Franz von Papen. Sein Auftrag war es, allmählich die Bedingungen für einen Anschluss zu schaffen, zu einem günstigen Termin.[5]

Schuschnigg glaubte, dass es möglich war, sich mit Deutschland zu arrangieren, zumindest vorübergehend, bis sich Österreichs wirtschaftliche Lage und seine außenpolitische Situation stabilisiert hätte. Zur Absicherung unternahm er im Februar 1935 Staatsbesuche in Paris und London.[6]

Im Frühjahr 1936 führte Schuschnigg die allgemeine Wehrpflicht für Männer ab 18 Jahren ein. Starhemberg, der den Einfluss der Vaterländischen Front bedroht sah, lehnte dies ab und schied aus der Regierung aus. Als im Mai 1936 die Regierung neu gebildet wurde, übernahm Schuschnigg zusätzlich das Außenamt, neigte nun immer mehr zu Alleingängen.

Schuschnigg fuhr zu Hitler nach Berchtesgaden und handelte am 11. Juli ein Abkommen aus, das die Grundlage der künftigen Beziehungen bilden sollte. In dieser Vereinbarung war die Rede von »beiden deutschen Staaten«. Darin anerkannte Deutschland

Österreichs Unabhängigkeit, und Österreich bekannte sich als deutscher Staat. Hitler hob die bestehende 1000-Mark-Sperre auf, und so konnte Österreich wieder Waren nach Deutschland exportieren, und es kamen Touristen aus Deutschland.

Schuschniggs Politik war seither darauf bedacht, »Hitler keine Angriffspunkte zu bieten«.[7] Zudem wollte er durch seine Außenpolitik den Status quo sichern, um sich ganz auf die Innenpolitik zu konzentrieren. Im Lande sollte »Ruhe, Ordnung und feste Zügelführung« herrschen. Mit einer sanierten Wirtschaft wäre Österreich nicht mehr so stark vom Ausland abhängig und könnte selbstbewusster agieren. Das Abkommen von Berchtesgaden 1936 sollte der Absicherung dieser Politik dienen, und danach galt es, Deutschland gegenüber Provokationen zu vermeiden.[8]

Eine Legalisierung der NSDAP in Österreich konnte vermieden werden mit dem Argument, dass es im Ständestaat gar keine Parteien mehr gebe. Doch wurden Tausende illegale Nazis, die man verhaftet hatte, freigelassen. Ein Deutschnationaler (Glaise-Horstenau, Chef des Staatsarchivs) und ein verkappter Nazi (Guido Schmidt als Außenstaatssekretär) wurden in die Regierung aufgenommen. Schmidt stammte aus Vorarlberg und war wie der Kanzler ein Schüler von Stella Matutina. Er trat für den Ausgleich mit Deutschland ein, allerdings muss man wohl davon ausgehen, dass er von vornherein die deutschen Interessen beförderte, auch wenn dies in einem späteren Prozess nicht bewiesen werden konnte.[9]

Die freigelassenen Nazis manifestierten sich alsbald und zeigten damit die Fragwürdigkeit jedes Versuchs, sich mit Hitler zu arrangieren. Als im Vorfeld der Olympischen Spiele die olympische Fackel (ein Ritual, das von den Nazis erfunden wurde) auf dem Weg von Athen nach Berlin Österreich durchquerte, wurde das entlang der Strecke zum Anlass für NS-Demonstrationen.

Am 29. Juli 1936 kam es in Wien zu einer großen politischen Feier auf dem Heldenplatz in Anwesenheit der Staatsspitzen. Den Nazis gelang es, Tausende Eintrittskarten an ihre Anhänger zu vergeben, die man an den weißen Stutzen erkannte, da die SA-Uniformen noch verboten waren. Sie hatten die vordersten Plätze eingenommen. Als die Fackel eintraf, sprangen sie auf, jubelten und riefen unentwegt: Sieg Heil! Aus den Lautsprechern ertönte die österreichische Bundeshymne, doch die Nazis sangen das Deutschlandlied und danach das Horst-Wessel-Lied, das eigentlich verboten war. Als oberster Sportführer sprach Fürst Starhemberg, der aber niedergeschrien wurde. Daraufhin befahl er der Polizei, für Ordnung zu sorgen. Unter Pfui-Rufen wurden die Weißstutzen weggedrängt, manche widersetzten sich rabiat. Allerdings wurden auch viele linke Gegendemonstranten festgesetzt.[10]

Am 14. November 1936 sagte Schuschnigg zum französischen Botschafter, als letzte Karte behalte er sich die Wiedereinführung der Monarchie vor. Er hatte sich zuvor heimlich mit Otto von Habsburg getroffen und tat es noch einmal im Januar 1937 in Vaduz. Der französische Botschafter war skeptisch; er glaubte, die Monarchie würde kein Jahr halten. Bezeichnend aber, dass Schuschnigg schon in letzten Optionen dachte. Als es dann so weit war, schloss er gerade diese Option aus.[11]

Der deutsche Außenminister von Neurath machte im Februar 1937 einen Staatsbesuch in Wien. Aus diesem Anlass kam es zu massiven Nazi-Demonstrationen. Dagegen mobilisierte die Vaterländische Front 30 000 Anhänger, die aus dem ganzen Land nach Wien gekarrt wurden. Sie schrien: Heil Österreich! Heil Schuschnigg![12]

Die illegale Nazi-Partei gründete am 7. März 1937 einen Siebener-Ausschuss, der mit Schuschnigg verhandeln sollte. Es sollte nunmehr eine Doppelstrategie verfolgt werden, einerseits eine politische Annäherung (unter Seyß-Inquart), also eine Art legaler Weg, und parallel verstärkt terroristische Aktionen (durch den radikalen Flügel).

Anfang September 1937 wollte der Duce seinen Amtskollegen Hitler in Deutschland besuchen und deshalb Österreich im Zug durchqueren. Weder Schuschnigg noch Außenamtschef Schmidt waren bereit, ihn bei der Durchreise in Innsbruck zu begrüßen. Schließlich tat es der Sicherheitsminister und Polizeipräsident Michael Skubl, einer der Väter der Ständeverfassung von 1934. Auch Protokollchef Louis de Blaas sollte den Duce vom Brenner bis zur deutschen Grenze begleiten. Er überbrachte Grüße von Alwine Dollfuß; der Duce erkundigte sich, wie es ihr und ihren Kindern gehe.[13]

Nach der Rückkehr aus Deutschland ließ der Duce Schuschnigg wissen, in den Beziehungen zu Österreich habe sich nichts verändert. Allerdings trat Italien Anfang November dem Antikominternpakt bei (den Deutschland und Japan geschlossen hatten). Mitte November 1937 empfing Hitler in Berlin den englischen Außenminister Lord Halifax, einen engen Freund des Premierministers Chamberlain. Danach war Hitler überzeugt, dass Großbritannien nichts gegen ihn unternehmen würde, sollte er den Anschluss vollziehen.[14]

Ab Juli 1937 machte Schuschnigg den österreichischen Nazis immer mehr Zugeständnisse, so dass die (verbotenen) Sozialdemokraten dieselben Rechte für sich verlangten. Aber die Nazis verstärkten seit Herbst 1937 ihre verdeckten Aktionen, erhöhten den Druck allmählich. Es wurde massiv Propagandamaterial eingeschmuggelt. An der Jahreswende zu 1938 wurde der Oberbürgermeister von Passau auf österreichischem Gebiet gestoppt. In seinem Auto transportierte er große Mengen von NS-Broschüren.[15]

* * *

Am 20. November 1937 fand ein Diner in Schuschniggs privatem Domizil statt, im Gärtnerhaus neben dem Schloss Belvedere. Dorthin war er im Frühling 1936 gezogen. Es war ein einstöckiges Gebäude mit schlichter Fassade, von einem Ziergarten umgeben und von der Straße aus nicht einsehbar.[16] Es besaß prachtvolle Innenräume: schwarzweißer Marmorboden, hohe verzierte Decken, übergroße Perserteppiche, Wände, mit gelbem Damast bespannt, Salons mit Empire- oder Biedermeiermöbeln, eigene Zimmer für den Sohn Kurti und dessen elektrische Eisenbahn, für den Adjutanten Oberstleutnant Georg Bartl (Spitzname Bastel) sowie für den Vater des Kanzlers.[17] Es war für die Gäste nicht leicht, den Weg durch ein Labyrinth von Büschen und Bäumchen zu finden, überall standen Polizisten. Man fühlte sich wie im gesicherten Unterschlupf eines bedrohten Diktators. Der grauhaarige Kanzler mit seiner Dozentenbrille sah aber gar nicht wie ein Tyrann aus. Bedient wurden die Gäste von Soldaten mit weißen Handschuhen. Außer dem Schweizer Gesandten war nur der französische Botschafter geladen, nicht aber der deutsche Vertreter Franz von Papen.

An der Wand hing das Porträt von Schuschniggs verstorbener Ehefrau. Seine Verlobte war nun Vera Gräfin von Czernin-Chudenitz, einstige Gattin des Grafen Leopold Fugger von Babenhausen, Luftwaffenmajor der Reichswehr. Diese Heirat war trotz der vier Kinder annulliert worden. Die Nazis mokierten sich über die Gefälligkeit des Vatikans gegenüber dem katholischen Kanzler. Schuschnigg verzichtete auf eine Heirat mit der Gräfin, solange das Schicksal Österreichs in der Schwebe war.[18]

* * *

Seit dem Abkommen von 1936 hatte Hitler die Situation Österreichs vor sich hin faulen lassen, hatte seine Doppelstrategie aus Abwarten – bei Aufrechterhaltung von politischem und ökonomischem Druck – und subversiven Aktionen zur Destabilisierung der Gesellschaft und zur Erzeugung eines Klimas der Angst fortgesetzt. Unterdessen ging die deutsche Aufrüstung weiter, revidierte man Schritt um Schritt die Verträge von Versailles (Wiedereinführung der Wehrpflicht, militärische Besetzung der linksrheinischen Gebiete), vollzog man den Anschluss des Saarlandes nach einer Volksabstimmung, verbesserte man die Infrastruktur, die im Kriegsfall benötigt würde. Der Vorbereitung der nächsten Schritte diente auch ein größeres Revirement innerhalb der politischen und militärischen Führung.

Auf einer Geheimkonferenz in Berlin am 5. November 1937 verkündete Hitler seine weitreichenden Kriegspläne. Aufzeichnungen von Oberst Friedrich Hoßbach haben die Nachwelt darüber informiert. Auch darüber, dass es Widerspruch gab, einmal von Außenminister Neurath, sodann von den Spitzen des Militärapparates: dem Reichskriegsminister und Oberbefehlshaber der Wehrmacht, Werner von Blomberg, sowie vom Oberbefehlshaber des Heeres, Werner von Fritsch. Sie lehnten einen Krieg mit den Westmächten ab. Wenige Wochen später wurden alle drei von ihren Funktionen entbunden im Rahmen einer Schmierenkomödie, die zum Regierungsstil der Nazis gehörte.

Blomberg musste zurücktreten, nachdem man aufgedeckt hatte, dass seine junge zweite Ehefrau einst als Prostituierte gearbeitet hatte (Hitler und Göring waren Trauzeugen bei der Hochzeit gewesen). Fritsch wurde von einem manipulierten Zeugen der Homosexualität beschuldigt und durch von Brauchitsch ersetzt. Das Amt des Reichskriegsministers wurde abgeschafft, der Oberbefehl über alle Streitkräfte lag nun bei Hitler. Zum Chef des Oberkommandos der Wehrmacht wurde Wilhelm Keitel ernannt. Zugleich wurden 16 ältere Generäle pensioniert, 24 weitere auf andere Stellen versetzt. Hitler, der mit Widerstand gerechnet hatte, sagte danach, nun sei er überzeugt, dass alle Generäle Feiglinge seien. Außerdem wurde Außenminister Neurath durch Joachim von Ribbentrop ersetzt. Auf den wichtigen Posten in Rom, Wien und Tokio wurden neue Botschafter ernannt. Der in Wien aber (Papen) verstand es, sich wieder ins Spiel zu bringen, auch als eine Form von Selbstschutz, denn eines der Nazi-Planspiele erwog die Erstürmung der deutschen Botschaft in Wien und die Ermordung des Botschafters, um einen Vorwand für den Einmarsch in Österreich zu haben.[19]

Hermann Göring, der bei diesen Intrigen um die Wehrmachtsspitze die Fäden gezogen hatte, konnte politisch nicht davon profitieren, um seinen Machtbereich auszuweiten, und wurde vertröstet mit der Ernennung zum Generalfeldmarschall. Am 4. Februar 1938 kam das neue deutsche Kabinett zu seiner ersten Sitzung zusammen. Es sollte zugleich der letzte Ministerrat in der Geschichte des NS-Regimes sein. Die traditionellen Formen der Politik hatten längst ausgedient.

Göring hatte allen Grund, in den Tagen nach dem politisch-militärischen Revirement aktiv zu werden. Zudem konnte ein gravierendes Ereignis wie die Österreich-Krise von dieser Affäre ablenken, die im Ausland als Putschversuch und Hinweis auf Widerstand in den eigenen Reihen verstanden werden konnte. Generaloberst Jodl notierte in seinem Tagebuch: Der Führer wolle Europa in Atem halten, um von der Krise in der Wehrmachtsführung abzulenken. Schuschnigg solle nicht Mut fassen, sondern zittern.[20]

Die treibende Kraft in den wirren Märztagen Anfang 1938 war Hermann Göring. Er behielt kühlen Kopf, denn er verfolgte politische und wirtschaftliche Interessen. Hitler hingegen war bei dieser ersten Expansionshandlung nervös und sentimental; auch später, in den Tagen des Anschlusses, spürte man ein merkwürdiges Zaudern bei ihm.

* * *

Am 25. Januar 1938 erlebte Wien ein außergewöhnliches Naturschauspiel. Zwischen 20 Uhr und Mitternacht flammte ein Nordlicht auf, dessen rote, gelbe, grüne Bänder das ganze Firmament mit unheimlichem Schein hell erleuchteten. Mancherorts rückte die Feuerwehr aus, aber es gab nichts zu löschen. In alten Zeiten galt das Nordlicht als Ankündigung von großem Unheil. Aber wer gab noch etwas auf solchen Aberglauben?

Es gab Menschen, die später behaupteten, zu dieser Zeit in Wien den Pestvogel gesehen zu haben. Carl Zuckmayer erwähnt in seinen Erinnerungen eine »albinohafte Spielart des Sperlings« mit fahlen Tupfen und Flecken im Gefieder. Im Mittelalter war der dafür zuständige Vogel der Seidenschwanz. Niemand zog aus solchen Vorzeichen Folgerungen.[21]

Den Bundespräsidenten konnte dergleichen nicht betrüben. In seiner Neujahrsansprache für 1938 hoffte Wilhelm Miklas, dass Österreich frei und unabhängig seine Politik der rechten Mitte fortsetzen könne, »in christlich-deutschem Geist« und in festem Gottvertrauen. Er hoffte auf Überwindung der schrillen Dissonanzen und deren Auflösung in Harmonie. Möge die Sonne des Friedens die Welt erwärmen.[22]

Am 15. Januar feierte Wien den jährlichen Opernball. Seit 1935 wurde er mit Schuschniggs Zustimmung staatlich subventioniert.[23] In diesem Jahr hatte Sigmund Freuds Tochter Mathilde Hollitscher Kleider für einige Teilnehmerinnen entworfen.[24] Der Kanzler machte dort glänzende Figur, die Wiener Presse verbreitete ansprechende Bilder von den Gästen. (Der nächste Ball am 21. Februar 1939 wurde auf ausdrückliche Anordnung der deutschen Reichsregierung organisiert. Danach trat eine Pause ein, die erst lange nach dem Krieg endete.)

Seit dem 11. Januar 1938 erlebte man Massenversammlungen in Wien und allen Landeshauptstädten: Gesteuert von dem Eisernen Ring und dem Reichsbund der Österreicher, wurde für die Monarchie demonstriert auf mehr als 50 Versammlungen, die Zehntausende mobilisierten.[25]

* * *

Im Theater in der Josefstadt veranstaltete Intendant Ernst Lothar am 23. Januar 1938 eine Matinee unter dem Titel »Österreich im Gedicht«. Schauspieler lasen Verse von Lenau, Rilke, Beer-Hofmann, Hofmannsthal, Hermann Broch, Franz Werfel, Alfred Polgar, Stefan Zweig, aber auch von Klassikern wie Grillparzer. Es war eine politische Demonstration in Anwesenheit von Kurt Schuschnigg, Kultusminister Hans Pernter und VF-Generalsekretär Guido Zernatto. Nachdem Ernst Lothar Grillparzers Gedicht »Sie sollen ihn nicht haben, den grünen Donaustrand« vorgetragen hatte, brach großer Jubel aus. Der Kanzler applaudierte stehend in seiner Loge. Alle glaubten wieder an Österreich. Und die Verse von 1840 klangen plötzlich erschreckend aktuell.[26]

Hatte diese Matinee Schuschnigg ermutigt? Nun befahl er Aktionen gegen die Nationalsozialisten, doch nur mit halber Kraft. In einem Interview mit der englischen Zeitung *Daily Telegraph* erklärte er: »Ein völliger Abgrund trennt Österreich vom Nazismus. Wir schätzen keine Willkürmacht.«[27]

* * *

Am 25. Januar fand unweit von Kanzleramt und Burgtheater in einem Haus in der Teinfaltstraße eine Razzia statt. Offiziell befand sich dort das Hauptquartier des Siebenerkomitees, das seit dem Abkommen von 1936 eine Annäherung von Vaterländischer Front und NSDAP fördern sollte; tatsächlich war es das illegale Hauptquartier der österreichischen NSDAP, was der Regierung durchaus bekannt war. Die Linke nannte es seit Langem »das braune Haus«. Verantwortlich war Hauptmann Josef Leopold, der aus dem Bundesheer entlassen worden war; als sein Stellvertreter fungierte der Anwalt Dr. Leopold Tavs.

Die Polizei beschlagnahmte einen Aktionsplan für das Jahr 1938. Darin hieß es, ab April sollten die Nazis alle Beschränkungen und Verbote der Regierung ignorieren, sie sollten offen das Hakenkreuz am Revers tragen, den Hitlergruß zeigen und überall Hakenkreuzfahnen aufziehen. Es hieß darin auch, dass genügend Mitglieder der österreichischen Polizei insgeheim Mitglieder der SS seien, auf deren Unterstützung man bauen könne. Man müsse die Provokationen so weit treiben, dass Schuschnigg entweder zurücktrete oder das Bundesheer einsetze, was einen Vorwand zum Einmarsch gäbe, nämlich um den inneren Frieden zu erhalten und das Blutvergießen zu beenden. Frankreich und England würden es hinnehmen. Als Alternative für einen Vorwand zum Eingreifen wurde auch ein scheinbares oder tatsächliches Attentat auf von Papen erwogen. Man kann nicht ausschließen, dass die Nazis bei dieser Gelegenheit von Papen loswerden wollten, wie sie es 1934 schon einmal versucht hatten im Zuge des Röhm-Putsches, aber anders als General Schleicher war er damals den Mördern der NSDAP entgangen.

Der Aktionsplan, den man in der Teinfaltstraße gefunden hatte, war abgezeichnet mit den Initialen »R. H.«, was nur Rudolf Heß heißen konnte. Die österreichische Regierung wollte die Gefahr herunterspielen und jeden Bezug auf Deutschland vermeiden, wie das ihrer gesamten Strategie entsprach, und deshalb wurde der Name Heß in den Verlautbarungen nicht genannt, vielmehr sprach man von dem »Tavs-Plan«. Das Siebenerkomitee wurde aufgelöst und das Haus geschlossen.[28]

* * *

Ende Januar 1938 sollten in Garmisch-Partenkirchen deutsch-österreichische Winterspiele stattfinden. Auf deutscher Seite war der Reichssportführer Hans von Tschammer und Osten beteiligt, der Seyß-Inquart dazu einlud. Und rein zufällig tauchte von Papen dort auf, angeblich um sich das Bobrennen am Rießersee anzusehen. Schon vor 1914 war hier eine Naturbahn angelegt worden, auf der bei den Olympischen Winterspielen 1936 die Wettkämpfe stattgefunden hatten.

Offiziell ging es an diesem 29. Januar 1938 nur um Gespräche über den deutsch-österreichischen Alpenverein. Es wurde aber auch über eine stärkere Beteiligung der »Nationalen« an der Wiener Regierung gesprochen und ganz allgemein über das künftige deutsch-österreichische Verhältnis. Papen, der schon die Weimarer Republik ermorden half, brachte den Stein ins Rollen. Denn dieses Treffen war der Auftakt zu der Ereigniskette, die Mitte März ihren Gipfelpunkt erreichte.

Eine Woche nach dem Treffen in Garmisch wurde Papen bedeutet, dass sich seine Mission in Wien erledigt habe, doch der Ex-Kanzler und Herrenreiter verstand es, sich im Sattel zu halten und wieder ins Spiel zu bringen. In Berlin war das große Revirement vollzogen, als wolle man eine zuverlässige Mannschaft für die bevorstehenden radikalen Schritte aufstellen. Gerade den Abschiedsbesuch bei Hitler nutzte Papen. Er schlug ein Treffen mit Kanzler Schuschnigg vor. Hitler war sofort bereit, diese Chance zu nutzen, und so bekam Papen den Auftrag, Schuschnigg zu überzeugen.[29] Zugleich wurde Seyß-Inquart nach Berlin befohlen, um neue Instruktionen zu erhalten.

Von Papen zelebrierte am 10. Februar eine Art Schein-Abschied. Der französische Botschafter erlebte ihn elegant wie stets mit einer leicht gestreiften hellblauen Jacke, blauer Krawatte, blauen Socken, agilen blauen Augen. Entspannt lächelnd sprach er ganz allgemein vom Gleichgewicht in Europa.[30]

Papen muss klar gewesen sein, dass ein Treffen Schuschniggs mit Hitler zu einer Eskalation führen würde. Schuschnigg gegenüber versicherte der begabte Lügner allerdings, dass Hitler nichts gewusst habe von Heß' Plänen. In Berchtesgaden werde Hitler ihm einen »freundschaftlichen Vorschlag« machen und sogar sein Ehrenwort geben, dass Österreichs Unabhängigkeit bestehen bleibe. Dieser Vorstoß wurde von dem jungen Staatssekretär im Außenamt Guido Schmidt unterstützt, dem Schuschnigg vertraute, weil er nicht wusste, dass dieser längst zum Verräter geworden war, vielleicht eher aus Geltungssucht als aus politischer Überzeugung. Über einen Mittelsmann ließ Schmidt jeden Schritt von Schuschnigg nach Berlin melden. Nach dem Anschluss gab sich Schmidt mit wirtschaftlichen Vorteilen zufrieden, als Prämie für seinen Verrat, blieb der Politik eher fern. Als ihm nach dem Krieg der Prozess gemacht wurde, kam er ungestraft davon.

Schuschnigg erklärte sich schließlich mit der Reise nach Berchtesgaden einverstanden, bestand aber darauf, dass dieses Treffen geheim bleiben müsse. Er informierte allerdings vorher die Botschafter von England und Frankreich, und er suchte eine Rückversicherung bei Mussolini.[31]

* * *

Bevor Schuschnigg am 12. Februar nach Berchtesgaden fuhr, ließ er einen der drei Bürgermeister von Wien kommen, den klerikalen Vertreter Richard Schmitz: Dieser solle sein Nachfolger werden, falls er ausfiele. Schuschnigg wurde nicht vor 11 Uhr auf dem Berghof erwartet. Gemeinsam mit seinem Staatssekretär Guido Schmidt nahm er den Zug nach Salzburg. Sie reisten inkognito, hatten Skiausrüstung dabei, damit es wie ein Ausflug wirke. Die Tragödie wurde zur grotesken Maskerade, nicht zum letzten Mal. In Salzburg stieg man in ein Auto um. Inzwischen begab sich auch Papen nach Berchtesgaden.

Bevor er die Grenze überschritt, informierte Schuschnigg den Sicherheitsleiter des Bundeslandes Salzburg über sein Reiseziel und fügte hinzu: Sollte er bis 21 Uhr nicht zurück sein, sei die Grenze zu schließen und der Verteidigungszustand auszurufen. Auf dem Weg zum Obersalzberg passierte Schuschnigg beeindruckend viele militärische Posten und Verbände. Hitler hatte für diese einschüchternde Staffage gesorgt.

Bei dieser Begegnung wollte Schuschnigg keine neuen Zugeständnisse machen, aber Hitler, gut unterrichtet von Papen und anderen, wusste, wie er Schuschnigg aus der Fassung bringen konnte: durch ein striktes Rauchverbot, durch Drohung und Beschimpfung, durch langes Wartenlassen ohne Erklärung, durch Erpressung: »Sie haben entweder zu unterschreiben, oder alles Weitere ist zwecklos, und wir sind zu keinem Ergebnis gekommen; ich werde dann im Laufe der Nacht meine Entschlüsse zu fassen haben.«[32] Vor allem aber durch eine Drohkulisse, die Anwesenheit hoher Militärs (die selber nicht verstanden, was dort ihre Aufgabe war) und durch die Architektur seines Bergsitzes.

1934 hatte man mit dem Ausbau der Gegend um den Obersalzberg begonnen. Zwar hatten die Nazis eine große Anhängerschaft im Berchtesgadener Umland, aber nicht alle gaben ihre Häuser und Höfe freiwillig her. Es musste reichlich Zwang ausgeübt und sogar Haft angeordnet werden. In den Landkreis wurde viel investiert, neue Betriebe wurden geschaffen, auch Rüstungsindustrie, wobei immer mehr ausländische Arbeitskräfte eingesetzt wurden; es gab eine Außenstelle vom KZ Dachau. Es wurde ein kleiner Regierungsflughafen angelegt, in Ainring, direkt an der Grenze zu Österreich.[33] Für die Allgemeinheit war die Gegend seit 1937 kaum noch zugänglich. Hingegen diente sie als Rückzugsgebiet illegaler Nazis aus Österreich, zumeist von Mitgliedern der Österreichischen Legion, die hier Aktionen in ihrer Heimat und Waffenschmuggel planten.[34]

Die Straße zum Führerbau hinauf war vereist, als Schuschnigg eintraf; nur mit einem Raupenschlepper erreichte man den Berghof. Erst kurz vor der Ankunft teilte von Papen ihm mit, dass mehrere Generäle anwesend sein würden. Dem Kanzler fiel auf, dass die meisten der wachhabenden SS-Leute der Österreichischen Legion angehörten.[35]

Die Unterredung von Berchtesgaden war ein abgefeimtes Spiel, eine von vielen grotesk-tragischen Situationen, die zu dieser Phase der Ereignisse gehörten. Der wohlerzogene stilbewusste Ästhet Schuschnigg wurde mit der kalkulierten Wut und Raserei Hitlers konfrontiert. Er wurde schlicht gedemütigt, was er in seiner nachträglichen Schilderung etwas abzumildern versuchte. Doch es war ein Vorspiel zu ganz anderen Demütigungen, die ihm zugefügt wurden, nachdem er die Macht verloren hatte.[36]

Schuschnigg gebrauchte die Anrede »Herr Reichskanzler«. Hitler sagte unentwegt »Herr Schuschnigg«. Wenn Hitler »mein Volk« sagte, meinte er Österreich. Er verlangte völlige Unterwerfung von Schuschnigg und drohte: »Ich verlange von Ihnen Gehorsam und werde ihn nötigenfalls mit Waffengewalt erzwingen. [...] Ich werde Sie zerbrechen.« Österreichs ganze Geschichte, so Hitler, sei ein »ununterbrochener Volksverrat« gewesen. Schuschnigg hielt dagegen: »Für uns Österreicher ist die ganze eigene Geschichte ein sehr wesentliches und wertvolles Stück deutscher Geschichte gewesen.«

Hitler forderte das Ende der Einschränkungen für nationalsozialistische Aktivitäten in Österreich, eine Amnestie für alle inhaftierten Nationalsozialisten, die Ernennung von Seyß-Inquart zum Innenminister und von Glaise-Horstenau zum Kriegsminister, auch der Parteigenosse Dr. Fischböck solle Regierungsmitglied werden. Hitler bestand auf der Ablösung des Staatssekretärs für Landesverteidigung General Wilhelm Zehner und des Generalstabschefs Alfred Jansa. Sollten diese Forderungen nicht erfüllt werden, würde Deutschland einmarschieren. (Hitler wusste, dass Jansa ein militärisches Abwehrkonzept erarbeitet hatte.)[37]

Als Schuschnigg alle Forderungen abblockte, ließ Hitler laut nach General Keitel rufen, damit es so aussehe, als wolle er ihm Instruktionen geben; es war reiner Theaterdonner, der jedoch

Wirkung zeigte. Denn in Wahrheit waren noch keine Einmarschpläne ausgearbeitet.[38]

Auch an kleinen Demütigungen fehlte es nicht. Als Schuschnigg darum bat, rauchen zu dürfen, weil er nur so seine Gedanken ordnen könne, fuhr ihn Hitler an: »In meiner Gegenwart raucht niemand.« Um Hitlers Forderungen Nachdruck zu verleihen, trug General Walter von Reichenau die deutschen Pläne zur militärischen Besetzung des Landes vor. Dann hieß es: »Das Mittagessen ist angerichtet.« Schweigend aß man Suppe, Fleisch, Apfelstrudel. Bedient wurde man durch »besonders große, gut aussehende junge SS-Burschen in tadellos weißem Stewarddress«.[39] Es gab Likör zu trinken, und schließlich gestattete Hitler seinem Staatsgast gnädig eine Zigarette.

Schuschnigg hatte keine Optionen; dennoch gab er nicht in allen Punkten nach. Manche Dinge könne nur der Bundespräsident entscheiden, etwa die Ernennung neuer Minister. Schuschnigg erklärte sich bereit, Seyß-Inquart zum Justizminister zu machen. Hitler tat so, als kenne er diesen nicht, sprach dessen Namen absichtlich falsch aus. Schuschnigg verlangte öffentliche Garantien von Hitler, dass Österreich fortbestehen werde. Und der gab tatsächlich sein Ehrenwort.

Hitler war bereit, die Untergrundaktivisten Josef Leopold und Leopold Tavs nach Deutschland abzuberufen (weil er ohnehin an eine Neuorganisation der österreichischen Partei dachte). Hitler war für eine schrittweise Lösung der Anschlussfrage, die sich in einer bestimmten Konstellation quasi von allein ergeben würde, ähnlich wie bei der Machtergreifung in Berlin 1933.[40]

Hitler: »Ich habe einen geschichtlichen Auftrag, und den werde ich erfüllen. […] Ich bin den schwersten Weg gegangen, den je ein Deutscher gehen mußte, und ich habe in der deutschen Geschichte das Größte geleistet, was je einem Deutschen zu leisten bestimmt war. Und zwar nicht mit Gewalt. Ich bin getragen von der Liebe meines Volkes.«[41]

Hitler sagte auch, er könne sich mit größerem Recht als Österreicher bezeichnen als Schuschnigg. Dieser möge eine freie Volksabstimmung in Österreich organisieren, in der sie beide gegeneinander antreten würden. »Ich sage Ihnen, ich werde die ganze sogenannte österreichische Frage lösen, und zwar so oder so!« Hitler drohte immer unverhohlener: »Wer weiß – vielleicht bin ich über Nacht auf einmal in Wien; wie der Frühlingssturm!«[42]

Um das Gespräch zu entspannen, fragte Schuschnigg, ob Hitler jemals wieder in Wien gewesen sei nach dem Krieg. Hitler erklärte, er sei nur einmal heimlich nachts in Wien gewesen und später am Grab seiner Eltern in Leonding, man habe ihm ja die Einreise verboten.

Kurz nach 22 Uhr kehrte Schuschnigg als gebrochener Mann nach Salzburg zurück. Zu seiner Überraschung waren die Grenzen schon geschlossen. Er selbst hatte es so befohlen, sollte er nicht bis 21 Uhr zurück sein, doch er hatte die eigene Anordnung vergessen, so erschüttert war er. Am Sonntag traf er um drei Uhr früh in Wien ein. Bereits am Samstagmittag war in der Stadt bekannt geworden, dass er zu Hitler nach Berchtesgaden gefahren war, was Beunruhigung auslöste. Zunächst wurde das Treffen dementiert, dann hieß es, es handle sich um eine »zwanglose Zusammenkunft«. Zwang hatte aber sehr wohl geherrscht.

Schuschnigg seinerseits vertuschte den Inhalt der Unterredung, spielte sie herunter, blieb bei seiner Geheimpolitik. Der Presse wurde suggeriert, es gäbe ein gutes und friedliches Übereinkommen. In den Wiener Fabriken kam es zu Proteststreiks; die Arbeiter riefen: Wir lassen uns nicht an Hitler verkaufen!

Schuschnigg hatte geglaubt, er könne allein mit Hitler verhandeln, auf eigene Faust sein Spiel durchziehen. Nach dem Treffen von Berchtesgaden isolierte er sich noch mehr, informierte nur Bundespräsident Miklas und engste Mitarbeiter, denn er wollte Panikstimmung vermeiden. Miklas aber, der bisher nie eine politische Rolle gespielt hatte, weigerte sich, das Abkommen von Berchtesgaden anzuerkennen.[43]

Unterdessen veranstaltete die deutsche Wehrmacht Manöver nahe der österreichischen Grenze, was als normale Truppenübung ausgegeben wurde, doch als Drohgebärde verstanden werden musste. Dies wiederum nutzte Schuschnigg aus, um den zögernden Bundespräsidenten zur Unterzeichnung zu überreden; die Gefahr eines Einmarsches werde sonst zu groß.

Wilhelm Miklas galt als Demokrat alter Schule, war eigentlich kein Anhänger des Ständestaats, hätte eine parlamentarische Verfassung mit drei Parteien bevorzugt. Seyß-Inquart zu ernennen widerstrebte ihm, aber da er selber Katholik war, beeindruckte ihn die Auskunft, dieser wäre ein eifriger Kirchgänger. Man glaubte sogar zu wissen, Seyß-Inquart trete für die Bewahrung einer Form von Unabhängigkeit für Österreich ein.[44]

Erst nach langen Diskussionen wurde das Kabinett so umgebildet, wie Hitler es gewünscht hatte. Seyß-Inquart wurde Innenminister und somit Herr über die österreichischen Sicherheitsdienste inklusive der Polizei in Wien, überdies Leiter der Volkspolitischen Referate mit Hugo Jury als Stellvertreter. Alle Akten von Polizei und Justiz waren damit den Nazis zugänglich geworden.[45] Guido Schmidt wurde zum Außenminister ernannt, Glaise-Horstenau zum Minister ohne Geschäftsbereich, ebenso Guido Zernatto. Für alle politischen Gefangenen erging eine Amnestie.[46]

30000 Mitglieder der Österreichischen Legion durften aus Deutschland nach Österreich zurückkehren, voller Rachsucht, versteht sich. Aus Deutschland nach Österreich geflohene Priester mussten das Land verlassen; die Verfolgung von Katholiken in Deutschland durfte in der österreichischen Presse nicht erwähnt werden. Österreich hatte sich überdies verpflichtet, niemals eine Restauration der Habsburger zuzulassen.

Schuschnigg hatte es allerdings abgelehnt, die tschechenfeindliche Politik Berlins mitzumachen, das ginge gegen Österreichs ökonomische Interessen. Die Nazis in Wien verhielten sich vorerst ruhig, eine entsprechende Weisung hatte Seyß-Inquart aus Berlin mitgebracht; in anderen Landesteilen sollten sie aber Unruhe schüren. Eine Rede an sein Volk hielt Schuschnigg nicht; er hatte in Berchtesgaden versprochen, Hitlers nächste Reichstagsrede abzuwarten.

Die politischen Führer der Linken berieten sich, wann und wie Widerstand zu leisten wäre; Schuschnigg wagte noch nicht, an sie zu appellieren, denn er fürchtete, er würde dann Mussolinis Unterstützung verlieren.

* * *

Am 14. Februar 1938 entfaltete Wien noch einmal seine zeremonielle Pracht. Der neue Außenminister Guido Schmidt lud das diplomatische Korps zu einem Festessen in die Hofburg ein. Alle Gäste trugen Galakleidung, viele Herren zeigten sich in Uniformen aus der Kaiserzeit; Kardinal Innitzer erschien im roten Talar. Ein kleines Orchester spielte Walzer, an den Türen standen Mitglieder der Heimwehr in schwarzen Uniformen als Wachposten. Kristallleuchter und Dekolletés glänzten, aber unten im Saal schwirrten politische Gerüchte. Dann gab es eine Strompanne, und die Musik spielte im Dunkeln weiter. Bald kam das Licht wieder, noch war nicht Nacht über Österreich.

In den Räumen von Maria Theresia nahm Kanzler Schuschnigg den französischen Botschafter beiseite, den er als Freund seines Landes schätzte. Puaux, der insgeheim die schlimmsten Befürchtungen hegte, sagte zu Schuschnigg: »Vous avez bonne mine.« Die gute Mine sollte den Ernst der Lage und das böse Spiel der Feinde verbergen. Sie stellten sich neben einen Kamin aus Marmor, in dem sehr große Holzscheite brannten. »Es ist heiß hier«, sagte Schuschnigg, »aber seit Berchtesgaden ist es für

Österreich noch viel heißer geworden.« Der britische Intelligence Service wisse schon Bescheid, flüsterte der Kanzler. Er berichtete von Hitlers Benehmen: »Er ist ein Verrückter, der sich für Gott hält.« Noch nie sei ein Regierungschef von einem ausländischen Politiker so behandelt worden wie er. Als der Botschafter ein entgeistertes Gesicht machte, raunte ihm der Kanzler zu: »Man muß uns lächeln sehen.« Ein Kreis von Leuten beobachtete sie von ferne, und so gingen sie entspannt auseinander.[47]

Am 16. Februar gab Bundespräsident Miklas nach und ernannte Seyß-Inquart zum Minister für Inneres und Sicherheit. Im Rundfunk sagte Seyß-Inquart: Was nationale Politik ist, bestimme in Zukunft ich. Innerhalb weniger Tage wurden alle verhafteten Nazis aus dem Straflager Wöllersdorf (südwestlich von Wien) freigelassen.

Am nächsten Tag wurde Seyß-Inquart in Berlin von Hitler empfangen, wobei er wie selbstverständlich den Deutschen Gruß vollführte. Es war das erste persönliche Gespräch. Angeblich verteidigte Seyß-Inquart Österreichs Unabhängigkeit und lehnte einen Kulturkampf gegen die katholische Kirche ab. Er sprach auch mit Himmler und mit Innenminister Frick. An Himmler schrieb er hinterher: Es sei ein nicht zu beschreibendes Glücksgefühl, »ein Werkzeug des Führers sein zu dürfen«. In Österreich durften die Nazis nun Hakenkreuznadeln tragen, der Deutsche Gruß war nur erlaubt, wenn er nicht aggressiv gemeint war.

Am 18. Februar kam es zu einem ausführlichen Gespräch von Schuschnigg mit dem französischen Botschafter. Der Kanzler mahnte, England und Frankreich müssten erklären, wie wichtig ihnen die Unabhängigkeit Österreichs sei. Schuschnigg hoffte auf eine Einladung aus Rom, aber der Faden zu Mussolini war gerissen. Der Botschafter schrieb unentwegt Berichte nach Paris: Hitler habe gesagt, er könne in Österreich einmarschieren, ohne dass Europa sich rühren würde. Er habe keinen Respekt vor der französischen Luftwaffe. Das hieße, Europa habe keine Zeit zu verlieren, um die Verteidigung von Wien zu organisieren. Man müsse sofort wieder den Stresa-Pakt aktivieren.[48]

Am 20. Februar 1938 hielt Hitler eine Reichstagsrede über die Österreich-Frage. Sie wurde von der österreichischen Rundfunkanstalt RAVAG übertragen. Über Lautsprecher auf den großen Plätzen der Provinzstädte war zum ersten Mal eine Hitlerrede in ganz Österreich zu hören. In dieser Zeit war Wien wie ausgestorben. Hitler sprach über seine wirtschaftlichen Erfolge, sagte aber kein Wort über Österreichs Unabhängigkeit, erwähnte auch die Vereinbarungen von Berchtesgaden nicht, löste also sein Ehrenwort nicht ein. Stattdessen beschwor er die Gefahr eines Bürgerkriegs im Alpenland. Für die Deutschen in Österreich und in der Tschechoslowakei müsse es ein »rassisches Selbstbestimmungsrecht« geben. Über Österreichs Eigenständigkeit und Unabhängigkeit verlor er entgegen seinen Versprechungen kein Wort. Hingegen betonte er die Gemeinsamkeiten, wie er sie sah. »Es ist nicht nur das gleiche Volk, sondern vor allem es ist eine lange gleiche Geschichte und eine gemeinsame Kultur, die das Reich und Deutsch-Österreich verbinden.«[49]

Nach der Rede fanden massive Demonstrationen der Nazis im ganzen Land statt, gesteuert von der deutschen Botschaft. Allerdings wurde noch in Zivilkleidung demonstriert, mit lauten Sieg-Heil-Rufen. Schuschnigg ließ alle politischen Versammlungen verbieten. Das entsprach seiner bisherigen Vorgehensweise und dem Sinn des Ständestaats: Das politische Leben im Land sollte zum Stillstand gebracht und alle politischen Organisationen gelähmt werden. Aber wie hätte man im Notfall Abwehrkräfte mobilisieren können?

Schuschnigg antwortete Hitler am 24. Februar mit einer Rede im ansonsten funktionslosen Parlament. Der deutsche Botschafter Papen hörte missmutig zu. »Österreich ist ein christlicher deutscher Bundesstaat«, »autoritär und ständisch«, hörte er, Österreich sei lebensfähig und zur Verteidigung seiner Unabhängigkeit gewillt. Er erinnerte an Dollfuß und daran, dass seine Mörder Nazis waren. Er erwähnte die Zusagen Hitlers in Berchtesgaden. Österreich habe Beweise seines guten Willens gegeben. Jetzt sage er aber: Bis hierher und nicht weiter. Auch er ging auf die Entwicklung seit 1918 ein. Er habe gehandelt »im Vertrauen auf das Wort des erfolgreichen Führers des Deutschen Reiches«. Schuschnigg betonte die verbesserte wirtschaftliche Lage Österreichs, Finanzen, Landwirtschaft und Tourismusbranche stünden sehr gut da. Der Herrgott werde das Land nicht im Stich lassen. (Aber auch Hitler hatte sich auf Gott berufen.)

»Maßgebend muß bleiben der feste Wille des österreichischen Volkes und die unabänderliche Überzeugung seiner verantwortlichen Führung, daß unser Österreich Österreich bleiben muß. [...] Das soll und wird leben, weil es auch so wie es ist, dem eigenen Volk, der deutschen Kultur und dem deutschen Schicksal, der Welt, im Geist des Friedens dienen kann. [...] Wir sind ein deutscher Staat, wir sind ein freier Staat, und jeder in diesem Lande ist gleichberechtigt vor dem Gesetz.«

Letzteres war eine Garantie für die österreichischen Juden, ohne sie ausdrücklich zu nennen. Und er bekundete sein Gottvertrauen, doch würde der Herrgott nur denen helfen, »die selbst bis zum Äußersten und Letzten, zum Einsatz aller ihrer Kräfte und zur Zusammenballung ihres gesamten Willens entschlossen sind. Und weil wir entschlossen sind, darum steht der Sieg außer Zweifel. Darum Kameraden, bis in den Tod: rot-weiß-rot!«[50]

Schuschniggs Rede wurde im Radio übertragen, doch es hatten sich fast 100000 Menschen vor dem Parlament auf der Ringstraße versammelt, um sie über Lautsprecher zu hören. Nach den Schluss-Sätzen riefen sie: Österreich! Österreich! und: Rot-Weiß-Rot bis in den Tod! Auch vor der französischen Botschaft auf dem Schwarzenbergplatz versammelten sich viele Bürger. Hofften sie auf die Hilfe Frankreichs?[51]

Schuschnigg hatte vom »wahren deutschen Frieden« gesprochen, womit er das Diktat von Berchtesgaden meinte. Er hatte Kampfbereitschaft und Mobilisierung entfacht, aber gerade zum Kampf konnte er nicht aufrufen, er musste ja Provokationen vermeiden.[52]

In den Kaffeehäusern wirkten die Menschen erleichtert. Ein konfuses Bild bot sich in der Kärntner Straße. Trotz vieler Polizeisperren hatte sich dort eine Menschenmenge versammelt. Feindliche Sprechchöre versuchten, einander zu übertönen. »Rot-Weiß-Rot – Hitlers Tod!« gegen »Adolf Hitler – unser Führer«, das Dollfuß-Lied gegen das Horst-Wessel-Lied. Auf der Ringstraße stauten sich die Autos, mit unterschiedlichen Wimpeln geschmückt. Das größte Chaos herrschte vor dem Hotel Sacher. Nach seiner Rede im Parlament hatte sich Schuschnigg hierher begeben. Die Polizei setzte Pferde gegen die Menge ein. Der Kanzler wurde mit gegensätzlichen Sprechchören begrüßt. Eigentlich wollte er sich hier erholen, doch Ruhe kehrte erst lange nach Mitternacht ein.[53]

Nach der Rede von Schuschnigg ordnete Kardinal Innitzer an, Gottesdienste abzuhalten, in denen um Hilfe bei der Vollendung des Friedenswerkes für Österreich gebetet werden sollte. Kanzler Schuschnigg habe befreiende Worte gesprochen, die jedem echten Österreicher Freude bereitet hätten.

In Graz allerdings, der »Stadt der Volkserhebung«, besetzte nicht uniformierte SA den Hauptplatz und demolierte während der Schuschnigg-Rede die Lautsprecheranlage, zugleich wurde am Rathaus die Hakenkreuzfahne aufgezogen. Die Nazi-Horde sang das Horst-Wessel-Lied, so dass nichts von der Rede zu hören war. Der Polizei wurde gesagt, sie solle nur einschreiten, wenn es zu gewalttätigen Auseinandersetzungen käme.

Am Samstag danach wurden Abteilungen des Bundesheeres

nach Graz geschickt. Denn für den Sonntag hatten die Nazis dort einen Riesenaufmarsch angekündigt, 60 000 Anhänger aus allen Landesteilen. In der Stadt wurden Kanonen und Maschinengewehrposten aufgestellt. Militärflugzeuge und Bomber kreisten über der Stadt. Die Folge: Der Aufmarsch wurde abgeblasen. Nazis waren offensichtlich doch zu beeindrucken. Ein kleiner Sieg für Schuschnigg.

Dafür marschierten am Sonntag 30 000 Anhänger der österreichischen Unabhängigkeit durch die Straßen von Graz. Die Linke hatte Arbeiter mobilisiert. Aber Schuschnigg setzte danach auf Drängen von Seyß-Inquart Dr. Alfons Gorbach ab, den steirischen Führer der Vaterländischen Front, der diese Demonstration organisiert hatte.

* * *

Otto von Habsburg versuchte ein letztes Mal, wieder ins Spiel zu kommen. Am 17. Februar 1938 richtete er ein Geheimschreiben an den Kanzler. Er, Schuschnigg, trage die Verantwortung in einer schweren Situation. Er erinnerte an dessen einst geleisteten Offizierseid und die Verdienste um den legitimistischen Gedanken. Nun gelte es, die »ehrwürdige österreichische Idee« zu bewahren. Andernfalls würde das letzte Bollwerk der Kirche in Mitteleuropa zusammenbrechen.

Otto machte den Vorschlag, in höchster Not das Amt des Kanzlers zu übernehmen. Und er war bereit zu kämpfen. »Ich bin fest entschlossen, zum Schutz von Volk und Staat bis zum Äußersten zu gehen, und ich bin überzeugt, dabei Widerhall beim Volke zu finden.«[54] Außerdem regte Otto an, man solle bei der Abwehr von Hitler die Kräfte der politischen Linken, Sozialdemokraten und Gewerkschafter einbeziehen, ein Vorschlag, auf den Schuschnigg zurückkommen sollte, wenn auch halbherzig und spät.

Auf dem Flugplatz von Evere, einer Gemeinde im Nordosten von Brüssel, standen Flugzeuge des Königlich-Belgischen Aero-

Clubs bereit, um Otto und seine Begleitung (darunter drei seiner Brüder) notfalls schnell nach Wien zu bringen. Er war auch bereit, Hitler bewaffneten Widerstand entgegenzusetzen.[55] Aber Schuschnigg musste Ottos Vorschlag ablehnen. Es stehe viel auf dem Spiel, vielleicht alles. Eine Restauration, die mit Blut befleckt wäre oder nur durch ausländische Hilfe zustande käme, würde den Gedanken der Dynastie auf Dauer beschädigen. Eher noch wäre der Untergang Österreichs das Resultat.[56]

* * *

Dann kam schon die Zeit der letzten Tänze auf dem Vulkan. Am 22. Februar lud die französische Botschaft zu einem Empfang für Präsident Miklas und dessen Gattin. 45 Gedecke wurden im großen Speisesaal aufgetragen, der ganz im Stil von 1900 mit großen Fresken verziert war. Dargestellt waren die Place de la Concorde und Schloss Versailles. Diese Beschwörung französischer Größe kam dem Botschafter bitter ironisch vor, denn Frankreich machte eine innere Krise durch, war außenpolitisch unbeweglich und ohnmächtig.[57]

Wenige Tage später, am 28. Februar, erklangen in derselben Botschaft *An der schönen Blauen Donau* und der Kaiserwalzer. Zum letzten Mal soupierte man, scherzte man, tanzte man – so sorglos, wie das nur in Wien möglich war, befand der Botschafter. Viele Aristokraten waren gekommen und verliehen dem Abend kaiserlichen Glanz. Auch der Bankier Louis von Rothschild war eingeladen sowie der Journalist und Schriftsteller Raoul Auernheimer, ein Neffe von Theodor Herzl. Mehr als 200 Flaschen Cordon Rouge wurden an dem Abend geleert. Zwischendurch servierte man ein Souper an kleinen Tischen. Noch um fünf Uhr morgens wurde getanzt. Den letzten Gästen reichte man Milchkaffee und Würstchen.

Um zwei Uhr nachts führte Puaux sein letztes persönliches Gespräch mit Kanzler Schuschnigg, der das Große Band der französischen Ehrenlegion angelegt hatte. Zu Guido Schmidt, der einen Moment zuhörte, sagte der Botschafter: »Habe ich jemals etwas gesagt oder getan gegen die Interessen eines Deutschlands, das die Unabhängigkeit von Österreich respektieren würde?« Er wusste, dass Schmidt ein Handlanger der Nazis war.

Puaux riet dem Kanzler, zu Mussolini zu fahren, aber Schuschnigg sperrte sich dagegen und bat vielmehr, der Botschafter möge in Paris eine sofortige finanzielle Hilfe für Österreich vorschlagen, wenn schon nicht militärischen Beistand. Dann begleitete Puaux den Kanzler bis zur Ehrentreppe. Schuschnigg drückte ihm kräftig die Hand, blickte geradeaus, sein von Lächeln erhelltes Gesicht zeigte eine Spur von Trauer, aber auch das Bewusstsein eines reinen Gewissens – so kam es dem Botschafter vor.

Am 9. März schickte Puaux einen sehr langen Bericht nach Paris. Nur ein Abkommen zwischen England, Italien und Frankreich könne Österreich retten. Vergeblich: Denn am 10. März trat die französische Regierung zurück. In den Tagen, in denen sich Österreichs Schicksal entschied, war Paris ohne politische Führung.

Am 2. März telefonierte Schuschnigg mit Mussolini, doch der wollte ihn erst nach Hitlers Besuch empfangen. Schuschnigg begriff, dass er verloren war. Auch hatte er endlich verstanden, dass ihn Seyß-Inquart verriet. Am 3. März empfing Hitler in Berlin den britischen Botschafter Sir Nevile Henderson und beschwerte sich heftig über englische Störmanöver. Wenn ihn England an der Erfüllung seiner Absichten hindern wolle, würde er zu kämpfen wissen. Widerspruch war von dieser Seite nicht zu erwarten.[58]

In Wien grüßten sich immer mehr Leute demonstrativ mit dem Hitlergruß. An den Abenden versammelten sich große Mengen vor dem deutschen Verkehrsbüro in der Kärntner Straße, Ecke Opernring, direkt gegenüber der Staatsoper. Es war 1937 eröffnet worden. Ein riesiges Hitlerporträt prangte im Schaufenster.

Der mächtige Reichsadler mit Hakenkreuz klebte über der gewölbten Ecke. *Deutsches Reich* stand in Großbuchstaben über dem Eingang. Und daneben: Reichsbahnzentrale für den Deutschen Reiseverkehr. Der Laden wirkte elegant mit seiner großen Glasfläche, die von Marmor umrahmt war. Schon oft hatte es hier illegale SA-Versammlungen gegeben. Die Hauptstadt-Nazis wussten, wohin die Reise ging. Die Polizei bedrohte die beobachtenden Journalisten mit Verhaftung, nicht aber die Teilnehmer an der verbotenen Demonstration.[59]

Verkauft wurde der *Volksruf*, ein antisemitisches Blatt wie der *Der Stürmer*. Man sah aber auch wieder die Drei Pfeile, das Emblem der Sozialdemokraten seit 1932, als Antwort auf das Hakenkreuz der Nazis entworfen, sowie den Gruß mit erhobener Faust: Freiheit! Die Polizei musste dies nun dulden. Mitglieder der Vaterländischen Front grüßten mit Heil Schuschnigg! Die Atmosphäre heizte sich auf, Fensterscheiben gingen zu Bruch. Die Hakenkreuzträger waren klar in der Minderheit. Die Linke wurde ungeduldig, wollte gegen die Nazis vorgehen, was die Polizei unterband.

Für einen Augenblick herrschte noch einmal so etwas wie eine offene politische Auseinandersetzung, wie sie das Land seit 1934 nicht mehr gekannt hatte und dann für viele Jahre nicht mehr erlebte.

10
Verhängnisvolle Frühlingsnacht

Nirgendwo auf der Welt erlebt sich das Ende so anschaulich wie in Österreich.
Karl Kraus

Anfang März 1938 muss Kanzler Schuschnigg klar geworden sein, dass nun das Stadium der letzten Optionen erreicht war. Weil die Nazis in den Provinzen, insbesondere in Graz, immer aktiver wurden und die Verhandlungen mit der nationalen Opposition im Sande verliefen, musste er beweisen, dass es im Lande selbst keine Mehrheit für einen Anschluss gab. Dazu aber musste er das Volk in seine Strategie einbeziehen. Er glaubte an die »Volkswerdung der Österreicher« und beschloss, in sehr kurzer Frist ein Referendum über die Unabhängigkeit des Landes abzuhalten.[1]

Wie Otto von Habsburg angeregt hatte, suchte Schuschnigg Kontakt mit Vertretern der Wiener Arbeiterschaft, vermittelt durch Bürgermeister Richard Schmitz, der den christlichen Gewerkschaften nahestand. Am 4. März empfing er eine Delegation von Betriebsräten der großen Wiener Fabriken, geleitet von Friedrich Hillegeist und Theodor Heinisch. Sie kämen nicht als Freunde, erklärten beide, doch seien die Wiener Arbeiter bereit, die Unabhängigkeit des Landes zu verteidigen. Voraussetzung sei die Wiederherstellung der Freiheitsrechte. Die Sozialdemokratische Partei solle dieselben Rechte bekommen wie die nunmehr legalisierte NSDAP. Gefordert wurden freie Wahlen im Gewerkschaftsbund, die Herausgabe einer eigenen Tageszeitung sowie bessere Sozialgesetze. Vier Stunden dauerte dieses erste Gespräch. Weitere Verhandlungen wurden vereinbart. Schuschnigg wirkte bedrängt, aber noch ungebeugt.[2]

* * *

Am 5. März 1938 fand im Festsaal der Wiener Universität eine Veranstaltung statt mit Kardinal Innitzer und Regierungsmitgliedern. Der Dekan der Katholisch-Theologischen Fakultät Johannes Hollnsteiner bekundete die Treue der katholisch-deutschen Studentenschaft zu Kanzler Schuschnigg. Der Kardinal begrüßte dies ausdrücklich, sprach aber auch vom deutschen Frieden und von der Bedeutung des Volkstums für die Kirche.[3]

* * *

Schuschnigg verhandelte weiter mit den Vertretern der Wiener Arbeiterschaft, aber er war nicht mehr bereit, mit Deutschland zu verhandeln. Das zeigte sich am 5. März, als Hermann Görings »Sonderbeauftragter für Österreich« in Wien erschienen war. Wilhelm Keppler war ein kleiner Industrieller, der schon im Vorfeld von Hitlers Ernennung zum Reichskanzler zwischen diesem und der Industrie vermittelt hatte. Inzwischen mit einem hohen SS-Rang bekleidet, war er seit dem 12. Juli 1937 mit der Wahrnehmung aller Österreich betreffenden Fragen betraut; beim Revirement 1938 wurde er zum Staatssekretär im Außenamt ernannt.

Die Unterredung fand in Schuschniggs Wohnung im Gärtnerhaus von Schloss Belvedere statt. Die neuen Forderungen für eine »verbesserte Zusammenarbeit«, die Keppler überbrachte, bezeichnete Schuschnigg als »Schulmodell indirekter Aggression«, als Versuch, einen »verschleierten Anschluß« herbeizuführen, die Vereinbarungen von Berchtesgaden beiseitezuräumen und Österreich zu Deutschlands Satelliten zu machen.[4] Keppler forderte Veränderungen in der Regierung sowie eine militärische Zusammenarbeit beider Länder. Als Schuschnigg dies ablehnte, wurde das Gespräch beendet. Das bedeutete, er ging auf Konfrontation mit Hitler, wollte keine Konzessionen mehr machen.[5]

Um die vorübergehende Ratlosigkeit zu übertönen (selbst Seyß-Inquart hatte noch keine neuen Instruktionen erhalten), entfachten die Nazis am 7. und 8. März auf den Straßen von Wien Unruhen und Proteste. Es wurden nicht nur Parolen gerufen, sondern auch Passanten angepöbelt, die sie für Juden hielten.[6]

* * *

In Deutschland hatte um die Jahreswende 1932/33 der Kanzler (und General) Kurt von Schleicher versucht, ein Bündnis mit den Gewerkschaften herbeizuführen, um die Machtübernahme durch Hitler zu verhindern. Das gegenseitige Misstrauen war aber zu groß, außerdem war es zu spät. Ähnlich erging es nun Kanzler Schuschnigg, der sich der Linken gegenüber öffnete, weil ihm klar war, dass er die Stimmen der Arbeiter brauchte.

Am 7. März versammelten sich in einem Arbeiterheim im Ortsteil Floridsdorf im Norden Wiens (XXI. Bezirk) etwa 350 Vertrauensleute der Gewerkschaften – die erste legale Versammlung der politischen Linken seit 1934 und zugleich die letzte für lange Zeit. Es durfte wieder die Anrede »Genossen« gebraucht werden. Es ging um rein praktische Fragen, politische Forderungen oder die Regime-Frage kamen nicht auf den Tisch. Wie sehr man die Gefahr unterschätzte, zeigte eine Äußerung eines jungen Arbeiters: »Erst frei sein, dann kämpfen!«[7]

Am 8. März wurde eine Delegation der Arbeitervertreter von Schuschnigg empfangen. Dieser hielt die Forderungen der Gewerkschafter für hart, aber gerechtfertigt. Weitere Verhandlungen wurden vereinbart. Die Linke konnte von ihren Anhängern kaum verlangen, sich bedingungslos mit Schuschnigg zu verbünden, den sie so lange als »Bluthund« bekämpft hatte.

Schuschnigg hatte den österreichischen Militärattaché in Rom,

Oberst Dr. Emil Liebitzky, nach Wien bestellt und ihm ein Memorandum diktiert. Am nächsten Tag wurde dieser von Mussolini empfangen und kehrte sogleich nach Wien zurück. Er berichtete, der Duce habe sich sehr befriedigt und optimistisch geäußert. Österreich solle durchhalten, einzelne Aufstände in der Provinz seien bedeutungslos. Hauptsache, Wien bleibe in der Hand der Regierung. Die Idee eines Referendums hielt er aber für einen Fehler. Denn selbst ein positives Resultat einer Volksabstimmung würden die Deutschen anfechten. Diktatoren könnten sich Abstimmungen nur erlauben, wenn mindestens 90 Prozent der Stimmen sicher seien, schon 60 Prozent wären eine Niederlage. Schuschnigg ließ dem Duce ausrichten, er könne nicht mehr zurück. Danach hörte er nichts mehr aus Rom.[8]

Am 6. März weihte Schuschnigg seinen Vertrauten Guido Zernatto ein, den loyalen Chef der Vaterländischen Front. Am Abend des 8. März informierte der Kanzler Seyß-Inquart über seinen Plan und verpflichtete den Minister zur Geheimhaltung, was dieser mit Ehrenwort bekräftigte. Dennoch wurde der Plan auch in Berlin bekannt, vielleicht durch Seyß-Inquart, vielleicht durch Zernattos Sekretärin, die für die Nazis spionierte. In den folgenden Stunden gab sich Seyß-Inquart seltsam unentschlossen: Ihm fehlten die Instruktionen aus Berlin. Denn Schuschnigg war ein echter Coup gelungen.

* * *

Am 9. März 1938 bestieg Kurt Schuschnigg um 8.10 Uhr den Zug nach Innsbruck. Er hatte bereits am Tag zuvor bekannt gegeben, dass er dort bei einer Veranstaltung der Vaterländischen Front im großen Stadtsaal eine wichtige Erklärung abgeben wolle. Die Reise wurde zu einer Triumphfahrt für den Kanzler; auf den Zwischenstationen in Linz und Salzburg wurde er enthusiastisch gefeiert. Auch in Innsbruck, wo er um 17 Uhr eintraf, jubelte man ihm zu.

Um 19 Uhr hielt er im festlich geschmückten Stadtsaal eine Rede, die vom Rundfunk übertragen wurde. Immer wieder wurde er von Beifall unterbrochen. Er kündigte an, dass vier Tage später, am Sonntag, dem 13. März, eine Volksbefragung zur Unabhängigkeit Österreichs durchgeführt werde.[9] »Jetzt will und muß ich wissen, ob das Volk von Österreich dieses freie und deutsche, unabhängige und soziale, christliche und einige […] Vaterland will!« Seinen Gegner und dessen Manöver durfte er nicht erwähnen. Auch war keine Rede vom Ständestaat. Er appellierte an die Mitglieder der »ehemaligen Sozialdemokratischen Partei«. Allerdings wurde gerade diese Passage der Rede in der Übertragung gestört, in der Rundfunktechnik werkelte ein Nazi.

Schuschnigg zitierte Andreas Hofer, den Freiheitshelden aus der Zeit der napoleonischen Besatzung (»Mander, 's isch Zeit!«) und erntete laut Zeitungsberichten »stürmischen Beifall« im Saal. Die von Schuschnigg ausgegebene Parole lautete: »Für ein freies und deutsches, unabhängiges und soziales, für ein christliches und einiges Österreich – für Brot und Frieden im Lande!«[10] Die Gleichberechtigung aller, die sich zum Vaterland bekennen, wurde betont, und es folgte der Appell: Man möge aufstehen »wie ein Mann« und mit Ja stimmen.

Joseph Goebbels war empört. In seinem Tagebuch nannte er Schuschniggs Rede »gemein« und den Plan einer Volksabstimmung »einen ganz gemeinen Bauernstreich«.[11] In Wien allerdings war die Atmosphäre völlig verändert, die Menschen wirkten befreit und zuversichtlich. Sie wussten nicht, dass Mussolini Österreich aufgegeben hatte, deutsche Truppen schon an der Grenze standen, Schuschnigg in Berchtesgaden gedemütigt worden war, England von ferne gleichgültig zuschaute und Paris wegen einer Regierungskrise nicht handlungsfähig war. Das Mindestalter der Wähler wurde auf 24 Jahre heraufgesetzt, da man fürchtete, die jungen Leute würden eher im Sinne der Nazis abstimmen.

Am Tag nach der Innsbrucker Rede informierte Schuschnigg den Präsidenten der Israelitischen Kultusgemeinde Wien, Dr. Desider Friedmann, über die Lage. Schon nach seinem Treffen mit Hitler in Berchtesgaden hatte der Kanzler dem besorgten Präsidenten versichert, dass keine Gefahr bestünde.[12] Schuschnigg war optimistisch für die geplante Abstimmung. Noch am selben Tag überbrachte Friedmann der Vaterländischen Front Spenden, die er unter jüdischen Industriellen gesammelt hatte, um die Durchführung der Volksbefragung zu unterstützen, zunächst einen Scheck über 500 000 Schilling und am 11. März einen über 300 000 Schilling. Friedmann gab der Jewish Telegraphic Agency ein Interview: Die Volksabstimmung werde zeigen, dass das österreichische Volk den Nazismus ablehne. Jeder Jude werde seine patriotische Pflicht erfüllen.[13]

Sozialdemokraten zeigten sich auf den Straßen von Wien mit dem zuvor noch verbotenen Parteisymbol, den drei Pfeilen, und sie fraternisierten mit Angehörigen der Vaterländischen Front. Diese bereitete sich auf Kämpfe vor: Bis zum Morgen des 11. März ließ man an strategischen Punkten der Stadt Maschinengewehre aufstellen, auch die Zentrale (Am Hof 4) wurde mit Waffen bestückt.[14]

In der Nacht des 10. März, einem Donnerstag, verbreitete das »Komitee Revolutionärer Sozialisten« (die Untergrundorganisation der seit 1934 illegalen linken Sozialdemokraten) ein Flugblatt: Die Alternative laute, mit Ja zu stimmen oder den Hitlerfaschismus zu haben. Die Abrechnung mit dem heimischen Faschismus komme später.[15]

In dieser Nacht kam es zu Gewaltaktionen der Nazis in Graz, Linz, Klagenfurt und Innsbruck. Die Polizei blieb untätig, das Bundesheer schickte Infanteristen und Flugzeuge. Die *Arbeiter-Zeitung* beklagte noch in der Ausgabe vom 12. März, dass der Nationalsozialismus im Straßenbild Auferstehung feiere. Die Abstimmung sei »die Stunde der Arbeiterschaft«, so der Aufmachertitel und daneben der Aufruf: »Jeder Arbeiter bekennt sich zu Österreich!« Dass diese Ausgabe überhaupt erscheinen konnte, war ein kleines Wunder. Oder eine letzte Schlamperei.

* * *

Schuschniggs Coup hatte die Nazis überrascht und sie unter Zugzwang gesetzt. Jahrelang hatten sie eine Volksabstimmung gefordert, nun setzte Schuschnigg eine Abstimmung an, aber so kurzfristig, dass die deutschen Nazis nicht mehr in den Wahlkampf eingreifen konnten. Ein Drehbuch für den über kurz oder lang erwarteten Anschluss hatte es bis dahin in Berlin nicht gegeben, auch keine ausgearbeiteten militärischen Pläne, lediglich ein Kennwort für die kommende Aktion: Unternehmen Otto. Göring hatte Hitler schon länger zur Vorbereitung eines Wehrmachtsplans für dieses Unternehmen gedrängt. Seit einem Jahr lagen Studien dazu vor; die Aktion war eigentlich gegen die Rückkehr der Habsburger gerichtet, daher der Name. Weitgehende militärische Vorbereitungen waren nicht getroffen worden, weil Generalstabschef Beck diesen Plan ablehnte. Die am 4. Februar eingesetzte neue Wehrmachtsführung fügte sich Hitlers Wunsch. Doch war Eile geboten und deshalb Improvisation. Keitel stellte immerhin Marschpläne auf.[16]

In Absprache mit Hitler plante Goebbels unter dem Decknamen »Verkehrspropaganda« eine gigantische Aktion: 130 Millionen Flugblätter wurden gedruckt, Flugzeuge zum Abwurf bereitgestellt, Rundfunksendungen wurden vorbereitet sowie Störaktionen gegen österreichische Sender. In der deutschen Presse wurde lanciert, Hitler reise nach Hamburg, als dessen Aufbruch nach Österreich längst beschlossen war.[17]

Durch Schuschniggs Plan einer Volksabstimmung war Hitlers Prestige infrage gestellt. Die NS-Führung konnte nur Abstimmungen zulassen, deren Ablauf und Ergebnis sie in der Hand hatte. Da sie überzeugt war, dass es in Österreich an den

Wahlurnen keine Mehrheit für einen Anschluss geben würde, musste das kurzfristig anberaumte Referendum verhindert werden. Schuschnigg rechnete mit einer Befürwortung der Unabhängigkeit von über 70 Prozent im Landesdurchschnitt, selbst in Kärnten und in der Steiermark mit deutlich über 50 Prozent. Seyß-Inquart rechnete sogar mit 75 Prozent Ja-Stimmen.[18]

Wie hoch die Zahl der Befürworter des Anschlusses war, ist nie festgestellt worden. Wie viele nachträglich zustimmten, weil sie materiell profitierten, ist eine andere Frage. Die Gestapo glaubte noch im Juni 1938: Weniger als 30 Prozent der Österreicher seien NS-Anhänger, viele davon seien es nur aus Opportunismus, im Volksmund »Märzveigerln« (Märzveilchen) genannt. Die Zahl der Gegner schätzte die Geheimpolizei auf 40 Prozent der Bevölkerung.[19]

Zunächst gab es auf deutscher Seite Chaos, Missverständnisse, Wutanfälle, sinnlose Telefonate ohne Ende, Anordnungen und Widerrufe, Beschwörungen, Drohungen und bei Hitler selbst Unsicherheit und Irritation. Nur Göring blieb kühl, was Hitler ihm später hoch anrechnete: »Der Reichsmarschall ist in Krisenzeiten brutal und eiskalt.«[20]

Wie überrascht das deutsche Regime war, zeigte sich auch daran, dass sich der neue Außenminister Ribbentrop gerade in London aufhielt. Allerdings wurde er von Göring telefonisch instruiert, wie er den englischen Politikern die neueste Entwicklung zu erklären habe. Vor allem sollte er dementieren, es habe von deutscher Seite irgendwelche Ultimaten oder Pressionen gegeben.[21]

Seyß-Inquart machte Schuschnigg am 10. März darauf aufmerksam, dass eine Volksabstimmung gegen die Vereinbarungen von Berchtesgaden verstoße. Schuschnigg zeigte sich in dieser Unterredung zu gewissen Konzessionen bereit, kritisierte aber das landesverräterische Verhalten von NS-Gruppierungen in der

Steiermark. An der Abstimmung wollte er auf jeden Fall festhalten, um den Nazis keine Zeit zu lassen, eine Propaganda-Sturzflut auszulösen. Spätabends ging Seyß-Inquart ins Hotel Regina, wo sich die Führer der Österreich-NSDAP trafen. Odilo Globocnik brachte aus Berlin die neuesten Instruktionen von Hitler mit. Der wollte die Abstimmung auf jeden Fall verhindern. Die österreichische Partei erhielt entsprechende Vollmachten. Seyß-Inquart solle dieser Linie folgen und weitere Verhandlungen mit Schuschnigg einstellen. Er werde am Freitag einen Brief von Hitler erhalten.

Nun musste Deutschland die Wehrmacht mobilisieren. Die deutschen Generäle versuchten, ihre mangelnde Bereitschaft zu vertuschen. Goebbels freute sich auf heroische Tage und trug in sein Tagebuch ein: »Wieder mal eine große Zeit. Mit einer großen geschichtlichen Aufgabe. [...] Die Würfel sind gefallen: Am Samstag Einmarsch. [...] In 8 Tagen wird Österreich unser sein.« Es ging sogar noch schneller.[22]

Am 10. März gegen 18.30 Uhr unterzeichnete Hitler die Weisung Nummer 1 für die »Operation Otto«, die unter seinem Oberbefehl stehen sollte. Am 12. März sollte die Wehrmacht zur Invasion in Österreich bereit sein, um dort verfassungsmäßige Zustände herzustellen und Gewalttaten gegen die deutsche Bevölkerung zu unterbinden, »wenn andere Maßnahmen sich als erfolglos erweisen«. Das Unternehmen solle ohne Anwendung von Gewalt stattfinden »in Form eines von der Bevölkerung begrüßten friedlichen Einmarsches«, Provokationen seien zu vermeiden. Mobilmachungsbefehle ergingen an die Heeresgruppen VII, VIII und XIII. Görings Luftwaffe war schon einsatzbereit. An den deutschen Grenzen zu den übrigen Staaten seien keine Sicherheitsmaßnahmen zu treffen. Also rechnete Hitler nicht mit militärischen Interventionen der Westmächte.[23]

* * *

Freitag, 11. März. Der letzte Tag des freien Österreich bricht unter einem heiteren Himmel an und verspricht viel Sonne. Um 6.15 Uhr in der Früh wird der französische Botschafter Puaux durch einen Anruf von Theodor von Hohenfels geweckt, seinem Kontaktmann im Kanzleramt. Die deutsche Grenze sei geschlossen worden, das Bundesheer habe Stellung bezogen auf den Zufahrtsstraßen. Der Botschafter möge rasch zum Ballhausplatz kommen. Bevor er losfährt, ruft Puaux am Quai d'Orsay an. Verspätet hatte das französische Außenministerium seinen Bericht vom 9. März beantwortet und seine pessimistische Lage-Einschätzung nicht geteilt. Diplomaten sehen nur, was sie sehen wollen.

Puaux lässt seinen Wagen nahe am Burgtheater anhalten, in einer Gasse hinter der Minoritenkirche. Er betritt das Kanzleramt durch einen Seiteneingang. Im Büro von Hohenfels wartet schon der britische Botschafter Michael Palairet. Hohenfels erklärt, Hitler verlange die Verschiebung der Abstimmung. Palairet: »Ich hoffe, der Kanzler bleibt standhaft.« – Puaux: »Jetzt kann nur noch Mussolini intervenieren.«

Wenige Tage zuvor hatten sie gemeinsam die Idee gehabt, die Witwe des ermordeten Kanzlers Dollfuß mit ihren Kindern Eva und Rudolf nach Italien zu schicken mit dem Auftrag, den Duce zu einer Intervention für Österreich zu bewegen, was misslang.

Hohenfels fragt: »Was wird Frankreich tun?« – Puaux: »Frankreich hat derzeit keine Regierung.«

Auf dem Flur begegnet der Botschafter Guido Schmidt, bleich und grün im Gesicht. Verstört geht er hinauf zu Schuschnigg. Puaux gibt ihm stumm die Hand, fühlt sich wie bei einem Trauerfall.

Ebenfalls am Ballhausplatz eingetroffen sind unterdessen der Schweizer Botschafter Max Jaeger sowie der Direktor der Österreichischen Nationalbank Victor Kienboeck, der leichenblass aussieht. Er ahnt wohl schon, dass sein bemerkenswert großer Goldschatz bald nach Berlin rollen wird.[24]

* * *

An seinem Schicksalstag wird Kanzler Schuschnigg um halb sechs durch das Telefon geweckt. Der Anruf kommt von Staatssekretär Dr. Michael Skubl aus dem Polizeipräsidium. Die deutsche Grenze bei Salzburg sei seit einer Stunde hermetisch abgeriegelt. Er sagt auch, dass ein Artikel von Dr. Hugo Jury für die *Wiener Neuesten Nachrichten* vom Pressestaatsanwalt zensiert wurde wegen »aufreizender Kommentierung« zur geplanten Volksbefragung.[25]

Um 6.15 Uhr verlässt Schuschnigg seine Wohnung. Der Chauffeur bringt den frommen Mann zum Stephansdom, wo alles noch still ist. In einigen Seitenkapellen werden Frühmessen gelesen. Die Priester tragen violette Messgewänder, da der Sonntag Reminiscere vor der Tür steht, der zweite Sonntag in der vorösterlichen Fastenzeit. Schuschnigg denkt noch über den morgendlichen Anruf nach, dessen Bedeutung ihm nicht ganz klar ist. Dass es ein besonderer Tag wird, ist ihm allerdings bewusst. Er fühlt, dass er überirdischen Beistand braucht. Vor dem Bild der »Mutter von der immerwährenden Hilfe«, einer Madonnen-Ikone aus Kreta, flackern Kerzen. Kurt Schuschnigg schlägt ein Kreuz vor dem Bild, wie er es in der Kindheit von seiner Mutter gelernt hat.

Im Kanzleramt am Ballhausplatz herrscht noch Stille, als Schuschnigg eintrifft. Er weist Polizei und Garde an, die Innenstadt und alle Zufahrten zum Ballhausplatz abzuriegeln. Er wolle nicht, dass sich etwas Ähnliches wiederhole wie das Attentat gegen Dollfuß. Seine Anordnung wird aber nicht befolgt. Aus München ruft der österreichische Generalkonsul Ludwig Jordan an: Das dortige Armeekorps sei bereit zum Aufbruch nach Österreich. Die deutschen Zollbeamten würden in Salzburg von der Grenze abgezogen, der Verkehr sei eingestellt worden, weder Bahn noch Autos kämen herüber.

Auf den Straßen von Wien wird es allmählich lauter. Schuschniggs Anhänger machen sich bemerkbar. Von einem LKW ertönt der Marsch: »O du mein Österreich«. Eine fidele Melodie von Franz von Suppé. Von anderen Lastwagen tönt die Parole »Für ein freies, deutsches, christliches Österreich«.

Im Augustinerkeller wartet an diesem Tag eine Gewerkschaftsdelegation mit Friedrich Hillegeist an der Spitze auf ein Zeichen, dass der Kanzler bereit ist, sie zu empfangen, um die begonnenen Verhandlungen fortzusetzen. Als sie den Treffpunkt verlassen, ist es schon dunkel über Wien. Niemand hat ihre Unterstützung eingefordert. Schon bald werden einige von ihnen in Haft kommen.

* * *

Erster Gesprächspartner von Schuschnigg an diesem Morgen ist Dr. Hugo Jury, seit Februar 1937 bis zu dessen Auflösung im Januar 1938 Vorsitzender des Siebenerkomitees, von Schuschnigg genehmigt, in Wahrheit das Sammelbecken illegaler Nazis, die nicht so offen gewalttätig agieren wie Josef Leopold. Der ehemalige Arzt war im Jahr 1930 von den Heimwehren zu den Nazis übergelaufen. Wegen illegaler Tätigkeit war er mehrmals verhaftet, aber stets wieder freigelassen worden. Schuschnigg beschrieb ihn so: »Klein, untersetzt, sehr selbstbewußt, knochig; die unvermeidlichen Schmisse im glattrasierten, zerfurchten Gesicht.«[26]

Nach dem Treffen mit Hitler in Berchtesgaden hatte ihn Schuschnigg zum Leiter der Volkspolitischen Referate im Rahmen der Vaterländischen Front ernannt. In dieser Funktion hatte sich Jury am 2. März 1938 im Rundfunk zu Österreich bekannt, zugleich aber betont, dass seine Partei letztlich auf einen Anschluss hinwirken werde. Für die *Wiener Neuesten Nachrichten* mit Datum 11. März schrieb er einen Artikel, in dem er von »der verfassungswidrigen Tendenz der Befragung« sprach; dieses Instrument sei in der Verfassung gar nicht vorgesehen und somit eine reine Privatinitiative. Die österreichischen Nationalsozialisten müssten »die in ihrem Ergebnis nicht kontrollierbare Volksbefragung« ablehnen.[27] Dieser Artikel wurde von der Zensur abgelehnt, dann allerdings in der *Wiener Volkspresse* abgedruckt mit einer Auflage von 200 000 Exemplaren.[28]

Bei seinem Gespräch mit Schuschnigg am Vormittag des 11. März will Jury unbedingt wissen, wer dem Kanzler die »verrückte Idee« mit der Abstimmung eingegeben habe, es hätte doch alles gut gestanden. Wahrscheinlich ist es seine Hauptmission, das herauszubekommen – um Racheakte vorzubereiten. Der Kanzler erklärt, er allein trage dafür die Verantwortung.[29]

Das war Jurys kurze, klägliche Rolle im Vollzug des Anschlusses, als nützlicher Idiot, der danach auf politische Belohnung pochte. Das klappte aber nur kurze Zeit, er wurde Minister für Soziale Verantwortung und Stellvertreter des neuen Kanzlers Seyß-Inquart, später Gauleiter von Niederdonau in Krems, geriet aber mit seiner Habgier und seiner Rachsucht gegenüber den Tschechen (er stammte aus Mähren) in Konflikt mit Parteirivalen. Am 9. Mai 1945 würzte er seine letzte Mahlzeit mit Zyankali.[30]

* * *

Um 9 Uhr will Schuschnigg mit Seyß-Inquart sprechen, aber der ist nirgends zu erreichen.

An diesem Morgen ist Gertrud Seyß-Inquart in ihrem Haus in Dornbach mit starker Migräne erwacht. Nach kaum vier Stunden Schlaf wird ihr Mann – wie alle wichtigen Akteure dieses Tages – durch einen Anruf geweckt. Ein Staatssekretär liest den Artikel von Hugo Jury für die *Wiener Neuesten Nachrichten* vor, den Protest gegen die geplante Abstimmung. Seyß-Inquart sieht darin keinen Fall für die Zensur, aber das müsse Schuschnigg entscheiden (der den Artikel dann verbieten lässt).

Der Innenminister geht sehr früh aus dem Haus. Er begibt sich zur Pfarrkirche St. Peter und Paul, in der sein Kriegskamerad Pater Spitzl gerade die 7-Uhr-Messe liest. Seyß-Inquart setzt sich auf seinen Stammplatz, den Kopf in den Händen vergraben. Zur selben Zeit betet Schuschnigg im Stephansdom. Später wird Seyß-Inquart sagen, er habe an diesem Morgen dafür gebetet, dass kein Blut fließen möge. Er wusste also, dass es ein Tag der Entscheidung sein würde.[31]

Seyß-Inquart hat schon einen politischen Termin: Um 8 Uhr fährt er zum Westbahnhof, um Glaise-Horstenau abzuholen. Dort erfährt er, dass dieser mit dem Flugzeug aus Deutschland zurückkehrt, also lässt er sich zum Flugplatz Aspern auf der östlichen Donauseite fahren. Den angekündigten Brief von Hitler hat Glaise-Horstenau nicht mitgenommen, schließlich ist er noch Minister in Österreich. Der Brief ist per Kurier an die deutsche Botschaft übermittelt worden. Auch Rudolf Heß, Josef Bürckel und andere führende Nazis betreten unterdessen die Wiener Szenerie.[32]

Inzwischen ist der Himmel grau geworden, kräftiger Wind kommt auf. Die Flugblätter, die von Lastwagen geworfen werden, wirbeln durch die Straßen, Lautsprecher lancieren ihre Parolen. Am Vormittag des 11. März rollen Militärzüge des Bundesheeres nach Salzburg. Um 9.15 Uhr ergeht der Befehl zur Einberufung aller Reservisten des Jahrgangs 1915 (etwa 20 000 Mann).

Alle führenden Leute der österreichischen Nationalsozialisten werden von Berlin aufgefordert, sich den ganzen 11. März über zur Verfügung zu halten. Seyß-Inquart sitzt mit Glaise-Horstenau in dessen Kanzlei Am Hof, ferner sind dort die Herren Klausner, Mühlmann, Globocnik versammelt.

Nach einem dringenden Anruf von Göring, der wissen will, wie die Sache denn nun stehe, begeben sich Seyß-Inquart und

General Glaise-Horstenau zum Ballhausplatz. Kurz vor 10 Uhr suchen sie den Kanzler auf. Glaise-Horstenau sagt, im Reich herrsche große Aufregung wegen der angesetzten Volksabstimmung. »Hitler soll empört und außer Rand und Band sein.« Er fordere von Schuschnigg, die Volksabstimmung bis 12 Uhr zu annullieren, andernfalls marschiere die Wehrmacht ein.[33]

Schuschnigg erklärt, er habe das Abkommen von Berchtesgaden nicht verletzt, merkt aber bald, dass es sinnlos ist, zu argumentieren. Er begreift, dass die beiden als Marionetten agieren und es keine Verhandlungen mehr geben kann. Trotzdem bietet er Seyß-Inquart den Posten des Vizekanzlers an, doch der lehnt ab: Er könne die Lage nicht mehr beruhigen. Dabei herrscht ja nur in Berlin Unruhe.

Nach einem weiteren Telefonat mit Göring meldet Seyß-Inquart dessen neue Forderung: Die Volksbefragung sei innerhalb einer Stunde abzusagen. 14 Tage später solle ein anderes Referendum nach dem Muster der Saar-Abstimmung von 1935 abgehalten werden. Erfolge keine Antwort, werde Göring annehmen, dass Seyß-Inquart am Telefonieren verhindert sei, und entsprechend handeln. Schuschnigg ist sehr nervös, raucht eine Zigarette nach der andern; immerhin ist es die österreichische Marke Asta. Dann informiert Schuschnigg Bundespräsident Miklas und sagt, alle diplomatischen Vertretungen seien besorgt, nur die deutsche Botschaft rühre sich nicht.[34]

Dr. Skubl teilt mit, dass man sich nicht mehr auf die Polizei verlassen könne. Nur das Bundesheer gehorche noch. Allerdings würde es nicht gegen Deutschland kämpfen. Schuschnigg denkt: Bloß kein zweites 1866 und keinen Bürgerkrieg. Gegen 11 Uhr lässt Schuschnigg zwei Vertraute kommen, Guido Zernatto und Dr. Hans Pernter, Minister und persönlicher Freund. Schuschnigg will die Abstimmung aus technischen Gründen verschieben.

Um 11.30 Uhr empfängt Schuschnigg erneut Glaise-Horstenau und Seyß-Inquart und bittet sie, Göring mitzuteilen, dass die Forderung akzeptiert sei. Nach kurzem Telefonat kehren sie mit einer weiter gehenden Forderung Görings zurück. Schuschnigg solle binnen zwei Stunden zurücktreten und Seyß-Inquart neuer Kanzler werden. Andernfalls erfolge der deutsche Einmarsch. Zwei seiner eigenen Minister überbringen Schuschnigg Ultimaten einer ausländischen Regierung![35]

Schuschnigg greift zum Telefon, will Mussolini im römischen Palazzo Venezia erreichen, aber der lässt sich verleugnen. Seit 1934 hatte Wien auf italienische Hilfe gegen Deutschland gebaut; da man zugleich auf das Wohlwollen von Frankreich und England angewiesen war, stieß diese Rückversicherung an ihre Grenzen. Nachdem Italien den Krieg in Abessinien begonnen hatte, für den es bald deutsche Hilfe benötigte, war es für Österreich unmöglich, sich gleichzeitig mit den Westmächten gut zu stellen, weil diese die italienische Intervention missbilligten. Auch hat die gemeinsame Intervention von Deutschland und Italien im Spanischen Bürgerkrieg diese beiden Länder einander angenähert und Österreichs Stellung weiter geschwächt.

Alle drei Herren stehen eine Weile schweigend am Fenster des Kanzlerbüros. Schuschnigg fragt die beiden anderen, was sie persönlich denken. Seyß-Inquart schweigt, ist sehr erregt, den Tränen nahe. Glaise-Horstenau sagt: »Man weiß nicht, ob man als anständiger Mensch unter diesen Umständen überhaupt noch mitmachen kann.« Ist das nur Theater, oder hat man auch sie stark unter Druck gesetzt?

Schuschnigg sagt, zwei Stunden würden nicht reichen, um einen Rücktritt zu vollziehen. Er gehe jetzt zum Bundespräsidenten Miklas. Dieser schlägt vor, einen dramatischen Appell an das Volk oder an das Ausland zu richten. Da kommt aus Rom die Mitteilung, »die italienische Regierung erklärt, wenn sie konsultiert wird, in der jetzigen Lage keinen Rat erteilen zu können«. Mussolini hat Österreich endgültig fallen lassen.[36]

An diesem Morgen kehrt die Witwe des Kanzlers Dollfuß aus Rom zurück, um von ihrem Gespräch mit Mussolini zu berichten. Der Duce habe erklärt, dass er nicht intervenieren könne. Schuschnigg habe den Kontakt mit Rom vernachlässigt und seine eigene Karte gespielt.[37]

Ihre Wiener Freunde verstehen, dass man sie und ihre Kinder schnell in Sicherheit bringen muss. Sie holt ihre Kinder von zu Hause ab und nimmt nur leichtes Gepäck mit. Zum Glück besitzt die Witwe einen Pass auf ihren Mädchennamen Alwine Dreher. An der Grenze bei Bratislava (Preßburg) lassen die Österreicher sie ausreisen. Dann aber wollen die Tschechen ihr Visum sehen. Ein Mitarbeiter der französischen Botschaft, Pierre de Leusse, eilt nach einem kurzen Anruf mit dem Taxi herbei, um die Tschechen über die Identität der Frau aufzuklären. Noch rechtzeitig, denn eine Stunde später übernimmt die Gestapo die Kontrolle der Grenzstation. Sie hätten den Namen Dollfuß im Gepäck der Kinder gefunden.[38]

Am frühen Nachmittag, als sich abzeichnet, dass der Tag mit Schuschniggs Niederlage enden würde, versucht sein Büroleiter Theodor Hornbostel, telefonischen Kontakt mit Regierungsstellen in Paris und London herzustellen, er wird aber von Hugo Jury daran gehindert.[39]

Noch leistet Schuschnigg Widerstand, sucht nach Ausweichmanövern, bietet an, die Fragestellung der Abstimmung zu verändern, aber das wird von Berlin verworfen. Jedes Nachgeben verstärkt nur die Forderungen der deutschen Seite. Es gibt keinen Spielraum mehr, vor allem nachdem Seyß-Inquart eine verschärfte Drohung Görings überbringt: Absage der Abstimmung oder Einmarsch.

Schuschnigg lässt zwei hohe Vertreter des Bundesheeres zu sich rufen, die ihm mitteilen, das Heer stünde bereit, um das Feuer zu eröffnen, doch der Gegner sei stärker und Hilfe vom Ausland nicht zu erwarten. Von militärischer Konfrontation raten sie dringend ab. Nun gibt Schuschnigg nach. Genau um 14.50 Uhr gibt er im Kabinett bekannt: Die Volksabstimmung wird abgesagt. Zugleich befiehlt er, das Bundesheer von den Grenzen abzuziehen, damit es bei einem deutschen Einmarsch nicht zu Gefechten kommt. Jede öffentliche Werbung für die Volksabstimmung solle eingestellt werden.[40]

Bald darauf beginnt eine Fluchtbewegung in Richtung Bratislava. Guido Zernatto, der Dichter mit politischem Ehrgeiz, der bis zuletzt so zuversichtlich gewesen war, macht sich auf und hinterlässt seinem Sekretär den Fonds für die Volksabstimmung: eine Million Schilling. Die künftigen Herren Österreichs sollen das Geld annehmen, aber nicht behaupten können, dass er die Kasse mitgenommen habe (was sie aber doch taten). Am 13. März werden die Büros der Vaterländischen Front durchsucht, Büroleiter Hantschk übergibt die Kasse, ohne einen Beleg dafür zu erhalten, zwei Tage später wird er verhaftet.[41]

* * *

Gegen 14 Uhr informiert Schuschnigg seinen Minister Seyß-Inquart, er habe den Bundespräsidenten davon unterrichtet, dass die Volksabstimmung abgesetzt werde. Man möge dies Göring mitteilen. Um 14.45 Uhr erreicht Seyß-Inquart Göring am Telefon, der sich daraufhin mit Hitler bespricht.

Görings Rückruf kommt um 15.05 Uhr: Eine Absage reiche nicht, Schuschnigg habe das Abkommen von Berchtesgaden gebrochen und Berlins Vertrauen verloren. Die nationalen Minister sollten zurücktreten und von Schuschnigg ebenfalls den Rücktritt verlangen. Binnen einer Stunde solle Seyß-Inquart das vorbereitete Telegramm an den Führer schicken.

Dieses zweite Ultimatum will Seyß-Inquart an Zernatto und Schmidt geben, die ihn aber auffordern, es Schuschnigg persönlich zu überbringen, er sei doch der Mittelsmann. Seyß-Inquart:

»Ich bin nichts als ein historisches Telefonfräulein.« Er überbringe Nachrichten, auf die er keinen Einfluss habe.[42]

Um 16.05 Uhr ruft Seyß-Inquart erneut Göring an: Auch das zweite Ultimatum sei angenommen. Um 16.15 Uhr verlässt Seyß-Inquart das Kanzleramt. Auf den Straßen läuft immer noch der Wahlkampf für die geplante Abstimmung. Seyß-Inquart plant schon sein Kabinett, während er im Café Central eine Tasse schwarzen Kaffee trinkt, wie gewöhnlich.

Globocnik teilt Göring telefonisch mit, Miklas sei mit einem Kabinett Seyß-Inquart einverstanden, was allerdings nicht stimmt. Göring möge die Österreichische Legion noch nicht schicken, aber der interessiert sich nicht für diese Versuche, einen Rest von Selbständigkeit beizubehalten. Er fordert dazu auf, den Druck auf Miklas zu erhöhen: Er solle sich schnell entscheiden, sonst marschiere die Wehrmacht ein.

Es folgt ein Treffen von Seyß-Inquart im Kanzleramt mit General Wolfgang Muff, dem Militärattaché der deutschen Botschaft, einem Vertrauten von Göring. Seyß-Inquart lässt ihn allein zu Präsident Miklas gehen. Der bleibt bei seinem Nein. Immer mehr junge Nazis dringen ungehindert ins Kanzleramt ein. Als er dies sieht, begreift Schuschnigg: Das ist die Gestapo, wenn sie auch in Zivil erscheint. Die Zentrale der Macht wird besetzt. Der Einmarsch steht bevor!

Seyß-Inquart sagt, Schuschnigg möge Druck auf Miklas ausüben, ihn zu ernennen, so würden sich die Leute beruhigen. Mit den Radikalen habe er nichts zu tun. Miklas lehnt es beharrlich ab, Seyß-Inquart als Kanzler zu ernennen. Schuschnigg klammert sich an die Fama, dass Seyß-Inquart ein praktizierender Katholik und ein anständiger Mensch sei – und vielleicht einen Rest an Selbständigkeit für Österreich retten würde.[43]

* * *

Am späten Nachmittag taucht plötzlich Anna Mahler im Funkhaus auf und will dem Kanzler telefonisch eine Botschaft übermitteln. Ist ihre Liebe zu Schuschnigg wieder erwacht? Will sie ihn warnen oder gar retten? Hat sie Angst, man könne ihre Liebesbriefe bei ihm finden? Vor ihren linken Freunden hatte sie die einstige Affäre geheim halten müssen, muss sie nun die Nazis fürchten?[44] Aber sie kehrt wieder um, als sie den über seinem Schreibtisch zusammengesunkenen Radio-Generaldirektor Oskar Czeija entdeckt. Österreichs Sache ist verloren.[45]

Aus Berlin kommt ein neues, auf 19.30 Uhr befristetes Ultimatum im Auftrag von Hermann Göring: Bei Nichtentsprechen würden um 20 Uhr etwa 200 000 Mann deutscher Truppen die Grenze überschreiten.

Schuschnigg resigniert. Er ordnet seinen Schreibtisch, vernichtet persönliche Papiere. Er schaut auf die Totenmaske von Dollfuß auf dem Tisch vor ihm und auf das große Porträt von Maria Theresia an der Wand.

Schuschnigg vereinbart mit Miklas, dass er über das Radio zum Volk sprechen werde. Das Mikrofon steht im Roten Salon des Bundeskanzleramtes fast an der Stelle, an der Dollfuß von den Kugeln seiner Mörder getroffen wurde.[46] Die Radio Verkehrs AG (RAVAG) war 1924 als erste österreichische Rundfunkgesellschaft gegründet worden. Zwischen dem Ballhausplatz und dem Rundfunkgebäude bestand eine Sprechleitung.[47] Das Funkhaus lag in der Johannesgasse im I. Bezirk, ein Neubau war aber schon fast fertiggestellt.

Ein fröhlicher Strauß-Walzer wird plötzlich unterbrochen. Achtung, Achtung, sagt eine Stimme, in Kürze erfolgt eine wichtige Mitteilung. Man hört das Erkennungszeichen der RAVAG, ein tickendes Metronom. Unvermittelt setzt die Stimme von Bundeskanzler Kurt Schuschnigg ein.

»Der heutige Tag hat uns vor eine schwere und entscheidende Situation gestellt. Ich bin beauftragt, dem österreichischen Volk über die Ereignisse des Tages zu berichten. Die deutsche Reichsregierung hat dem Herrn Bundespräsidenten ein befristetes Ultimatum gestellt, nach welchem der Bundespräsident einen ihm vorgeschlagenen Kandidaten zum Bundeskanzler zu ernennen und die Regierung nach den Vorschlägen der deutschen Reichsregierung zu bestellen hätte, widrigenfalls der Einmarsch deutscher Truppen für diese Stunde in Aussicht genommen wurde. Ich stelle fest vor der Welt, daß die Nachrichten, die in Österreich verbreitet wurden, daß Arbeiterunruhen gewesen seien, daß Ströme von Blut geflossen seien, daß die Regierung nicht Herr der Lage wäre und aus eigenem nicht hätte Ordnung machen können, von A bis Z erfunden sind. Der Herr Bundespräsident beauftragt mich, dem österreichischen Volke mitzuteilen, daß wir der Gewalt weichen. Wir haben, weil wir um keinen Preis auch in dieser ernsten Stunde nicht deutsches Blut zu vergießen gesonnen sind, unserer Wehrmacht den Auftrag gegeben, für den Fall, daß der Einmarsch durchgeführt wird, ohne wesentlichen Widerstand, ohne Widerstand sich zurückzuziehen und die Entscheidungen der nächsten Stunden abzuwarten. […] So verabschiede ich mich in dieser Stunde von dem österreichischen Volke mit einem deutschen Wort und einem Herzenswunsch: Gott schütze Österreich!«[48]

Schuschnigg sagte wirklich Wehrmacht statt Bundesheer! Nach dessen Rücktrittserklärung gehen Seyß-Inquart und Glaise-Horstenau hinaus auf den Balkon und versuchen die Menge vor dem Kanzleramt zu beruhigen. Ein junger Bursche klettert an der Fassade hoch und hisst die Hakenkreuzfahne.[49]

Als Schuschnigg nach seiner Rede über den Rundfunk noch bekannt geben will, dass sich in den Bundesländern vorerst nichts ändern werde, bekommt er zu hören, man nehme von ihm keine Anweisungen mehr entgegen. Ein Vorgeschmack auf die Erfahrung der Ohnmacht, die ihm bevorsteht.[50]

Sein Minister Hans Hammerstein-Equord hatte sich im Januar einen Beinbruch zugezogen und braucht Gehhilfen. Nach Schuschniggs Rede erhebt er seine Krücken und ruft: »Hoch Österreich! Heute schäme ich mich, ein Deutscher zu sein.« Er humpelt auf Glaise-Horstenau zu und sagt: »Ja, das ist das Ende Österreichs, aber du kannst gewiß sein, das ist auch das Ende Deutschlands.«

Hans August Freiherr von Hammerstein-Equord stammte aus einem deutschen Adelsgeschlecht, das in Österreich sesshaft geworden war. Unter Kanzler Schuschnigg war er zunächst für die Innere Sicherheit verantwortlich, später wurde er Justizminister und zugleich »Bundeskommissar für Kulturpropaganda«. Unmittelbar nach dem Anschluss wurde er unter Aberkennung seiner Rentenansprüche in den Ruhestand versetzt. Ab 1943 musste er Kriegseinsatz in der Bauabteilung des Landratsamtes Kirchdorf leisten. Er wurde am 21. Juli 1944 verhaftet und Anfang Mai 1945 im Konzentrationslager Mauthausen interniert. Er überlebte das Regime sehr geschwächt und starb 1947.

Nach dem Zeugnis von Robert Breuer setzt der spürbare Umschwung auf den Straßen gegen 19 Uhr ein. Alle Hitleranhänger holen ihre Anstecker und Armbinden mit den Hakenkreuzen hervor und legen sie sichtbar an. Erste Demonstrationszüge formieren sich. In offenen Autos stehen Unterführer der Nazis und salutieren mit Hitlergruß. Ein Konvoi von Motorrädern rollte vorbei, besetzt mit SA und SS – die ersten Kommandos, die in Wien eingetroffen sind. Alle Abzeichen der Vaterländischen Front verschwinden. Hausfrauen beeilen sich, Lebensmittel zu kaufen und zu hamstern. Noch ist die Masse friedlich, aber doch berauscht und verhext.

* * *

Drei Minuten hat die Rede von Schuschnigg gedauert, von 19.47 Uhr bis 19.50 Uhr. Den Text hat der Kanzler im Stehen abgelesen, danach muss er sich erst einmal hinsetzen. Sein Bruder Artur Schuschnigg, der die Musikabteilung der RAVAG leitet, vollzieht seine letzte Diensthandlung. Er legt eine Schallplatte auf mit dem zweiten Satz (Poco Adagio: Cantabile) aus Joseph Haydns Streichquartett Op. 76, Nr. 3, dem sogenannten Kaiserquartett, mit Variationen über das Thema, das als Melodie der alten Kaiserhymne gedient hatte (auf die aber auch das Deutschlandlied gesungen wurde).

Diese Klänge sind nicht nur ein Requiem auf die Republik – auch das alte Kaiserreich geht ein zweites Mal unter. Nicht nur die unmittelbare Zukunft ist verloren, sondern auch die glorreiche Vergangenheit. Ein Satz, den Felix Salten schon 1925 geschrieben hatte, mag das Empfinden vieler Hörer gerade in diesem historischen Augenblick treffen: »Es gibt auch in Österreich Menschen genug, die der Monarchie nicht nachtrauern, den Sturz der Habsburger nicht beklagen, aber doch bewegt sind, wenn sie die schöne alte Melodie von Haydn hören, die ihnen lieb ist. Und ich gehöre zu diesen Menschen.«[51]

Artur Schuschnigg verlässt das Gebäude, denn ihm ist klar, dass es auch für ihn keine Zukunft mehr hier gibt. Bald darauf besetzt ein Trupp SS-Leute das Rundfunkstudio. Die neuen Herren arbeiten wenige Wochen später im noch nicht eingeweihten (aber schon entweihten) neuen Funkhaus in der Argentinierstraße.[52]

Das politische Spiel ist aber noch nicht zu Ende, denn es geht um das zu ernennende neue Kabinett, und nun hat Bundespräsident Miklas die entscheidende Rolle. Immer noch legen die Nazis Wert darauf, dass alles einen legalen Anschein behält. Kurt Schuschnigg bleibt im Kanzleramt, bis die Nachfolgefrage geklärt ist.

Inzwischen ist Wilhelm Keppler erschienen, Görings Vertrauensmann, der Seyß-Inquart die vorgefertigte Ministerliste übergibt. Dr. Skrubl soll im Amt bleiben, neu ernannt werden sollen die Nazis Kaltenbrunner und Wolff. Doch Bundespräsident Wilhelm Miklas weigert sich trotz mehrerer Ultimaten Berlins, den Nationalsozialisten Arthur Seyß-Inquart zum neuen Kanzler zu ernennen.

Um 20.18 Uhr meldet sich Seyß-Inquart über den Rundfunk. Er spricht nur drei Minuten, und zwar in seiner Eigenschaft als Innen- und Sicherheitsminister. Die neue provisorische Regierung erwähnt er nicht. »Männer und Frauen Österreichs! Deutsche Volksgenossen!« Er befinde sich noch im Amt und sei für die Aufrechterhaltung von Ruhe und Ordnung verantwortlich. Alle mögen den Tag in besonderer Disziplin durchstehen. Kundgebungen dürften nicht exzessiv ausfallen. Insbesondere die Ordnungs- und Sicherheitsformationen der Nationalsozialisten fordere er auf, beruhigend auf die eigenen Gesinnungsgenossen einzuwirken.[53] Die Rede wird aufgezeichnet und mehrfach wiederholt. Seyß-Inquart und Glaise-Horstenau müssen die jungen Nazis beruhigen, die sich vor dem Gebäude versammeln und zum Teil eindringen.[54]

Seyß-Inquart fordert Schuschnigg auf, zu Miklas zu gehen, damit der die neue Regierung ernenne. Das könne die Nazis beruhigen. Er habe nichts gemein mit den randalierenden Radikalen.

Um 20.48 Uhr meldet sich Göring wieder am Telefon und diktiert seinem Beauftragten Keppler den Text des Telegramms, mit dem die deutsche Wehrmacht um Intervention gebeten werden soll. Man müsse die Grenzen dicht machen, schärft er Keppler ein, »damit die da nicht mit dem Vermögen abschieben«. Im Übrigen müsse Seyß-Inquart das Telegramm gar nicht schicken, er solle nur anrufen und sagen, er sei mit dem Inhalt einverstanden. Noch ist es ja ruhig im Land selbst, abgesehen von den Überfällen auf jüdische Bürger. Seyß-Inquart sträubt sich, das

Telegramm zu schicken. Dafür ruft nun Keppler in Berlin an und sagt dem drängenden General Karl Heinrich Bodenschatz, Chef der Luftwaffe, Seyß-Inquart sei einverstanden. Dieser ruft also nicht selbst an, aber die Militärs bestanden auf dem »Hilferuf«.

Nach 21 Uhr legt Seyß-Inquart dem Bundespräsidenten den Entwurf einer Kabinettsliste vor, doch Miklas weigert sich immer noch, eine neue Regierung zu ernennen. Um 21.30 Uhr versammeln sich Mitglieder der SS-Standarte 89 vor dem Kanzleramt; sie tragen weiße Hemden und schwarze Hosen. Anführer ist der Leichtathlet Felix Rinner, Sprintmeister von Österreich. Er schafft es, ins Gebäude zu gelangen.

Erst um Mitternacht gibt Bundespräsident Miklas nach. Wiederholte Drohungen gegen ihn und seine Familie haben ihn mürbe gemacht. Seyß-Inquart wird zum neuen Kanzler ernannt. Adolf Hitler hat sein Ziel erreicht: Die Nationalsozialisten haben die Regierungsmacht in Österreich auf legalem Weg erobert. Das ihnen hörige Kabinett kann die Selbstaufgabe des Landes beschließen.[55] Auf dem Ballhausplatz zieht kurz darauf ein Fackelzug vorbei. Bei allem, was sie anfangen, brauchen die Nazis Feuer. Seyß-Inquart schaut dem Schauspiel zu, neben ihm steht Klausner als Landesleiter der NSDAP.

Um 2.10 Uhr in der Früh rufen General Muff und Wilhelm Keppler das Auswärtige Amt in Berlin an. Alles sei ruhig in Österreich, Seyß-Inquart bitte darum, keine deutschen Verbände zu schicken. Etwas später lässt Hitler mitteilen, der Einmarsch sei nicht mehr aufzuhalten. Göring ist wütend: Der Führer hätte dafür nicht gestört werden dürfen.

Der Einmarsch der deutschen Truppen beendet die Unabhängigkeit Österreichs noch nicht. Formell vollzogen wird der Anschluss am 13. März, dennoch gilt die Nacht zum 12. als entscheidend. Seyß-Inquart mag wirklich gedacht haben, dass er eine Art vorläufige Unabhängigkeit bewahren könne und dass der Übergang bis zum faktischen Anschluss längere Zeit dauern würde und nicht nur drei Tage, wie es tatsächlich der Fall war.

Schuschnigg erkennt nach seinem Rücktritt nicht, dass eine völlig neue Lage herrscht und dass er gefährdet ist. Seyß-Inquart bedankt sich bei ihm und fragt, ob er sich in eine ausländische Gesandtschaft begeben möchte. Schuschnigg versteht die freundliche Warnung nicht. Er verabschiedet sich von einigen Mitarbeitern. Stunden später werden die meisten von ihnen verhaftet.

Schuschnigg verlässt das Haus mutig durch den Vorderausgang. Der ihn begleitende bewaffnete Offizier sagt im Auto: »Schnell zum Flughafen nach Aspern!« (Dort steht ein Flugzeug bereit.) Aber Schuschnigg widerspricht: »Nein, ich laufe nicht davon.« Und zum Fahrer: »Bitte nach Hause, Franzl.«

Und so wird er zu seinem Domizil im Park von Schloss Belvedere gebracht. In seinem Arbeitszimmer hängt ein gezeichnetes Beethoven-Porträt, auf dem Schreibtisch stehen ein massives Kreuz aus Bronze, einige Fotos und Blumen, dazu eine Zimmerpflanze. Am frühen Morgen wird das Gärtnerhaus zum Gewahrsam. Bis 1945 bleibt der Ex-Kanzler Hitlers persönlicher Gefangener.[56]

* * *

Prinz Philipp von Hessen, aktiver Nationalsozialist seit 1930, verheiratet mit Mafalda von Savoyen, einer Tochter des Königs von Italien, flog als Hitlers Sondergesandter zu Mussolini. Um 21 Uhr landete er in Rom und wurde alsbald empfangen. Hitlers Schreiben enthielt die Versicherung, die Brennergrenze nicht anzutasten. Um 22.25 Uhr konnte der Landgraf nach Berlin übermitteln, dass der Duce Österreich für eine »abgetane Angelegenheit« halte. Hitler war begeistert, war bereit, mit dem Duce durch dick und dünn zu gehen, jedes Abkommen mit ihm zu schließen. »Ich werde ihm das nie, nie vergessen!«, sagte er zweimal.[57] Später erklärte Hitler vor Getreuen, wegen 200 000 Südtirolern hätte er nicht das Schicksal eines Volks von 80 Millionen aufs Spiel setzen können.[58] Nachdem sich der Landgraf eine Weile um Hitlers Pläne für ein Kunstmuseum in Linz gekümmert hatte, geriet er in immer stärkere Gegnerschaft zum Führer und wurde in den letzten Kriegsjahren in verschiedenen Lagern inhaftiert, ebenso seine Frau, die im KZ Buchenwald umkam.

Am Abend des 11. März fand in Berlin im Haus der Flieger an der Prinz-Albrecht-Straße der jährliche Fliegerball statt, auf dem sich auch der Hausherr Göring zeigte. Zwischendurch ging er mehrmals zum benachbarten Luftfahrtministerium hinüber, um mit Wien zu telefonieren.[59] Der österreichische Gesandte und der Militärattaché waren nicht auf diesem Fest. Göring beruhigte den tschechischen Gesandten: Es sei keine Aktion gegen die ČSR vorgesehen.[60] Um 23 Uhr ließ der französische Botschafter in Berlin François-Poncet Hitler eine Protestnote zukommen. Aber da war Schuschnigg längst zurückgetreten. Dieser 11. März war eine demütigende Niederlage für die französische Politik, befand der Botschaftskollege in Wien.[61]

Seit 20.45 Uhr am 11. März liefen die letzten Vorbereitungen zum Einmarsch der deutschen Wehrmacht in Österreich. Hitler unterschrieb die Weisung No. 2 für die »Operation Otto«: Einmarsch in den Morgenstunden des 12. März. Die ersten Truppenteile setzten sich um 2 Uhr nachts in Bewegung. Um 5.30 Uhr am 12. März überschritten die ersten Wehrmachtsverbände die Grenze. Um 8 Uhr früh erfolgte der Einmarsch auf breiter Front. Rund 65 000 Soldaten der deutschen Wehrmacht, Tausende Polizisten und 16 000 Sicherheitsleute besetzten Österreich. Kurz nach 10 Uhr landeten auf dem Flughafen Aspern die ersten Luftwaffeneinheiten. In der Nacht zum 13. März erreichten die ersten motorisierten Einheiten Wien.[62]

Militärtechnisch wurde es ein Desaster, es fehlte an Benzin und an den richtigen Straßenkarten, Panzer mussten mit dem Zug in Richtung Wien gebracht werden. Die NS-Propaganda hatte in der Folge viel zu tun, um das Ausland von diesen Pannen abzulenken. Die unerwartete Begeisterung der Massen half auch darüber hinwegzutäuschen. Beim nächsten Einmarsch musste alles besser ablaufen, was das Arrangement der Kriegsvorwände betraf wie den eigentlichen Vollzug.[63] Die Militärattachés in Berlin erfuhren durchaus von den Pannen der Wehrmacht beim Einmarsch in Österreich. Der Militärberater der französischen Botschaft Stehlin hielt die Berichte darüber für ein von den Deutschen bewusst verbreitetes Märchen, um sie harmloser erscheinen zu lassen, als sie waren.[64]

Die *Reichspost* brachte in der Ausgabe vom 12. März nicht nur einen Einspalter »zur Vorgeschichte des Demissionsangebotes«, sondern auch einen erstaunlich kritischen Bericht über die Ereignisse jener Nacht: dass die Nationalsozialisten vom Wiener Bürgermeister Richard Schmitz verlangten, die mitgebrachte Hakenkreuzfahne zu hissen; dass dieser sich weigerte, die Waffen der Rathauswache zu übergeben. Dass der Landesstatthalter von Tirol in Schutzhaft genommen wurde. Dass die Nationalsozialisten das »Fronthaus«, das Haus der Vaterländischen Front, stürmten und dort das Dollfuß-Kruckenkreuz zertrümmerten. Dass im Laufe des Abends »die Auslagen einiger jüdischer Geschäfte demoliert« wurden, darunter jene des Papierwarenhauses Sonnenschein in der Strauchgasse.

Der Blattaufmacher »Rücktritt der Regierung Schuschnigg« aber wurde zensiert: Die Seite 1 bot eine halbseitige weiße Fläche. Die Ausgabe vom 12. März war die letzte der *Reichspost* mit dem Untertitel »Unabhängiges Tagblatt für das christliche Volk«. Das *Vorarlberger Tagblatt* hingegen hatte bereits für die Ausgabe vom 12. März ganze Arbeit geleistet: Das Hakenkreuz zierte die Titelseite; der Aufmacher lautete: »Der Sieg des Nationalsozialismus in Österreich«; als Zwischentitel wurde die Parole »Ein Volk, ein Reich, ein Führer!« gesetzt, auf Seite drei ein Loblied auf das Hakenkreuz von Ottokar Kernstock abgedruckt. Und man berichtete über eine »unglaubliche Provokation in Wien«: Demonstranten hätten die Hakenkreuzwimpel von einem Kraftwagen heruntergerissen und »im Straßenschmutz zertreten«.

* * *

Schuschniggs Rede vom 9. März, in der er die Abstimmung verkündet und seine Widerstandsbereitschaft bekundet hatte, hatte viele, die schon zur Flucht entschlossen waren, fatalerweise darin bestärkt, noch zu bleiben. Sie wollten unbedingt ihre Stimme am 13. März abgeben. Nun saßen sie in der Falle. Denn alle östlichen Nachbarländer sperrten ihre Grenzen. Blinder Hass, aus Habsburger Zeiten überkommen, verhinderte jede Form von Solidarität mit den Bedrohten. »Lieber Hitler als Habsburg!«, hatte der tschechische Präsident Beneš im Jahr 1937 gesagt.[65]

Am 11. März abends drängten sich Massen von Menschen in allen Bahnhöfen. Alle Straßen zu den Grenzen waren verstopft. Man sah eine bunte Koalition der Flüchtenden: Aristokraten und Soldaten, Bauern und Juden, Priester und Staatsbeamte, Journalisten und Künstler. Viele machten sich zu Fuß auf in die Wälder.

Mehrere Züge fuhren ab Ostbahnhof, mit so vielen Waggons, wie eine Lokomotive ziehen konnte. Und jedes Mal kamen junge Nazis mit Peitschen und Hunden, ließen den Zug zurückfahren und zwangen die Leute zum Aussteigen. Sie wurden ins Gefängnis getrieben. Zurückbleibende wurden in aller Öffentlichkeit ausgeraubt. Alle Täter trugen die Hakenkreuzbinden. Mit nur wenigen Passagieren fuhr der Zug dann nach Osten.

Grenzstation Lundenburg (Břeclav). Ein Zug hielt auf tschechischem Gebiet. Die Tschechen drängten alle Leute mit österreichischen Pässen in den Wartesaal. Alle wurden gezwungen, nach Österreich zurückzufahren. Es wurde verboten, tschechische Bekannte oder Politiker anzurufen. Schreckliche Szenen spielten sich ab, nur wenige entkamen. Manche wurden von Wien direkt nach Dachau gebracht. Nur selten wurde Asyl gewährt, die meisten Flüchtlinge, die es über die Grenze geschafft hatten, wurden abgeschoben. Die Nazipresse schilderte vergnügt die chaotischen Panikszenen am Ostbahnhof. An dem Tag, als Hitler in Wien ankam, registrierte man Selbstmorde in dreistelliger Zahl.

* * *

Die dramatischen Ereignisse hinderten Frau Seyß-Inquart nicht daran, am Abend des 11. März mit ihrer Tochter Irene und deren Verlobtem, dem Arzt Dr. Rudolf Neumann, in die Oper zu gehen. Ihre Migräne war verflogen. Während der österreichische Staat starb, spielte die Staatsoper *Eugen Onegin* von Tschaikowski. Beginn der Vorstellung war 18.30 Uhr. Der Opernabend verlief ruhig. Nach der Vorstellung trugen alle Polizisten Hakenkreuzbinden. Vor dem Operngebäude kam es zu Massenverbrüderungen. Auf den großen Straßen herrschte viel Verkehr, man sah Lastwagen mit Wahlreklame, aber auch Autos mit fliehenden Juden, die nach Bratislava wollten, wie Frau Seyß-Inquart meinte.

Pater Spitzl war traurig, wie er später schrieb. Er hatte Seyß-Inquart in der Frühmesse gesehen. Und nun hatte dieses Mitglied seiner Pfarre, ehemals Offizier bei den Kaiserjägern, das Ende Österreichs herbeigeführt, den Anschluss an den »Renegaten Adolf Hitler«.[66]

In den Tagen des Anschlusses kamen viele Besucher als Bittsteller zu Pater Spitzl, der seit 1931 Pfarrer der Gemeinde Dornbach war. Man wusste, dass er Seyß-Inquart persönlich kannte. Plötzlich erschienen zwei Gestapo- und vier SS-Männer, nahmen ihn fest und durchsuchten seinen Schreibtisch. Nach einem Tag kam er aus der Haft wieder frei. Seine kritischen Predigten machten ihn immer wieder verdächtig und führten im Jahr 1942 zu seiner erneuten Verhaftung. Doch auch dieses Mal kam er wieder frei. Seyß-Inquart besuchte nie mehr die Kirche von Dornbach, zahlte aber weiterhin Kirchensteuer, was seine Sekretärin Emilie Loidl erledigte.

Kardinal Innitzer, der am Mittwoch zuvor noch für den Erfolg der Volksabstimmung gebetet hatte, rief dazu auf, am Sonntag »Gott dem Herrn zu danken für den unblutigen Verlauf der großen politischen Umwälzung und um eine glückliche Zukunft für Österreich zu bitten«. Und er fügte hinzu: »Selbstverständlich möge allen Anordnungen der Behörden gerne und willig Folge geleistet werden.«[67]

11
Land ohne Namen

Wie konnte das passieren?
Wir sind doch eigentlich kein kriegerisches Volk.
Frau Ottenreiter, Mutter des Kindermädchens
von Kurt Schuschnigg junior

Besser als die Wehrmacht waren die Sicherheitsdienste der Nationalsozialisten auf den Anschluss vorbereitet. Sie waren die Ersten, die in dem noch unabhängigen Land eintrafen. Heinrich Himmler hatte eigene Pläne für Österreich: Er wollte hier einen Modellstaat der SS errichten.

Um 2.30 Uhr in der Früh, kurz nach Vollzug des Regierungswechsels am Wiener Ballhausplatz, starteten in München drei Flugzeuge (Modell Ju 52) bei absoluter Funkstille und ohne Positionslichter. Um 4.30 Uhr landeten die Maschinen auf dem Flugfeld Aspern. An Bord waren der Reichsführer SS Heinrich Himmler, der Leiter des Sicherheitsdienstes Reinhard Heydrich, der General Kurt Daluege sowie ein Trupp bewaffneter SS-Männer. Das war der eigentliche Überfall, denn sie hatten keine hoheitlichen Befugnisse auf dem fremden Territorium, aber sie hatten bereits Verhaftungslisten erstellt. Ohne Verzögerung begannen sie mit ihrer »Arbeit«, der Verhaftung politischer Gegner und potentieller Opponenten, wozu nicht nur linke Politiker gehörten, sondern auch führende Vertreter des Ständestaats. Festgenommen wurden Politiker wie Leopold Figl oder Franz Olah, aber auch Louis von Rothschild, der nach Italien fliehen wollte; man zog seinen Pass ein und enteignete sein privates Palais.

Heydrich hatte einen Plan zur Umgestaltung des Sicherheitsapparates in Österreich und zur Säuberung der Polizei parat. Noch am 12. März beschlagnahmte er das Hotel Metropol, das die künftige Zentrale der Gestapo in Wien werden sollte.[1] Den ganzen Samstag über waren 200 Maschinen der deutschen Luftwaffe im Einsatz und warfen über allen großen Städten Österreichs Millionen Flugzettel mit NS-Propaganda ab.

Um 10 Uhr vormittags an diesem Samstag wurde in Wien die Regierung Seyß-Inquart vereidigt. Himmler hatte letzte Änderungen gefordert und durchgesetzt: Kaltenbrunner übernahm das Innenministerium, Hofrat Otto Steinhäusl, der für seine Beteilung am Juliputsch 1934 zu sieben Jahre Zuchthaus verurteilt worden war, beförderte man zum Polizeipräsidenten von Wien.

* * *

Hitler persönlich betrat die Szenerie des Anschlusses erst spät und auf Umwegen. Nach Wien gelangte er zuletzt. Er war am Morgen des 12. März von Berlin-Tempelhof nach Oberwiesenfeld bei München geflogen. Dort hielt er sich nur kurz in der Flughalle auf, dann setzte sich ein Autokonvoi in Richtung österreichische Grenze in Gang. Um die Mittagszeit wurde das Hauptquartier der 8. Armee in Mühldorf am Inn erreicht.[2] General Fedor von Bock informierte Hitler über die bisherigen Truppenbewegungen.

Gegen 16 Uhr passierte die Kolonne aus schweren Mercedes-Geländewagen G4 (»Bonzenkübel« genannt) die Grenze. Freiwillig und freudig hoben Zollbeamte beider Länder die Schranken in die Höhe. Bei der Einfahrt in seinen Geburtsort Braunau erschien nun, wie schon beim Einmarsch der ersten Truppen am Morgen, ein weiterer Akteur auf der politischen Bühne: das jubelnde Volk. Ob spontan oder organisiert oder eine Mischung von beidem – es war eine politische Aktion, die dem Vorgang seine Legitimation zu geben schien und die angekündigte Abstimmung wie auch jeden Gedanken an Widerstand ausblenden half. Auch im Ausland wurde dies entsprechend gedeutet. Dabei darf nicht vergessen werden, dass die Nazis 18 Kamerateams einsetzten, um den Jubel wirksam abzufilmen. Alle jüdischen Fotografen und Fotoagenturen hatten Berufsverbot erhalten.[3]

Hitler fuhr an seinem Geburtshaus vorbei, ohne anhalten zu lassen. Über Ried und Wels ging es weiter ins 120 Kilometer entfernte Linz. Jubelnde Massen ließen die Autokolonne nur langsam vorankommen. Eduard Bloch schaute von seinem Fenster auf den einziehenden Führer herab, und der habe kurz aufgeschaut, glaubte der einstige Arzt von Hitlers Mutter.[4] Erst gegen 19.30 Uhr traf Hitler vor dem Rathaus ein. Er wurde von einer ekstatischen Menge mit »Sieg Heil!«-Rufen empfangen. Ein Volk, ein Reich, ein Führer.

Ein Wahnsinn.

An diesem Nachmittag war der amtierende Kanzler Österreichs Arthur Seyß-Inquart in Begleitung seiner Frau nach Linz geflogen. An Bord der Maschine befanden sich mehrere seiner Minister, aber auch Heinrich Himmler und Reinhard Heydrich. Vor den etwa 80 000 Menschen, die sich vor dem Rathaus drängten, durfte Bundeskanzler Seyß-Inquart eine Rede halten, ein Bekenntnis, ein Geständnis.

»Mein Führer! In einem für das deutsche Volk und in seinen Fernwirkungen für die Gestaltung der europäischen Geschichte bedeutsamen Augenblick begrüße ich und mit mir die ganze Heimat Sie, mein Führer und Reichskanzler, zum erstenmal wieder in Österreich! Die Zeit ist da, in der trotz Friedensdiktat Zwang, Mißgunst und Unverständnis einer ganzen Welt endgültig Deutsche zu Deutschen gefunden haben. […] Des Reiches gewaltige Wehr rückt unter dem Jubel Österreichs in unser Land ein. […] Ich kann nur schlicht als einfacher Mann aber aus dem Herzen von Millionen Österreichern sagen: Wir danken Ihnen!« Der Artikel 88 des Friedensvertrages sei nunmehr unwirksam, Deutschland und Österreich bildeten fortan eine »unteilbare Schicksalsgemeinschaft«, seien ein Volk, vereint in der Idee des Nationalsozialismus.[5]

Hitler hielt nur eine kurze Ansprache, in der er an seine Anfänge erinnerte. »Wenn die Vorsehung mich einst aus dieser Stadt heraus zur Führung des Reiches berief, dann muß sie mir damit einen Auftrag erteilt haben und es kann nur ein Auftrag gewesen sein, meine teure Heimat dem Deutschen Reich wiederzugeben!« Dann wurden das Deutschlandlied und das Horst-Wessel-Lied gesungen.[6] Hitler begab sich ins Hotel Weinzinger, ein mächtiges Haus mit dreieckigem Giebel und Turmaufsätzen, nur wenige Schritte von der Schiffsanlegestelle am Donau-Ufer entfernt.

In Berlin hatte Hermann Göring die Jubelszenen am Radio mitverfolgt. Er schickte ein Telegramm ins Hotel: »Warum machen wir es nicht ganz?« Dieses legere Sprüchlein gab den letzten Anstoß für die historische Entscheidung und legte den Improvisationscharakter des Ganzen bloß. Ursprünglich war an eine Übergangslösung gedacht worden, eine Art Personalunion beider Länder. Darauf hatte auch Seyß-Inquart spekuliert, der für Österreich einen Rest an Eigenständigkeit bewahren wollte mit ihm selbst an der Spitze. Aber nun lief alles auf die vollständige und rasche Gleichschaltung hinaus. Was Hitler in Linz bestärkte: Die ausländischen Korrespondenten berichteten, als wäre der Anschluss schon vollzogen, was staatsrechtlich noch nicht der Fall war.[7]

Die englische Zeitung *Daily Mail* veröffentlichte am 15. März ein Interview mit Hitler. Das Gespräch war noch am 12. März in Linz geführt worden. Der Reporter Ward Price, ein großer Fan von Hitler, sah in ihm den Retter Europas vor dem Bolschewismus.[8] Hitler erklärte, Österreich solle ein deutsches Land werden wie Sachsen, Württemberg oder Bayern. Am 12. März hatte Goebbels im Berliner Rundfunk eine Proklamation verlesen, in der Österreichs künftiger Status noch sehr vage umschrieben war. Es war nur die Rede von Schuschniggs Verletzung des Berchtesgadener Abkommens und von einer baldigen echten Volksabstimmung. Zugleich hatte er für die Hauptstadt »3tägiges Flaggen« angeordnet: »Im Nu ist Berlin in ein Fahnenmeer verwandelt.«[9]

In der Nacht auf den 13. März arbeiteten der deutsche Staatssekretär Wilhelm Stuckart, den man aus seinem Urlaub geholt hatte, und sein österreichischer Kollege Dr. Friedrich Wimmer die juristische Grundlage für den Anschluss aus, das Gesetz über die »Wiedervereinigung Österreichs mit dem Deutschen Reich«. Zugleich wurde für den 10. April eine Volksabstimmung angesetzt.

Wie gewohnt schlief Hitler lange. Am späten Vormittag wurde er vor dem ehemaligen Haus seiner Eltern in Leonding vom neuen Bürgermeister der Stadt, Sepp Miesenberger, empfangen. Dann begab man sich zum Friedhof. Hitlers ehemaliger Vormund Josef Mayrhofer war mit seinen fünf Töchtern erschienen, dazu der alte Geschichtslehrer Hans Valentin Hube und ein Klassenkamerad, Wilhelm Hegmüller. Vor dem Grab der Eltern sagte ein Kind ein Gedicht auf und überreichte einen Blumenstrauß. Hitler blieb für kurze Zeit allein dort.

Zum Mittagessen begab man sich zurück ins Hotel Weinzinger. Der Linzer Bürgermeister Sepp Wolkerstorfer erklärte bei der Gelegenheit Hitler zum Paten der Stadt und versprach den Bau einer neuen Donaubrücke. Der Bürgermeister von Leonding teilte mit, dass der zentrale Platz seiner Gemeinde nunmehr Adolf-Hitler-Platz heiße. Zu den überraschten Anwesenden sagte Hitler, in Wien erscheine gerade ein Gesetz mit dem Inhalt: Österreich ist ein Land des Deutschen Reiches. »Das ist die große Stunde. Ich bin so glücklich.« Im Saal herrschte feierliche Stille. Aber noch war es nicht so weit.

Keppler und Stuckart waren mit dem Dokument nach Wien geflogen. Am Sonntagnachmittag um 17 Uhr akzeptierte das österreichische Kabinett unter Seyß-Inquart nach einer Beratung, die nur fünf Minuten dauerte, das Gesetz. Um das Gesetz über die Auflösung von Österreich nicht unterzeichnen zu müssen, übertrug Bundespräsident Wilhelm Miklas nach Artikel 77 der Verfassung von 1934 alle Befugnisse als Staatsoberhaupt dem Kanzler, ohne ausdrücklich zu demissionieren. Zu Seyß-Inquart sagte er: »Schützen Sie mein Österreich!« In seiner neuen Doppelfunktion unterschrieb Seyß-Inquart das Gesetz. Österreichische Beamte hatten noch kleine Änderungen am Text vorgenommen. Die Minister erhoben sich zum deutschen Gruß.[10]

Nun fuhren Seyß-Inquart und Stuckart mit dem Auto nach Linz, da der Flughafen für Nachtlandungen nicht geeignet war. Sie kamen gegen Mitternacht an und überreichten Hitler das »Bundesverfassungsgesetz« über die Wiedervereinigung Österreichs mit dem Deutschen Reich, das dieser auf einem Neorenaissance-Schreibtisch unterzeichnete. Danach sagte er: »Ja, richtiges politisches Handeln erspart Blut.«[11] (Als ob er jemals an Blut gespart hätte.) Die Verkündung des Gesetzes in Berlin war um 20 Uhr erfolgt. Erst mit Hitlers Unterschrift wurde am 13. März 1938 der Anschluss vollzogen. Mit einem Federstrich hatte das Deutsche Reich 6,7 Millionen Einwohner und 83 870 Quadratkilometer hinzugewonnen. Österreich war als Völkerrechtssubjekt untergegangen.[12]

Seyß-Inquart wurde von Himmler zum SS-Gruppenführer und zum Reichsstatthalter ernannt. Bei offiziellen Anlässen trug er nun die schwarze Uniform. Erst im Zweiten Weltkrieg wurde er wieder gebraucht, als Statthalter in den besetzten Niederlanden. Josef Bürckel wurde zum Verantwortlichen für die Durchführung der Volksabstimmung gemacht. Zugleich sollte er die Partei von Anhängern des Ständestaats säubern.

Am Montag gegen 10.40 Uhr wurde Hitlers Triumphfahrt

fortgesetzt. Sie führte über Enns, Neumarkt an der Ybbs und Melk. Schließlich erreichte man St. Pölten, wo um 13.30 Uhr ein Mittagessen im Hotel Pittner eingenommen wurde (Krenzer Gasse 18). Der jubelnden Menge zeigte sich Hitler nur kurz am Fenster. Um 15.30 Uhr setzte sich der Tross wieder in Bewegung. In Wien wurde Schloss Schönbrunn um 17 Uhr passiert. In der ganzen Stadt läuteten die Glocken, in den Straßen standen die Menschen Spalier in dichten Reihen. Hitlers Mercedes wurde von 13 Autos mit SS-Männern eskortiert. Gegen 19 Uhr kam der Führer vor dem Hotel Imperial an. Dort bildeten Polizisten aus Berlin einen dreifachen Kordon, das Gesicht zur Menge. Das jubelnde Volk zwang Hitler, ein paar Worte zu sagen, was er eigentlich nicht wollte. Auch eine österreichische Kompanie hatte Aufstellung genommen. Nur widerwillig war Hitler bereit, die Front dieser Kompanie abzuschreiten.[13]

* * *

Bevor der hoheitliche Akt der »Wiedervereinigung« in Linz vollzogen wurde, gab es in Wien am Sonntag gegen 19.30 Uhr eine Pressekonferenz im Kanzleramt. Alle bisherigen Mitarbeiter des österreichischen Pressedienstes waren verhaftet worden, man sah lauter neue Leute. Es sprach ein Herr Lazar, ein Monokelträger, der nicht sehr arisch wirkte. Einst war er Korrespondent einer Wiener Zeitung in Bukarest. Die Journalisten erfuhren, Seyß-Inquart sei nun Kanzler und Präsident zugleich. Sodann verlas er das »Bundesverfassungsgesetz«, in dem das Datum der geplanten Volksabstimmung genannt wurde, bei der Juden kein Stimmrecht hätten. Herr Lazar auch nicht, denn wenige Tage nach dieser Mitteilung befand er sich unfreiwillig auf dem Weg nach Dachau.[14]

Der Rektor der Wiener Universität bezeichnete an diesem 13. März seine Institution als »Vorposten der deutschen Kultur«. Er beglückwünschte Seyß-Inquart zur Übernahme der Kanzlerschaft und versicherte die »Ergebenheit und Treue« der Universität.[15]

* * *

Am Tag der großen Hitlerrede auf dem Heldenplatz vor der Hofburg, am Dienstag, dem 15. März, werden scharfe Sicherheitsvorkehrungen getroffen. Journalisten müssen Passierscheine beantragen. Noch während dieser Prozedur werden alle ausländischen Journalisten mit Waffengewalt gezwungen, sich ins Innere der Hofburg zu begeben, und mit ihnen eine Gruppe österreichischer Stabsoffiziere, die sich auf diese Weise widerstandslos demütigen lassen.[16]

Um 11 Uhr soll die Massenversammlung auf dem Heldenplatz beginnen. Seyß-Inquart holt Hitler und dessen Getreue im Hotel Imperial ab. Hitler hat das Manuskript von Seyß-Inquarts Rede eingesehen und genehmigt. 250000 Menschen stehen auf dem Platz bereit, als Hitler vorfährt, darunter auch viele Schulklassen und Firmenbelegschaften. Über Lautsprecher wird die Begrüßungsansprache des Reichsstatthalters Seyß-Inquart angekündigt.

Als letztes oberstes Organ des österreichischen Bundesstaates meldet er Hitler »den Vollzug des gesetzmäßigen Beschlusses nach dem Willen des deutschen Volkes und seines Führers. [...] Wonach Jahrhunderte deutscher Geschichte gerungen haben, wofür ungezählte Millionen der besten Deutschen geblutet haben und gestorben sind, was im heißen Ringen letztes Ziel, was in bittersten Stunden letzter Trost war, heute ist es vollendet: Die Ostmark ist heimgekehrt. Das Reich ist wiedererstanden. Das volksdeutsche Reich ist geschaffen!«[17] Unten in der Menge steht Gertrud Seyß-Inquart; sie hat ihre Haushaltshilfe mitgebracht, Frau Planetta, die Witwe des Dollfuß-Mörders.

In seiner Rede auf dem Heldenplatz spricht Hitler den Namen Österreich nur zweimal aus, unter anderem als er die »sogenannte Selbständigkeit« des Landes erwähnt. Dann proklamiert er für »die älteste Ostmark des deutschen Volkes« deren neue Mission, das jüngste Bollwerk der deutschen Nation und damit des Deutschen Reiches zu sein. Hitler versteht sich als Vollstrecker eines geschichtlichen Auftrags und stattet »die größte Vollzugsmeldung« seines Lebens ab, »den Eintritt meiner Heimat in das Deutsche Reich«.[18]

Nach einer Mittagspause im Hotel kehrt Hitler zum Heldenplatz zurück: Am äußeren Burgtor erfolgt eine Kranzniederlegung am Ehrenmal für die Gefallenen des Ersten Weltkriegs. Dann nimmt er Platz auf einer Tribüne vor dem Parlamentsgebäude. Um 14 Uhr überfliegen mehr als 400 Flugzeuge der Luftwaffe, darunter auch Bomber, die Stadt. Anschließend paradieren auf der Ringstraße Einheiten der Wehrmacht mitsamt Abteilungen des österreichischen Bundesheeres, ferner Einheiten der SS-Leibstandarte sowie der Polizei. Schon am 14. März waren alle österreichischen Soldaten auf Hitler vereidigt und vorläufig zur Heeresgruppe 5 erklärt worden.[19] Beim Einzug in Österreich trug Hitler erstmals das goldene Eichenlaub der Generalität an seiner Uniformmütze als Indiz, dass die bewaffnete Macht ihm direkt unterstand.[20]

Im Hotel Imperial empfängt Hitler zunächst seine Schwester Paula. Danach trifft Kardinal Innitzer ein. Franz von Papen hatte seinen guten Bekannten Rittmeister Johann Jauner-Schrofenegg, zugleich ein Vertrauter des Kardinals, um Vermittlung gebeten. Auch einzelne Mitglieder der Regierung Seyß-Inquart hatten in diesem Sinn auf den Kardinal eingewirkt.[21] Bei seinem Eintreffen vermeint der Kardinal Jubelrufe der Menschenmenge vor dem Hotel wahrzunehmen. Andere Zeugen hören, dass Gruppen der Hitlerjugend brüllen: »In den Kanal mit dem Kardinal!« Während Hitlers Rede auf dem Heldenplatz hatte man Plakate gesehen wie »Die Pfaffen an den Galgen«, »Innitzer nach Dachau«, »Zum Teufel mit den Jesuiten«.[22]

Das Treffen, zu dem der Kardinal von seinem Sekretär Jakob

Weinbacher begleitet wird, dauert knapp eine Viertelstunde, erzeugt aber den Eindruck, dass die Kirche ihren Segen zum Vollzug des Anschlusses gibt. Innitzer erhofft, dass Hitler in der Hochstimmung des Anschlusses die Zusage gibt, die geistigen und religiösen Grundlagen Österreichs nicht anzutasten.[23] Die NS-Presse erwähnt in den folgenden Tagen keine Zusagen gegenüber der Kirche. Daraufhin entspinnt sich eine Diskussion zwischen der Kirchenspitze und Gauleiter Bürckel um entsprechende Garantien, die in eine öffentliche Loyalitätserklärung der Kirchenoberen mündet. In seinem Tagebuch nennt Goebbels den Kardinal »einen feigen klerikalen Heuchler«.[24]

Auf dem Weg zum Flughafen Aspern lässt Hitler am Zentralfriedhof halten und besucht das Grab seiner Nichte Geli Raubal. Um 19 Uhr erreicht sein Flugzeug München-Oberwiesenfeld, wo eine Ehrenkompanie der Luftwaffe und Persönlichkeiten aus der Partei und der bayerischen Politik bereitstehen. Es folgt eine Triumphfahrt durch das abendliche München. 15 000 Fackelträger stehen Spalier, begeisterte Bürger drängen sich am Straßenrand und auf den Balkonen. Hitler lässt am Odeonsplatz halten, am Mahnmal für die Opfer des Putschversuchs von 1923. Er verbringt eine Nacht in seiner Privatwohnung am Prinzregentenplatz. Dort empfängt er Rudolf Heß, um mit ihm die Richtlinien für den »Wiederaufbau der NSDAP« im ehemaligen Österreich zu besprechen.[25]

Von München fliegt Hitler am 16. März weiter nach Berlin-Tempelhof, wo ihn kurz nach 17 Uhr Hermann Göring und Joseph Goebbels begrüßen. Nach einer Triumphfahrt durch Berlin spricht er vom Balkon der Reichskanzlei zu den Massen. Neben ihm steht Göring, der erfolgreiche Stratege des Anschlusses. Sein nächster Vierjahresplan hat nun glänzende Voraussetzungen bekommen. Die Aufrüstung kann weitergehen.

Am 16. März findet die nächste große Veranstaltung auf dem Heldenplatz statt: die Vereidigung der österreichischen Polizei auf Hitler in Anwesenheit von Himmler, Daluege, Heydrich und Bürckel.[26]

Nur in einer kleinen Meldung ist in der NS-kontrollierten Presse vom Schicksal des einstigen Kanzlers Schuschnigg die Rede. »Er wurde gegen Gelöbnis in seiner Wohnung belassen, wo zu seinem persönlichen Schutze SS untergebracht wurde.« In welches Land er ausreisen dürfe, werde noch verhandelt.[27] Auf eine Lüge mehr kam es nicht an.

* * *

»An diesem Österreich war wirklich kein Erobererruhm zu verdienen«, erklärte Glaise-Horstenau Jahre später.[28] Und in der Tat sah es so aus, als hätte sich das Land freiwillig und freudig den Deutschen ergeben.

Hatte Hitler auf dem Heldenplatz noch eine reine Jubelarie vorgetragen, so war seine Berliner Rede vom 18. März schon drohender, fordernder. Die Bevölkerung im nunmehr großdeutschen Reich wurde auf harte Kämpfe eingestellt und auf Opfer. Denn der Krieg war das Ziel und der Griff nach der Weltmacht.

An jenem Tag zog Hitler eine erste Bilanz der österreichischen Aktion. In der Berliner Kroll-Oper, die seit dem Reichstagsbrand als Ersatzlokalität des ›Parlaments‹ diente, führte er aus, dass der Staat Österreich von vornherein nicht lebensfähig gewesen sei. Das Nationalitätenprinzip bestimme die Zukunft, völkische Enklaven solle es nicht mehr geben. Die Verhältnisse vor dem Anschluss hätten das Selbstbestimmungsrecht von 6 ½ Millionen Menschen deutscher Volkszugehörigkeit beeinträchtigt. Er mokierte sich über die frommen Weltgouvernanten und die demokratischen Weltbiedermänner, die in Wahrheit Gewalttaten durch Friedensdiktate ausübten. »Die Nationen sind eine Schöpfung nach Gottes Willen und von ewigem Bestand, der Völkerbund aber eine höchst zweifelhafte Konstruktion menschlicher Unzulänglichkeit, menschlicher Hab- und Interessensucht.«

Die Anschlussidee sei wieder aktuell geworden seit der wirtschaftlichen Auferstehung Deutschlands. »Deutschland ist nun wieder eine Weltmacht geworden.« Er ritt Attacken gegen Schuschnigg, dessen Regime jede Legalität gefehlt habe und dessen Politik ein »Attentat gegen das österreichische Volk« gewesen sei. »Ich war nun entschlossen, der weiteren Vergewaltigung meiner Heimat ein Ende zu setzen! Ich habe daher sofort jene notwendigen Maßnahmen veranlaßt, die geeignet erschienen, Österreich das Schicksal Spaniens zu ersparen.« Frieden statt Bürgerkrieg, sagte der Aggressor – ein Meisterwerk an Geschichtsklitterung.

Immerhin konnte er mit einigem Recht behaupten: Im Vollzug der notwendigen Maßnahmen sei ihm »binnen drei Tagen die ganze Heimat« entgegengeeilt, ohne dass ein einziger Schuss fallen musste. Er habe dem Wunsch des österreichischen Volkes und seiner nationalsozialistischen Regierung Folge geleistet. »Ich wollte unendliches Unglück und Leid diesem wunderschönen Lande ersparen.«

Schuschnigg und dessen Anhänger hätten Grund, ihm dankbar zu sein, dass er ihr Leben gerettet habe, das durch den drohenden Ausbruch nationaler Leidenschaft erheblich gefährdet gewesen sei. Er schenke seinen Gegnern gelassen das Leben. Er sah sich als »Vollstrecker des höchsten geschichtlichen Auftrages« und empfand Befriedigung darüber, »die Menschen der eigenen Heimat in die größere Volksgemeinschaft geführt zu haben«. Es mache ihn glücklich, dass er kein »Leichen- und Ruinenfeld« erobern musste. Nun stünden 75 Millionen Menschen und die deutsche Wehrmacht hinter der Entscheidung.

Länder wie Polen, Ungarn und andere hätten verständnisvoll reagiert. Heißer Dank galt Mussolini. »Deutschland wünscht nur Frieden«, doch sei es bereit, »für seine Ehre und für seine Existenz jederzeit bis zum letzten einzutreten«. Das richtete schon den Blick auf den kommenden Krieg. Ganz Deutschland solle abstimmen, zugleich solle am 10. April ein neues Parlament gewählt werden, eine »neue Vertretung Großdeutschlands«.[29]

* * *

Um zu demonstrieren, dass es sich um einen Zusammenschluss handelte, wurden zwischen dem 13. und dem 24. März in Berlin, München und anderen deutschen Städten »Besuche« österreichischer Militäreinheiten organisiert.[30] Die »Österreichische Legion«, vor dem Anschluss nach Deutschland ausgewichene illegale NS-Anhänger, marschierte feierlich in Wien ein. Die Abstimmung über den Anschluss wurde in Österreich wie im Deutschen Reich durchgeführt. Zwischen Mitte und Ende März wurden alle österreichischen Beamten (außer den Juden) auf die Person Hitlers vereidigt. Die deutsche Wehrmacht teilte nach dem 20. März insbesondere in den Wiener Arbeitervierteln Essen an Bedürftige aus. Auf dem Heldenplatz spielten deutsche Polizeikapellen, die Ordnungspolizei sorgte für Kinderbelustigung.[31]

Zwei Monate nach dem Anschluss waren alle ausländischen Botschaften in Konsulate umgewandelt worden. Irland und die Sowjetunion zogen ihre Vertretungen ganz aus Wien zurück. Die internationale Presse verlor das Thema bald aus den Augen.[32] Der Schweizer Bundesrat Giuseppe Motta drückte gegenüber dem deutschen Gesandten in Bern seine Bewunderung aus über die Art und Weise des Anschlusses, für ihn das größte weltpolitische Ereignis seit 1918.

Die neue völkerrechtliche Lage verstieß gegen sämtliche internationalen Verträge seit 1919, aber kein Mitglied des Völkerbunds forderte dessen Zusammentreten. Fast alle Regierungen in der Welt nahmen das Ereignis ohne Kommentar hin. Protest erhob nur die Regierung von Mexiko am 19. März.[33] Mit mehrwöchiger Verspätung erhoben auch Chile, China sowie die spanische republikanische Exilregierung Einspruch.[34] Die Sowjetunion protestierte nur indirekt, indem sie die Westmächte zur Intervention aufforderte.

Die *Neue Zürcher Zeitung* resümierte schon am 13. März 1938: »Die ganze Machtergreifung war ausgezeichnet vorbereitet. […] In der historischen Märznacht stand höchste Begeisterung der tiefsten Trauer und Niedergeschlagenheit gegenüber.«[35] Und am 17. März 1938 las man in diesem Blatt: »In Wien […] ist die Stimmung unter den Nullpunkt gesunken. […] Es ist ein deprimierendes Gefühl, ein erobertes Land, eine eroberte Stadt zu sein. Die Hilferufe verstummen auf den Lippen. Die Anwesenheit Hitlers und des deutschen Armeekorps, welche die Züge der Eroberer erkennen lassen, haben Wien die erste Ernüchterung gebracht.«[36]

Am 28. Mai 1938 wurden alle Nürnberger Rassengesetze rückwirkend ab 13. März auf Österreich übertragen. Juden waren nunmehr ohne Wahlrecht, durften sich nicht mehr in Presse, Verwaltung, Rechtswesen, Kunst und Kultur betätigen. Am 1. April 1938 wurden vom Westbahnhof 165 Bundesfunktionäre ins Konzentrationslager Dachau deportiert, am 21. Mai erfolgte ein zweiter Transport, und von da ab fuhr fast jede Woche ein Zug mit Häftlingen, nun auch nach Buchenwald oder Sachsenhausen.

* * *

Hitlers 49. Geburtstag am 20. April 1938 markierte einen Höhepunkt des Führerkultes; ihm schien alles zu gelingen, nun auch in Österreich. Das amerikanische *Time*-Magazin zitierte Innenminister Wilhelm Frick: »Adolf Hitler ist Deutschland und Deutschland ist Adolf Hitler.« Der Kanzler erhielt aus der ganzen Bevölkerung Unmengen von Blumen und Torten und allerlei Geschenke.[37]

Hitler hatte seit 1933 Vabanque gespielt: Aufrüstung und zugleich Beschwichtigung gegenüber den Westmächten wie gegenüber Polen und der Sowjetunion. Immer wieder bekundete er seine Friedensliebe und seine Respektierung der anderen Völker vor allem dadurch, dass er Krisen entspannen half, die er selbst herbeigeführt hatte.

England schien die deutschen Territorialansprüche als legitim anzusehen und die Bestimmungen von Versailles als zu streng und nicht mehr zeitgemäß zu empfinden. Frankreich schreckte vor Gegenmaßnahmen zurück, denn es hätte dazu eine Generalmobilmachung durchführen müssen, was keine Regierung in Paris wollte.

Mit dem Anschluss Österreichs waren wesentliche außenpolitische, militärstrategische und ökonomische Ziele erreicht. Deutschland gewann auf einen Schlag 1,4 Milliarden Reichsmark an Gold- und Devisenvorräten (was die angespannte Wirtschaftslage infolge der Aufrüstung entlastete), es erhielt große Rohstoffvorkommen und dazu 600000 unbeschäftigte Arbeitskräfte, außerdem sechs einsatzfähige Divisionen des österreichischen Bundesheeres. Die strategische Lage der immer noch demokratischen Tschechoslowakei, des letzten Verbündeten Frankreichs in dieser Region, hatte sich erheblich verschlechtert.

Hitler hatte den Traum von der Allmacht verwirklicht, hielt sich nun wohl selbst für unbesiegbar, vergaß, wie nervös er in diesen Märztagen gewesen war. Seine Machtstellung im Inland hatte er zwischen 1933 und 1936 gestärkt; zwischen 1936 und dem Frühjahr 1939 konnte er durch die Annexion von Österreich und später durch die Besetzung der Tschechoslowakei auch seine militärstrategische Position in Europa verbessern.

Zudem hatte er im Reich und im ehemaligen Österreich die begeisterte Zustimmung der Massen errungen. Auch das eine wichtige Voraussetzung für das Kommende: Krieg und Terrorpolitik. Adolf Eichmann konnte seine Arbeit aufnehmen, die Judenpolitik erreichte die nächste Phase der Radikalisierung, wie sich schon im November 1938 erweisen sollte. Bis zum bitteren Ende und dem Erwachen aus dem Schlaf der politischen Vernunft und der Rückkehr zur Menschlichkeit. Nach einer kurzen Phase der künstlich angefachten Euphorie erzeugte die mythengeleitete Politik (die sich auf angeblich zeitlos Gültiges berief statt auf menschlich-unzulängliche Gesetze und Institutionen) nur noch Trümmer und Trauer.

* * *

Dass die NS-Presse die Zusagen nicht erwähnte, welche Hitler gegenüber Kardinal Innitzer bei der kurzen Begegnung im Hotel Imperial am 15. März gemacht hatte, ließ den Kirchenoberen keine Ruhe. Und auch Gauleiter Bürckel legte Wert auf eine Erklärung der Bischöfe. In längeren Verhandlungen wurden von der Kirche Konzessionen erstritten, mussten allerdings mit einer Loyalitätserklärung bezahlt werden. An der Zustimmung der Kirche zum Anschluss war der NS-Propaganda durchaus gelegen, vor allem im Vorfeld der Abstimmung am 10. April.[38]

Im Aufruf der Bischöfe, bei der Volksabstimmung mit Ja zu stimmen, heißt es: »Wir erkennen freudig an, daß die nationalsozialistische Bewegung auf dem Gebiete des völkischen und wirtschaftlichen Aufbaues sowie der Sozialpolitik für das deutsche Reich und Volk und namentlich für die ärmsten Schichten des Volkes Hervorragendes geleistet hat und leistet. Wir sind auch der Überzeugung, daß durch das Wirken der nationalsozialistischen Bewegung die Gefahr des alles zerstörenden gottlosen Bolschewismus abgewehrt wurde. Die Bischöfe begleiten dieses Wirken für die Zukunft mit ihren besten Segenswünschen.«

Kein Wort zu den Geschundenen und Verhafteten? Gesegnet seien die Konzentrationslager (in denen auch schon einige Geistliche schmachteten)? Hingegen war in einer anderen Erklärung die Rede davon, dass »tausendjährige Sehnsucht unseres Volkes nach Einigung in einem großen Reich der Deutschen Erfüllung findet«.[39]

Dass die Bischöfe eine unverfänglichere Erklärung unterzeichnet hätten als die dann veröffentlichte, ist eine nachträgliche Legende. Im Ausland herrschte Bestürzung über die Erklärung. Die katholischen Funktionäre glaubten, den Nazis in unwichtigen Dingen entgegenzukommen, um ihren Einfluss wahren zu können, segneten aber die Volkstumspolitik ab und damit die Repressionen. Im Laufe des Krieges sollten sie sich sogar zur Notwendigkeit des Kampfes gegen den Bolschewismus bekennen, womit sie auch den grausamen Ostfeldzug guthießen.

Auch in dieser dramatischen Situation vermochte es die katholische Kirche nicht, mit ihrer jahrhundertelangen Judenfeindschaft zu brechen. Weder vor noch nach dem Anschluss haben sich geistliche Würdenträger für die Juden eingesetzt (lediglich einzelne Kirchenmitglieder taten dies). Einige Geistliche empörten sich nur darüber, mit den Juden auf eine Stufe gestellt zu werden, wenn die Nazis riefen: »Erst die Juden, dann die Schwarzen!«[40]

Auf der Ebene des niederen Klerus zeigte sich ein differenziertes Bild. Die einen begrüßten den Anschluss enthusiastisch in Predigten und Diözesenblättern, andere verweigerten sich dem Kurs der Anpassung und vermieden Gesten der Unterwerfung wie den Deutschen Gruß und bezeichneten »Grüß Gott« als den schönsten Gruß.[41] Ende 1938 verfügte ein Erlass, dass Pfarrblätter sich nicht mit politischen Themen befassen dürften.[42] Und so fand man in diesen Blättern bald keine Bemerkungen mehr zum Anschluss, allerdings auch keine zum Schicksal der verfolgten Juden.[43]

Der Anschluss fiel in die Osterzeit, und so überboten sich manche Kommentare in der allgemeinen Presse in österlicher Auferstehungsmetaphorik, um das Ereignis zu würdigen, bald abgelöst durch rosige Pfingstrhetorik.[44] Die Euphorie auch vieler Katholiken verlor sich, als offensichtlich wurde, dass die neuen Machthaber die kirchlichen Interessen nicht schonen würden.

* * *

Ende März kam Hitler erneut nach Wien. In der Staatsoper wurden zu seinen Ehren die Opern *Friedensfeier* von Bernhard Anselm Weber sowie *Tiefland* von Eugen d'Albert aufgeführt. Einst hatte er sich mit einem Platz im Stehparkett begnügen müssen, nun saß er in der Kaiserloge.

Am 25. März begann Hitler eine Reise quer durch Österreich, er hielt Reden in vielen Städten, das war sein »Wahlkampf« für die Volksabstimmung am 10. April, bei der über den bereits vollzogenen Anschluss an das Deutsche Reich abgestimmt werden sollte. Auf dieser Reise kam er auch durch Judenburg. Von hier stammte der Anwalt Dr. Walter Pfrimer, ein Aktivist in Heimatschutz und Heimwehren. 1931 hatte er einen Putschversuch unternommen, war aber kläglich gescheitert, wurde verhaftet und verurteilt. 1938 feierte man ihn als Held und Vorläufer.

In Österreich gab es mehrere Orte, die so hießen, eine Spur einstiger Handelswege jüdischer Kaufleute. Der zwischen Wien und Villach gelegene Ort Judenburg war eine wichtige Industriestadt. Aber der Name erschien plötzlich unpassend, zumal der Hauptplatz in Adolf-Hitler-Platz umbenannt worden war.

Manche Bürger wollten die ganze Stadt umbenennen, bevor Hitler im Wahlkampf hier auftreten würde. Ein Heimatforscher wies nach, dass der Ortsname früher *Judiburch* lautete und auf einen Fürsten Jutho aus dem 11. Jahrhundert verwies, der hier eine Burg errichtet hatte. Diese Erklärung war weit hergeholt, aber hilfreich. Der Name blieb. Und so konnte Hitlers Sonderzug hier am 4. April Station machen. Die Briefmarken auf den Umschlägen wurden abgestempelt mit »Judenburg grüßt den Führer«. Bei der Abstimmung am 10. April gab es von 4602 Wahlberechtigten nur eine einzige Neinstimme.[45]

* * *

Zur Vorbereitung der Abstimmung über den Anschluss, dem letzten Wahlkampf seines Lebens, reiste Hitler mit dem Zug durch das ganze Land und hielt Reden in allen großen Städten, stets in Begleitung von Seyß-Inquart. Dieser warf Bürckel immer wieder zu wenig Verständnis für Österreich vor. Am 8. April kam es in Graz zum offenen Streit der beiden, und Hitler gab Seyß-Inquart Recht. Aber das war nur ein typischer Zug im Dritten Reich: Die Zuständigkeiten wurden gedoppelt und nicht genau voneinander abgegrenzt, was zu Rivalitäten untereinander führte, zum Überbietungswettbewerb von Hitlers Lakaien und damit zur Radikalisierung des Regimes.

Zur Unterstützung des Wahlkampfes warf Joseph Goebbels die große Propagandamaschine an. Diesmal begnügte er sich nicht mit Millionenauflagen von Broschüren und Flugblättern, sondern ließ auch Zehntausende von Volksempfängern in der Ostmark verteilen (eine Spende der Industrie), damit man überall in den Genuss der Reden des Führers wie seines Propagandaministers kam.[46] Die Abstimmung vom 10. April 1938 fand auch in Deutschland statt. Für Österreich konnte Bürckel eine Wahlbeteiligung von 99,70 Prozent melden; insgesamt hätten 99,73 Prozent der Wahlberechtigten mit Ja gestimmt. In den Zeitungen sah man Fotos, die den abstimmenden ehemaligen Bundespräsidenten Miklas zeigten, aber auch Kardinal Innitzer, der einen Hitlergruß andeutete. Im Deutschen Reich hatten ›nur‹ 99,09 Prozent zugestimmt.

Am 25. April 1938 wurde Bürckel zum Reichskommissar für die Wiedervereinigung Österreichs mit dem Deutschen Reich ernannt. Seyß-Inquart behielt auch ohne Amt seinen besonderen Status: Er reiste stets mit Eskorten der SS. In Dornbach ließ er sich ein neues Haus bauen, groß genug, um darin auch seine Wachmannschaft unterzubringen. Viele hochrangige Persönlichkeiten aus Berlin waren hier seine Gäste.

* * *

Im Tagebuch von Joseph Goebbels, das seine Geltungs- und Großmannssucht und seinen krankhaften Aktionismus eindrücklich spiegelt und wahrscheinlich späteren Generationen imponieren sollte, heißt es schon am 14. März: Der Anschluss geschah »in der kürzesten Zeit, die man sich überhaupt denken kann. In 2 Tagen wurde Geschichte gemacht.«[47] Welcher Art diese Geschichte sein würde, wurde bald klar: Noch im März 1938 begann die Planung für das erste Konzentrationslager in Österreich; zwischen Mai und August 1938 wurde im Steinbruch von Mauthausen, auf halber Strecke zwischen Salzburg und Wien nördlich der Donau gelegen, das erste Lager in Betrieb genommen. Im Laufe der nächsten Jahre sollten hier über 100 000 Menschen zu Tode kommen.[48]

Am 3. August 1938 schrieb der *Völkische Beobachter*: »Das Land Österreich wird in absehbarer Zeit nicht mehr bestehen. Damit verschwindet aus dem staatlichen und politischen Bereich ein Begriff tausendjährigen Bestandes. Die Geschichte hat es so gefügt.« Österreich war zu einem Phantom geworden, einem Land ohne Namen.[49]

Welch andere Sicht auf die Ereignisse es auch gab, zeigte nach vollzogenem Anschluss eine andere Form der Invasion: Münchner Hausfrauen drängten in großen Scharen in die Geschäfte in Salzburg, in denen noch Luxusprodukte angeboten wurden. Man wollte die günstige Währungsrelation ausnutzen, ehe auch hier in Reichsmark bezahlt werden musste.[50] Als die Umstellung zum 26. April 1938 erfolgte, fiel der Wechselkurs zuungunsten der Österreicher aus.[51]

12
Ohne Gnade

Österreich war ein mildes Land.
Anton Kuh

Der SA-Mann war verwirrt. Seit einer Weile hatte er eine Gruppe Jüdinnen und Juden beaufsichtigt. Auf den Knien schrubbten sie eine Straße mit kurzen Bürsten. »Reibpartien« oder »Reibaktionen« nannte der belustigte Mob diese demütigende Zwangsarbeit. Ein gut gekleideter Mann kam hinzu, zog seine Jacke aus, griff sich eine Bürste und begann ebenfalls zu schrubben. Der SA-Mann packte ihn am Kragen und wollte den Ausweis sehen. Als er darin den Namen *Göring* las, musste er grinsen. Ihm schien es geraten, die Szene zu beenden und seine Zufallssklaven laufen zu lassen.[1]

Der gewitzte Helfer hieß tatsächlich Göring, Albert Göring, und war ein Halbbruder des Reichsluftfahrtministers, der Nummer zwei des NS-Regimes. Hermann Göring wurde konterkariert von seinem Halbbruder. Schon seit 1928 lebte Albert Göring in Wien, wo er für die Hugo-Junkers-Werke arbeitete, in der Abteilung Heizkörper. Er war Verkaufsvertreter für Österreich, Ungarn, Tschechoslowakei und ständig unterwegs im Dreieck Wien, Prag, Budapest. Außerdem war er ein unermüdlicher Herzensbrecher, der es mit molligen Frauen hielt.[2] In Wien war er häufig zu Gast bei jüdischen Familien. Er knüpfte Kontakte zur Tobis-Sascha Filmindustrie AG, wurde dort 1934 technischer Direktor. Studio-Inhaber waren die jüdischen Gebrüder Pilzer (Oskar, Kurt, Severin und Viktor).

Albert Göring, von dem man munkelte, sein Vater sei ein Jude gewesen, setzte sich für Freunde und Bekannte ein, so auch für die einstige Starschauspielerin Henny Porten, die sich nicht von ihrem jüdischen Ehemann (Wilhelm von Kaufmann) scheiden lassen wollte und deshalb in Berlin keine Engagements mehr erhielt. Albert Göring bewirkte die Ausreise des Ehepaars nach Wien, wo Henny Porten als Sekretärin bei der Tobis-Gesellschaft unterkam.[3]

In den Tagen nach dem Anschluss gehörte Albert Göring zu den wenigen, die sich den Gewaltexzessen entgegenstellten, die noch am Abend des 11. März begonnen hatten. Als er einer 75-jährigen Frau zu Hilfe kommen wollte, der man ein Schild um den Hals gehängt hatte (»Ich bin eine Judensau«), wurde er von SA-Leuten verhaftet und verprügelt.[4] Den Filmproduzenten Oskar Pilzer und dessen Angehörige geleitete er persönlich bis zur italienischen Grenze und gab ihnen ausländisches Geld mit, mehr als erlaubt war. Pilzer starb wenig später nach einer Operation, aber seine Familie konnte sich in die USA retten.[5]

Als Hermann Göring seinen Triumph in Wien auskosten wollte, stellte er jedem seiner Geschwister einen Wunsch frei. Albert bat darum, Erzherzog Joseph Ferdinand von Österreich-Toskana, aus dem Hause Lothringen, aus der Haft zu entlassen und ihm die Ausreise zu ermöglichen. Und so geschah es.[6]

Später, im besetzten Prag, konnte Albert Göring einigen Juden das Leben retten dank seiner Tätigkeit in diversen Fabriken. Nach 1945 wurde er gleichwohl von tschechischen Nationalisten festgenommen, misshandelt und schließlich den Amerikanern übergeben. Erst nach langen Hafttagen, gemeinsam mit seinem Verbrecher-Bruder, wurde sein Fall geklärt, und er kam frei als gebrochener Mann. Sein Name und seine Verwandtschaft hatten genützt, als es Leben zu retten galt; nach dem Krieg war sein Name eine missverständliche Last.

* * *

Die *New York Times* stellte am 23. März 1938 fest: In Deutschland hatten nach der Machtergreifung als Erste die Kommunisten und Sozialisten zu leiden; in Wien 1938 litten als Erste die Juden.[7] Der Krieg gegen die Juden war ein Wesensmerkmal und Kernthema des Nationalsozialismus. Der Anschluss im März 1938 bedeutete eine Radikalisierung und Brutalisierung des NS-Regimes und eine neue Stufe der Angriffe gegen den jüdischen Teil der Bevölkerung. Nirgends sonst hatte sich bis dahin der Antisemitismus so offen sadistisch gezeigt wie in Wien, auch nicht in Deutschland. Durch die Annexion von Österreich hatte sich die Anzahl der Juden im Machtbereich der Nazis schlagartig erhöht (nachdem bis 1938 eine große Zahl deutscher Juden bereits ausgewandert war).

Hermann Göring sprach am 26. März 1938 auf einer Volkskundgebung über den »Anschluß der deutschen Ostmark«. »Die Stadt Wien kann sich heute nicht mehr mit gutem Recht eine deutsche Stadt nennen. So viele Juden leben in dieser Stadt. Wo 300 000 Juden leben, kann man nicht mehr von einer deutschen Stadt sprechen. Wien muss wieder eine deutsche Stadt werden, weil sie in der Ostmark Deutschlands eine wichtige deutsche Aufgabe hat.« Bei diesen künftigen Aufgaben könne man keine Juden brauchen. Es bedürfe einer »sachgemäßen Umleitung der jüdischen Wirtschaft«, einer »Arisierung des Geschäfts- und Wirtschaftslebens«, die »unerbittlich« durchzuführen sei.[8]

Görings Rede wurde am folgenden Tag mit großen Schlagzeilen in der Presse abgedruckt. Wie die amerikanische Botschaft in Wien dem State Department berichtete, enthielt sie auch einen Satz, der in der NS-Presse ausgelassen wurde: »Die Juden müssen sich über eines klar sein: sie müssen verschwinden.«[9]

Unmittelbare Folge des 11. März war, dass ein Sechstel der Wiener Bevölkerung mit einem Schlag rechtlos geworden war, ja vogelfrei. Wer an jenem Abend von der Arbeit, aus dem Kino, aus einem Theater kam und Jude war oder dafür gehalten wurde, musste mit allem rechnen. »Uns bleibt nichts erspart«, hätten die Wiener Juden 1938 sagen können, in Abwandlung des Satzes, den Kaiser Franz Joseph nach jedem Schicksalsschlag geäußert haben soll. Sie erlebten eine spontane Aggression, die später überging in staatliche Repression mit komplizierten Formularen und Anträgen, die nicht weniger willkürlich war. Im Laufe des Jahres 1938, insbesondere nach der Kristallnacht im November, übertrugen Göring und seine Planer das »Wiener Modell« der »Ausschaltung der Juden aus dem Wirtschaftsleben« auf das ganze Reich.[10]

Die Repression nahm ein Ausmaß an, wie es sie in Deutschland seit 1933 nicht mehr gegeben hatte. Vor allem setzte sie von einer Minute auf die andere ein, niemand hatte dazu aufgefordert, es verstand sich irgendwie von selbst. Hitlers Parteigänger in Wien bewiesen, dass sie sein Programm sehr wohl verstanden hatten: als Lizenz zum Stehlen und zum Quälen. »Die Wiener Juden waren nicht Opfer einer von außen kommenden Politik.«[11]

Die spektakulärste Form der Misshandlung geschah in den Tagen nach dem Anschluss auf den Straßen von Wien. Häuser, Wände, Denkmäler, Trottoirs, Straßenbeläge waren noch übersät von Spuren des Wahlkampfs für die Volksabstimmung (und von älteren Auseinandersetzungen). Wiener Juden wurden gezwungen, in mühseliger Handarbeit diese Spuren zu beseitigen. Der Sadismus konnte sich ungehindert austoben in diesen Reibpartien.

Reinigungsaktionen als Strafe hatten in der Donaumetropole eine gewisse Tradition. Schon Kaiser Joseph II., der Reformator und etwas bittere Mann, verurteilte Prostituierte und Missetäter zum Gassenkehren. Die Rache der kleinen Leute bestand oft darin, dass sie wohlgekleideten Passanten den Dreck vor die Füße schaufelten. In den Kämpfen vor 1938 hatten die Anhänger der Vaterländischen Front illegale Nazis, aber auch Sozialdemokraten oder Kommunisten gelegentlich gezwungen, ihre Parolen wegzuschrubben und ihre Flugblätter einzusammeln. Im März 1938 kam die Retourkutsche, allerdings gegen die Juden.[12]

Ein Jude sang beim Waschen: »Mei Mutterl war a Weanerin, drum hob' i Wean so gern.« Ein Witzbold kommentierte die Arbeit: »Endlich mal eine neue Bewegung.« Eine Frau, die aus einem Café geholt wurde, musste mit ihrem Pelzmantel den Fußboden wischen. Es stellte sich heraus, dass sie eine amerikanische Journalistin war, die einen Scoop suchte. Sie verlangte Bezahlung für die Arbeit: 20 Schilling. Es war bitterer Ernst und kam wie Klamauk daher. Aber gerade darin zeigt sich die Doppelnatur der autoritären Bewegungen aller Zeiten und insbesondere des Hitlerismus: Eigentlich sind sie grotesk, in ihren Ideen wie in ihrem Gehabe, auch in der Selbstdarstellung ihrer Führer; deren Gesichter eignen sich als Zielscheiben für Schießbuden; doch sie waren blutige und gnadenlose Hanswurste, wie sich schnell zeigte. Sadismus, grausame Späße, infame Morde, das gehörte zum Bluthumor der Nazis.[13]

Bürgermeister Hermann Neubacher rechtfertigte vor der Auslandspresse am 17. März die Exzesse: Noch nie wurde »ein so radikaler, blitzartiger, hundertprozentiger Umsturz in so humanen Formen vollzogen«, man habe die eigenen Leute, die so lange gelitten hätten, von Racheexzessen abgehalten.[14]

Um von den Raubzügen auf eigene Faust abzulenken, beschuldigten die Nazis »Kommunisten«.[15] Juden aus einem Dorf im Burgenland, darunter Alte und Kranke, wurden auf einer Donauinsel steigendem Wasser ausgesetzt. Sie konnten sich auf ein altes Schiff retten. Menschen knieten am Boden und säuberten Straßen, Plätze und Trottoirs. Sie wurden öffentlich gedemütigt und verhöhnt. Niemand konnte später sagen, er habe nichts davon mitbekommen.

»Alle Menschen verloren ihr Gesicht« an diesem Abend des 11. März, schrieb Carl Zuckmayer später. Die Stadt ohne Seele zeigte ihre Fratze.[16] Juden wurden »auf den Straßen blutig geschlagen, angespuckt und beschimpft. Juden mit gebrochenen Rippen, blutigen Schädeln, ausgebrochenen Zähnen kamen in Massen in die Ambulanz des jüdischen Spitales. [...] Ohne Rücksicht auf Alter und Geschlecht [wurden Juden] zusammengetrieben und gezwungen, Froschhüpfe zu machen und selbst zu rufen ›Juda verrecke‹ oder ›Ich bin ein Saujud‹. [...] Alte Frauen und Männer, angesehene Rabbiner, Ärzte, Rechtsanwälte wurden zur Straßenreinigung oder Autoreinigung herangezogen.«[17]

Die wenigen Fotos von den Ausschreitungen markieren den Kontrapunkt zu den ausgiebig gefilmten Jubelszenen der NS-Anhänger. Eine typische Aufnahme aus den Wiener Märztagen: Ein junger, dürrer Mann, der kaum 19 sein dürfte, im sehr langen dunklen Mantel, unter dem die Bundhosen hervorlugen, mit feinen glänzenden Schuhen, vielleicht schon Beutestücke, an den Waden die weißen Gamaschen (Zopferlstrümpfe genannt), Erkennungszeichen der SA, als sie noch illegal war. Sein glatt gekämmtes Haar ziert ein akkurater Scheitel, er steht aufrecht da und blickt zu Boden, denn um ihm herum sieht man erwachsene Männer und Frauen auf den Knien, neben ihnen weiße emaillierte Eimer, die recht neu wirken, in den Händen kurze Bürsten oder Schwämme, mit denen sie den Boden säubern, vermutlich von Parolen für Österreich, für Schuschnigg oder gegen Hitler. Drumherum bildet die Menge einen so engen Kreis, dass sie von Polizisten zurückgedrängt werden muss. Die Leute sind erheitert von dem Schauspiel zu ihren Füßen.

Gerne wüsste man, was aus dem jungen Mann geworden ist, der hier noch provisorisch eingekleidet ist und damit das Übergangsstadium der Anschlusswoche verkörpert. Welche Uniform hat er später getragen? Wen hat er später bewacht und gequält? Wie hat er Erniedrigung und Sadismus und den Schmutz der Straße vereinbaren können mit seiner adretten Aufmachung?

Glaubt er, dass er auf seine Weise anständig gewesen ist in dem Sinn, in dem Himmler dieses Wort in seiner Posener Rede 1943 für SS-Männer im Holocaust-Einsatz verwendet hat? Und wo und wie ist dieser junge Mann zur Rechenschaft gezogen worden? Hat er je büßen müssen? Ist er an der Ostfront gefallen? Hat er lange genug in einem russischen Kriegsgefangenenlager über sein Leben und seine Taten nachdenken können? Ist er später vielleicht selber gequält und erniedrigt worden? Ist überhaupt irgendjemand für diese Orgie der Erniedrigung, diese Wiener Schmach belangt worden? Man geniert sich für die Opfer, wenn man die Quälereien nacherzählt, man geniert sich sogar für die Wut, die man verspürt, wenn man solche Bilder anschaut oder Beschreibungen der Reibpartien nachliest.

In diesen Szenen zeigt sich – ja was? Das Wesen des Nationalsozialismus? Ein bestimmter Zug des Wiener Charakters? Die Kehrseite von Gemütlichkeit und Schlamperei, wie sie Hugo Bettauer schon 1922 beschrieben hatte (»Die Wiener Gemütlichkeit ist mit einer kräftigen Dosis Boshaftigkeit gemischt, nirgends sonst versagen Mitleid und Mitgefühl so gründlich wie in Wien.«)?

Der Chirurg, dessen Hände viele Leben gerettet hatten, musste das Pflaster mit einer Bürste säubern, während man Säure auf seine Finger kippte und einen Eimer Wasser über ihm ausleerte. In Synagogen wurden Juden gezwungen, Gebetsriemen anzulegen und Turnübungen vor dem Hochaltar des Tempels zu machen, zum Beispiel in der Synagoge in der Seitenstettenstraße.[18] Manche mussten in Kasernen die Toiletten säubern, zuweilen mit bloßen Händen. Aber nicht nur auf den Straßen tobte sich der Mob aus. Es wurden Juden in ihren Wohnungen überfallen und ausgeraubt. Autos von Juden wurden einfach konfisziert. Ein Jude gab sein Auto freiwillig ab und bot sich den Nazis als Chauffeur an, in der Hoffnung, so seinen Wagen wiederzubekommen. Er durfte sie fahren, musste aber auch für die Verpflegung der Fahrgäste aufkommen. Die Polizei warnte vor Plünderungen durch »Kommunisten«, man solle die Polizei sofort benachrichtigen. Wer es aber versuchte, wurde nicht angehört, sondern verprügelt.[19]

Die SA zwang jüdische Passanten, eine Wohnung zu säubern, aus der man soeben die Leichen zweier jüdischer Selbstmörder getragen hatte. In der Habsburgergasse wurden gestohlene Autos von Juden geparkt, nun mit den SS-Runen versehen. Jeden Tag wurden Juden gezwungen, diese Autos zu waschen, die ihnen nicht mehr gehörten. Bürgersteige mussten sie mit scharfer Lauge abwaschen, welche die Hände verätzte.[20] Am Praterstern mussten Juden ein Schuschnigg-Porträt entfernen, das auf ein Denkmal gepinselt worden war. Passanten riefen: »Endlich Arbeit für die Juden! Wir danken unserem Führer, er hat Arbeit für die Juden geschaffen!« Jeden Morgen aufs Neue wurden Juden zu Reinigungsaktionen gezwungen.[21]

Zwei deutsche Offiziere forderten einen jungen Mann auf, in ihr Auto zu steigen. Er fürchtete das Schlimmste, aber sie erkannten nicht, dass er Jude war. Er sollte ihnen die Stadt erklären. Als sie an Reibpartien vorbeikamen, sagte der Junge: Und so hat unser Führer endlich Arbeit für die Juden gefunden. Ein Offizier: Das ist keine Arbeit, das ist eine Schweinerei.[22]

Die Reibpartien endeten nach etwa zwei Wochen auf Befehl von oben. Von der spontanen Aggression und Beraubung ging es über zur bürokratisch geregelten Ausplünderung mit Vorschriften, Erlassen, Erhebungen. Wenn es Formulare und Ämter, Genehmigungen und Stempel gibt, sieht es gar nicht mehr nach Verbrechen aus. Der *Völkische Beobachter* schrieb in seiner Wiener Ausgabe vom 26. April 1938: »In unserem Reich geschieht nichts ohne gesetzliche Grundlage. […] Pogrome werden keine veranstaltet.« Der langwierige Papierkrieg führe auch zum gewünschten Erfolg, wie die Erfahrungen aus Deutschland seit 1933 belegten.[23]

* * *

Die erste neu geschaffene Institution nach dem Anschluss war das Judenreferat (Abteilung II/112).[24] Unter der Leitung von Adolf Eichmann okkupierte die »Zentralstelle für jüdische Auswanderung« die Räume des Palais von Louis von Rothschild, den man verhaftet hatte, als er die Flucht antreten wollte. Sein Bruder Alphons hatte rechtzeitig das Land verlassen. Die wertvollen Gemälde aus der Privatsammlung wurden beschlagnahmt, so dass Hitler über sie verfügen konnte.

Am 13. März wurde das Palästinaamt durchsucht, die inoffizielle Gesandtschaft der Juden, die in Palästina lebten. Papiere und Gelder wurden beschlagnahmt. Die am 17. und 18. März bei einer Durchsuchung des Gebäudes der Israelitischen Kultusgemeinde gefundenen Belege über die beiden Spenden für Schuschniggs Abstimmung dienten als Anlass, das Präsidium festzunehmen, die Amtsräume zu schließen und von den Wiener Juden eine weitere, ebenso hohe ›Spende‹ einzutreiben. Eichmann erklärte dem Oberrabbiner Emil Taglicht und dem ersten Sekretär der Kultusgemeinde, Emil Engel, sie müssten 800 000 Schilling bzw. 550 000 Reichsmark aufbringen, bevor die Kultusgemeinde ihre Tätigkeit wieder aufnehmen könne. Beide appellierten an die Mitglieder. Am 15. April wurde ihr Aufruf in allen Synagogen verlesen, und bis Mai war genügend Geld beisammen.[25]

Zehntausende wollten in der Kultusgemeinde eine Emigrationsnummer abholen. Manche hatten innerhalb von 24 Stunden ihre Wohnung verlassen müssen. Der international bekannte Röntgenarzt Leopold Freund, 71 Jahre alt, durfte nur noch als »Krankenbehandler« für Juden da sein. Nachdem seine Wohnung geplündert worden war, nahm er sich das Leben.

Auch in nichtjüdischen Kreisen wurden Freitode registriert, einige exponierte Anhänger des Ständestaates dürften jedoch von Nazis ermordet worden sein, so der Heimwehrführer Wilhelm Fey mit seiner ganzen Familie sowie dem Dienstmädchen und der zwangspensionierte General Wilhelm Zehner, letzter Staatssekretär im Verteidigungsministerium.[26]

In den ersten sieben Tagen wurden 600 Selbstmorde registriert, 14 000 Menschen wurden verhaftet, bis Ende März stieg die Zahl auf 70 000. 8000 Beamte wurden entlassen und Berufsverbote für jüdische Künstler, Journalisten, Akademiker, Anwälte, Ärzte und Lehrer erteilt. Der Boykott jüdischer Geschäfte erreichte vom 10. bis zum 20. April 1938 seinen Höhepunkt.[27] Aber es gab kein kollektives Aufbegehren, vielmehr herrschte ein Zustand »amorpher Resignation«.[28]

In der Stadt wurden Kästen des Hetzblattes *Der Stürmer* aufgestellt. Die Wiener brauchten wohl Nachhilfe in Sachen Antisemitismus. Man las: »Der Stürmer klärt dich auf: Der Jude ist der Feind.« Nun war in Wien auch *Das Schwarze Korps* zu haben, die Zeitung der SS.

Wiener Juden drängten in die Konsulate aus aller Welt, auf der Suche nach möglichen Zufluchten. So war auch das kleine Konsulat von Paraguay an der Kärntner Straße völlig überlaufen. Im Konsulat der USA mussten sich Antragsteller in eine Liste eintragen, denn es galt eine Länderquote für Einreisewillige. Außerdem brauchte man Bürgen in den Vereinigten Staaten. Manche suchten in Telefonbüchern nach zufälligen Namensvettern, an die sie dann schrieben, hin und wieder mit Erfolg. Schweden, Norwegen, die Schweiz und Frankreich schotteten sich fast völlig ab. Ungarn und Jugoslawien nahmen keine Juden auf. Das australische Konsulat verteilte Zehntausende Formularbögen.

Das Passamt lag in der Bräunerstraße, nahe dem Graben, dort musste eine Ausreisebewilligung eingeholt werden und noch zuvor die Bestätigung von der Steuerbehörde, dass alle Gebühren beglichen waren. Das Einsammeln aller Stempel konnte bis zu zwei Wochen dauern: Hundesteuer, Bodenabgabe, Fürsorge.

Der Verband der ausländischen Presse in Wien hatte sich aufgelöst. Nun schuf man die Union der Korrespondenten der Auswärtigen Presse in Wien. Jeder Journalist musste formell um Aufnahme ersuchen; »Nichtarier« wurden abgelehnt. Der alte Ausweis half, von erzwungenen Reibpartien verschont zu werden. Für Ausländer war es in diesen kritischen Tagen und auch noch in den Wochen danach ratsam, eine Anstecknadel mit den Farben ihrer Nationalfahnen am Revers zu tragen.

* * *

Das Haus von Eugen Kogon und seiner Familie lag in der gewundenen Glanzinggasse 7, im XVIII. Wiener Bezirk, also im Norden der Stadt. An diesem Freitag, dem 11. März, arbeiteten die beiden Söhne Alexius und Michael im Garten; sie sollten Radieschen säen. Als sie ins Wohnzimmer kamen, drängten sich die Eltern um den Radioapparat. Sie hörten noch den Schluss von Schuschniggs Rücktrittsrede: Gott schütze Österreich!

Der Vater setzte sich hin und zündete eine Zigarette an, um seine Gedanken zu ordnen. Die Mutter rief den Kindern zu: »Ich muss Koffer packen. Vati muss weg!« Die Buben wussten gleich Bescheid, den Fall hatte man in der Familie schon besprochen. »Promotionsurkunde im Schreibtisch rechts!«, rief der umsichtige Vater. In einem Zufluchtsland könnte das Zeugnis von Nutzen sein. Wenn er es denn über die Grenze schaffen würde.

Er tätigte noch zwei kurze Anrufe und informierte seine Sekretärin Fräulein Schultz. Eugen Kogon schleppte den schweren Koffer zu seinem Auto, einem dunkelblauen Ford Hudson Terraplane. Seine Frau und die Kinder sowie die Hausangestellte Olga standen am Straßenrand. Der Vater sagte nicht, wohin er fahren wollte und wann er wiederzukommen gedachte.

Kogon holte seine journalistischen Kollegen Alfred Missong und Klaus Dohrn ab. Sie kamen nur 46 Kilometer weit: Die tschechische Grenzstation bei Angern war geschlossen worden. Klaus Dohrn durchschwamm den Grenzfluss March (dem das

Land Mähren seinen Namen verdankt) und rettete sich weiter ins amerikanische Exil. Kogon und Missong wurden verhaftet und in Gänserndorf verhört. Am 13. März wurden sie nach Wien ins Polizeigefängnis an der Rossauer Lände, auf der Westseite des Donaukanals, gebracht.

Zum Glück besaß Kogon etwas zum Schreiben. Er begann als verkapptes Tagebuch einen Kriminalroman mit dem Titel *Zelle 26*, in den er realistische Details aus seinem Gefängnis einbrachte (angefangen mit der Nummer seiner Zelle). Der Text blieb erhalten und kann gelesen werden als eines der seltenen Zeugnisse über die Haftbedingungen in den Tagen nach dem Anschluss.

»Bei der Einlieferung ins Gefängnis nackt ausgezogen zu werden, Krawatte, Kragen, Manschettenknöpfe, ja sogar die Schuhbänder abliefern zu müssen, ohne Augengläser zu bleiben, trotz starker Kurzsichtigkeit, vor mehreren Mitmenschen in enger Zelle seine Notdurft verrichten zu sollen, drei Stück trockenes Brot, einen Blechnapf voll Dünnsuppe und eine Schale Bohnen oder Linsen oder Grießkoch als gesamte tägliche Nahrung […] zu erhalten, um halb acht Uhr abends auf meist nur drei Strohsäcken zu viert und fünft zu schlafen, morgens fünf Uhr bereits aufstehen und sich in einem langgestreckten Blechbehälter mit 4 Wasserhähnen binnen dreier Minuten unter anfeuernden Zurufen eines oder mehrerer Wachleute waschen zu müssen, insbesondere aber mit Kriminellen leichter und allerschwerster Sorte auf ein- und dieselbe Stufe gestellt zu werden – das alles konnte an sich einem Herrn von Ansehen nicht gerade übermäßig leicht fallen.«

Am Samstag, dem 12. März, hatten die Wiener Kinder schulfrei. Bei Kogons lief den ganzen Tag das Radio. Vom Vater kam keine Rückmeldung. Erst nach einer Woche traf eine Postkarte von ihm ein. Die Absender-Adresse lautete: Elisabeth-Promenade, Polizei-Gefangenenhaus, Zelle 26, Wien IX. Datiert auf »Montag 21. 3. 38«.

Am 20. April 1938 wurde im festlich beflaggten Wien Führergeburtstag gefeiert; das war ein neuer Feiertag in Österreich. Der Führer (er wurde an jenem Tag 49) sollte das nur noch siebenmal erleben. Die Kogons besaßen keine Hakenkreuzfahne. An jenem Tag hörte man im Hause auch kein Radio. Die Mutter erhielt noch etwas Geld von ihrem Vater aus München. Eugen Kogon wurde im Mai in ein anderes Gefängnis verlegt (Hermanngasse 38, Wien VII). Erst nach 60 Tagen begann das erste Verhör. Aussagen musste er noch mehrfach, auch in Prozessen gegen andere Häftlinge. Er wurde nie verurteilt, kam aber auch nicht frei.

Wie sein Gefängnisroman beweist, war Kogon von Anfang an im Verteidigungsmodus, der sich als Überlebensmodus erweisen sollte. In Wien fing seine Leidenszeit erst an. Sieben Jahre lang würde er mit Glück und Courage überdauern müssen, in diversen Gefängnissen und zuletzt im Konzentrationslager Buchenwald, wo er die Häftlingsnummer 9093 erhielt. Wie er dort bis Kriegsende überlebte dank der Haltung, zu der er früh schon gefunden hatte, und wie er später zu einem der wichtigsten Zeitzeugen, zum ersten Historiker der Konzentrationslager und noch später zu einem einflussreichen politischen Publizisten in der jungen Bundesrepublik wurde, ist eine andere Geschichte. Seine erste politische Erfahrung in Österreich geriet darüber beinahe aus dem Blick.[29]

Kogons Lehrer Othmar Spann wurde 1938 in den Ruhestand versetzt. Dann verhaftete man ihn und schickte ihn nach Dachau. Nach vier Monaten wurde er freigelassen, an einem schweren Augenleiden laborierend. Er zog sich auf sein Gutshaus nordwestlich von Wien, nahe der tschechischen Grenze, zurück. Nach 1945 durfte er nicht mehr lehren. Welches aber waren die Lehren aus dem Experiment Ständestaat? Diese Debatte wurde niemals geführt.

* * *

Eugen Kogon hatte bis 1933 für die katholische Zeitschrift *Schönere Zukunft* gearbeitet. Deren Herausgeber Joseph Eberle (1884–1947) stammte aus Deutschland, lebte aber seit 1913 in Wien und erlangte nach seiner Heirat 1916 die österreichische Staatsangehörigkeit. 1924 hatte er diese Zeitschrift gegründet, die sich bis Anfang 1941 hielt, allerdings musste er sie schon 1940 verlassen. Ihre Linie war ambivalent, national und antisemitisch, doch geriet sie immer stärker in Gegnerschaft zum Nationalsozialismus, nachdem Eberle bis 1933 an der Bewegung auch Positives gefunden hatte, etwa in den Leitlinien zur Sozialgesetzgebung. Vor allem aus seiner Frühzeit sind antisemitische Äußerungen belegt. So hielt er die Judenfrage für »die Frage der Fragen«.[30]

Die Zeitschrift hatte 20 000 Leser, davon 14 000 in Deutschland, und sie wurde in Regensburg gedruckt. 1933 hatte sie die Bücherverbrennung in Berlin begrüßt![31]

1937 war sie zeitweise in Deutschland verboten, dann aber wieder zugelassen worden. Nach 1938 erschienen nur noch theologische Artikel, die aber Kritik am Regime beinhalteten, weil es die Zusagen an die katholische Kirche nicht einhielt. Eberle wurde mehrfach zur Gestapo vorgeladen. Wenn er sich gegenüber der Gestapo rechtfertigen musste, hatte er genug Sätze aus *Mein Kampf* oder aus Hitlerreden parat, die eine Bezugnahme auf das Christentum beinhalteten. Die Gestapo bescheinigte ihm, dass die *Schönere Zukunft* ein raffiniert gut gemachtes Blatt sei.[32]

Die katholische Tagespresse wurde bald nach dem Anschluss eingestellt; ab 1940 waren die Zeitschriften an der Reihe. Eberle verstand seine Artikel, die sich im Rahmen theologischer Themen bewegten, als Kulturkampf, ja als Widerstand. Die Nachfrage stieg durchaus, wurde aber durch Papierrationierung niedrig gehalten.[33]

1940 übergab er das Blatt einem Verlag in Stuttgart. Er selbst wurde Anfang Februar 1941 verhaftet. Die Räume der Redaktion wurden durchsucht. Der Vorwurf lautete: »Störung und Zersetzung der Erziehungstätigkeit des Führers« durch diese Art Publizistik.[34] Im Gefängnis wurde Eberle oft verhört, kam nach achteinhalb Monaten schwer krank wieder frei, durfte aber nicht mehr veröffentlichen.

Noch nach der Kristallnacht hatte Eberle von der Verjudung Österreichs gesprochen und gemeint, dass die Juden ihre Strafe verdient hätten. An der Idee vom Ständestaat hielt er fest. Ein Demokrat war er sicher nicht. Die Frage ist, inwiefern solche Tendenzen die Glaubwürdigkeit seines katholischen Engagements beschädigen.

* * *

Eric Voegelin hätte Wien längst verlassen können, aber er hielt Österreich für stark genug, sich zu wehren. Auf der Grundlage seiner Analysen glaubte er, dass die Westmächte den Anschluss unmöglich zulassen könnten, denn das wäre der Auftakt zu gefährlichen Folgen. Als sie dann nicht intervenierten, war er sehr überrascht.[35]

Voegelin verlor seine Anstellung an der Universität Wien. Er hatte vorgesorgt und verfügte über Geld im Ausland. Einem Schweizer Freund, der in Wien als Journalist tätig war, überließ er seine Wiener Einkünfte, und jener deponierte die entsprechende Summe (vom Honorar für seine Artikel in Schweizer Zeitungen) in Zürich bei einem Notar. So kam genug zusammen, um einige Zeit in der Schweiz durchzuhalten. Und doch wäre der Plan beinahe gescheitert.[36]

Ein Gestapo-Beamter kam in Voegelins Wohnung und inspizierte seine Bücher. Der Mann war Mitte 20 und nicht unfreundlich. Er legte seinen Mantel über einen Stuhl, aber Frau Voegelin, die sehr auf Ordnung bedacht war, wollte den Mantel an die Garderobe hängen. Der Gestapomann schrie: »Nicht anfassen! Meine Pistole ist drin!«

Er fand sehr viele Bücher über das Byzantinische Imperium,

mit dem sich Voegelin gerade beschäftigte. Er nahm ein Buch von Kurt Schuschnigg mit und eins von Karl Marx. Als Voegelin ihn bat, des Ausgleichs halber auch *Mein Kampf* mitzunehmen, wurde das abgelehnt. So behielt er diese frühe Ausgabe und konnte sie nach Amerika mitnehmen. Noch am selben Abend floh Voegelin in die Schweiz. Ängstlich bestieg er den Zug, wurde aber an der Grenze nicht behelligt. Er war noch nicht politisch hervorgetreten, und er war kein Jude.

Die Gestapoleute kamen noch einmal ins Haus. Frau Lissy Onken Voegelin sagte, der Pass ihres Mannes liege bei der Polizei, denn er wolle ein Ausreisevisum beantragen. So zogen sie wieder ab. Zwanzig Minuten später traf sein Telegramm ein, dass er gut in Zürich angekommen sei. Seine Frau zog zu ihren Eltern, doch stand eine Gestapo-Wache vor der Tür für den Fall, dass ihr Mann wieder auftauchen würde. Ihre Eltern waren überzeugte Nazis und hatten ein großes Hitlerbild ins Wohnzimmer gehängt. In diesem Fall sorgte es für Schutz. Eine Woche nach ihrem Mann reiste auch Lissy in die Schweiz. Schließlich konnte ein Teil seiner Bibliothek ins Ausland gerettet werden.

In Zürich musste Voegelin warten auf das »nonquota immigration visa« für Wissenschaftler, denen man einen Job in den USA angeboten hatte. Seine Freunde in Harvard, Schumpeter, Haberler und vor allem der Dekan Arthur Holcombe, hatten ihm einen Zeitvertrag besorgt. Er musste aber auf die offizielle Einladung warten. In Zürich sprach er beim Vizekonsul der USA vor, einem netten Harvard-Absolventen. Der hegte einen schweren Verdacht: Da Voegelin weder Katholik noch Jude noch Kommunist war und somit keinen Grund hatte, gegen den Nationalsozialismus zu sein, konnte er sich nur ein Motiv vorstellen: Er hatte etwas Kriminelles begangen und wollte sich nun absetzen. Und ehe das nicht geklärt war, würde er kein Visum erhalten. Erst als Holcombes Brief eintraf und den Zeitvertrag bestätigte, erhielt er die Einreiserlaubnis.[37]

Ähnliches Unverständnis begegnete Voegelin auch später, selbst bei Emigranten. Sie konnten nicht verstehen, dass man aus anderen Gründen als der Parteizugehörigkeit oder rassischer Verfolgung gegen den Nationalsozialismus sein konnte. Er aber berief sich auf Max Webers Begriff von intellektueller Rechtschaffenheit.

Voegelin berichtet von einer Bekannten, die bei ihrer Flucht aus Österreich Zeichnungen von Dürer aus dem Land schmuggeln wollte. Sie legte die Blätter des Nürnberger Meisters zwischen ihre eigenen Zeichnungen. Der Zollbeamte, der das Konvolut inspizierte, schaute es sich lange an und sagte dann: »Auf die Dauer haben Sie doch künstlerische Fortschritte gemacht.«

* * *

In allen gesellschaftlichen Gruppen, die gegen den Anschluss gewesen waren, herrschte nach dem Märzereignissen eine Art hypnotische Erstarrung, auch bei der katholischen Kirche. Erst im Oktober 1938 regte sich Protest. Alle katholischen Vereine waren aufgelöst worden, Pfadfinder, Kolpingverein, Arbeiterjugend. Katholische Funktionäre waren nach Dachau deportiert worden.

Kardinal Innitzer vertraute darauf, dass die Nazis das Konkordat respektieren und der Kirche ihren Einfluss auf die Seelen der Jugend belassen würden. Aber gerade darin hatte er den Gegner verkannt. In den folgenden Monaten protestierte er gegen Eingriffe in das Schulwesen, gegen die Schließung der Theologischen Fakultät Innsbruck, aber nach jeder Beschwerde wurde der Kardinal zu Gauleiter Bürckel zitiert und herablassend behandelt. Auch Briefe an Hitler konnten keine Veränderung herbeiführen. Schon Ende September hatten die österreichischen Bischöfe eine Denkschrift an Hitler gesandt, die aber ohne Antwort blieb.

Am 7. Oktober 1938 fiel das Rosenkranzfest auf den Jahrestag der Seeschlacht gegen die Türken bei Lepanto im Jahr 1571, bei der eine Heilige Liga aus Venedig und anderen italienischen

Stadtstaaten, Spanien und dem Vatikan die Ausbreitung des Osmanischen Reiches im Mittelmeer gestoppt hatte. An diesem Gedenktag versammelten sich 8000 Jugendliche vor dem Stephansdom. Kardinal Innitzer versuchte sie in seiner Predigt zu ermutigen. Er sagte sogar, dass manche Gläubige das Verhalten der Kirchenoberen in den zurückliegenden Monaten vielleicht nicht verstanden hätten. Er forderte zu Glaubensstärke auf und sprach von Opferbereitschaft und vom Mut, den Glauben nach außen zu zeigen, beanspruchte den Slogan »Kraft durch Freude« als biblisches Wort. Vor allem aber sagte er: »Einer ist euer Führer, euer Führer ist *Christus.*«[38]

Diese Worte fanden bei den jungen Katholiken ein begeistertes Echo; der Bischof musste sich am Fenster seines Palais zeigen, weil sie ihn herausriefen. Es wurde gejubelt und gesungen. Innitzer winkte der Menge mit einem weißen Tuch zu, wollte aber, dass sie nach Hause gingen, denn es sah doch sehr nach Protestveranstaltung aus. Sie riefen: »Ein Volk, ein Reich, ein Bischof!« Es sollen sogar Nazis verprügelt worden sein.[39]

Die Reaktion der Machthaber ließ nicht lange auf sich warten. Mehrere katholische Funktionäre wurden verhaftet.[40] Dann schickten die Nazis die Hitlerjugend vor, ein Trupp von 100 Leuten genügte, 14 bis 25 Jahre alt. Am 8. Oktober, einem Samstagabend, erfolgte der Angriff. Das Bischofspalais am Stephansplatz 7 wurde gegen 20 Uhr gestürmt, über 1000 Scheiben wurden eingeworfen, die Gewänder des Bischofs verbrannt, sein Brustkreuz, Ringe und liturgische Gegenstände wurden entwendet, Möbel zertrümmert und Kruzifixe beschädigt. Anwesende Ordensleute, aber auch Innitzer selbst waren in Räumen auf dem Dachboden in Sicherheit gebracht worden. Trotz Misshandlungen einiger Geistlicher wurde das Versteck nicht verraten. Die Hitlerjugend rief: »Innitzer nach Dachau!« Zerstört und geplündert wurde auch im nahen Dompfarrhaus am Stephansplatz 3. Ein Geistlicher wurde aus dem Fenster geworfen, erlitt doppelte Beinbrüche, niemand rief Sanitäter herbei. Über vier Wochen verbrachte er im Krankenhaus, konnte nur noch an Krücken gehen.

Während dieser Ausschreitungen hielt sich der neue Polizeipräsident, der SS-Mann Otto Steinhäusl, in einem Café in der Nähe auf und ließ die Aktion nach einer Stunde abbrechen. Die herbeigerufene Polizei kam spät und zögernd und mit wenigen Leuten; alle Angreifer konnten unbehelligt weglaufen. Die NS-Behörden verfügten kurzzeitigen Hausarrest und Schweigepflicht für alle Personen, die sich in den beiden Häusern aufgehalten hatten. Bei der Messe am Sonntag durfte Innitzer immerhin seine geistliche Pflicht erfüllen.

Der römische Nuntius Pacelli, der zufällig in Wien war, durfte erst Tage später die zerstörten Räume besichtigen. Innitzer schrieb an die Führerkanzlei, berichtete detailliert über das ihn »schwer enttäuschende Erlebnis«, erhielt aber keine Antwort; alle Kosten mussten von der Kirche selbst beglichen werden. Trotz allem wurden die Ereignisse auch im Ausland bekannt, was die Nazis wütend machte.[41]

Am 13. Oktober hielt Gauleiter Bürckel eine Hetzrede auf dem Heldenplatz (er hatte sehr viel getrunken vorher), 200 000 Menschen waren zusammengekommen. Er beschuldigte eine »Gruppe politisierender Kleriker«, die in alte Machtträume zurückgefallen seien und die Bevölkerung gegen den Staat aufhetzen wollten. Als Hauptschuldige nannte er Tschechen, Juden und »Kerzelweiber beiderlei Geschlechts«. In den folgenden Tagen überbot sich der *Völkische Beobachter* in seiner Hetze gegen die Kirchenführer (»Judenknechte«), bis die Kampagne mit einem Schlag beendet wurde.[42] Kardinal Innitzer aber, noch unter dem Schock der Angriffe, schwieg einen Monat später zu den Novemberpogromen gegen die Wiener Juden.

13
Ehrenhäftling Schuschnigg

Kurt Schuschnigg hat gewiss viele Fehler begangen, doch er war ein Gefangener der Politik, die seine Vorgänger Seipel und Dollfuß eingeleitet hatten: Abbau der Demokratie im Innern, der vermeintlichen Garantiemacht Italien zu Gefallen. Ob er andere Optionen hatte, ob er sich dem deutschen Würgegriff hätte entziehen können, was offener Widerstand bewirkt hätte, all das sind spekulative Fragen. Von seiner Herkunft war er Monarchist, was er aber als seine Privatsache ansah, die seine Politik nicht beeinflusste.[1] Eine Restauration der Habsburger hätte politische und militärische Reaktionen anderer Staaten zur Folge gehabt. Verlässliche Verbündete hatte er auch unter den Westmächten nicht.

Nach seinem Rücktritt hatte er sich nicht ins Ausland abgesetzt, um dort Asyl zu suchen oder gar eine Exilregierung zu bilden, was er im Nachhinein als Fehler bezeichnete.[2] Nach 1939 bildeten sich in Frankreich (Conseil National des Autrichiens) sowie in den USA und in Kanada exilösterreichische Organisationen (durch Otto von Habsburg oder durch Coudenhove-Kalergi), aber eine anerkannte Vertretung des freien Österreich auf Seiten der Alliierten entstand nicht.

Die deutsche Absicht entschied über den Anschluss, nicht der österreichische Wunsch. Deshalb geschah auch alles nach deutschen Vorstellungen, die Neuorganisation der Verwaltung, die Umgestaltung der Partei, die Besetzung der Ämter. Nachdem der Anschluss im Handumdrehen vollzogen war, schlossen sich viele Österreicher dem neuen Regime an, unter dem Eindruck der Jubelszenen und der Propaganda und wegen der Aussicht auf materielle Vorteile.

Entgegen allen Zusagen wurde der ehemalige Kanzler als politischer Gefangener behandelt. Und er bekam an Leib und Seele zu spüren, was der Nationalsozialismus aus seinen Parteigängern gemacht hatte. Jahre der Haft und der Demütigung hat er ertragen müssen, und seine aufrechte Haltung in dieser Zeit nötigt Respekt ab. Er hat alles überstanden und dadurch eine neue Rolle erlangt: Er wurde zu einem wichtigen Zeitzeugen. Schuschnigg hat das Tagebuch seiner Leidensstrecke in Auszügen dokumentiert und mit späteren Reflexionen versehen.[3]

Schuschnigg war ein musischer Mensch, eher Intellektueller als Politiker, mit Strenge und Prinzipien und katholischen Lebensformen, der auch die Sünde kannte. Außenpolitisch suchte er eine Chance wahrzunehmen, die er gar nicht hatte. Der Ständestaat war ein kolossaler Irrweg: Diese Form des Autoritarismus zerstörte die Republik, schwächte die Abwehrkräfte, delegitimierte den Staat, und gegen den Zugriff der Nazis schützte er auch nicht.

Der Ständestaat war eine Form der präventiven Kollaboration. Wenn man davon ausgeht, dass Österreich auf jeden Fall eine Beute der Nazis werden würde, gab es eigentlich nur eine militärische Option. Entweder eine Verteidigung des Landes durch die Westmächte oder durch Italien oder aber ein heroisches Opfer durch einen nicht nur symbolischen Widerstand des Bundesheeres, der Gewerkschaften und anderer Verbände, der vielleicht nur wenige Tage gedauert hätte. Das hätte vor aller Welt deutlich gemacht, dass Österreich sich eben nicht freiwillig ergeben hatte, hätte die spätere These beglaubigt, dass man das erste Opfer des Nationalsozialismus geworden sei, und dem Land nach 1945 die zehnjährige Besatzungszeit vielleicht erspart.

* * *

Für Schuschnigg begann noch am Abend des 11. März eine persönliche Katastrophe. Erst als er gefangen gesetzt wurde, erkannte er das ganze Ausmaß an Verrat in seinem Umfeld. Alle Garantien, die Seyß-Inquart ihm gegeben hatte, galten nichts mehr. Nun entdeckte er die Wahrheit der alten Volksweisheit: Wer mit dem Teufel speisen will, muss einen langen Löffel haben. Mit Nazis konnte man nicht verhandeln, ihr Ehrenwort war nichts wert, denn ihre Ehre hieß Untreue, Verrat, Verbrechen. Man konnte ihnen nicht entgegenkommen, Kompromisse anbieten, sie umhegen. Das war schon in Deutschland 1933 gescheitert. Sie wollten die ganze Macht, und sie wollten ihre Gegner demütigen und letztlich vernichten.

Nachdem er in der Nacht zum 12. März das Kanzleramt am Ballhausplatz verlassen hatte, traf Schuschnigg gegen zwei Uhr früh an seinem idyllisch-prächtigen Domizil ein, dem Gärtnerhaus im Park von Schloss Belvedere. Zu Hause erwarteten ihn sein Sohn, sein Vater, sein Bruder Artur und dessen Frau sowie seine Verlobte Vera, geb. Czernin von Chudenitz. Um sechs Uhr früh umstellten Wachen der SS das Haus, die bald von Mitgliedern der Österreichischen Legion abgelöst wurden.[4]

Schuschnigg rief den Polizeipräsidenten Michael Skubl an, der dem ehemaligen Kanzler versicherte, er könne sich frei bewegen. Die Wachen würden in Kürze abgezogen, das habe Seyß-Inquart zugesagt. (Skubl wurde Minister unter dem Übergangskanzler Seyß-Inquart, trat am 13. März zurück, wurde bald darauf selbst verhaftet und musste bis zum Ende des Krieges in Hausarrest in Kassel leben.)

Die Wachen wurden nicht abgezogen, Schuschnigg und die Seinen für mehrere Wochen gefangen gesetzt, von Post- und Telefonverbindungen abgeschnitten. Nur das Dienstmädchen Elisabeth Wieland durfte das Haus verlassen, um Besorgungen zu machen. Ein Spaziergang durch den Garten oder ein Besuch der Frühmesse wurden verweigert. Seyß-Inquart hatte seinen Besuch angekündigt, erschien aber nie.

Dann wurde die Bewachung von SS-Standarten übernommen, die sich einen Spaß daraus machten, direkt vor den Fenstern laut zu paradieren. Nachts wurde das Haus mit Scheinwerfern von außen erleuchtet; Wochen später erhielt Schuschnigg die Stromrechnung dafür und wurde immer wieder gemahnt, doch endlich zu zahlen. Schuschnigg war nach seinem Rücktritt völlig mittellos, da es in Österreich keine Ministerpensionen gab. Seine Konten waren eingefroren worden. Als Pensionär hätte er ein Amt bei einem hohen Gericht zu erwarten gehabt. In der NS-Presse standen Lügengeschichten über seine fabelhaften Reichtümer.[5]

Am 26. März erfolgte nach einer ausgiebigen Hausdurchsuchung das erste Gestapo-Verhör in der Wohnung, es ging aber nicht um den 11. März, sondern nur um seine Verbindung zu den Habsburgern.[6] Die Nazis schienen noch nicht zu wissen, was sie mit Schuschnigg anfangen sollten. Gauleiter Bürckel fragte Himmler und Heydrich, und die fragten Göring, aber die Entscheidung lag bei Hitler. Doch der entschied nicht.[7]

Am 28. Mai 1938 wurde Schuschnigg in das Hotel Metropol verlegt, das als Luxushotel zur Weltausstellung 1873 am Morzinplatz/Franz-Josefs-Kai errichtet worden war, nahe dem Donaukanal. Damals schrieb man noch Hôtel Métropole.[8] Seit dem Anschluss diente es als Zentrale der Gestapo. Da man die Angehörigen freigelassen hatte, konnte seine Verlobte versuchen, etwas zur Verbesserung seiner Lage zu erreichen. Vera Czernin von Chudenitz schrieb Briefe an alle Welt, auch an Hitler persönlich, unermüdlich setzte sie sich für Schuschnigg ein; dass die folgenden Jahre von ihm und den Seinen durchgestanden wurden, war ganz wesentlich ihr Verdienst. Ihre Selbstachtung, ihr gepflegtes Auftreten, ihre vielfältigen Verbindungen, auch ihre finanziellen Mittel, soweit sie nicht konfisziert wurden wie Teile ihres Kunstbesitzes, darunter ein Vermeer-Gemälde, dienten ihrem Kampf für den Kanzler, dessen Familie nun auch ihre war.[9]

Im Hotel Metropol steckte man Schuschnigg in eine enge, fensterlose Dachkammer im fünften Stock, einst der Trockenraum für die Hotelwäsche. Er wurde gedemütigt und misshandelt, bekam seinen Anteil an den Reibpartien ab.[10] Wochenlang durfte er sich nicht duschen, in seiner Kammer lag eine Strohmatratze, dazu gab es einen kleinen Tisch und einen Sessel. Ein Wachposten stand im Zimmer, einer davor. Der Gefangene musste Betten bauen und die Kammer putzen, unter Kontrolle, endlos wiederholt, weil stets irgendetwas nicht gut genug war. Mit der einzigen Zahnbürste und dem einzigen Handtuch musste er die eigene Toilette reinigen, die seine Quäler zuvor verdreckt hatten. Durch nächtlichen Lärm hinderte man ihn am Schlafen. Er bekam schlechtes Essen aus einem Café nebenan, das er selbst bezahlen musste; an Sonn- und Feiertagen wurde nichts gebracht, er musste sich mit Resten begnügen. Mehrfach richtete man geladene Revolver auf ihn. Hätte sich ein Schuss gelöst, wäre es seine Schuld gewesen.[11]

Nach ein paar Wochen war Schuschnigg ein nervliches Wrack. Er litt an Angstzuständen, Depressionen, Weinkrämpfen, starkem Gewichtsverlust. Erst nach Wochen konnte Vera bewirken, dass ein Arzt nach ihm schaute. Sie selbst wurde bespitzelt, wenn sie in der Stadt unterwegs war. Als sie endlich zu ihm durfte, wurde jedes Wort mitgehört. Lange kämpften er und Vera darum, heiraten zu dürfen, was erst nach Monaten genehmigt wurde, aber die Hochzeit wurde stellvertretend von seinem Bruder Artur vollzogen, er selbst durfte die Zelle nicht verlassen. Der Vater und der Küster der Kapelle dienten als Trauzeugen.[12] Niemand sollte ihn draußen sehen, niemand sollte wissen, was mit ihm geschehen war. Im Oktober starb sein Vater an Herzversagen, ihn noch einmal zu sehen wurde Schuschnigg verwehrt.[13]

Am 12. Dezember 1938 erschien plötzlich Heinrich Himmler in seiner Zelle, begleitet von Ernst Kaltenbrunner. Himmler suchte auch Louis von Rothschild auf, der ebenfalls im Metropol gefangen gehalten wurde.[14] Der Reichsführer SS wollte Schuschnigg nichts sagen über sein weiteres Schicksal. Schuschnigg beschwerte sich über Rufmord in der NS-Presse, die er zu lesen bekam. Himmler: »Ich werde für Abhilfe sorgen.« Himmler sagte auch: »Sie haben vergessen, Herr Schuschnigg, daß Sie ein Deutscher sind.« Schuschnigg antwortete, dass er als Österreicher zeit seines Lebens nie seine Überzeugungen geändert habe.[15] Im Mai 1939 fragte man ihn, ob er im Jahr 1934 mit den Engländern in Verbindung gestanden habe wegen einer Habsburger-Restauration in Österreich. Die Vernehmung verlief sehr rüde. Man glaubt seinem Nein nicht.[16]

Eigentlich rechnete Schuschnigg nicht damit, dass er überleben würde, war nahe an der Resignation. Sein Bruder Artur schärfte ihm ein, er solle sich auf eine sehr lange Haftzeit einstellen und auf jeden Fall durchhalten. Zum eigenen Ärger konnte er sich nicht das Rauchen abgewöhnen. Artur hatte die Nacht vom 11. zum 12. März im Haus seines Bruders verbracht, war aber von ihrem Vater fortgeschickt worden, damit wenigstens ein Familienmitglied frei bleiben würde. Artur war von der RAVAG am 12. März entlassen worden, war mit Frau und Kindern zunächst ins Rheinland übersiedelt, bevor der promovierte Kunsthistoriker mit der Erlaubnis von Hermann Göring in Berlin eine Anstellung als wissenschaftlicher Mitarbeiter im Kaiser-Friedrich-Museum fand (dem heutigen Bode-Museum). Im Krieg wurde

Artur zur Luftwaffe eingezogen, machte aber nur Dienst in einer Stelle zur Auswertung von Luftbildern.[17]

* * *

Am 29. Oktober 1939 hieß es für den Ex-Kanzler plötzlich, innerhalb von 15 Minuten seien alle Habseligkeiten in zwei kleine Koffer zu packen: Transport! Schuschnigg wurde nach München in das Palais Wittelsbach verlegt, die dortige Gestapo-Zentrale. Hier waren die Haftbedingungen besser; mit Hilfe seiner Frau konnte er sich eine kleine Privatbibliothek einrichten, durfte ein Radio besitzen, Briefe schreiben und private Aufzeichnungen machen. Vera und Kurt Schuschnigg junior durften auch nach München ziehen, wo sie mit ihrem ersten Mann gelebt hatte und einen größeren Bekanntenkreis besaß. Zuweilen durfte das Ehepaar allein sein. Am 23. März 1941 brachte Vera eine gemeinsame Tochter zur Welt, Maria Dolores Elisabeth, Sissy gerufen.[18]

Am 8. Dezember 1941 wurde der Ex-Kanzler mit Frau und Tochter mit dem Zug in das Konzentrationslager Sachsenhausen nördlich von Berlin verlegt. Dort lebten sie bis zum 6. Februar 1945 in einem separaten schmalen Ziegelhaus. Es gehörte zu einer speziellen »Prominenten-Abteilung« mit sogenannten Sonder- oder Ehrenhäftlingen im hinteren Teil des dreieckigen Lagergeländes, aber außerhalb und mit eigener Umzäunung.[19] Vera Schuschnigg konnte das Lager verlassen und nach Berlin fahren und dabei auch unkontrolliert Briefe oder Gegenstände mitnehmen. Kurt Schuschnigg junior, der in München auf das Wittelsbacher Gymnasium ging und der den Vater in den Ferien besuchen durfte, fand einen schlohweißen und sehr mageren Mann vor, der als »Dr. Auster« geführt wurde. Er erhielt Bücher und Zeitungen, hatte ein russisches Dienstmädchen zur Verfügung und besaß einen Volksempfänger, mit dem er heimlich den Londoner Rundfunk hörte.[20]

Am 7. Februar 1945 verbrachte man Familie Schuschnigg in das Lager Flossenbürg, wo in dieser Zeit mehrere NS-Gegner hingerichtet wurden. Zwei Monate fast sollten die Schuschniggs und andere Sondergefangene dort bleiben.[21] Am 2. April führte er ein Gespräch mit Prinz Philipp von Hessen, der im März 1938 noch als Hitlers Sondergesandter zu Mussolini gereist war, im Laufe des Jahres 1943 aber verhaftet wurde, vielleicht nur weil er der Schwiegersohn des italienischen Königs war.[22] Mitte April ging es für ein paar Tage ins Konzentrationslager Dachau und Ende April schließlich in ein Berghotel in Tirol, wo der Ex-Kanzler und andere prominente Gefangene am 4. Mai von den Amerikanern befreit wurden. Allerdings brachte man die Gruppe am 10. Mai auf die italienische Insel Capri, was nicht nur der Erholung diente, sondern auch der politischen Überprüfung. Zu seinen Gefährten gehörten Hjalmar Schacht, Léon Blum, André François-Poncet, General Alexander von Falkenhausen, der Bischof von Clermont-Ferrand, Pastor Martin Niemöller – ein kleiner Völkerbund von Gefangenen aus über 20 Nationen.[23]

* * *

Auf Capri sah Schuschnigg seinen Sohn wieder, der 1944 zur Marine eingezogen worden war. Bei seinem Dienst auf dem Schweren Kreuzer Prinz Eugen wurde Kurt Schuschnigg junior bei einem Bombentreffer schwer verletzt, floh aus dem Lazarett und erlebte in den letzten Kriegswochen eine unglaubliche Odyssee durch das untergehende Reich, in steter Gefahr der Verhaftung. Er schlug sich bis nach Südtirol und von dort in die Schweiz durch, wo er das Kriegsende erlebte.

Nach dem Krieg gingen alle Schuschniggs in die USA. Der Ex-Kanzler hatte keinen politischen Ehrgeiz mehr und machte eine Karriere als Hochschullehrer in St. Louis. In Wien wollte ihn niemand haben, er verkörpere das schlechte Gewissen seines

Landes, sagte er selbst.[24] Historiker, Romanciers oder Filmemacher interessierten sich kaum für die Widersprüche und Facetten dieser historischen Gestalt. Obwohl er unbestreitbar ein Staatsgefangener war, wurde seine Zeit in der NS-Haft als privates Schicksal angesehen und nicht als Leiden für Österreich.

14
Wiener Requiem

Nun Unsseidank! sie ist befreit,
Die Menschheit von der Menschlichkeit!
Walter Mehring, 1934

Am 16. März 1938, gegen 22 Uhr abends, klopft es an der Eckwohnung im dritten Stock des Hauses Nummer 7 der sehr langen Gentzgasse im XVIII. Bezirk. »Wohnt hier der Jud Friedell?«, rufen zwei junge Männer mit SA-Armbinde. Verflixte Frage, wie soll man sie beantworten? Der Vater war Jude (er hieß Moritz Friedmann und war Tuchfabrikant), die Mutter (geborene Caroline Eisenberger) war keine Jüdin. Sie hatte den Vater verlassen, als der Sohn Egon ein Jahr alt war. Die Ehe wurde geschieden, das Kind zu einer Tante nach Frankfurt gegeben. Die Mutter tauchte erst 50 Jahre später wieder auf und verlangte Geld. Egon machte sein Abitur in Bad Hersfeld; einer seiner Lehrer war Konrad Duden. Verwickelte Verhältnisse. So viele Fragen aus der Geschichte der Menschheit hat der Wohnungsbesitzer beantwortet, in ausführlichen Büchern zur Kulturgeschichte. Und wie beantwortet er die Frage der SA? War er Jude? Hieß er Friedell? Diesen Künstlernamen ließ er im Jahr 1916 amtlich registrieren.

Es klopft, und die Haushälterin Hermine Schimann öffnet. Sie lebt schon seit Jahren bei Egon Friedell und ist in seinem Testament als Alleinerbin vorgesehen. Auch Friedell hat das Klopfen gehört, kommt aus seinem Zimmer. Er versteht sofort, dass er diese Frage nicht beantworten kann, es auch nicht mehr muss. Die Klopfer wollen die Antwort gar nicht hören. Einen

Moment sind sie abgelenkt, weil der Schwiegersohn von Frau Schimann eintrifft, ein Nationalsozialist namens Kotab, der mit der Tochter von Frau Schimann ebenfalls in der großen Wohnung lebt. Vor ein paar Tagen hat er sein Zimmer mit NS-Insignien dekoriert. Den Augenblick der Ankunft von Kotab nutzt Friedell, um die Tür zu seinen beiden Räumen zu schließen, Arbeits- und Schlafzimmer. Seine Bücher sind über mehrere Zimmer verteilt.

Seine Karriere hatte er auf den Kleinkunstbühnen in Wien, in Berlin und anderswo gemacht, aber auch auf den ganz großen Bühnen in Wien, in Berlin. Unter der Regie von Max Reinhardt ist er aufgetreten. Sein nachhaltigster Erfolg war ein ulkiges Frage- und Antwortspiel. Ein Kandidat für das Staatsexamen wird in Sachen Goethe geprüft. In Wahrheit ist es Goethe persönlich, der sich als Kandidat eingeschmuggelt hat. Aber er blamiert sich. Keine Frage der gestrengen Kommission kann er beantworten, denn er erinnert sich nur ungenau an sein Leben, das schon Schulstoff geworden ist. Der zweite Kandidat, ein eifriger Streber, weiß alles besser. Das war der Geist der Kaffeehausliteratur: Bildungsstoff als Vorwand zu Scherz und Plauderei, nie tief schürfend, aber virtuos, im Einklang mit dem Publikum. Augenblickskunst, gelebtes Feuilleton: Kultur und Leben als Stoff für die Kleinkunstbühne.

1907 hatte Friedell die Kabarettsatire zusammen mit Alfred Polgar geschrieben, und viele hundert Mal hatte er in dieser Rolle brilliert. Dass er in Hessen aufgewachsen war, kam ihm dabei zugute. Sein Goethe babbelte in bestem Frankfurter Dialekt. Am 21. Januar 1938, seinem 60. Geburtstag, spielte er diese Rolle im Theater an der Wien ein letztes Mal. Zu diesem Tag hatte er Dutzende Glückwunschkarten drucken lassen: Gerade Ihre Glückwünsche haben mich besonders gefreut! Aber hatte überhaupt jemand daran gedacht, ihm zu gratulieren? Ein paar Freunde vielleicht wie Franz Theodor Csokor, der ihn auch an diesem fatalen

Märztag besucht hatte, ohne ihn überzeugen zu können, ins Exil zu gehen.

Viele Freunde hatten ihm seit Tagen zugeredet, Carl Zuckmayer etwa. Am 9. März hatte er ihn in der Stadt getroffen, sie gingen auf ein Glas in die Reiss-Bar am Neuen Markt. Zuckmayer will über Reinhardts Theater reden, vielleicht auch von seinem neuen Stück, das gerade geprobt wird. Friedell hätte gern eine Rolle darin übernommen. Zuckmayer beschrieb ihn als »dicken, breitschultrigen Mann mit einem mächtigen Kopf, [...] seine Lippen über dem starken Kinn wirkten weich, wenn auch sarkastisch, und um Augen und Mund lag immer ein Zug von Verspieltheit«.

Friedell trank nicht, er soff, er aß gar nichts mehr, als wolle er sich von innen ertränken. Zuckmayer will für 38 Glas ungarischen Schnaps und 26 kleine Pilsner gezahlt haben.

Friedell unterbrach Zuckmayers Redeschwall. – »Was tust du, wenn die Nazis kommen?« – »Sie kommen nicht.« – »Und wenn sie doch kommen?« – »Dann wird wohl nichts übrig bleiben, als über die Grenze zu gehen.« – »Ich gehe nicht«, sagte Friedell störrisch und verzagt zugleich, »was soll ich in einem anderen Land? Da bin ich doch nur ein Schnorrer und eine lächerliche Figur.« (Den Satz hätte man gern von Hitler gehört.)

Friedell konnte alles spielen, aber nicht das Ende, den letzten Abgang. Das Stück, das er unentwegt spielte, hieß: Mein unglaubliches Leben. So viel Geist in diesem massigen Körper, der so viel zu verkörpern hatte, eine leibhaftige Wiener Synthese aus Spiel, Ironie, Satire, zuweilen ganz ohne tiefere Bedeutung. Schmäh und Bosheit beherrschte er auch.

Seine Bücher waren im Deutschen Reich verboten worden, an Auftritte oder Lesungen war nicht mehr zu denken. Seine Verlagsverträge waren wertlos geworden. Nach dem 11. März verzichtete er auf seine täglichen Spaziergänge durch den Zähringer Park, hielt sich nur noch in seinen beiden Zimmern auf, am

Schreibtisch und vor allem auf der Ottomane, seinem Lieblingsort für Schreibarbeiten. Er rauchte seine sehr alte, langstielig gebogene Pfeife, wie sie die Studenten im 19. Jahrhundert benutzt hatten.

Es klopft an der Tür, er sieht die beiden SA-Leute, weiß vermutlich, was anderen Leuten in diesen Tagen passiert ist, zieht sich in sein Zimmer zurück, öffnet die Jalousie und klemmt sie sorgfältig fest. Bevor er sich fallen lässt, ruft er den Passanten zu: »Beiseitetreten!« Er war ein rücksichtsvoller Mensch.

Ob alles ein Missverständnis war oder ob er verleumdet worden war (er hätte auf eine Hakenkreuzfahne geschossen, dabei besaß er keine Waffe), ob es vielleicht eine Intrige seiner »Erben« war, das wurde alles nicht mehr festgestellt. Noch sein Sturz auf das Wiener Pflaster war ein Bekenntnis zu seiner Stadt. Hierhin gehörte er, hier war seine Bühne, die er innerlich mitnahm, wenn er anderswo auftrat.

Um den Toten zu untersuchen, wurden zuerst ein Notarzt und dann der Hausarzt Dr. Pollak herbeigerufen. Todesursache Fenstersturz, hieß es im amtlichen Schein. Dr. Pollak meinte, Friedell habe schon während des Sturzes einen Herzinfarkt erlitten. Sein Begräbnis erfolgte am 21. März 1938 auf dem protestantischen Teil des Zentralfriedhofs.

Die »Todesfallaufnahme« geschah am 1. April in der Wohnung des Verstorbenen. Zum Inventar gehörte die altdeutsche Schlafzimmereinrichtung, die noch von seinen Eltern stammte. Von der großen Bibliothek war bald nichts mehr übrig. Das Vermögen wurde auf 85 960,39 Reichsmark geschätzt; abzüglich einer Steuer von 6720,63 Reichsmark und einem ärztlichen Honorar von 66,67 Reichsmark ging alles an die Alleinerbin, die Haushälterin Hermine Schimann, die 1940 starb. Ihre Tochter Irma und deren Nazi-Gatte lebten bis 1945 in der Wohnung. Friedells Landhaus in Kirchbichl wurde beschlagnahmt. Ein offener Honorarbetrag von 100 Mark wurde aufs Konto der Winterhilfe überwiesen.[1] Friedells Schwester, eine Bildhauerin, floh nach Paris. Sie wohnte zuletzt in Montparnasse, in der Cité Falguière. Georg Stefan Troller hat sie dort 1964 aufgesucht, gefilmt und interviewt.

* * *

Berta Zuckerkandl hat sich sehr freundlich an Friedell erinnert. »Viele Masken trägt er, die des Zynikers, des Narren, des Gelehrten, des Dichters, am liebsten aber die Maske aller Masken, die des Schauspielers.«[2] Für Max Reinhardt war er ein genialer Dilettant. Friedells Traum war, Goethes Eckermann zu sein, nicht als Theaterrolle, sondern im wirklichen Leben. Der historische Eckermann war in seinen Augen ein staubiger Pedant. »Was hätte ich aus Goethe herausgeholt!« Egon Friedell war alles und das Gegenteil von allem, und jedem seiner Bekannten war er etwas anderes. Er war ein Gesprächsgenie und ein Gesellschaftsmedium.[3]

Karl Kraus verspottete Friedell als munteren Seifensieder. Und nichts rechtfertigt diese Einschätzung besser als dessen monströse *Kulturgeschichte der Neuzeit*, die er zwischen 1927 und 1931 bei C. H. Beck in München herausbrachte, über 1700 Seiten lang; bald gefolgt von einer ebenfalls sehr umfangreichen *Kulturgeschichte der Antike*, erschienen in Zürich beim Helikon-Verlag.[4] Dieser Versuch besteht aus lauter schillernden Seifenblasen, Aphorismen, starken Meinungen, Aperçus und geschickt montierten Plagiaten (wozu er sich munter bekennt). Schon 1905 hatte er geschrieben, die Kinder »wissen, daß das Leben nicht ernst ist, und behandeln es als ein Spiel und einen lustigen Zeitvertreib.«[5]

Seine Kulturgeschichte war eine Synthese, von allen bewundert, die sie nicht gelesen hatten, denn sie ist eine Groteske, ein sehr langes Sonntagsfeuilleton, in dem das Tragische keinen Platz hat. Zur Kultur fiel Friedell viel ein. Gehobenes Studentenfutter. Sein Buch habe künstlerischen Charakter, schrieb er, keinen wissenschaftlichen. Es wurde zur Welt-Conférence über alle Bücher, die er geplündert hat. Historiker, meinte er, seien auch nur Dichter.[6]

Als »Anekdotik der Neuzeit« definierte er sein Werk.[7] So etwas wie Geschichte existiert für ihn gar nicht.[8] Dem neuen Medium Film begegnet er hochmütig und zukunftsblind mit kulturpessimistischer Verachtung.[9] Amerikanismus und Bolschewismus sind für ihn dasselbe, beide verkörpern einen materialistischen Nihilismus, und das heißt die »Ausschaltung der Seele aus den sozialen Beziehungen«.[10]

Alfred Polgar nannte das Buch glänzend danebengelungen, vergnüglich ärgerlich, voller überzeugender Absurditäten, treffsicherer Fehlschlüsse und großartiger Irrtümer.[11] Zur Verblüffung der Leserschaft reicht es allemal. Immer wieder finden sich Passagen, die auch den Nationalisten oder gar den Völkischen gefallen könnten. In seiner Kritik an der Psychoanalyse konnte er als »kämpferischer Antisemit« erscheinen.[12]

Friedells Attacke auf die Psychoanalyse ist als Verteidigung der ›Seele‹ gemeint. Im Jargon radikaler Antisemiten heißt es bei Friedell, die Psychoanalyse sei ein »großangelegter Infektionsversuch, ein schleichender Racheakt der Schlechtweggekommenen: Die Welt soll neurotisiert, sexualisiert, diabolisiert werden. Die Psychoanalyse verkündet den Anbruch des Satansreichs.«[13] Einige Verdienste spricht Friedell Freud gleichwohl zu, so die Entdeckung des Unbewussten, der Fehlleistungen, die Suprematie des Geistigen über das Physische, die Rolle der Kindheit. Nur der Pansexualismus, den er Freud unterstellt, verderbe alles. »Die Psychoanalyse ist ein System des Irrationalismus, begründet mit den Methoden des Rationalismus; ein Transzendentalismus, errichtet von einem extremen Positivisten.« Sie stoße tief ins Okkulte vor.[14]

Gleich nach dieser Passage steht eine Apologie der Seele (die Freud ja gerade in den Bereich des Rationalen holen wollte). Friedell aber sagt: »Die Seele ist überwirklich, die Materie ist unterwirklich.« Und: »Die unwirkliche Seele (ist) die wahre Realität.« Er schließt mit dieser Hoffnung: »Zugleich aber erscheint ein schwacher Lichtschimmer von der anderen Seite. Das nächste Kapitel der europäischen Kulturgeschichte wird die Geschichte dieses Lichtes sein.«[15] Leider Gottes folgte ein Kapitel der völligen Finsternis, die auch Friedell verschlang. Sein Fenstersturz ist das Symbol für den Untergang der Wiener Seele, die er auf seine Weise retten wollte.

* * *

»Der Jude dort könnte auch etwas rascher arbeiten.« Der Manager der IG Farben war ungehalten, vielleicht wollte er sich auch nur vor seinen vier Kollegen hervortun, mit denen er am 4. Dezember 1942 das Werk Buna besichtigte, auch Arbeitslager Monowitz oder Auschwitz III genannt. Wussten sie nicht, wie schnell dieser Jude gearbeitet hatte, als er noch Verse für die Operetten von Franz Lehár gedichtet hatte, die der Führer so gern hörte? Der Jude dort war einmal ein Star gewesen in Wien, ein anerkannter und wohlhabender Mann, humorvoll, fürsorglich und sogar sportlich, aber das zählte für den schon 1938 Deportierten nicht mehr. Jeder kannte seine Zeilen, die man nie mehr vergaß, wenn man sie einmal gehört hatte: Immer nur lächeln, immer vergnügt … Meine Lippen, die küssen so heiß … Dein ist mein ganzes Herz …

Der Jude dort hieß Fritz Löhner-Beda, geboren am 24. Juni 1883 im böhmischen Wildenschwert, das später in Ústí nad Orlicí umbenannt wurde. Erst als er fünf war, zog die Familie Löwy (so der richtige Name) nach Wien, wo sie sich Löhner nannte. Als Dichter hatte er den Namensteil Beda hinzugefügt, aber das war nur die tschechische Form von Fritz, denn zu Hause sprach man tschechisch. Der promovierte Jurist gehörte der zionistischen Vereinigung Hadimah an (Vorwärts). In deren Fußballverein tat er sich als Torjäger hervor.[16] Die Arbeit in einer Kanzlei missfiel ihm, das Dichten, das ihm rasch von der Hand ging, wurde vom Freizeitvergnügen zum Beruf. 1908 erschien sein erstes Buch, in dem er die Wiener Juden verspottete in ihrem Streben nach Überangepasstheit: *Getaufte und Baldgetaufte*.

Bald machte er sich einen Namen in den Kabaretts, freundete sich eng mit Fritz Grünbaum an – einem Schicksalsgenossen bis zuletzt.[17] Als Conférencier erhielt Löhner-Beda auch in Berlin Engagements, erste Lieder und Libretti entstanden, für Robert Stolz zum Beispiel. Für Leo Fall schrieb er mit Fritz Grünbaum das Libretto zu *Die Dollarprinzessin*. Gelegentlich trat er im Theater oder im Film auf gemeinsam mit Gustaf Gründgens, Willy Forst, Heinz Rühmann, Theo Lingen, Max Pallenberg oder Fritz Kortner.

1922 dichtete er ein Lied über »Wien, sterbende Märchenstadt,/die noch im Tod für alle ein freundliches Lächeln hat«, das Hermann Leopoldi vertonte. Auch gesellschaftskritische Themen griff er auf. Kritik und gute Laune gehörten bei ihm zusammen: »Der Deutsche will die Juden nicht/Und nennt sie Hunde und Säue,/Doch ihre Lieder singt er gern –/Das nennt er germanische Treue.«[18] Als Schlagerdichter schuf er eingängige Verse: Du schwarzer Zigeuner; Was machst du mit dem Knie, lieber Hans, beim Tanz; Benjamin, ich hab nichts anzuziehn … Sein deutscher Text zu einem amerikanischen Song »Ausgerechnet Bananen« wurde erfolgreicher als das Original.[19]

1925 heiratete Löhner in zweiter Ehe Helene Jellinek, 22 Jahre alt, in der Israelitischen Kultusgemeinde. Sie wohnten in der Josefstadt. Zwei Töchter kamen zur Welt, 1927 Liselotte, 1929 Evamaria.[20]

Seit 1914 arbeitete Löhner-Beda für Franz Lehár, dessen Musik durchaus eine »feine Monarchiemischung« im Sinne von Friedrich Torberg war. In den zwanziger Jahren wurde das Duo Lehár/Löhner ergänzt durch den Tenor Richard Tauber. Zusammen mit Ludwig Herzer schrieb Beda die Operette *Friederike* (über Goethe!), von Lehár vertont 1928.[21] Zwei Juden verdankte Lehár die Vervielfachung seines Vermögens: Löhner-Beda und Tauber, hinzu kam gelegentlich als Mitarbeiter am Libretto ein dritter Jude: Ludwig Herzer. Ihr größter Erfolg wurde *Das Land des Lächelns*, das 1929 am Berliner Metropoltheater gefeiert wurde, natürlich mit Richard Tauber. Aber Löhner-Beda konnte auch swingenden Nonsens kreieren, etwa für Paul Abraham in *Viktoria und ihr Husar* sowie in *Die Blume von Hawai*. Doch nach *Der Ball im Savoy*, 1932 in Berlin herausgekommen, waren Juden im deutschen Musikleben nicht mehr erwünscht.

Im selben Jahr heckten Paul Knepler, Löhner-Beda und Lehár eine Mozart-Parodie aus, *Giuditta*, ein eher schwaches Stück mit musikalischen Glanznummern, das der Komponist Lehár allerdings für sein reifstes Werk hielt. Die Verwertung der Kulturgeschichte für die leichte Muse mit schmachtenden oder kessen Melodien, das machte den Wiener Geist aus. Jarmila Novotná sagte, ihr Lied »Meine Lippen, die küssen so heiß« sei das Sinnlichste, was je für eine deutsche Operette geschrieben wurde. Es war auch ein Schwanengesang: danach gab es keine Operette mehr von Lehár, keine Lieder mehr von Löhner-Beda.

Im Radiomitschnitt der triumphalen Uraufführung in der Wiener Staatsoper am 20. Januar 1934 hört man den rauschenden Beifall des Publikums. Bundespräsident Miklas und anwesende Minister waren begeistert, warfen Blumen auf die Bühne. Tauber hatte für lange Zeit einen großen Schlager: »Freunde, das Leben ist lebenswert!« Aber diese Zeile sollte bald nicht mehr gelten, vor allem nicht für den, der sie erdacht hatte.

Löhner-Beda hatte gut verdient und sein Geld in Kunst und Möbel angelegt, ähnlich wie sein Kamerad Grünbaum. Er kümmerte sich auch um die Interessen der Kollegen: 1935 wurde er Vizepräsident der Österreichischen Gesellschaft der Autoren, Komponisten und Musikverleger (AKM). Schon vor dem Anschluss hatte man Löhner-Beda geraten, er möge aus Österreich fliehen, aber er sagte nur: »Der Hitler liebt meine Lieder, er wird mir nichts tun.«[22] Wie schnell und wie brutal sich die Dinge entwickeln würden, ahnte er so wenig wie die anderen. Sein Sohn Bruno emigrierte rechtzeitig, seine beiden Töchter Liselotte und Evamaria gingen noch in die Schule, auch ihretwegen blieb er in Wien.

Auf die Frage, warum es in der leichten Musik so viele Juden gäbe, sagte der Librettist Victor Léon (eigentlich Hirschfeld): »Das Operetten-Publikum will unter Tränen lachen – und das ist genau das, was wir Juden seit der Zerstörung Jerusalems nun schon zweitausend Jahre lang tun.«[23]

Nicht alle mochten diese Art Musik. Die Nazi-Postille *Der Stürmer* hetzte gegen die »ungesunde, typisch jüdische Erotik«, den »jüdischen Schmelz«. Haupthetzer war der Berliner Musikwissenschaftler Herbert Gerigk (»Leiter der Hauptstelle Musik beim Beauftragten des Führers für die Überwachung der gesamten geistigen und weltanschaulichen Schulung und Erziehung der NSDAP«), zugleich Chefredakteur der Zeitschrift *Die Musik*. Nach Goebbels' Vorgaben sollte die deutsche Kunst heroisch, stählern-romantisch, sentimentalitätslos-sachlich sein.[24]

Gerigk mochte auch Lehár nicht; bei so vielen jüdischen Mitarbeitern konnte ja nur internationaler Kitsch herauskommen. »Die von Lehár vertonten Texte entbehren, von Juden geliefert, jeglichen deutschen Empfindens.« Ihm missfiel außerdem, dass Lehár nichtarisch verheiratet war. Lehár selbst betonte in Briefen an den Propagandaminister seine rein arische Herkunft. Gerigk gab das *Lexikon Juden in der Musik* heraus, zusammen mit Theo Stengel, er arbeitete im Krieg im Einsatzstab Reichsleiter Rosenberg, plünderte Musikalien aus Privatbesitz im besetzten Frankreich.[25]

Mit seiner Kritik an Lehár konnte er sich nicht durchsetzten. Goebbels und Hitler wollten bei der »Entjudung« Ausnahmen machen. Das Land, das nicht mehr lächelte, sollte unterhalten werden, denn gute Laune war kriegswichtig.[26] Am 18. Mai wurde

Lehár von Goebbels empfangen und trug ihm seine Sorgen vor (das Schicksal seiner jüdischen Frau wie das seiner Operette *Giuditta*). Am 17. Juni 1938 vermerkte der Propagandaminister in seinem Tagebuch, dass Hitler die »Rettung« von Lehár billige.

Gerigk hatte nicht nur starke Meinungen, sondern beförderte auch die Verfolgung und Ermordung von Musikern und Textdichtern, indem er Listen von zu eliminierenden Juden aufstellte. Er wurde nie zur Rechenschaft gezogen, durfte zwar nicht mehr lehren nach 1945, doch arbeitete er viele Jahre als Musikkritiker bei den *Ruhr-Nachrichten*. Auf seinen Listen hatte Fritz Löhner-Beda ganz oben gestanden. Im Café Heinrichshof pflegte er dem Kellner laut zuzurufen: »Bringen Sie mir den Völkischen Beobachter! Ich möchte sehen, was der Tapezierer macht.« Nun, der hatte mitschreibende Denunzianten in diesem Café platziert.[27]

Auch als Fritz Grünbaum sein letztes Wiener Lied sang (»Es wird schon wieder besser …«), saßen im Keller des Simpl Nazispitzel. Am 10. März stand Grünbaum auf der völlig dunklen Bühne des Simpl und sagte: »Ich sehe nichts. Absolut gar nichts. Da muß ich mich in die nationalsozialistische Kultur verirrt haben.«[28]

Die ganze Nacht vom 11. auf den 12. März sitzt die Familie Löhner in der Wohnung Lange Gasse 46 beisammen. Man erwägt den gemeinsamen Selbstmord. Oder sollte man doch über die Grenze gehen? Ohne Visum? Es ist Samstag, alle Konsulate sind vielleicht geschlossen (waren sie nicht). Fritz Grünbaum und seine Frau, von Löhner gewarnt, gehen zu einem Nazianwalt, der eine Gebühr kassiert, sich aber gar nicht um die versprochenen Visa bemüht.[29]

Am 13. März steht ein bewaffneter Trupp vor der Tür im ersten Stock. Löhner wird verhaftet, seine Frau angeschrien, die Mädchen weinen. Er wird geschlagen und zum Polizeipräsidium gebracht. Gleichzeitig mit ihm wird der Schriftsteller Rudolf

Kalmar verhaftet, der 90 Monate Lager überlebt und im Herbst 1945 den Bericht *Zeit ohne Gnade* verfasst.[30] Helene Löhner darf ihren Mann nicht besuchen, darf nichts schicken, weiß aber, wo er ist. Man rät ihr, ein Visum für Holland zu beantragen.

Im Polizeigefängnis an der Elisabethpromenade im IX. Bezirk, im Jargon »Liesl« genannt, müssen die Inhaftierten rufen: »Wir sind jüdische Verbrecher!« Man verkleidet sie als lebende Karikaturen, um sie dann zu misshandeln. Wer sagt, er sei Kriegsteilnehmer gewesen, wird besonders verhöhnt. Ein Gefangener ruft: »Euer Hass gegen uns kann gar nicht echt sein.«[31]

Am 31. März werden 150 Häftlinge in Sammelzellen gepfercht. Am nächsten Tag bringt man sie zum Westbahnhof, ab hier erfolgt die Bewachung durch SS: Es ist der sogenannte »Prominententransport No. 1« mit Künstlern und Politikern, darunter der ehemalige Wiener Bürgermeister Richard Schmitz, dazu ein Heimwehrchef, ein Bauernführer, mehrere Gewerkschaftsfunktionäre, Journalisten, Juristen, Leopold Figl und Alfons Gorbach, die beide nach dem Krieg Kanzler sein werden. Auch zwei Söhne des 1914 in Sarajevo erschossenen Thronfolgers Franz Ferdinand sind darunter, ebenso drei führende Vertreter des jüdischen Kulturbundes: Desider Friedmann, Jakob Ehrlich, Robert Stricker. Sie überleben die Lagerzeit nicht. Im Jargon der SS sind sowieso alle Österreicher »faules, verjudetes und verpafftes Kaffeehausgesindel«.[32]

Im Konzentrationslager Dachau kommt Löhner in den Block 14, Stube 4. Verhaftet war auch Hermann Leopoldi; er traf Löhner später in Dachau wieder. Beide kamen im September 1938 nach Buchenwald.[33]

Als die Nazis in Wien einmarschierten, trat Richard Tauber an der Mailänder Scala auf. Er reiste weiter nach England und Südafrika. Die Nazis zerstörten seine Schallplatten und die Pressformen dazu. Taubers Vater Emil wurde verhaftet, nach Theresienstadt deportiert und von dort weiter nach Buchenwald, wo man ihn ermordete.[34]

Der bekannteste Sänger nach Tauber war Joseph Schmidt. Dieser konnte 1938 nach Frankreich fliehen, wo er der Gestapo entging, als die Wehrmacht 1940 das Land überrollte. Im Oktober 1942 kam er illegal in die Schweiz, wo er in das Internierungslager Girenbad im Zürcher Oberland eingewiesen wurde. Bis zur Klärung seines Falles durfte er nicht auftreten. Nach der Behandlung seiner Halsentzündung wurde er am 14. November 1942 aus einem Spital als »geheilt« und »wieder lagerfähig« entlassen. Zwei Tage später starb Joseph Schmidt an Herzversagen – mit 38 Jahren.

Fritz Grünbaum wurde mit seiner Frau in Bratislava aus dem Zug geholt und nach Wien zurückgebracht. Es gelang ihm, sich zu verstecken, doch wurde er denunziert, verhaftet, geschlagen und nach Dachau verschleppt. Seine Wohnung wurde beschlagnahmt, vor allem seine bedeutende Kunstsammlung, darunter zwölf Bilder von Egon Schiele.[35]

Auf dem Bahnsteig in Dachau defilierte die Wachmannschaft an Grünbaum vorbei und wischte ihre Stiefelsohlen an seiner herausgezogenen Zunge ab. Als der Oberführer ihn fragte, was ihm passiert sei, stammelte er: »Eisenbahnzusammenstoß, Herr Oberführer.« Der Kollege Löhner kümmerte sich um den Verletzten.[36]

Paul Abraham konnte nach Budapest fliehen, gelangte später über Frankreich in die USA, wo er sich als Barpianist in Hollywood durchschlug. Dort wurde er depressiv, kam in die Psychiatrie. 1946 brachte das »Flugzeug der Verdammten« 52 nervenkranke Ex-Europäer aus den USA nach Deutschland, darunter Abraham, der 1960 in einer Hamburger Klinik starb.[37]

Der Kabarettist Karl Farkas konnte mit dem Zug nach Prag entkommen. Zwei Stunden nach seinem Aufbruch stürmte die Gestapo in seine Wohnung, Frau und Kind konnten später fliehen.[38]

Der Dichter Peter Hammerschlag flüchtete nach Jugoslawien, kehrte, von Heimweh getrieben, nach Wien zurück, wurde verhaftet, starb in Auschwitz.[39]

Solche Schicksale konnten den Präsidenten des Evangelischen Oberkirchenrats in Wien, Dr. Robert Kauer, nicht rühren. Er ordnete für den 18. April 1938 einen Dankgottesdienst in allen evangelischen Kirchen Österreichs an. Dazu sollten die Hakenkreuzfahnen aufgezogen werden, die Gottesdienste seien mit dem Deutschlandlied sowie dem Horst-Wessel-Lied zu beenden. Die offizielle Proklamation des Geistlichen lautete: »Wir evangelischen Deutsche in der Ostmark sind glücklich, durch die Tat des geliebten Führers heimgekehrt zu sein in das Große Deutsche Reich. […] Wir sehen dankbar, daß im Dritten Reich aufrichtiges und ehrliches Bestreben lebt, die Gebote des Christentums durch die Tat zu erfüllen.«[40] Und an Hitler richtete Oberkirchenrat Kauer am 13. März 1938 den Gruß: »Nach einer *Unterdrückung*, die die schrecklichsten Zeiten der Gegenreformation wieder aufleben ließ, kommen Sie als *Retter* aus fünfjähriger schwerster Not aller Deutschen hier ohne Unterschied des Glaubens. Gott segne Ihren Weg durch dieses deutsche Land, Ihre Heimat!«[41]

Frau Helene Löhner-Beda wurde enteignet, sie konnte wöchentlich etwas Geld für sich und die Kinder abheben. Den Sommer durften sie noch einmal in Ischl verbringen. Sie zahlte 36 000 RM Fluchtsteuer.

Als die Gefangenen von Dachau im September 1938 nach Buchenwald gebracht werden, sagt Löhner: Dies ist kein Land des Lächelns. Er wird in Baracke 17 untergebracht und arbeitet für das Kommando 4711, zuständig für das Leeren der Latrinen.[42]

Über den Lagerlautsprecher hört man zuweilen: »Dein ist mein ganzes Herz.« Beisammen hocken die Wiener Fritz Grünbaum, Paul Morgan, Jura Soyfer und Löhner-Beda, genug um ein Wiener Kabarett im Lager zu gründen; hinzu kommt der Komponist Hermann Leopoldi, der nach neun Monaten Lagerhaft von Verwandten freigekauft wird und sich in die USA retten kann.

Wenn Grünbaum Conférencen improvisiert, haben die Kameraden etwas zum Lachen. Paul Morgan stirbt am 10. Dezember 1938, Soyfer am 16. Februar 1939, beide an Typhus. Zu Weihnachten 1939 hört man erstmals das Buchenwald-Lied, Löhner-Beda hat es gedichtet und Hermann Leopoldi vertont.[43]

Wenn der Tag erwacht, eh' die Sonne lacht,
die Kolonnen ziehn zu des Tages Mühn
hinein in den grauenden Morgen. [...]
O Buchenwald, ich kann dich nicht vergessen,
weil du mein Schicksal bist. [...]
wir wollen trotzdem Ja zum Leben sagen,
denn einmal kommt der Tag, dann sind wir frei.

Noch andere Verse wurden von Mitgefangenen überliefert. 1942 deportierte man den häufig kranken Dichter ins Werk Buna.[44]

Am 4. Dezember 1942 besichtigen fünf Direktoren der IG Farben die Produktionsstätte Buna. Die Namen der leitenden Herren sind bekannt. Zwei Häftlinge kommen ihnen entgegen, darunter Beda, der mühsam in Holzpantinen geht. Ein Manager sagt: »Der Jude dort könnte auch etwas rascher arbeiten.« Das ist sein Todesurteil. Noch an diesem Abend schlägt ihn ein krimineller Kapo tot. Auch dessen Name ist bekannt. Den leitenden Herren von IG Farben waren im Nachkriegsdeutschland großartige Karrieren gegönnt, sie lebten reich, geachtet und im Wohlstand. Nie hat jemand zu ihnen gesagt: Dieser Nazi könnte auch etwas rascher arbeiten. In Löhners Todesurkunde steht als Ursache: Altersschwäche. Nach 2000 Jahren Verfolgung kein Wunder. Immerhin wird er dort als Schriftsteller bezeichnet.[45]

Als Löhner starb, bereitete Franz Lehár in Budapest eine arisierte Version der Operette *Zigeunerliebe* vor. Löhners Frau und die beiden Töchter wurden deportiert und im August 1942 im Lager Malyj Trostenez bei Minsk ermordet.[46]

15
Deutsche Verwandlung

Im Fußballspiel, ganz wie im Leben,
war's mit der Wiener Schule aus.
Friedrich Torberg

Der Nationalsozialismus lebte davon, dass seine Anhänger etwas in die Bewegung und ihren Führer hineinprojizierten, was mit deren Absichten wenig zu tun hatte. So mögen die offenen und heimlichen Anhänger in Österreich, all die Verräter, Überläufer und Opportunisten, tatsächlich gedacht haben, dass ihr »Landsmann« Hitler etwas für seine »Heimat« tun würde. Was wirklich geschah, war die völlige Gleichschaltung des ehemaligen österreichischen Staates, seine Unterwerfung unter deutsche Gesetze, deutsche Verwaltung und zumeist deutsche Statthalter. Nicht ein Hauch von Eigenständigkeit blieb übrig, aber gerade das Fehlen österreichischer Verantwortlicher bei der Verwaltung von Wien und der »Ostmark« ermöglichte nach dem Krieg die Überzeugung, man sei ein Opfer der Nazi-Aggression geworden und habe selber nichts zur Unterwerfung und Anpassung beigetragen. Der Anschluss war ein durch Selbstmord erleichterter Mord, wie Alfred Polgar hübsch böse im Jahr 1940 formulierte.[1]

Heimat, Heimkehr, Anschlusswunsch der Österreicher und sein persönlicher geschichtlicher Auftrag: all das waren Mystifikationen Hitlers. Die militärische Besetzung als »Blumenfeldzug« erscheinen zu lassen war eine Leistung der deutschen Propaganda. Der Anschluss war Hitlers List und Görings Plan, nicht Österreichs Traum. »So konnte ein militärisch noch unerfahrenes und nicht hundertprozentig vorbereites Deutschland ein Land okkupieren, das Kräfte genug gehabt hätte, sich zu widersetzen, das aber durch eine unrealistische Wirtschafts-, Innen- und Außenpolitik sowie mangelnden politischen Instinkt seiner Führung sich der Chancen auf Selbstbehauptung beraubt hatte.«[2]

Das historische Fazit ist eindeutig: Der Anschluss war das Ergebnis einer deutschen Politik mit strategischen und ökonomischen Zielen, doch zugleich nur ein Zwischenziel, eine wesentliche Etappe auf dem Weg in den Weltkrieg. Es zeigte sich allerdings, dass die Wehrmacht im Jahr 1938 noch nicht das Blitzkriegsinstrument war, das ab 1940 zum Einsatz kam.

Die Anschlussidee war nicht Hitlers Erfindung, sie entstand nach 1918, beruhte aber von vornherein auf historischem Widersinn. Die Lebensunfähigkeit der ersten Österreichischen Republik war ein Märchen. Die Ausschaltung der Demokratie seit 1934 war fatal. »Österreich wurde außenpolitisch nicht isoliert, sondern isolierte sich durch die italienhörige Politik seit Dollfuß selbst.«[3]

Der Anschluss als Ereignis ist wie ein Prisma, in dem erkennbar wird, was der Nationalsozialismus war, wer Hitler war, was Nihilismus und Mythenwahn bewirkt haben, woher solch exzessive Gewalt stammt. Es wäre zu klein gedacht, wenn man den Anschluss als peinlichen Betriebsunfall in der Geschichte Österreichs ansähe. Es wäre auch falsch, die Begeisterung der Massen und die Ausschreitungen im März 1938 getrennt zu betrachten. Sie sind die beiden Seiten eines Ereignisses, die untrennbar zusammengehören: Größensucht und Vernichtungswahn. Und es ist wichtig, die Exzesse in Wien nicht als ›Begleiterscheinungen‹ zu verstehen, die auch unterbleiben oder ›weniger schlimm‹ hätten ausfallen können. Der Bürgerkrieg gegen den jüdischen Teil der Bevölkerung war ein Kernelement dieser politischen Ideologie. Es war purer Vernichtungswille, der sich hier zeigte, und der steckte im Kern des Nationalsozialismus als ›Projekt‹. Hitler selbst hat, indem er sein übersteigertes und irreales Ich, eine mythenhafte Erlöserfigur, zum Maßstab aller Politik machte, die Basis für den Vernichtungswillen gelegt. Das Projekt Nationalsozialismus ist nicht etwas, was auch anders hätte laufen können: Es war von vornherein als Leugnung von Realitäten angelegt, und das hieß als Leugnung des Existenzrechts aller, die im wahnhaften Weltbild der Nationalsozialisten nicht vorkamen.

Noch vor dem Krieg, allein durch den engen Kontakt seit dem Anschluss und durch die vielen Deutschen im Land, wurden die Unterschiede in der Mentalität und in der Verhaltensweise klar. Die Vorstellung, dass Österreich und Deutschland irgendwie zusammengehören, starb schon vor 1945. Die Selbstbesinnung Österreichs war nicht erst eine Folge der Niederlage und der Distanzierung vom geschlagenen Reich. Gleichwohl hat es nach Kriegsende eine massive und brutale Vertreibung von Deutschstämmigen aus Österreich gegeben. Vorbehalte in Form von Schimpfwörtern, wie das aus dem Ersten Weltkrieg bekannte *Marmeladinger*, wie *Piefke* oder *Moxikaner* (›es mog sie kaner‹), sind etwas anderes als Widerstand. Auf den heimischen Theaterbühnen vermisste das Wiener Publikum bald seine alten Lieblinge und war irritiert über zu viele Reichsdeutsche. Auf der politischen Bühne galt das erst recht.

* * *

Der »kampflose Untergang Österreichs« hatte auf die Gegner des Anschlusses verheerende Wirkung. Die massive Verhaftungswelle, die Flucht so vieler Opponenten, aber auch die vielen Erklärungen von Kirchenvertretern, Kulturschaffenden und sogar von einzelnen Politikern, die den Anschluss freudig begrüßten, und überdies die passive Haltung der anderen europäischen Staaten ließen keinen Gedanken an organisierten Widerstand aufkommen.

Die sozialistische Linke hatte zwar schon unter dem Ständestaat vom Ausland her oppositionelle Strukturen und geheime Kanäle aufgebaut, linke Sozialdemokraten in der Gruppe Revolutionäre Sozialisten, die Kommunisten in der Roten Hilfe und der Sozialistischen Arbeiterhilfe, doch musste sie angesichts der raschen und gründlichen Neuorganisation der Verhältnisse in der »Ostmark« auch ihrerseits von Prag, Brünn oder Paris her alles neu organisieren.[4]

Zunächst blieb es bei Protesten und Aufrufen zum Wahlboykott am 10. April bei den Sozialdemokraten, den Kommunisten und bei Otto von Habsburg und dessen Anhängern. Aufgerufen wurde zum Widerstand gegen die Unterjochung Österreichs und zugleich zur Solidarität mit dem geknechteten deutschen Volk.[5] Die Kommunisten organisierten Widerstandszellen ab Sommer 1938 und appellierten an Arbeiter, Soldaten und an die Jugend: »Volk von Österreich! Wehre Dich, leiste Widerstand den fremden Eindringlingen und ihren Agenten. Schließt Euch zusammen, nun erst recht, zur Front aller Österreicher.«[6] Die Verfolgung durch die Gestapo war gnadenlos, vor allem weil es ihr gelungen war, ehemalige Anhänger der Linken als Spitzel umzudrehen. Auch katholische Gruppen und vereinzelte Geistliche bewiesen im Laufe des Jahres 1938 ihre Renitenz, die den Krieg über anhielt und oft genug mit dem Leben bezahlt werden musste.[7] Doch trotz einzelner heroischer Aktionen kann die Bilanz für die erste Zeit nach dem Anschluss nur lauten, dass Widerstand eine Randerscheinung blieb.[8]

* * *

»Rein äußerlich ging das Wiener Leben seinen graziösen, leichten Gang weiter. In der Oper wurden Feste des Gesanges gefeiert, das Burgtheater glänzte in seiner alten Pracht, und auch die anderen Schauspielhäuser erfreuten sich lebhaften Zuspruches. [...] Manches Fest, mancher Empfang bei ausländischen Botschaften schien es darauf angelegt zu haben, die Gäste von ihren nur zu berechtigten Untergangsstimmungen abzulenken. Man wollte sich des Lebens freuen, solange das Lämpchen glühte, und übersah dabei geflissentlich, daß es schon längst erloschen war«, schrieb der Emigrant Siegfried Trebitsch im Rückblick.[9]

Das reduzierte Wien spielte weiter und war doch (laut Friedrich Torberg) eine »versunkene Stadt«. Nicht alles, was nach dem Anschluss produziert wurde, war künstlerisch schlecht oder ideologisch durchtränkt. Aber irgendwie zählt es nicht recht, da es der Legitimation der neuen Herren diente und zugleich eine Ablenkung war von der kommenden Katastrophe. Und wer weiter mitmachte auf den gesäuberten Bühnen, konnte dies nur tun, wenn er öffentlich zu Kreuze kroch, zum Hakenkreuz. Der einflussreiche Germanist Joseph Nadler feierte die neuen Verhältnisse als »deutsche Verwandlung Wiens«, die eine Herzensangelegenheit sei.[10]

Schon am 12. März schickte der Propagandaminister einen engen Vertrauten, den Leiter der Reichspressestelle Alfred-Ingemar Berndt, nach Wien, wo er den Vollzug des Anschlusses propagandistisch unterfüttern und alsbald eine eigene Unterabteilung des Berliner Ministeriums aufbauen sollte.[11] Dieses Amt bezog Büros im ehemaligen Parlamentsgebäude.[12] Mit Berndts Hilfe wollte Goebbels eine »Reform der Österreichischen Presse« durchführen, aber auch die Neubesetzung der Spitzenpositionen in den Theatern, im Rundfunk und im Film kontrollieren. Allerdings gab es auch hier wie überall im Dritten Reich ein Gerangel um Kompetenzen, und so wurde Berndt noch im Dezember abgelöst. Im Krieg war die Erschaffung des Mythos um Feldmarschall Rommel Berndts größter Propaganda-Erfolg.

Am 14. März wurden wegen der Ankunft Hitlers alle Staats- und Privattheater sowie Kinos geschlossen. Am 15. März wurde bekannt gegeben, im Sinne der »Neuordnung in Österreich« habe in den Wiener Theatern eine Säuberungsaktion »Platz gegriffen«. Und drei Tage später triumphierte der *Völkische Beobachter*: »Die Verjudung der Wiener Theater ist endgültig vorbei.«[13] Von den 24 Bühnen Wiens gab es am 31. März nur noch 12. Da der Spielplan angepasst werden musste, schlossen die meisten Theater für zwei Wochen. Wurden Reden von Hitler, Gauleiter Bürckel oder Hermann Göring im Rundfunk übertragen, entfielen Vorstellungen oder begannen erst nach Beendigung der Reden; in privaten Theatern und Kabaretts wurden bei wichtigen Ansprachen Lautsprecher aufgestellt.[14]

Ungewohnte Töne erklangen in der Staatsoper am 17. März: Vor der *Fidelio*-Aufführung unter dem Dirigenten Hans Knappertsbusch wurden das Deutschlandlied und das Horst-Wessel-Lied gespielt. Das Publikum stand auf und zeigte den Hitlergruß. Wie es auf den Freiheitschor der Gefangenen reagiert hat, ist nicht überliefert.[15] Auch die Varieté-Theater wurden zunächst geschlossen, dann mit neuer Leitung und neuem Programm wiedereröffnet. Die Kinos zeigten nun massiv NS-Propagandafilme wie *Triumph des Willens*, *Hitlerjunge Quex* und andere.[16]

1500 Journalisten und Autoren wurden vertrieben, insgesamt an die 5000 im Kultursektor Beschäftigte. Allein im Musiksektor machte die Zahl der Ausgeschlossenen über 300 Personen aus. Aus rassischen Gründen wurden die Dirigenten Karl Alwin und Josef Krips entlassen; die Sopranistin Lotte Lehmann, ein Weltstar, ging freiwillig, sie hatte sich schon 1933 in Berlin der deutschen Kulturpolitik verweigert. Richard Tauber war zum letzten Mal am 7. März 1938 in der Staatsoper aufgetreten. Er verließ Wien wenige Tage vor dem Anschluss. Rudolf Beer, einst Direktor des Volkstheaters, wurde von SA-Leuten im Wienerwald schwer misshandelt und beging danach Selbstmord. Die beiden ehemaligen Kollegen, die ihn den Schlägern überantwortet hatten, wurden nach 1945 nicht verurteilt.[17]

Im Juni 1938 fand in Wien die fünfte Reichstheaterfestwoche insgesamt und die erste in Großdeutschland statt. Joseph Goebbels bemerkte in Wien zunächst »widerliche Heuchelei« und einen »finsteren, muffigen Geist«, genoss dann aber doch den *Rosenkavalier*: »Dieses Orchester, dieses Fluidum [...]. Dazu das ganz einzigartige Haus und dieses Publikum.«[18] Für die Staatsoper fand Goebbels zunächst keinen geeigneten Direktor aus dem Reich, so wurde der Jurist Erwin Kerber ernannt, seit 1933 administrativer Direktor und seit 1937 künstlerischer Leiter. Er wurde als völkisch eingestuft, auch wenn er nicht zur Partei gefunden hatte, doch war er immerhin Couleur-Student gewesen.

Bei den Wiener Philharmonikern wurden alle Juden ausgeschlossen, darunter so bedeutende Künstler wie der Violonist Arnold Rosé, der nach London flüchten konnte. Seine Tochter Alma wurde deportiert, musste als Geigerin im »Mädchenorchester von Auschwitz« spielen und wurde dort ermordet. Im besetzten Europa absolvierten die Wiener Philharmoniker viele Auftritte im Dienste der deutschen Propaganda.[19] Jüdische Kulturbünde als Auffangstrukturen für ›nichtarische Künstler‹, wie in Deutschland nach 1933, spielten keine Rolle mehr, zu groß war schon der Druck zur Emigration.[20]

An allen Theatern wurden nationalsozialistische Betriebszellen gegründet (NSBO). Das *Neue Wiener Tagblatt* schrieb am 17. März 1938: »Da im Burgtheater bis auf ganz wenige Ausnahmen durchwegs arische Künstler einwandfreier Gesinnung tätig sind, wird die neue Ordnung in rassischer Hinsicht nur geringe Änderungen zur Folge haben.« Ins Programm wurden nun NS-Propagandaschinken aufgenommen wie *Schlageter*, ein Stück des SS-Blutbarden Hanns Johst.[21]

Im Burgtheater hatte die österreichische NSDAP Hermann Röbbeling, Direktor seit 1931, am 12. März abgelöst durch den Schriftsteller Mirko Jelusich, seit 1931 Mitglied der illegalen NSDAP. Neider in Wien denunzierten Jelusich bei Goebbels als unzuverlässigen kroatischen Schriftsteller. Schon am 11. März wurden die Schauspieler Fritz Strassny, Fritz Blum, Hans Wengraf und Lilly Karoli beurlaubt, ihre Bezüge zum 30. April eingestellt, ebenso der Dramaturg Friedrich Rosenthal und die Chormitglieder Jakob Wolf und Adolf Zombor. Zwei Souffleure und ein Arbeiter wurden trotz ihrer »nichtarischen Abstammung« noch eine Weile im Amt belassen; das galt auch für andere Angestellte in Ballett und Verwaltung und sogar in der Garderobe. Jelusich bat um 12 »Sonderbewilligungen«, weil der Abgang dieser Personen einen wesentlichen Verlust für das Burgtheater bedeuten würde. Seinem Ersuchen wurde entsprochen mit Ausnahme von Josef Gielen. Anfang 1939 schloss man den Regisseur aus der Reichstheaterkammer aus, im gleichen Jahr konnte er nach Argentinien emigrieren.[22] 1948 kehrte Gielen nach Wien zurück, wurde Direktor des Burgtheaters und später Oberspielleiter an der Staatsoper.

Für Goebbels war Jelusich, den er einen »wilden Nazi« nannte,[23] nur als kommissarischer Leiter akzeptabel. Dann entschied er sich für Lothar Müthel, den er als Regisseur schätzte und der seit 1933 in der Partei war. Müthel hatte einen schweren Autounfall und wurde zunächst durch den Schauspieler Ulrich Bettac vertreten, seit 1927 gelegentlich am Burgtheater, aber auch in der illegalen Nazi-Partei tätig. Bettac war nach den Vorgaben seiner Herren erfolgreich, auch finanziell. Als am 8. Mai 1939 der genesene Müthel sein Amt antrat, schlug ihm Misstrauen entgegen: Man war der Deutschen schon überdrüssig.

Bei der Reichstheaterwoche 1939 bekundete das Publikum Missfallen gegen Reichsdeutsche, österreichische Schauspieler wurden hingegen demonstrativ gefeiert. Es gab auch verdeckte Affronts gegen den anwesenden Goebbels, der daraufhin Beifallsäußerungen bei offener Szene untersagen ließ. Schillers *Wilhelm Tell* hatte man nach 1933 in Deutschland oft aufführen lassen, als »nationales Freiheitsdrama« verstanden. Am 20. April 1938 wurde es im Burgtheater als »Festvorstellung zum Geburtstag des Führers« mit großem Pomp und Aufwand gezeigt. Doch ab 1941 wurde das Stück (auf Wunsch des Führers) nicht mehr auf die Spielpläne gesetzt und auch nicht mehr in den Schulen behandelt. Hatten die Nazis erst jetzt verstanden, dass es darin um Tyrannenmord ging und dass der Freiheitsbegriff der Nazis ein anderer war als der des deutschen Klassikers?

Bei Hitlers einzigem Besuch im Burgtheater am 11. Juni 1939 wurde Nestroys Komödie *Einen Jux will er sich machen* gespielt. In der Loge saßen Goebbels und Seyß-Inquart neben ihm. 1941 wurde Müthel als Generalintendant auch für die Oper zuständig, 1943 aber durch Karl Böhm abgelöst.

Die Burgtheater-Schauspieler Fritz Lehmann, der Klarinettist Friedrich Wildgans (Sohn von Anton Wildgans) und der Löschmeister Adolf Gubitzer gehörten der Widerstandsgruppe an, die sich um den Priester Roman Karl Scholz gebildet hatte. Sie wurden von ihrem Schauspiel-Kollegen Otto Hartmann denunziert, der sich ihnen zum Schein angeschlossen hatte. Folge: Dutzende Verhaftungen, zehn Hinrichtungen, kein Gewissenswurm.

* * *

Für viele prominente Autoren bedeutete der Anschluss den bitteren Weg ins Exil, und das nicht nur für die Juden unter ihnen. Für andere Dichter und Romanciers hingegen war es eine große Stunde. Regimekonforme Autoren wurden nicht nur hofiert und gefeiert; sie entwickelten sich auch zu Spitzenverdienern im neuen Reich, manche wurden höher bezahlt als Wehrmachtsgeneräle.[24] Einige begrüßten den Anschluss als »kulturpolitische Wende«.[25] Es entstand ein Kreis von etwa 50 österreichischen »Literaturprotégés«, unter ihnen Bruno Brehm, Friedrich von Gagern, Robert Hohlbaum, Mirko Jelusich, Karl Heinrich Waggerl, Josef Weinheber.[26]

Josef Weinheber engagierte sich seit 1933 für die illegalen Nazis. Seine Ruhmgedichte auf den Führer oder sein »Hymnus auf die Heimkehr« lassen keinen Zweifel an seiner Gesinnung zu.[27]

Er stellte die »geistigen Stimmführer des Volkes« den volksfremden Kräften entgegen. Alles Jüdische empfänden die Wiener als fremd und feindlich. Zur Heilung des entkräfteten Volkskörpers sei »naturgemäß« die »Aussonderung der Juden aus dem deutschen Volksraum« vonnöten. Als er das 1941 schrieb, hatte schon die »Endlösung« begonnen.[28]

Etwa 750 Schriftsteller(innen) wurden in die Reichsschrifttumskammer aufgenommen. Ohne diese Mitgliedschaft, die eigens beantragt werden musste, gab es keine Erlaubnis zur Publikation. Über 700 Schriftsteller(innen) wurden vertrieben, verboten oder verhaftet. 50 Hauptlektoren und 1400 Lektoren wurden beschäftigt, um das »unerwünschte Schrifttum« insbesondere von jüdischen Autoren auszusieben.[29] Bedient wurde nun das Kunstideal des heroisch-völkischen Nationalismus, wie der Emigrant Herbert Marcuse es schon 1934 beschrieben hatte, zugleich gab es eine massive Förderung von Unterhaltungsliteratur.[30]

So glänzend wie Joseph Weinheber erging es Theodor Kramer nicht. Der Sohn eines jüdischen Gemeindearztes in Niederösterreich, im Ersten Weltkrieg schwer verwundet, war zunächst Buchhändler gewesen und lebte ab 1931 als freier Autor. 1928 hatte er Erfolg mit dem Gedichtband *Die Gaunerzinke.* Nach 1934 engagierte er sich in der Vereinigung sozialistischer Schriftsteller Österreichs. Im August 1938 scheiterte der Versuch, für sich und seine Familie Ausreisepapiere zu bekommen, nachdem sie aus ihrer Wohnung vertrieben worden waren. Es folgten ein Nervenzusammenbruch und ein misslungener Selbstmordversuch. Dank einer Intervention von Thomas Mann gelang am 20. Juli 1939 die Auswanderung.

* * *

Ich erinnere mich ganz genau lautet der Titel der Erinnerungen des Dirigenten Karl Böhm, und in der Tat gebraucht er diese Formulierung im Gespräch mit seinem Ghostwriter oft und gern.

In Wahrheit erinnert er sich nur sehr ungenau, wie viele, denen diese Periode später peinlich war. Denn so vieles weiß er nicht mehr oder erwähnt es nicht, etwa das Konzert zu Hitlers Geburtstag 1935 an der Städtischen Oper Charlottenburg. Die Ausschreitungen 1938 in Wien hat er völlig vergessen wie auch seine Solidaritätsbekundung gegenüber den neuen Machthabern. Zur Volksabstimmung der Nazis am 10. April 1938 ließ Böhm verlauten: »Wer dieser Tat des Führers nicht mit einem hundertprozentigen ›Ja‹ zustimmt, verdient nicht den Ehrennamen ›Deutscher‹ zu tragen.«[31] Ähnlich äußerten sich Ewald Balser, Attila Hörbiger, Paul Hörbiger, Paula Wessely, Josef Weinheber und andere. An die Freundschaft mit Bruno Walter und seine Förderung durch ihn erinnert sich Karl Böhm übergenau, nicht ohne Züge »jüdischer Sentimentalität« in dessen Dirigaten zu vermerken. »Exil« nennt Böhm sein zweijähriges Berufsverbot nach 1945, an das sich sogleich eine Weltkarriere anschloss, nicht etwa die Vertreibung der Juden nach dem Anschluss.

Die Zerstörung der Wiener Oper durch alliierte Bomben war eine große Tragödie, die Böhm zu Tränen rührte; 1938 hat er nicht einmal Krokodilstränen vergossen. Warum er nicht emigriert sei? Er hatte eben keine Verträge im Ausland. Erst die Verträge, dann die Überfahrt? Das Glück hatten die Verjagten nur selten. Er glaubt bewiesen zu haben, auf welcher Seite er immer stand.[32]

Hitler wird in diesen Gesprächsmemoiren möglichst nicht beim Namen genannt, heißt nur »der allerhöchste Herr« und so ähnlich. Böhm konnte im Krieg bis 1944 durch das besetzte Europa reisen und Konzerte geben. Er spricht von der »schrecklichen politischen Lage«, aber genauer wird's nicht.[33] Er glaubt zu wissen, New York habe kulturell von den vielen Emigranten profitiert. (Die Vertreibung hatte ihre guten Seiten?)[34]

Böhm war, wie die Dirigenten Furtwängler, Karajan, Knappertsbusch oder Krauss, eine der kulturellen Stützen des Regimes. Sein

Name findet sich folgerichtig auch auf der sogenannten »Gottbegnadeten-Liste«, die eine kleine Gruppe der insgesamt 14 000 Mitglieder der Reichskulturkammer 1944 vor dem Kriegseinsatz an der Front oder in Rüstungsbetrieben bewahrte. Bereits 1933, gleich nach der Machtergreifung, wurde Böhm die Leitung der Dresdner Oper anvertraut. Er war in führender Funktion im »Kampfbund für deutsche Kultur« tätig, faselte in Fachzeitschriften davon, der »Weg der heutigen Musik« bestehe in »Entsentimentalisierung«. Jüdische Sentimentalität, sagte man damals. Wie bei Bruno Walter?

Wenn Dollfuß ein »Taschenkanzler« war, dann konnte der ebenso kleine »Volksschauspieler« Hans Moser, der eigentlich Johann Julier hieß, als Taschenkomiker gelten. Er hatte ein angeborenes Kehlkopfleiden in einen komischen Sprecheffekt auf der Bühne verwandelt, sein berühmtes Nuscheln.[35] Durch Sprache und Gestik war er auf dumm-komische oder hinterhältige Rollentypen festgelegt wie im Stummfilm *Stadt ohne Juden*, wo er einen antisemitischen Abgeordneten spielte. Seine Laufbahn hatte in einem jüdischen Theater in der Leopoldstadt begonnen. Den Nazis galt er als »Mischling zweiten Grades«, doch Goebbels war klar, wie wichtig der Volksschauspieler für die Unterhaltungsfilme war, und so konnte Moser, nach einem untertänigen Brief an den Führer, im Geschäft bleiben, seine jüdische Frau Blanka Hirschler erhielt eine Sondergenehmigung, musste aber nach Ungarn übersiedeln.[36] Die bereits verheiratete Tochter Margarete wanderte nach Argentinien aus. Nach 1945 wohnte das Ehepaar Moser wieder in der großen Villa in Hietzing.[37]

Am 15. März wurde der Parteigenosse Fritz Knoll zum neuen Rektor der Wiener Universität ernannt. Noch am selben Tag empfing ihn Hitler im Hotel Imperial. Im Namen aller Professoren erklärte er: »Die nationalsozialistischen Lehrer der Wiener

Universität grüßen ihren Führer in freudiger Begeisterung. Sie sehen in der Wiedervereinigung der Ostmark mit dem Deutschen Reich die Erfüllung ihres Wirkens an dieser altehrwürdigen Hochschule, dem Bollwerk des Kampfes um Großdeutschland in schwerster Zeit.«[38]

Am 22. März wurden alle nichtjüdischen Professoren auf Hitler vereidigt. 66 Prozent der Dozenten wurden entlassen, alle Studentenvertretungen wurden der Partei unterstellt. Die Korporationen lösten sich selbst auf und traten dem NS-Studentenbund bei. Ihre historischen »Verdienste« als Speerspitze des Antisemitismus wurden ausdrücklich anerkannt. Lehramtsstudenten mussten nun Veranstaltungen in Rassenkunde besuchen.[39] Genau wie in Deutschland nach 1933 ging die Gesamtzahl der Studierenden zurück, und genau wie im Altreich nahm die Zahl der Studentinnen ab, ehe sie in den Kriegsjahren deutlich anstieg.[40]

Nachdem die Universität für einige Zeit geschlossen hatte, wurde sie am 25. April feierlich wiedereröffnet. Den Festvortrag hielt der Historiker Heinrich Ritter von Srbik, zugleich neuer Präsident der Akademie der Wissenschaften. Mit dem Anschluss erfülle sich ein tausendjähriger Traum, sagte er und endete mit dem Ausruf »Ein Volk, ein Reich, ein Führer!«.[41]

Der Zoologe Konrad Lorenz, der seinen Antrag auf Parteieintritt vorbereitete, schrieb zwei Wochen nach dem Anschluss an einen Kollegen: »Man muß 5 Jahre lang unter der Regierung der schwarzen Schweinehunde gestanden haben, um ein ›Deutschland erwache‹ in seinem Inneren mit der vollen Intensität zu erleben. Ich glaube, wir Österreicher sind die aufrichtigsten und überzeugtesten Nationalsozialisten überhaupt!«[42] An der Universität von Königsberg vertrat er bald darauf seine rassistische Biologie, woran er sich nach dem Krieg nicht mehr so genau erinnern konnte.

* * *

In Darstellungen der Zeit nach dem Anschluss wird oft eine einschneidende Maßnahme vergessen, die den Alltag der Menschen besonders betraf: die generelle Umstellung des Straßenverkehrs. Denn in der Republik Österreich fuhr man links, zumindest in der Hauptstadt, allerdings nicht in allen Bundesländern.

Seit den Zeiten des Römischen Reiches fuhren Pferdegespanne auf der linken Straßenseite. Im Frankreich der Revolutionszeit erließ die Regierung Robespierre ein Gesetz, das in Paris Rechtsverkehr vorschrieb. Napoleon erweiterte dieses Gesetz auf Militärfahrzeuge außerhalb der Hauptstadt. Da er viel unterwegs war in Europa, schrieb er seine Order und Depeschen in der Kutsche und reichte sie durchs Fenster an den berittenen Boten links neben dem Gefährt. Und so wurde in allen Ländern, die seine Truppen erobert hatten, auf der rechten Straßenseite gefahren. Nach 1815 blieb diese Regelung erhalten. Nur England war nicht von Napoleon erobert worden. Österreich war zwar von den Franzosen besetzt worden, führte aber nach 1815 wieder den Linksverkehr ein, mit Ausnahme einiger Regionen des Reiches (zum Beispiel Kroatien).

1921 wurde in Vorarlberg, das damals nur durch wenige Pass-Straßen erreichbar war, der Rechtsverkehr eingeführt. 1927 wurde beschlossen, den Verkehr in ganz Kontinentaleuropa auf rechts umzustellen. In Österreich sollte ab dem Jahr 1932 der Rechtsverkehr generalisiert werden. Wien aber zögerte wegen der nötigen Straßenbahn-Umbauarbeiten. Ab 1930 galt die neue Regelung nur in Tirol, aber nicht in Osttirol und im Land Salzburg. Übergangsstellen zwischen Ost und West in Österreich gab es bei Lend an der Salzach: dort wurde die Fahrseite gewechselt. 1935 stellten auch Kärnten und Osttirol auf Rechtsverkehr um.[43]

Im Zuge der Gleichschaltung und gewiss auch in Vorbereitung des Krieges wurde nach dem Anschluss die deutsche Straßenverkehrsordnung und damit generell der Rechtsverkehr eingeführt.

Bei der Wiener Straßenbahn bereitete der Wechsel technische Probleme, so dass sich die vollständige Umstellung bis ins Jahr 1939 hinzog. Die nationalen Autokennzeichen wurden am Stichtag 2. April 1938 von A auf D umgestellt.[44]

* * *

Einige Maßnahmen der neuen Machthaber erfuhren große Zustimmung bei der Masse der Bevölkerung. Dazu gehörte die Einführung der obligatorischen Zivilehe. Der Einfluss der katholischen Kirche hatte dazu geführt, dass nach 1918 weiterhin die rein religiös geprägten Ehegesetze aus der Kaiserzeit galten.[45] Die neue Regelung erzeugte einen wahren Heiratsboom, der vom Regime finanziell gefördert wurde, bei strenger Bestrafung von Abtreibungen und Verbot von Werbung für Verhütungsmittel.[46]

Die Verbesserung der Wohnungssituation geschah auf der Basis von Unrecht. Durch Auswanderung, Flucht, Enteignung und Haft, vor allem aber durch das Zusammenpferchen von Juden in wenigen Häusern wurden in Wien bis Ende 1939 insgesamt 48 000 Wohnungen frei und an nichtjüdische Mieter vergeben. Das waren mehr Wohnungen, als die Stadt Wien vorher in zehn Jahren gebaut hatte.[47]

In der Gegend der Berggasse entstand eine ghettoartige Konzentration von »Judenhäusern«. In Freuds Haus wurden bis 1942 etwa 79 Juden einquartiert, die zuvor nicht hier gelebt hatten. Umsiedlungsaktion wurde dergleichen genannt. Viele der späteren nichtjüdischen Mieter haben noch Jahrzehnte nach dem Krieg in diesem Haus gewohnt.[48]

* * *

Eine Tragödie war der Anschluss für Österreichs Fußball-Nationalmannschaft. Fußball war der populärste Sport in der ersten Österreichischen Republik. 1921 wurde auf der Hohen Warte ein neues Stadion für 80000 Zuschauer eröffnet. Als erstes Land auf dem europäischen Festland führte Österreich 1924 den Profifußball ein. In Wien hatte der Fußball vor 1938 eine Blütezeit erlebt mit drei europäischen Spitzenmannschaften: Admira, Austria und Rapid Wien. Im Europapokal, wie die Europameisterschaft damals hieß, schlug sich das Team Österreich achtbar, wurde 1930 Zweiter hinter Italien, 1932 sogar Gesamtsieger, dieses Mal vor Italien. Das Wunderteam um Kapitän Matthias Sindelar von Austria Wien schlug 1931 die bis dahin auf dem europäischen Festland noch unbesiegten Schotten mit 5:0. Dasselbe Team schlug die Mannschaft des Deutschen Reiches mit 6:0 in Berlin sowie 5:0 in Wien, gewann 8:1 gegen die Schweiz und 8:2 gegen Ungarn, besiegte Frankreich mit 4:0. Nur gegen England wurde trotz großem Kampf knapp verloren.

Anders als Deutschland hatte sich Österreich für die Fußballweltmeisterschaft 1938 in Frankreich qualifiziert. Die Auflösung der Mannschaft infolge des Anschlusses führte zur Absage ihrer Teilnahme; England verzichtete darauf, den frei gewordenen Platz zu übernehmen. Schließlich trat eine gesamtdeutsche Mannschaft an, zu deren Kader acht Fußballspieler aus Österreich gehörten. Die Neigung, in dem gesamtdeutschen Team zu spielen, war unter den vormals österreichischen Spielern nicht sehr groß; doch nur einige Fußballgrößen wie Matthias Sindelar und Walter Nausch konnten es sich erlauben, eine Berufung in die deutsche Mannschaft abzulehnen. Die Spieler aus dem Reich und aus Österreich verstanden sich überhaupt nicht, zu unterschiedlich war die Spielweise. Das großdeutsche Team schied im Viertelfinale mit 2:4 gegen die Schweiz aus. Italien wurde zum zweiten Mal Weltmeister. Und so gab es kein Foto einer deutschen Weltmeistermannschaft mit Hitler.

Während des Zweiten Weltkriegs kamen insgesamt 28 Spieler aus den Alpen- und Donaugauen in der reichsdeutschen Mannschaft zum Einsatz. Für zwei Länderspiele gegen Böhmen und

Mähren trat eine rein ostmärkische Mannschaft an (7:1 in Wien am 21. Mai 1939; 5:5 in Prag am 22. Oktober 1939). Hingegen wurde auf Vereinsebene Rapid Wien ›deutscher‹ Meister.

Am 24. Januar 1939 meldeten Wiener Zeitungen den Tod des Fußballhelden Matthias Sindelar. Man hatte ihn und seine Geliebte Camilla Castagnola in deren Wohnung tot aufgefunden. Erst dadurch wurde die Affäre des sehr populären Stürmers bekannt. 56-mal hatte er für die Nationalmannschaft gespielt; er vor allem hatte seit 1931 den Stil der »Wiener Schule« geprägt. Seine Popularität nutzte er für Werbezwecke. Er agierte als Dressman und wirkte in dem Spielfilm »Roxy und ihr Wunderteam« (Budapest 1937) mit. Ende 1938 lief er bei einem Freundschaftsspiel gegen Hertha BSC in Berlin auf und schoss sogar zwei Tore. Es war sein letztes Spiel. Gerüchte über einen unnatürlichen Tod kamen auf, aber es lag wohl eine Rauchvergiftung durch einen schadhaften Kamin vor. Sindelar war ein Opportunist, wie alle prominenten Profis rief er dazu auf, bei der Volksabstimmung mit »Ja« zu stimmen. Der nach dem Krieg aufgekommene Mythos vom Antifaschisten Sindelar hat lange überdeckt, dass er zu den Ariseuren gehörte: Er wollte das Kaffeehaus eines jüdischen Freundes erwerben.[49]

Die österreichische Nationalliga wurde nach dem Anschluss durch die Gauliga Ostmark ersetzt; der angeblich »verjudete« Profifußball abgeschafft. Alle Mannschaften mussten vor und nach jedem Spiel den Hitlergruß zeigen; der Nachwuchsbetrieb der Vereine wurde von der Hitlerjugend geleitet.[50]

Für die jüdischen Sportler bedeutete der Anschluss schlicht den Untergang. Alle jüdischen Vereine wurden aufgelöst, allen voran der sehr erfolgreiche Hakoah Sport Club. Die Hakoah (das hebräische Wort für Kraft) war 1909 in Wien von einem kleinen Kreis von Ärzten, Anwälten und Kulturschaffenden gegründet worden, darunter der Librettist Fritz Löhner-Beda. In der Saison 1924/25 wurde das Fußball-Team österreichischer Meister. »Aus den verlachten Judenjungen sind nun doch junge Juden geworden«, freute sich die Zeitschrift *Jüdischer Sport*. Die Meisterfeier fiel zusammen mit dem Internationalen Zionistenkongress in Wien.[51]

Die Hakoah besaß ein Stadion für 18 000 Zuschauer im II. Wiener Bezirk. Der Club wurde modern gemanagt, er absolvierte Gastspiele in den USA und in England. Bei einem Spiel in New York lockte er 46 000 Zuschauer auf eine Polobahn. In London gewann die Mannschaft gegen West Ham United mit 5:0. Der englische Verein hatte nur ein B-Team aufgestellt, aber es war das erste Mal, dass ein englischer Club zu Hause gegen ein kontinentales Team verlor.[52]

Ebenfalls 1925 errang das Hockey-Team die Landesmeisterschaft. Das Wasserballteam von Hakoah war Meister in den Jahren 1927 und 1928. Auch die Ringer und die Boxer des Vereins waren erfolgreich; sie wurden zuweilen als Bodyguards engagiert, um Vereinsmitglieder gegen antisemitische Angriffe zu schützen. Fritzi Löwy und Hedy Bienenfeld gewannen als bisher einzige österreichische Schwimmerinnen Medaillen bei einer Europameisterschaft (1927). Lucie Goldner, Ruth Langer und Judith Deutsch waren für die Olympischen Spiele in Berlin 1936 nominiert, boykottierten diese aber aus Protest. Daraufhin sperrte sie der österreichische Landesverband auf Lebenszeit und erkannte ihnen alle Titel ab. Österreich holte zwischen 1896 und 1936 insgesamt 52 olympische Medaillen; 18 davon hatten jüdische Sportler gewonnen, elfmal mehr als es ihrem Bevölkerungsanteil entsprach. Um 1920 bestand das erfolgreiche ungarische Nationalteam zumeist aus Juden.[53]

Die Hakoah war zionistisch orientiert und half Jugendlichen, Selbstvertrauen aufzubauen. Der sportlich orientierte »Muskeljude« sollte antisemitische Zerrbilder widerlegen, ganz wie es der Publizist Max Nordau schon Ende des 19. Jahrhunderts beschworen hatte. Nach 1920 gründeten sich in vielen Städten Europas jüdische Fußballvereine, in Budapest, in Berlin, in Prag, Innsbruck und Linz. Und eben auch in Wien. Und sie bezeichneten sich ausdrücklich als jüdische Vereine, trugen als Emblem den Davidstern. Ihre Trikots waren meist in Blau und Weiß gehalten. 1938 wurde der Wiener Verein verboten, alle Resultate der Saison annulliert. Eine NS-Organisation übernahm das Stadion der Hakoah. Dutzende Mitglieder der verschiedenen Abteilungen des Sportvereins wurden im Holocaust ermordet, die wenigen Überlebenden versuchten nach 1945 einen Neuanfang und erlebten erneut ungenierten Antisemitismus.[54]

* * *

Das 1897 im Prater gebaute Riesenrad ist bis heute Anziehungspunkt und Wahrzeichen. Gegründet und betrieben hatte es der Impresario Gabor Steiner. 1919 ersteigerte es der mit ihm nicht verwandte Eduard Steiner. Beide wurden 1938 enteignet. Gabor Steiner gelang die Flucht in die USA. Eduard Steiner wurde in Auschwitz ermordet. Nach jahrelangen Prozessen erhielten die Erben Eduard Steiners das Riesenrad 1953 zurück und verkauften es schließlich weiter. Nach neueren Forschungen wurden nach 1938 im Prater insgesamt 22 Betriebe aus jüdischem Besitz enteignet. Restitution ist nur in einzelnen Fällen bekannt.[55]

* * *

›Zu den drei Husaren‹ im I. Wiener Bezirk (Weihburggasse 4) war ein Abendrestaurant für gehobene Ansprüche. Gegründet nach dem Ersten Weltkrieg, geriet es nach 1930 in finanzielle Schwierigkeiten. Die Lizenz lag bei Ella Zierner-Zwieback, die das Restaurant auch als Kantine für ein nahe gelegenes Kaufhaus führte. Am 26. März 1938 wurde das Restaurant »im Sinne der Verordnung zur Ausschaltung der Juden aus dem deutschen Wirtschaftsleben« übereignet an den Berliner Gastronomen Otto Horcher, dessen berühmtes Lokal in der deutschen Hauptstadt in der Schöneberger Lutherstraße 26 lag. Das Wiener Restaurant florierte bald wieder (unter dem alten Namen), und bis in den Krieg hinein traf sich dort die neue Herrenkaste. Im Kriegsjahr 1943 musste das Restaurant schließen. Otto Horcher verlagerte seine Aktivitäten nach Madrid, wo er das Restaurant Horcher in der Calle de Alfonso bis zu seinem Tode führte. In Wien wurde das Restaurant 1949 neu gegründet und hielt sich bis 2010.[56]

* * *

Sie wollten die Kultur »entjuden«, die neuen Herren. Aber sie wussten nicht Bescheid. Ein Problem bekamen sie, als Familienforscher feststellten, dass die Musikerdynastie Strauss jüdischer Abkunft war. Die Musik von Strauss Vater und Söhnen war doch so deutsch und volksnah! Das schrieb sogar *Der Stürmer*. Die populären Melodien der Strauss-Familie sollten den »Volksgenossen« Lebensfreude spenden!

Minister Goebbels erklärte die Angelegenheit zur Geheimen Reichssache. Er notierte am 5. Juni 1938 in seinem Tagebuch, er habe »keine Lust, den ganzen deutschen Kulturbesitz so nach und nach unterhöhlen zu lassen«.[57] Und so schreckten die Nazis nicht vor Urkundenfälschung zurück. Ahnenforscher, die wussten, dass die Musiker-Dynastie jüdische Vorfahren hatte, von denen einige zum Katholizismus übergetreten waren, wurden verpflichtet, darüber Stillschweigen zu bewahren.[58]

Am 25. Oktober 1925 hatte Felix Weingartner erstmals ein reines »Strauss-Konzert« dirigiert. Schon zuvor setzte sich der Walzer *An der schönen blauen Donau* (op. 314) als beliebte Zugabe bei Auslandsreisen durch. Die eigentliche, später durch Tonaufnahmen auch dokumentierte Strauss-Tradition der Wiener Philharmoniker begründete jedoch Clemens Krauss mit einem Konzert am 11. August 1929 im Rahmen der Salzburger

Festspiele, wo bis 1933 jeden Sommer ein Strauss-Konzert unter seiner Leitung gegeben wurde.

Das erste Strauss-Konzert zum Jahreswechsel unter Clemens Krauss wurde in der Zeit des Zweiten Weltkriegs als »Außerordentliches Konzert« mit öffentlicher Generalprobe am Nachmittag des 30. Dezember 1939 sowie am Vormittag des 31. Dezember 1939 im Goldenen Saal der Gesellschaft der Musikfreunde in Wien aufgeführt. Das Programm bestand ausschließlich aus Kompositionen von Johann Strauss Sohn.

Das erste Neujahrskonzert am Vormittag fand 1941 im Rahmen der »Zweiten Philharmonischen Akademie« statt. Zur Aufführung gelangten Werke von Josef Strauss und Johann Strauss Sohn. 1946 erschien erstmals der Radetzky-Marsch (op. 228) von Johann Strauss Vater im Programm der Wiener Philharmoniker. Erst nach dem Krieg erhielten die Konzerte den Namen »Neujahrskonzert« und halfen vergessen, was in Wien an dissonanten Dingen vorgefallen war.

* * *

Noch im Jahr 1938 wurden die Reichskleinodien, Zepter, Reichsapfel, Reichsschwert und Krone, jahrhundertelang die Insignien der kaiserlichen Macht, von Wien nach Nürnberg verlagert und in der dortigen Katharinenkirche ausgestellt. Schon in *Mein Kampf* hatte Hitler die Kaiserinsignien »Unterpfand einer ewigen Gemeinschaft« genannt.[59] Den Krieg überdauerten sie in einem Luftschutzbunker. Amerikanische Soldaten sicherten die Schätze und brachten sie nach Wien, wo sie seither in der Hofburg zu besichtigen sind.

16
Amputierte Lebensläufe

Fliehen ist etwas Beschämendes.
Ernst Lothar

Emigration ist ein Orden.
Adrienne Gessner

In einem Tagebucheintrag unter dem Datum 13. März 1938 triumphierte Joseph Goebbels: »Die Juden sind größtenteils geflüchtet. Wohin? Als ewige Juden ins Nichts.«[1]

* * *

Wir erleben Geschichte – mit dieser Redensart versuchten manche Wiener, sich die Ereignisse im März 1938 erträglich zu machen. Ein gewitzter Zeitgenosse entgegnete: »Ich möchte lieber Geographie erleben.«[2] Die Rettung bestand für viele darin, ihr Heil in Wien-abgewandten Seiten des Planeten zu suchen. Die berühmte Frage betreffs exotischer Zufluchtsorte lautete: »Weit? … Von wo?« Es war Alfred Polgar, der diese Scherzfrage in die Welt setzte.[3]

Wien im März 1938: An dieser unsichtbaren Zeitgrenze zerschellen Leben, brechen in zwei Teile. Das Leben in Wien vor dieser Schwelle und das Leben danach in Paris, London, New York, Los Angeles, aber auch in Shanghai oder in Mexiko City. Zusammengehalten wird so ein Emigrantenleben nur von der Erinnerung. Aber zwischen beiden Abschnitten liegt das Unerzählbare: der Moment der Flucht. In den einschlägigen Biographien werden die Umstände der Flucht nur selten erwähnt, obwohl sie gerade den Abgrund bedeuteten, in dem man verloren gehen konnte. In den Memoiren der Emigranten, oft Jahre später verfasst, findet man Widersprüchliches oder Ungenaues. An die demütigenden Erlebnisse und die Ängste, die damit einhergingen, erinnerte man sich nur ungern. Der Entschluss zur Flucht, der Aufbruch, die erste Zeit in der Fremde, das ist eine eigene Phase, zu unterscheiden von dem Versuch, eine neue Existenz aufzubauen und dem viel späteren Gefühl, irgendwo angekommen zu sein (oder auch nicht). Bei denen, die es überstehen, wirkt es lebenslang nach und macht die Erinnerung zu einem zentralen Thema. Überhaupt war es diese archaische Dimension, die plötzlich wieder Sinn erhielt: Der Gott der Emigration – das Schicksal (so sagte es Stefan Herz-Kestranek).

Ruhm, auch jenseits der kulturellen Sphäre, schützte nicht vor Verfolgung. Jeder in Österreich kannte den Skiweltmeister Hannes Schneider. Als Skilehrer und als Darsteller in Dokumentarfilmen war er ein Weltstar. Am 13. März 1938 wurde er verhaftet. Er hatte sich gegen den Anschluss ausgesprochen, hatte agitierende Nazis unter seinen Angestellten entlassen. Er war mit vielen Juden befreundet und weigerte sich, am heimischen Arlberg nur noch ›Arier‹ zu unterrichten.

Auf internationalen Druck kam er wieder frei, erhielt aber Berufsverbot und verkaufte sein Sportgeschäft in Sankt Anton. Er fuhr mit dem Zug in die Schweiz, von dort ging es weiter über Frankreich in die USA. In Amerika setzte er seine Karriere fort, im Skigebiet von Boulder, Colorado. Zu seinen Kunden dort gehörten viele Emigranten aus Europa. Im Zweiten Weltkrieg wirkte er als Ausbilder der amerikanischen Armee, in der sein Sohn als Soldat diente.

* * *

Der Autor, Reiseschriftsteller und Übersetzer Richard Arnold Bermann, ein kleinwüchsiger, zerbrechlich wirkender Mann, der unter dem Namen Arnold Höllriegel in Wiener, Prager und Berliner Zeitungen publizierte, gehörte zu den Unglücklichen, die gleich am ersten Abend mit dem Zug über die tschechische Grenze fliehen wollten, aber gezwungen wurden, wieder zurückzufahren. Er wollte am 13. März für Schuschnigg stimmen, am Samstag zuvor das Erscheinen seiner wöchentlichen Zeitungskolumne abwarten – und erst danach ins Ausland reisen. Der Koffer war schon gepackt. Am 10. März hatte er seinen Pass um fünf Jahre verlängern lassen.

Er hatte durchaus verstanden, dass er sich nicht in Wien halten könnte, aber da er der Wiener Verbindungsmann für emigrierte Autoren aus Deutschland war, die auf Überweisungen aus den USA warteten (vom dortigen Hilfskomitee für kulturelle Freiheit in Deutschland), die er an sie weiterverteilen sollte, hielt er tapfer durch. Am 11. März abends entschloss er sich zur Flucht und eilte zum Zug in Richtung Prag. An der Grenze hieß es: Österreichische Staatsbürger dürfen die Grenze nicht passieren. Es gelang Bermann noch, ein Telegramm an Staatspräsident Beneš zu schicken, doch auf die Antwort ließ man ihn nicht warten, sondern drängte ihn mit anderen Flüchtenden in den Zug, der zurück nach Wien fuhr.[4]

Da der Zug auf der Rückfahrt an manchen Stellen langsam rollte oder stehen blieb, gelang es einigen, hinauszuspringen und zu Fuß zu flüchten. Dafür war Höllriegel nicht kräftig genug. Mit vielen anderen wurde er im Wartesaal des Ostbahnhofs eingesperrt, musste zwölf Stunden auf dem Boden sitzen. Einige Personen wurden verhaftet, manche nach wenigen Tagen wieder freigelassen, darunter auch Höllriegel. Er versteckte sich ein paar Tage in Wien, traf den englischen Journalisten Gedye und berichtete ihm von seinem Schicksal.

Schließlich stieg Höllriegel in einen Zug in Richtung Italien. Noch vor der Grenze wurde er aus dem Zug gezerrt und verhaftet. Er hatte zu viel Geld bei sich: fünf Schilling mehr als die erlaubten zehn. Außerdem hatte er sich eine ›jüdische Frechheit‹ geleistet: eine Visitenkarte mit ›gotischen‹ Buchstaben (also in

Frakturschrift). Das genügte, um ihn mehrere Wochen zu inhaftieren. Zum Glück hatte er nur Papiere auf den Namen Richard A. Bermann dabei; dass er der den Nazis verhasste Autor Arnold Höllriegel war, hatten die amtlichen Sadisten nicht erkannt.[5]

Höllriegel gelangte in den Besitz eines tschechischen Passes (er war in Prag zur Welt gekommen), mit dem er über Prag nach Paris fliehen konnte. Er erholte sich bei Freunden in der Bretagne, wo er zum Katholizismus übertrat, wie er gelobt hatte, sollte er aus der NS-Haft freikommen. Es folgte ein kurzer Aufenthalt in England. Sein Versuch, einige Tory-Abgeordnete über die Ereignisse in Österreich aufzuklären, hatte wenig Wirkung. Dafür empfing ihn Sigmund Freud in seinem Londoner Domizil. 35 Jahre zuvor hatte er dem jungen Studenten bei einer Begegnung in Berchtesgaden eine Havanna geschenkt.[6]

* * *

Der junge Sozialdemokrat Bruno Kreisky hätte sich seine Partei kämpferischer gewünscht. Er meinte, ein zeitlich begrenzter Widerstand wäre ein Ruhmesblatt gewesen. Ein Kompromiss mit dem Ständestaat kam für ihn nicht infrage. Schuschnigg habe Österreich für das katholische Gegenstück zu Nazideutschland gehalten. Aber wozu einen zweiten deutschen Staat, wenn beide totalitär waren? Auch missfiel dem jungen Mann der »rückwärtsgewandte Kulturpatriotismus«, der sich vor allem in den Salzburger Festspielen manifestierte.[7]

Bei allem politischen Engagement vergaß er sein Jurastudium nicht. Er hatte ihm nicht zügig nachgehen können, weil er dann und wann zu kurzen Gefängnisstrafen verurteilt wurde wegen illegaler politischer Betätigung. Sein juristisches Rigorosum – denn natürlich wollte auch er den Doktortitel der Rechtswissenschaften erwerben, wie sich das für einen Politiker in Österreich gehörte – war auf Montag, den 14. März angesetzt. Die Prüfung fand statt, und die Prüfer zeigten sich besonders gnädig, weil sie in freudiger Erwartung von Hitlers Eintreffen in Wien waren. Die Prüflinge konnten sich aussuchen, welche Fragen sie beantworten wollten.

An diesem Vormittag zog ein Trupp Nazis durch das Fakultätsgebäude auf der Suche nach Juden, die sie verprügeln konnten. Anführer war ein ehemaliger Schulkamerad von Kreisky, der ihn zwar entdeckte, aber geflissentlich an ihm vorbeischaute. So blieb ihm wenigstens diese Prüfung erspart. Ein paar Tage später wurde der frischgebackene Dr. jur. verhaftet, musste in einer Zelle Schläge und Verhöre erdulden, wurde schließlich freigelassen mit der Verpflichtung, außer Landes zu gehen. Ein wohlwollender Sekretär ließ in die begrenzte Liste der infrage kommenden Länder nachträglich »Schweden« eintragen. In den neuen Pass, den er erhielt, wurde nicht das rote J gestempelt. Die alte Schlamperei war zum Glück noch nicht ganz verloren gegangen.[8]

* * *

Ernst Lothar war ein Mann mit zu vielen Eigenschaften und sehr unterschiedlichen Funktionen in Politik und Kulturleben. Außerdem war er Jude und deshalb österreichischer Patriot. Er war ein heiterer Mensch mit beinahe kindlichem Gemüt, der viele Schicksalsschläge verkraften musste. Seine Frau nannte ihn »Optimist zur Unzeit«.[9]

Geboren wurde er 1890 in Brünn als Lothar Ernst Müller, Sohn eines Anwalts. Dass er seinen Namen veränderte, lag nicht nur an dem allzu verbreiteten ›Müller‹, sondern auch daran, dass sein älterer Bruder als Schriftsteller Erfolg hatte unter dem Namen Hans Müller-Einigen. Hans konvertierte vom Judentum zum Katholizismus, war in verschiedenen Genres unterwegs. Sein bekanntestes Werk wurde das Libretto zur Operette *Im weißen Rössl*, Musik von Ralph Benatzky. Als Dramatiker verdiente Hans recht gut, konnte sich ein Haus in der Schweiz leisten, in Spiez am Thuner See.[10]

1904 übersiedelte die Familie nach Wien. Ernst studierte Germanistik und Jura, promovierte zum Dr. jur., wurde der jüngste Hofrat im Kaiserreich. Gleich nach dem Studium heiratete er eine Französin, Marie Hélène Sachs des Renaudes. Schon kurz nach den Flitterwochen gab es Krieg. Der Vater zweier Töchter wurde bald als kriegsuntauglich eingestuft und diente als Staatsanwalt. Nach 1918 wechselte er ins Handelsministerium der jungen Republik, wo er sich auch als Kulturpolitiker betätigte. Zu seinen politischen Leistungen gehörte die staatliche Absicherung der Salzburger Festspiele, die Gründung der Hochschule für Welthandel sowie der Wiener Messe. Seine Gedichte und Romane veröffentlichte er unter dem Namen Ernst Lothar.

1925 trat er aus dem Staatsdienst aus und wechselte in die Kulturszene, zunächst als einer von fünf Theaterkritikern der *Neuen Freien Presse*, bis er schließlich selbst Regie zu führen begann, sogar am Burgtheater. Er setzte sich für das Werk von Grillparzer ein, auch als Maßnahme der Besinnung auf das österreichische Kulturerbe. 1933 wurde er Präsident des Gesamtverbandes der Schaffenden Künstler Österreichs. 1935 übernahm er die Direktion des Theaters in der Josefstadt unter der Ägide von Max Reinhardt, der ja vielfach beschäftigt war, in Berlin, Salzburg und Amerika.

Ernst Lothars Ehe hatte unter seiner Umtriebigkeit gelitten und wurde 1933 geschieden. In zweiter Ehe war er mit der Schauspielerin Adrienne Gessner (eigentlich: Geringer) verheiratet.

Adrienne war nahe der Oper aufgewachsen, ihr Vater war ein bekannter Gesangslehrer. Zu den Gästen des Hauses gehörte Enrico Caruso, den sie schwärmerisch verehrte. Genau wie ihre ältere Schwester wurde sie Schauspielerin, wobei ihr freundliches Gesicht mit der charakteristischen Stupsnase sie für komische Rollen prädestinierte. Mit Ernst Lothar bezog sie eine Wohnung am Beethovenplatz.

Max Reinhardt machte Lothar 1935 zum Leiter des Theaters in der Josefstadt, nachdem er es nicht vermocht hatte, ihn zur vorübergehenden Leitung seiner Berliner Theater zu bewegen. Er war zu sehr mit Wien verbunden, um in die fremde Hauptstadt zu gehen. In seinem Spielplan bedachte er nicht nur österreichische Klassiker des 19. Jahrhunderts wie Nestroy und Grillparzer, sondern auch die Zeitgenossen Hofmannsthal, Werfel und immer wieder Schnitzler.[11] Gern ließ er auch französische Autoren spielen, etwa Henri Bernstein; auch die deutsche Uraufführung von Jean Giraudoux' Stück *La Guerre de Troie n'aura pas lieu* war ihm zu verdanken, unter dem deutschen Titel *Es kommt nicht zum Krieg* – gefördert durch die französische Botschaft.[12]

Ernst Lothar hatte viel für das Werk von Grillparzer getan an seinem Theater, was von den politisch Verantwortlichen im Ständestaat durchaus gutgeheißen wurde. Als er aber 1937 dessen Stück *Die Jüdin von Toledo* auf den Spielplan setzte, blieben die politischen und geistlichen Würdenträger der Premiere fern, dabei hatte er auf demonstrative Bezüge zur Gegenwart verzichtet.[13]

Eine Woche vor dem Anschluss war sein Vertrag als Theaterleiter um fünf Jahre verlängert worden. Am 11. März gastierte Ernst Lothar mit seinem Theater in Linz. Dort erfuhr er von der Absage des Referendums und von Schuschniggs Rücktritt. Ein Schauspieler sagte, Österreich brauche nun seine Österreicher, um sich gegen den Ex-Österreicher aus Braunau zu behaupten.[14]

Auf der Rückfahrt nach Wien musste Lothar die Stadtzentren meiden, die überall durch Nazi-Aufmärsche verstopft waren. In seiner Wohnung am Beethovenplatz frühstückte er mit Tochter Johanna (genannt Hansi). Danach musste er ins Theater, bat aber seine Tochter, auf keinen Fall das Haus zu verlassen. Der Hausmeister, der sonst immer mit »Guten Morgen, Herr Hofrat« grüßte, sagte an diesem Tag nur: »Heil Hitler, Herr Ingenieur«. Damit meinte er einen Nachbarn, den Hofrat hatte er übersehen. Oder waren Juden unsichtbar geworden? Draußen vor dem Haus grüßte ihn allerdings ein junger Mann sehr ergeben, es war ein Schriftsteller, der dem Theaterleiter kurz zuvor ein Stück eingereicht hatte. Ernst Lothar war zur Ausreise entschlossen, seit er Straßenkämpfe und Naziaufmärsche beobachtet hatte. Das Hotel Imperial, in dem Hitler residierte, lag nur Schritte von seiner Wohnung am Beethovenplatz entfernt.[15]

Zu Hause erschienen zwei Detektive und wollten Lothars Pass einziehen. Seine Frau Adrienne, gerade von einem Gastauftritt zurückgekehrt, wollte sich theatralisch widersetzen, aber Lothar gab seinen Pass freiwillig heraus, entschuldigte sich für seine Frau. Am nächsten Tag begab sich Adrienne auf eine Theatertournee in der Tschechoslowakei. Sie wäre lieber in Wien geblieben, fügte sich aber dem Wunsch des Ensembles.[16]

Lothar musste 25 000 Schilling zahlen, um den Pass wiederzubekommen. Seine Sekretärin Josefine Holmann arrangierte das. Attila Hörbiger verschaffte ihm eine Bescheinigung des Bühnenvereins, dass er allen Verpflichtungen nachgekommen wäre und dass die Schauspieler, Arbeiter und Angestellten ihm sehr dankbar seien. Mit Pass, Attest und einer Ausreiseerlaubnis brach er auf, in Begleitung seiner Tochter und mit vielen Koffern, denn die Garderobe und der Schmuck von Adrienne mussten mitgenommen werden. Diese rief an und war etwas unvorsichtig, denn als sie hörte, dass ihr Mann wegfahren wollte, fragte sie: Wohin? Er fahre zu seinem Bruder Hans, sagte er (der in der Schweiz lebte), und natürlich nehme er seine Tochter mit. Da verstand sie, dass sie ihm ins Exil folgen solle. Ein Abschiedsbesuch im Theater war nicht erwünscht, der Inspizient schickte den bisherigen Direktor barsch fort, er störe eine Probe. Der Name Max Reinhardt war auf keinem Plakat mehr zu sehen im Haus.[17]

Der geschasste Theaterleiter nahm Abschied von seinem Bruder Robert, der in Wien blieb, 1942 nach Riga deportiert und dort ermordet wurde. Der Aufbruch ins Exil sah noch recht feudal aus, viele Koffer wurden in den nagelneuen Steyr 50 gepackt, einem käferartig gebogenen PKW, gefahren vom treuen Chauffeur Josef Wlcek. Als sie am 19. März abfuhren, stand Hansis Verlobter winkend am Straßenrand. Auf dem Beethovenplatz drehten sich die Paare auf der Kunsteisfläche, tanzten Walzer in der wohltuenden Märzsonne. Für Ernst Lothar, der schon den Untergang des Kaiserreichs kaum verkraftet hatte, war der Abschied von Wien ein Drama. Der »seelische Tod ist härter als der leibliche«, schrieb er später. Diese Art seelischer Tod wurde so oft gestorben im Wiener März 1938.[18]

Hansis Verlobter war auch Schauspieler. Ernst Häussermann, Sohn eines Burgschauspielers, trat seit 1938 an der Burg auf. Da er Jude war, verließ auch er Österreich und gelangte in die USA. Dort heiratete er Johanna (Hansi) Lothar, die als Sekretärin von Max Reinhardt in New York tätig war, aber sie starb 1945 mit 27 Jahren. In den USA bekam er viele kleine Filmrollen, war kurz auch Regieassistent bei Reinhardt. Nach dem Krieg kehrte Häussermann nach Wien zurück und spielte eine wichtige Rolle im Kulturleben, auch als Direktor des Burgtheaters.

Mit dem schönen neuen Auto fuhren Ernst Lothar und seine Tochter in Richtung Schweizer Grenze. Das Auto fiel unterwegs auf, und kurz vor der Grenze wurde es ihnen von SA-Männern abgenommen. Als diese drohten, sich an seiner Tochter zu vergreifen, gab Lothar den Wagen auf, unterschrieb, dass er ihn freiwillig für »vaterländische Zwecke« abtrete. Immerhin brachten die Straßenräuber ihn zur Grenze, mit Gepäck. Dem Chauffeur aber rieten sie, wieder nach Hause zu fahren. Das war ein böser Sonntag, dieser 20. März. Aber es schien so wunderbar die Sonne. Was Ernst Lothar auf seiner Flucht von der Landschaft bei Feldkirch schrieb, galt im März 1938 auch vom Wiener Stadtbild: »Die Großartigkeit war eine Kulisse für die Niedrigkeit, die Holdheit eine Schminke für das Gemeine.«[19]

Immerhin war der letzte Polizist höflich, stellte sich namentlich als Herr Moser vor und bekannte sich als Theaterfan, hatte einige Inszenierungen von Lothar gesehen. Er rief ihnen nach, als sie zum Schweizer Zug gingen: »Auf Wiedersehen in Österreich!« Aber Österreich gab es vorerst nicht mehr. Und doch gab es ein Wiedersehen, nach 1945, da war Lothar Kulturoffizier der US-Armee, bis er schließlich wieder in Wien Regie führen konnte. Funktionswechsel war er ja gewohnt.

»Die erste Beschäftigung in der Emigration ist Atemholen.«[20] Doch in der ersten Zeit in der Schweiz war Lothar sehr krank, litt an Heimweh, war beinahe bereit, nach Wien zurückzukehren, nahm schon erste Kontakte auf. Er war gut beraten, das nicht zu tun, denn man strengte inzwischen eine Untersuchung gegen ihn an wegen der Schulden des Theaters in der Josefstadt. Man warf ihm persönliche Bereicherung vor, obwohl er nur das vertraglich vereinbarte Honorar erhalten hatte.[21]

Adrienne hatte nach dem Ende ihrer Tournee den Weg über Ungarn und Italien in die Schweiz gefunden. Schließlich brachen alle drei in Richtung Le Havre auf. Ihr Schiff legte am 19. April 1939 in New York an. Adrienne spielte in kleinen Exiltheatern, und Lothar wurde ein produktiver Schriftsteller. Er schrieb nicht nur vom *Wunder des Überlebens*, sondern verfasste auch einen großen Wien-Roman, der ein Familienschicksal und die Geschichte eines Mietshauses über Generationen hinweg erzählt: *Der Engel mit der Posaune*. Als der Roman 1948 in Österreich verfilmt wurde, erhielt auch Adrienne Gessner eine Rolle.

* * *

Hans Weigel, aus gutbürgerlich-jüdischer Familie stammend, Absolvent des Akademie-Gymnasiums, Jurastudent ohne Abschluss, dafür mit Erfahrungen als Volontär bei Verlagen und Zeitungen in Hamburg, Berlin und Paris, hatte in mehreren Berufen dilettiert, bis er ins Kabarett fand (»Literatur am Naschmarkt«), wurde bald als Textdichter, Arrangeur, und Komödiant erfolgreich, bis die Zeiten plötzlich nicht mehr zum Lachen waren.

Bis Anfang des Monats März hatte er noch nicht geglaubt, dass es gefährlich werden könnte, er glaubte an das »österreichische Wunder, an unsterbliche Schlamperei, an Fortwursteln«, er hatte auf einen Erfolg der Abstimmung gerechnet. Doch ab Freitagmittag, 11. März, spürte man das nahende Unheil, schrieb er später, es lag in der Luft wie ein bevorstehendes Erdbeben.

Gleich nach der letzten Schuschnigg-Rede im Radio und dem unsäglichen Musikprogramm in jener Nacht, einer Mischung aus Klassik, Blasmusik, Wagner-Bearbeitungen und Horst-Wessel-Lied, war ihm klar, dass er fortmusste, zu sehr hatte er sich mit seinen kritischen Texten exponiert. Außerdem war er Jude, obwohl er für sich selbst eine solche Identifizierung ablehnte und noch in seinen Erinnerungen dieses Wort und seine Ableitungen nur in Anführungszeichen gebrauchte.

Seine Frau war am 12. März mit dem Zug in die Schweiz vorausgefahren: über Deutschland nach Zürich, wo sie kurz zuvor auf der Bühne gestanden hatte. Eine Woche lang blieb er noch in Wien, schaute sich das wilde Treiben auf den Straßen an, wurde aber selber nicht behelligt. Als eine Postkarte seiner Frau aus Zürich eintraf, machte er sich auch auf den Weg. Er nahm am 19. März den Zug über Salzburg ins Deutsche Reich, um von dort in die Schweiz zu gelangen, eine Route, an die wenige Fluchtwillige in diesen Tagen dachten: den Anschluss in Gegenrichtung für die eigene Rettung nutzen!

Seit 1937 besaß er – als Bühnenkünstler – einen Pass mit einem Stempel, der ihm erlaubte, sich frei in Deutschland zu bewegen. Das Gepäck hielt er so klein wie möglich. Sein erstes Ziel war Friedrichshafen am Bodensee, wo er übernachtete. Am nächsten Tag, einem Sonntag, nahm er die Fähre nach Konstanz. Lange inspizierte er die Vorortstraße, die zur Grenzstation führte. Dann wagte er sich wie ein normaler Spaziergänger hinüber nach Kreuzlingen, ohne sein Köfferchen, das er bei der Gepäckaufbewahrung im Bahnhof Konstanz deponiert hatte. Die deutschen

Zöllner stempelten seinen Pass und ließen ihn durchgehen; die Schweizer Zöllner musste er ausdrücklich um einen Stempel bitten, um später seine legale Einreise beweisen zu können. Er mietete ein Hotelzimmer auf Schweizer Boden. Ein Hoteldiener ging auf die deutsche Seite und holte Weigels Gepäck im Bahnhof ab (etwas Wäsche und ein Theaterglas). Ein gelungener Streich. Zu irgendetwas musste die komische Begabung des wegen seiner starken Brillen sehr ernsthaft aussehenden Mannes ja nütze sein.[22]

In der Schweiz konnte er sich durchschlagen trotz des Berufsverbots für Zugewanderte, musste allerdings zweimal in ein Arbeitslager einrücken. Bald nach 1945 ist Hans Weigel nach Wien zurückgekehrt, wo er seine vielfältigen Aktivitäten fortsetzte, als Autor, Herausgeber, Förderer junger Literaturtalente, als temperamentvoller Polemiker und als Liebhaber schöner Frauen.

* * *

Alle bisherigen und künftigen österreichischen Nobelpreisträger (mit Ausnahme von Konrad Lorenz) verließen 1938 das Land: Viktor Hess, Erwin Schrödinger, Otto Loewi.[23] Hinzuzählen muss man die vom Nobelpreiskomitee übergangene Lise Meitner, die schon vor 1914 in Berlin tätig war und dort bis 1938 blieb, ehe sie nach Stockholm emigrierte, sowie Wolfgang Pauli, der den Nobelpreis 1945 erhielt, außerdem Eric Kandel, der nach einer langen Forscherkarriere in den USA ausgezeichnet wurde.

Ein Emigrant wider Willen wurde der Physiker, Wissenschaftsphilosoph und Mitbegründer der Quantenphysik Erwin Schrödinger (1887–1961), der heute eine Wissenschaftslegende ist. Als Protestant in einem eher katholischen Umfeld aufgewachsen, verlebte er seine ersten Jahre im I. Wiener Bezirk, nahe beim Stephansdom. Sein Vater war ein Industrieller (Wachstuch, Linoleum), dessen vergebliche Hoffnungen auf eine Karriere in den Naturwissenschaften der Sohn erfüllen musste. Die Vorfahren stammten aus Deutschland, Ungarn und Österreich; über die erste, jung verstorbene Frau seines Vaters hatte Erwin Schrödinger Verwandte in England, wohin er schon als Kind gereist war. Das Einzelkind wurde von seiner Großmutter und von häufig wechselnden Gouvernanten betreut. Wie viele spätere Berühmtheiten besuchte er das Akademische Gymnasium und war ein exzellenter Schüler, der vor allem in Mathematik und Physik brillierte. Als er an die Wiener Universität kam, galt er schon als junges Genie.

Wiewohl in einem verfallenen Gebäude untergebracht, war das Physikalische Institut sehr zukunftszugewandt und hatte ausgezeichnete Lehrer und Forscher, eine Blüte der Wissenschaftsstadt Wien. Viele der dort Forschenden hatten einen Sinn für philosophische und wissenschaftstheoretische Fragen.[24]

Schrödinger leistete nach 1914 Kriegsdienst; sein wichtigster Lehrer fiel an der italienischen Front. Schon vor 1918 hatte er als theoretischer Physiker einiges publiziert, hatte sich für die aktuellsten Fragen interessiert, Atomtheorie, Relativitätstheorie, Wellentheorie, hatte zügig promoviert und eine Assistentenstelle in Jena bekleidet. Er wurde Teil der internationalen Forschergemeinschaft der Physiker. Bis 1936 hatte er nur Professuren außerhalb von Österreich innegehabt, zunächst in Zürich, wo vor ihm Einstein und Max von Laue gelehrt hatten, und ab 1926 in Berlin, wo er der Nachfolger des emeritierten Max Planck wurde.

Politik hatte er stets für lästig gehalten. Sein turbulentes Privatleben (viele Affären mit sehr jungen Frauen, während er eine offene Ehe führte), Lehre und Publikationen, Unmengen von Vorträgen in ganz Europa, das beschäftigte ihn voll und ganz. Seine bedeutendsten wissenschaftlichen Erkenntnisse zur Quantenmechanik publizierte er im Jahr 1926. Dafür erhielt er 1933 den Physik-Nobelpreis.

Nicht übersehen konnte er, dass als Folge der NS-Machtergreifung 1933 die jüdischen Kollegen entlassen wurden und ins Ausland flohen, dass Albert Einstein, mit dem er sich gut verstand, aus den USA nicht nach Deutschland zurückkehrte. Zwar hielt er sich mit politischen Äußerungen zurück, doch ließ er sich 1934 beurlauben und nach Oxford berufen, ohne seinen Berliner Lehrstuhl aufzugeben. Trotzdem galt er in den Augen der Machthaber als unzuverlässig. In Oxford wiederum schockierte seine unkonventionelle Lebensweise.

Eine Berufung nach Princeton hatte er ausgeschlagen. 1936 aber ließ er sich an die Universität Graz berufen, die fragwürdigste Entscheidung seiner Laufbahn. Zwei Jahre sollte er hier lehren und wohnen. Einmal in der Woche hielt er Vorlesungen und Seminare in Wien (als Honorarprofessor), wo auch eine seiner Geliebten lebte. Mit drei verschiedenen Frauen musste der Wellentheoretiker seine Zeitpläne abstimmen. Hat er deswegen die Zeichen der Zeit übersehen? In Wien war die Präsenz der Nazis nicht so drückend. Die Universität Graz war zu über 50 Prozent in Nazihand. Sein Kollege Armand Dadieu, Professor für physikalische Chemie, war trotz seines lieblich-göttlich klingenden Namens ein garstiger Nazi, war sogar deren lokaler Anführer.[25]

Im Januar 1936 hatte Pius XI. die Neugründung einer päpstlichen Akademie der Wissenschaften bekannt gegeben. Der Grazer Physikprofessor Schrödinger wurde berufen in den Kreis von Männern mit »tadelloser staatsbürgerlicher und moralischer Haltung, die immer eine respektvolle Haltung gegenüber der Religion eingenommen hätten«. Auch die Physiker Max Planck, Niels Bohr und Ernest Rutherford gehörten diesem Kreis von 70 Ehrenwerten an. Bei der Einweihung am 1. Juni 1937 war Schrödinger in Rom anwesend und empfing aus der Hand des Staatssekretärs Pacelli als Zeichen der Mitgliedschaft eine goldene Kette.[26] Wusste man im Vatikan, dass Schrödingers Denken über das Leben stark beeinflusst war von der indischen

Weisheitslehre der Vedanta, mit der er auch sein Sexualleben rechtfertigte?

Der Anschluss änderte alles. Jüdische Kollegen wurden entlassen und drangsaliert, darunter auch der Medizin-Nobelpreisträger Otto Loewi. Schrödinger aber schien nicht begreifen zu wollen, dass auch er unbequem war, obwohl er kein Jude war. Er war gewiss kein Freund der Nazis, schien eher auf der Linie des Ständestaats zu liegen und für ein selbständiges Österreich einzutreten.[27]

Für Herbst 1938 wollte er sich nach Oxford einladen lassen, doch erstaunte er seine englischen Freunde und die bereits emigrierten Kollegen durch ein öffentliches Bekenntnis. Am 30. März 1938 veröffentlichte die *Grazer Tagespost* eine lange Erklärung des Physikers, in der er zum Ja bei der Volksabstimmung aufrief, welche die Nazis für den 10. April angesetzt hatten. Er unterwarf sich der neuen Führung, deren Absichten er lange verkannt habe. Er hoffe mit seinem Bekenntnis der Heimat zu nützen.[28]

Vergeblich sucht man in dem Text nach ironischen Zwischentönen, obgleich sich alles gequält und erzwungen anhört. Später hat Schrödinger betont, niemand habe ihn genötigt, er habe seinen Brief aus freien Stücken geschrieben. Er schien mit dem neuen Regime seinen Frieden machen zu wollen, wie es die nichtjüdischen Physiker in Deutschland auch taten.

Am 23. April 1938 reiste Schrödinger nach Berlin, wo zu Ehren des 80. Geburtstags von Max Planck eine wissenschaftliche Konferenz stattfand. Am gleichen Tag wurde er von seinem Lehrauftrag an der Wiener Universität entbunden. Als ihm am 16. August 1938 auch in Graz gekündigt wurde, unter Berufung auf das Gesetz zur Wiederherstellung des österreichischen Beamtentums, fiel er aus allen Wolken. Die Berliner Universität, an der er einst gelehrt hatte, verweigerte ihm alle Pensionsansprüche. »Politische Unzuverlässigkeit« lautete das Verdikt. Dass ein zu freier Geist den neuen Machthabern verdächtig sein musste, war Schrödinger nicht aufgegangen.[29]

Mitte September flogen Schrödinger und seine Frau nach Rom. Sie hatten nicht mehr als die erlaubten zehn Reichsmark pro Person dabei, mussten in Rom bei Freunden um Geld bitten, da sie nicht einmal das Taxi vom Flughafen bezahlen konnten. Aller Besitz und die Bibliothek waren in Graz zurückgelassen worden, damit niemand die Fluchtabsicht erkannte. Immerhin durften sie eine Weile in den Gästeräumen der Päpstlichen Akademie unterkommen. So hatte sich die Mitgliedschaft doch noch gelohnt.

Eine Anstellung fand Schrödinger zunächst im belgischen Gent; nach 1940 lehrte er in Dublin. 1956 kehrte er in seine Heimatstadt Wien zurück, gesundheitlich schwer angeschlagen. Ein paar Jahre konnte er noch lehren. Und erst jetzt erlangte er auch daheim den Status einer lebenden Legende.

* * *

Otto Loewi, Medizin-Nobelpreisträger von 1936, hatte 1921 die chemische Substanz entdeckt, die für die Weiterleitung von Nervenimpulsen zum Herzen verantwortlich ist. Dieser sogenannte Vagusstoff, der erste identifizierte Neurotransmitter, wurde später Acetylcholin genannt. Er und seine Kollegen machten bald viele wertvolle Entdeckungen auf dem Gebiet der Botenstoffe und veränderten so die Grundlagen der Neuromedizin, wie auch sein Kollege Dale, der gleichzeitig mit ihm den Nobelpreis erhielt.

Nach dem Anschluss Österreichs wurde der 65-jährige Otto Loewi als Jude für einige Monate inhaftiert und danach bedrängt, das Land zu verlassen. Vorher musste er jedoch das bei einer schwedischen Bank in Stockholm deponierte Nobelpreisgeld an eine Bank überweisen, die von den Nationalsozialisten kontrolliert wurde. Erst danach wurde ihm am 28. September 1938 die Auswanderung gestattet. Schrödinger hatte sein Preisgeld ebenfalls in Stockholm angelegt, konnte das Konto aber retten.

Otto Loewi ging als Gastprofessor an die Université Libre in Brüssel und später an das Nuffield Institute in Oxford, bevor er 1940 das Angebot der New York University annahm und dort eine Stelle als Professor für Pharmakologie antrat. 1946 erhielt Otto Loewi die amerikanische Staatsbürgerschaft. Er starb am 25. Dezember 1961.

* * *

Robert Breuer wurde 1909 in Wien geboren. Als Journalist arbeitete er für verschiedene Blätter, das *Neue Wiener Tagblatt*, die *Neue Freie Presse* und andere. Er hatte auch *Gedichte vom Leben, Lieben und Lachen* veröffentlicht (1935). 1938 arbeitete er für eine Zeitung in Bratislava, weshalb Breuer als Mitglied der Auslandspresse registriert war. Vier Redakteurskollegen von dort waren am Sonntag, dem 13. März nach Wien gekommen, um sich ein Bild von der Lage zu machen. Breuer begleitete sie durch die Stadt und in die Kaffeehäuser. Man fuhr in einem Auto mit tschechischem Kennzeichen.

Am Samstagnachmittag, dem 12. März, erschien in Wien erstmals der *Völkische Beobachter*, der bis dahin verboten gewesen war. Gerüchte besagten, Hitler sei auf dem Weg nach Wien. Um 16 Uhr schlossen alle Geschäfte, bis dahin hatten sich viele Hausfrauen um Hamsterkäufe bemüht.

Im Café Fenstergucker, Kärntner Straße/Ecke Walfischgasse, lagen nur gleichgeschaltete Zeitungen aus. Die liberalen Blätter erschienen nicht mehr. Alle Zeitungen hatten neue Schriftleiter. Das Mittagessen wurde im Restaurant Zur Stadt Brünn eingenommen. Dort saßen schon reichsdeutsche Offiziere mit Wiener Maderln zusammen. Breuer und seine Begleiter sprachen untereinander ungarisch oder tschechisch.

Um 17 Uhr begab man sich ins Café Rebhuhn, einem alten Wiener Journalistentreff, in dem Breuer Stammgast war. Der Ober legte ihm die Zeitungen in der richtigen Reihenfolge vor – wie sonst. Nun sagte der Ober leise: »Das sind ja schöne Dinge, die da vorgefallen sind.« Nur ein Drittel der Tische war besetzt, die Gäste wirkten niedergeschlagen. Die Kollegen aus Bratislava hatten die gefährliche Lage nicht erkannt.

Breuer war klar, dass er als Journalist in Wien keine Zukunft hatte. Zunächst wurde das Klavier verkauft und gefährliche Bücher entsorgt, doch blieb die Frage: wohin? Am 14. März begleitete Breuer seine Mutter zu einer Bushaltestelle. Da er kein Abzeichen trug, wurde er angehalten: »Sind Sie Inländer?« Als er bejahte, wurde er gezwungen, die Jacke auszuziehen und die Ärmel hochzukrempeln. Neben sich bemerkte er einen bekannten Arzt mit Wassereimer und Bürste. Breuer musste eine Stunde lang Dreck zusammenfegen. Da man ihm gleichzeitig Schläge und Tritte versetzte, musste er mehrfach neu anfangen. »So ist das, wenn du dein arisches Dienstmädchen arbeiten lässt, Saujude!« Auch ältere Frauen wurden zum Kehren genötigt. Dass ihre Männer an der Front gewesen waren im Ersten Weltkrieg, glaubte man ihnen nicht.

Als Breuer kurz darauf von SS-Leuten zum Verhör geholt wurde, hatte er seinen internationalen Presse-Ausweis dabei und blieb unbehelligt, da er glaubhaft versicherte, nie politische Artikel geschrieben zu haben. Der Verband der ausländischen Presse in Wien löste sich auf. Nun schuf man die Union der Korrespondenten der Auswärtigen Presse in Wien, dort musste man formell um Aufnahme ersuchen. Der wertlose alte Ausweis half aber noch, von Reibpartien verschont zu werden. Er bekam nach langem Bemühen einen Pass zur »einmaligen Ausreise und Rückreise ins Deutsche Reich«. Zeitungen in England waren bereit, ihm zu helfen und schickten Einladungen.

Breuer hatte die Idee, es über Dänemark zu versuchen. Ende Juni flog er über Berlin nach Kopenhagen. Dort wurde ihm die Einreise verweigert, wie allen Österreichern. »Wir brauchen keine siebzigtausend Juden aus Wien hier!«, bekam er zu hören und verbrachte eine Nacht im Gefängnis. In solchen Situationen haben sich manche Flüchtende umgebracht. Breuer musste mit dem Zug über Berlin nach Wien zurückfahren.

In Wien waren es gute Zeiten für Sprachlehrer. Alle wollten nun Englisch oder Spanisch lernen. In den Schulen war Französisch die erste Fremdsprache gewesen. Alte Lehrbücher dieser Sprachen waren bald ausverkauft. Es kursierte die Scherzfrage: »Sind Sie Arier oder lernen Sie Englisch?« Der Bund Jüdischer Frontsoldaten durfte Umschulungen organisieren: für praktische Berufe und Handwerke, auch Kochkurse waren sehr beliebt.

Nach ein paar Tagen entschloss sich Breuer zum zweiten Ausreiseversuch. Er fuhr mit dem Zug über Nürnberg bis zur belgischen Grenze. In Aachen mussten alle Reisenden aussteigen für Leibesvisitationen und Kofferkontrollen. Erst am nächsten Morgen konnte man weiterfahren. Breuer gelangte nach England, 1941 weiter in die USA. Noch in England schrieb er einen umfassenden Bericht (*Nacht über Wien*), gab ihn Stefan Zweig zu lesen, der ihm antwortete, er solle das wertvolle Zeugnis aufbewahren und in 50 Jahren drucken lassen – was auch geschah.

In den USA arbeitete Breuer als Journalist, etwa für die Emigrantenzeitung *Aufbau* in New York. Zehn Jahre nach dem Krieg kehrte er nach Wien zurück. Der alte Kellner im Café Rebhuhn erkannte ihn noch: »Ich hab's ja gewußt, gewußt hab ich's, der Herr Doktor wird zur Wiedereröffnung unserer Oper zurückkommen.«[30]

* * *

Begeistert und hoffnungsvoll hatte Felix Salten über Palästina geschrieben, aber er war nur ein Herzenszionist, ans Auswandern dachte er nicht. Seine Heimat war Wien. Eine traurige Episode ist mit seiner Funktion im Internationalen PEN-Club verbunden. Er war verantwortlich für den Kongress in Ragusa im Jahr 1933, dem ersten nach der Machtübernahme der Nazis in Deutschland. Salten wollte keine Resolution zulassen, in der die in Deutschen Reich verbliebenen Schriftsteller verurteilt würden. Das wurde ihm von den bereits Emigrierten, aber auch von Karl Kraus[31] als Kollaboration ausgelegt, obwohl es doch eher Naivität war. Er wollte unpolitisch sein wie Stefan Zweig. »Ich bin doch auch Jude, möchte aber vermeiden, dass wir unfreundliche Worte gegen Deutschland sagen. Jenseits der augenblicklichen Situation steht deutsches Volk und deutsche Kultur. Ich weigere mich, angesichts einer vorübergehenden Situation Deutschland anzugreifen.«[32] Nach dem Eklat von Ragusa trat Salten noch im September 1933 aus dem PEN aus. Er wollte kein »Ausnahmsjude« sein.[33] Auch die »deutsch gesinnten Österreicher« traten aus und gründeten einen eigenen völkischen Verband.[34]

Der Paul Zsolnay Verlag galt den Nazis als jüdischer Verlag. 68 Prozent der Produktion des Hauses wurden in Deutschland verkauft. Nach 1933 wollte man den deutschen Markt retten. Salten, Erfolgsautor des Verlags und mit dem Verleger befreundet, gab auch deshalb keine politischen Erklärungen ab.[35] Dennoch standen ab 1935 auch seine Bücher auf den deutschen Verbotslisten.[36] Salten war kein Gegner des Ständestaats. Er begrüßte die »Abkehr von der kannegießenden, phrasendreschenden, professionellen Politik«, verteidigte das »unpolitische Wien«.[37]

Materiell ging es Salten nach 1933 schlecht, fast alle Einnahmen aus dem deutschen Markt entfielen, nur aus dem Ausland trafen noch Zahlungen ein. Sein Arbeitsverhältnis bei der *Neuen Freien Presse* wurde zum 1. Mai 1938 gekündigt. Der Zsolnay Verlag wurde zum Teil arisiert. Salten bekam nur noch eine kleine Rente von einer Künstlergenossenschaft.[38]

Noch Ende April 1938 schrieb er an Stefan Zweig: »Ich denke nicht daran, meine Vaterstadt zu verlassen und glaube auch nicht, dass ich dazu gezwungen werde.« Anfang 1939 sah er ein, dass er fortmusste. Die Schweiz erlaubte seine Einreise am 6. Februar 1939. Vier Wochen später verließ er Wien. Zuvor hatte er sein Haus aufgeben müssen, viele Bücher und Papiere fortgegeben oder verbrannt. Bei der Ausreise half ihm die Israelitische Kultusgemeinde, die in einem Brief bestätigte, dass er zu den treuesten Mitgliedern gehört hatte.[39]

Ob er sich selbst Vorwürfe machen müsse, fragte er sich in einem Brief an Stefan Zweig. Selbstkritisch nannte er als Ursache für seine »ahnungslose Harmlosigkeit« seine »Besessenheit für Theater, Kunst und Literatur, die man wohl stur nennen darf, mein fanatisches Verwurzeltsein in dem heimatlichen Boden Wiens und Österreichs, in die Musik, die diesem Boden entströmte, [...] meine Verbundenheit mit dem Wald, den Tieren, eine Verbundenheit, die etwas animalisches hatte«.[40]

In Zürich traf Salten seinen alten Freund Siegfried Trebitsch wieder. Dieser hatte zusammen mit seiner Frau Wien am 16. März mit dem Flugzeug verlassen können: Er hatte von der Masaryk-Gesellschaft eine offizielle Einladung zu Vorträgen in Prag erhalten. In den Tagen vor der Abreise war ihr Auto requiriert worden, weil es nicht mit einem Hakenkreuzwimpel versehen war. Als ihr Chauffeur es zurückholen wollte, wurde er grün und blau geschlagen.[41]

Eine letzte Freude für Felix Salten war die Schweizer Premiere des Disney-Films nach seinem Buch *Bambi*. Salten starb im Oktober 1945 in Zürich, wurde auf dem Israelitischen Friedhof Friesenberg beigesetzt. Saltens Schwester Rosalie war nach langer Leidenszeit in Theresienstadt umgekommen.[42]

* * *

Sie stammte aus Wien, sie war eine geborene Wiener, sie verkörperte und beschrieb vieles, was die Wiener Lebenskultur ausmachte, in der schwebenden Leichtigkeit zwischen Anspruch und Unterhaltung, zwischen Lebenslust und, ja, Engagement. Vor allem lebte sie in ihrem ganz eigenen erotisch-literarischen Kosmos, mutig und leichtsinnig, energisch und spontan. Sie verwirklichte nacheinander fast alle weiblichen Lebensformen aus der ersten Hälfte des 20. Jahrhunderts: höhere Tochter mit Matura, Ehefrau eines reichen Erben, Kriegswitwe, von reichen Männern ausgehaltene Frau, vielfache Geliebte, literarisches Modell, das selbst Autorin wurde, gelegentlich auch Journalistin und Zeitungsgründerin, pädagogische Ratgeberin, noch zweimal Ehefrau, zweifache Mutter, schließlich Ernährerin von begabten Söhnen und nichtsnutzigen Männern.

Hätte ein Mann nur halb so viel erlebt, er wäre zur Legende geworden, man hätte sich ernsthaft über sein Werk gebeugt; aber so muss Gina Kaus (1893–1985, geboren als Regina Wiener) im literaturgeschichtlichen Zwischendeck der »Unterhaltungsliteratur« Platz nehmen. Ungebunden war sie, zunächst innerlich, dann auch gesellschaftlich und schließlich ökonomisch, pendelnd zwischen Wien und Berlin, präsent in England und zuletzt in Los Angeles alias Hollywood, was vielfache Anpassung verlangte, die sie klaglos leistete.

Von einem bösen Jahrhundert ließ sie sich nicht das Temperament verderben, trotz aller Leichtfertigkeit mag man sie nicht Unglücksspielerin nennen; Krisen und Verluste, Entfremdungen und Trennungen hatte sie gleichwohl durchzustehen. Ihr schönster literarischer Stoff, ihr unglaubliches Leben, interessierte sie nur mäßig; ihre Memoiren mussten ihr abgerungen werden, beinahe 15 Jahre schrieb sie daran, was man dem Buch nicht anmerkt, das in flüchtigem Stil viele Erlebnisse ausbreitet und dabei Kindheit und Jugend ebenso auslässt wie ihre skandalöse Halbschwester Stephanie Hohenlohe-Waldenburg-Schillingsfürst, die – obwohl jüdisch wie sie – für die Nazis spionierte.[43]

Musil und Werfel haben sie literarisch gestaltet, als Freundin bedeutender Leute, als laszive, ehrgeizige Kunstmäzenin, die als Geliebte eines Industriellen sich revolutionäre Eskapaden leistet, aber diese schreibenden Männer haben nur Aspekte und Phasen ihrer vielen Rollen und Situationen erfassen können; auf manche große Gestalt aus der Wiener Szene fällt, aus ihrer Perspektive gesehen, ein etwas anderes Licht als üblich (auf Karl Kraus etwa, den Verehrer).

Sie hatte ihre ganz eigene Moral: Sich selber treu bleiben. Sie liebte Aristokraten, Anwälte, Börsengurus, Dichter, arme Seelen; sie liebte ihre Kinder, ihre Mutter und ihren Bruder (beiden verhalf sie zur Flucht in die USA). Unermüdlich, energisch, noch in ihrer Inkonstanz und Widersprüchlichkeit kess und bestrickend und noch in ihren Schwächen stark. Nur zur Hausfrau taugte sie nicht recht, nach eigenem Bekenntnis.

Sie schrieb Theaterstücke, Romane, Feuilletons, kurze Erzählungen, arbeitete an Filmen mit, übersetzte Theaterstücke – eine große Palette an Formen, an allen Fronten des Schreibens. Manches floss ihr nur so aus den Fingern, anderes wurde in quälender Langsamkeit erarbeitet. Ihr Stil ist realistisch, schwungvoll, knapp, vielfältig: wie ihre Epoche. Sie spielte mit Klischees, passte selbst in keines. Sie vereinte Humor, Sinnlichkeit, soziale Bewusstheit, war das Medium einer Epoche und zugleich die Souveränin ihres Lebens (wie die Zarin Katharina die Große, die sie bewunderte und beschrieb), Optimistin, trotz alledem, und erfolgreich genug, um den Neid schreibender Kollegen zu erregen. Und als die Nazis ihre Bücher verbrannten, meinte sie, dass sie sich nie in besserer Gesellschaft befunden habe.

Und doch hatte dieses unbeschwerte Gemüt den Riss der Zeit zu durchleben, den »großen Bruch«, wie alle Emigranten: »Daß wir alle in der Mitte unseres Lebens umlernen, neu anfangen mußten.«[44] Diese Erfahrung verband die Emigranten untereinander, ohne dass sie viel darüber reden mussten, und trennte sie von ihren einstigen Landsleuten. Was nicht hinderte, dass sie ihre Herzenslandschaft am Altaussee (Steiermark) fand.[45]

Als der März 1938 kam, lebte sie schon eine Weile in einem stattlichen Altbau, hatte ein Verhältnis mit dem Anwalt Eduard Frischauer, hätte sich gern Zeit gelassen mit dem Aufbruch aus der Heimatstadt, obwohl nach Schuschniggs letzter Rede klar war, dass sie nicht in Wien bleiben konnten.

Was ist das wertvollste Wertpapier, lautete eine damals in Wien beliebte Scherzfrage. Antwort: ein ausländischer Pass. Aus ihrer Ehe mit Otto Kaus, dem Vater ihrer beiden Söhne, besaß die Autorin einen italienischen Pass. Ihr neuer Gefährte bestand darauf, noch am Samstag, dem 12. März Wien zu verlassen, drängte sie, den Pass umgehend auf dem italienischen Konsulat erneuern zu lassen, was nicht ohne Bestechung gelang, und sodann den nächsten Zug in die Schweiz zu nehmen: Frischauer hatte sich als Anwalt zu oft mit den Nazis angelegt, war durchaus gefährdet. Gina Kaus hätte gern ihre persönlichen Erinnerungsstücke mitgenommen, Tagebücher, Briefe, Fotos, die aber auf dem abgeschlossenen Dachboden lagen, der Hausmeister war an diesem Wochenende nicht greifbar, ihre Frühjahrsgarderobe war gerade zum Änderungsschneider gegeben worden: all das ging verloren. Nur kleines Gepäck kam infrage. Am Tag nach ihrer Abreise kam die Gestapo ins Haus: Sie waren der Verhaftung knapp entgangen.[46]

Im Zug an der Schweizer Grenze gab es scharfe Kontrollen von Personen und Gepäck, aber der italienische Pass wirkte Wunder: ihr Gepäck wurde nicht kontrolliert. Eduard Frischauer reiste separat, als gehöre er nicht dazu, und er wurde scharf untersucht. Wäre er nicht durchgekommen, hätte Gina von der Schweiz her die Rettung organisieren können. Im selben Zug setzte sich auch Walter Mehring aus Wien ab. In Zürich gab es kein Verschnaufen, es hieß gleich: weiter nach Paris, wo ein Filmvertrag wartete. Nachdem Gina Kaus dort einigermaßen etabliert war, drängte Frischauer zum Aufbruch in die USA. Es war fast zu spät, denn ihr französisches Schiff legte am 1. September 1939 ab, dem Tag des Kriegsausbruchs. Die Folge: eine zehntägige langsame Zickzackfahrt, um den deutschen U-Booten zu entgehen, was dem heldenhaften Kapitän auch gelang. An Bord war Vicki Baum, die gerade aus England kam. Sie lebte schon länger in Hollywood. Vicki und Gina waren seit 1922 miteinander befreundet. Frischauer konnte sich an das Leben in den USA nie anpassen, schlug sich als Kartenspieler durch, ließ sich von ihr aushalten, bis sie die Geduld verlor.

In Amerika lernte sie eine Frau kennen, die ein Verhältnis mit ihrem Ex-Mann Otto Kaus gehabt hatte, dessen häufige Eifersuchtsszenen sie nicht mehr ertragen hatte, was sie dazu bewog, Wien zu verlassen und nach Übersee zu reisen, rechtzeitig vor dem Anschluss. Auch das ein Fluchtgrund, ein Fluchtglück.[47] Und für die Autorin Anschauungsunterricht in Sachen Schicksal. Sollte man ihr den »Unterhaltungscharakter« ihrer Romane und Stücke zum Vorwurf machen? Sollte man nicht eher bewundern, dass sie allen Zumutungen ihrer Zeit zum Trotz dazu fähig war?[48]

* * *

Der Verfasser des Romans *Der Mann ohne Eigenschaften* war kein Schicksalsloser. 1931 war Robert Musil nach Berlin übergesiedelt, wo er schon vor 1914 gelebt hatte und für eine sehr kurze Zeit als Redakteur der *Neuen Rundschau* des S. Fischer Verlags tätig war, ehe er in den Krieg ziehen musste, was er durchaus begeistert tat. In Berlin hoffte er 1931, weit genug weg zu sein vom Wiener Gesellschaftsleben, und außerdem glaubte er, die Spannungen und Konflikte des Geisteslebens dort stärker zu spüren als in Wien.[49]

In die Berliner Zeit fiel das Erscheinen der beiden Bände seines großen Romans, aber schon 1933 hörte der Rowohlt-Verlag auf, für das Buch zu werben, das sich nur schlecht verkauft hatte, trotz lobender Besprechungen. Unter dem NS-Regime konnte der Verlag bis 1938 existieren. Musil aber wandte sich vom Verlag ab. Im Sommer 1933 verließen der Romancier und seine Frau die deutsche Hauptstadt und kehrten nach Wien zurück, aber nur um auch hier in eine Endzeitstimmung zu geraten.

In Wien wechselte Musil zum Fischer Verlag, dessen Leiter, Gottfried Bermann Fischer, sich und sein Haus nach Wien gerettet hatte. Die Bücher des Verlags wurden weiterhin im Deutschen Reich verkauft, auch die Bände von Thomas Mann, dessen Bücher nicht im Mai 1933 auf dem Scheiterhaufen gelandet waren. Auch Musils Roman wurde (noch) nicht verboten, er war einfach nicht prominent genug. Er war auch kein engagierter Autor, und so war es ein Missverständnis, dass er zu den Autoren gehörte, die 1935 in Paris auf dem Kongress zur Verteidigung der Kultur auftraten, einer Veranstaltung, die vollständig in den Händen der Kommunisten lag, auch wenn das nach außen hin kaschiert wurde. Seine Ausführungen, in denen er eine unpolitische Haltung verteidigte und staatliche Interventionen jeder Art ablehnte, sorgten für Verwirrung unter den Teilnehmern, unter ihnen viele Emigranten aus Italien und Deutschland. In politischer Hinsicht war Musil, nach dem Urteil seiner Freunde, kein Mann von klaren Prinzipien und Stellungnahmen. Er fand an jeder Ansicht etwas Richtiges und wollte keinen Aspekt ausschließen. Eine solche Balance des Widersprüchlichen dichtete er auch seinen Figuren an.[50]

Musils Frau Martha war eine Tochter von Benny Heimann, einem jüdischen Kaufmann in Berlin. Sie war sechs Jahre älter als Musil. Ihre erste Ehe, die sie mit 21 Jahren einging, endete nach zwei Jahren durch den Tod ihres Mannes in Florenz. Sie blieb in Italien und arbeitete dort als Malerin. In Rom heiratete sie zum zweiten Mal, hatte zwei Kinder von dem Kaufmann Enrico Marcovaldi, trennte sich aber von ihm und zog wieder nach Berlin. Dort lebte sie bei einer Schwester und setzte ihre Ausbildung als Malerin fort. Sie lernte Musil kennen, der dort studierte, und zog 1910 mit ihm nach Wien. Scheidung und neue Ehe waren auf Grund der Gesetze im klerikalen Habsburgerreich erst nach komplizierten administrativen Manipulationen 1911 möglich (sie ließ sich von einem Ungarn adoptieren, Musil trat zum Protestantismus über).

Martha war es, die Musil dazu motivierte, sich in Wien nach 1933 wieder an die Arbeit am unvollendeten Roman zu machen. Unterstützt wurde er nun von den geringen Vorschüssen des Verlages und vor allem durch eine private Musil-Gesellschaft in Wien, gegründet von zwei Kunsthistorikern nach dem Vorbild des Fördererkreises, der für wenige Monate in Berlin bestanden hatte.[51]

Bis zum Ende seines Lebens blieb Musil ein alimentierter Autor, der kaum noch eigene Einkünfte hatte, nur hin und wieder Honorare für Lesungen oder Vorträge erhielt. Selbstmord war immer auch eine Lösung. Einen Revolver hatte er schon gekauft.[52] Doch behielt er seinen Lebensstil bei, war immer akkurat gekleidet und rasiert, zeigte beinahe soldatische Haltung auf den Fotos, und wenn auch seine Kleidung schon ein paar Jahre alt war, war sie doch stets gut gepflegt wie einst in seiner Kadettenzeit.

Auch behielt er sein Sportprogramm bei, Gymnastik, Schwimmen, Wandern, obwohl er seit 1929 immer wieder große Beschwerden hatte, sich einer Gallenoperation unterzog, 1936 wohl einen leichten Schlaganfall erlitt, Atembeschwerden, Kreislaufprobleme und Bluthochdruck hatte. Vergeblich versuchte seine Frau, seinen körperlichen Drang zu bremsen. Doch allmählich wurde er vom Leben ausgebremst. Alle Tätigkeiten waren verlangsamt, auch das Lesen und Schreiben. Er hatte immer wieder Ohnmachtsanfälle.[53]

Schon vor 1938 sorgten sich andere Emigranten um Musils Sicherheit, allen voran der »Großschriftsteller« Thomas Mann, der sich um Unterstützung von den USA aus bemühte und auf Vorschlag des Verlegers Bermann Fischer die luxemburgische Mäzenin Alice Mayrisch kontaktierte, die bereit gewesen wäre, die Musils bei sich aufzunehmen, was diese aber ignorierten; sie wussten nicht, dass Frau Mayrisch über das herrliche Schloss Colpach verfügte.[54] Thomas Manns Sohn Golo, der in Zürich die Redaktion der Zeitschrift *Maß und Wert* übernommen hatte, die von Alice Mayrisch unterstützt wurde, nahm ein Kapitel aus Musils Manuskript in die Zeitschrift auf. Musil fand aber sein Honorar zu niedrig.[55]

Joseph Roth, der am 24. Februar 1938 nach Wien kam, wo er im Hotel Bristol logierte, traf sich mit Musil im Café Museum, vermittelt von Soma Morgenstern. Man verstand sich gut, redete zwei Stunden lang. Roth war reichlich alkoholisiert, und genau wie Musil war er sehr optimistisch für Österreichs Zukunft.[56] In den Tagen des Anschlusses im März 1938 war Musil nicht unmittelbar bedroht. Seine Frau Martha ist in jenen Wochen angeblich mit einem Hakenkreuz im Knopfloch ausgegangen, um sich zu schützen.

Als der Verleger Bermann Fischer am 13. März nach Rapallo an der italienischen Riviera floh, änderte sich die Lage für Musil völlig. Eigentlich hätte im Herbst 1937 schon der Schluss von Band II erscheinen sollen, aber die fortwährenden Veränderungen an den 20 Kapiteln in den Druckfahnen führten zur Verschiebung des Erscheinungstermins in den März. Aber da war an Publikation nicht mehr zu denken. Zwei Tage nach der Flucht des Verlegers beschlagnahmte die Gestapo alle wertvollen Dokumente und Kunstgegenstände in seinem Haus. Vom Verlag kamen keine Vorschüsse mehr. Das Wiener Musil-Forum löste sich auf.[57]

Bald nach dem Anschluss kam der Hamburger Verleger Eugen Claassen zu Musil nach Wien und machte ihm das großzügige Angebot, alle Rechte an seinen Werken aufzukaufen, den Roman neu aufzulegen, alle Probleme mit dem Propagandaministerium zu regeln. Musil wäre finanziell saniert gewesen. Aber er lehnte dankend ab. Claassen riet zum Bleiben in Wien, versprach ihm einen ehrenvollen Status in der neuen Kulturpolitik.

Musil hat eine Niederlassung in der Nähe von Hamburg, dem Standort des Claassen-Verlags, durchaus erwogen, zugleich aber seit Mai die Auswanderung geplant.

Die Musils reisten am 15. August 1938 über die Schweiz nach Italien. Die Ausreise erfolgte über Finstermünz nach Vulpera, Schweiz, und von dort weiter nach Edolo in den italienischen Alpen, südwestlich von Bozen, keine 30 Kilometer von der Schweizer Grenze entfernt. 14 Tage blieben sie dort und lebten von dem Geld, das Alice Mayrisch aus Luxemburg geschickt hatte.[58]

Musil schrieb an Bermann Fischer, der den Verlag inzwischen nach Stockholm verlegt hatte; Vorschüsse konnte dieser aber keine mehr senden. Am 2. September 1938 fuhren die Musils über Sankt Moritz und Chur nach Zürich. Dort verbrachten sie zwei Tage im Hotel, dann mieteten sie zwei Zimmer in der Pension Fortuna. Aber erst am 22. November meldeten sie sich bei den Schweizer Behörden an. Auf die Weiterreise nach Luxemburg verzichteten sie. Am 20. Oktober 1938 wurde der Roman *Der Mann ohne Eigenschaften* im Deutschen Reich verboten.[59]

Allerdings erhielten beide Musils im deutschen Konsulat Zürich neue deutsche Pässe, die drei Monate gültig waren. Sicherheitshalber verschafften sie sich ein Visum für Shanghai, das in die Pässe eingestempelt wurde! In Martha Musils Pass war kein J vermerkt![60]

Ende 1938 lud das »Comité International pour le placement des Intellectuels Réfugiés« Robert Musil zu einer Lesung nach Genf ein. Er reiste erster Klasse, aber ohne Martha. Gegründet worden war der Verein von Marie Ginsberg, einer Sekretärin beim Völkerbund. Sie beschaffte Geld aus vielen internationalen Quellen. Musil wurde bewirtet in Genf, die Stadt und die Landschaft sagten ihm zu. In der Folge erhielt er vom Comité regelmäßig 100 Schweizer Franken im Monat.[61] Im Februar 1939 wurde eine Lesung in Zürich organisiert. Gutes Honorar, freundliche Presse, alles sehr sympathisch, sagte Musil, aber in der Schweiz sei er zutiefst unbekannt.

Ob er nun Emigrant war oder sich lediglich im Ausland aufhielt, blieb unklar, und er klärte es auch nicht den Schweizer Behörden gegenüber. Bei der Fremdenpolizei beantragte er dauerhaftes Aufenthaltsrecht, es wurde aber stets begrenzt auf drei Monate. Immer wieder musste er neue Anträge ausfüllen, wurde auch von der Polizei aufgesucht. Er schaffte es aber, keine Kaution hinterlegen zu müssen (anders als James Joyce, der 20 000 Franken aufbringen musste).

Im Juni 1939 traf Musil in Zürich zufällig auf der Straße den Bildhauer Fritz Wotruba und dessen jüdische Frau Marian (die aus Düsseldorf stammte). Beide hatten Wien rechtzeitig verlassen. Man kannte einander seit einer gemeinsam besuchten Lesung des jungen Elias Canetti in Wien aus dessen noch nicht veröffentlichtem Roman *Die Blendung*.[62] Die Wotrubas brachten den Dichter in Kontakt mit Pfarrer Robert Lejeune und der wiederum mit vielen anderen Leuten.

Als Musil schon sieben Monate in Genf lebte, war er immer noch in Zürich gemeldet. Das führte zu Ärger mit Vermietern und Fremdenpolizei. Den Behörden gegenüber gab er rein fiktive Einnahmen aus dem Ausland an. Auch jetzt sah man äußerlich keine Vernachlässigung, er war stets sorgfältig gekleidet, betrieb Körperpflege und Gymnastik. Der Arbeitstisch war jeden Morgen akkurat vorbereitet und geordnet. Musils lebten von 6000 Schweizer Franken im Jahr.[63] Über einen Berliner Anwalt ließ Musil testen, ob *Der Mann ohne Eigenschaften* wieder erlaubt werden könnte. Im Begleitschreiben wies er darauf hin, dass er Arier sei, dass er schon 1916 für den Anschluss eingetreten sei.[64]

Sein letzter öffentlicher Auftritt war eine Lesung in Winterthur: 20 Zuhörer kamen, darunter seine Bekannten, aber der Mäzen und Kunstsammler Oskar Reinhart erschien nicht. Immerhin schickte er ihm 100 Franken zusätzlich zu den 100 Franken Honorar des einladenden Vereins.[65]

Der Mann, der Kinderlärm hasste, fand sein letztes Refugium in einem Haus auf dem Gelände einer Genfer Pouponnière, eines Heims für Säuglinge. Als er am 15. April 1942 zusammenbrach, hatte er wohl gymnastische Übungen gemacht. Aber für welche Existenz hatte er sich stärken wollen? Der Autor, der das Leben für den Ausdruck einer inneren Dichtung hielt, war unter einer Lawine möglicher Romanfortsetzungen begraben worden, in denen das Ende völlig aus dem Blick geraten war. Der Körper des Dichters wurde verbrannt, seine Asche in alle Winde verstreut. Der Nachwelt hinterließ er eine literarische Baustelle, deren ästhetische, philosophische und zeithistorische Bedeutung viele Rätsel aufgab. Und doch war dieses »Werk«, wenn der Begriff nicht zu unzart ist, der umfassendste, wenn auch indirekte Versuch, das österreichische Drama zu verstehen, das Drama einer nicht verifizierbaren Identität, die in eine zeitweilige Selbstaufgabe mündete.

* * *

Aus Protest gegen den Anschluss erklärte Joseph Roth, dass er seinen Rang als Leutnant niederlege. Der Haken dabei war, dass er es im Ersten Weltkrieg nur bis zum Feldwebel gebracht hatte. Als er das tat, lebte er schon lange nicht mehr in der Realität. Niemand hatte den Habsburgmythos mehr zu seiner Sache gemacht als der Schriftsteller Joseph Roth.[66]

Er war ein schwieriger Zeitgenosse, ein ungemütlicher Gefährte, ein Schnorrer und doch ein Geschäftsmann, der um seinen Vorteil zu feilschen wusste, und vor allem war er längst zum schweren Alkoholiker geworden. Immer schon hatte er den Alkohol gebraucht, um inspiriert zu werden, um die Schwelle zum Schreiben zu überwinden. Aber er war ungeheuer produktiv (und das hing mit dem Alkoholpensum zusammen), doch vor allem: Er war ein begabter Erzähler. Die

Geschichten, die dieser Trinker zu erzählen wusste, mach(t)en süchtig.

Er war Journalist gewesen, Frankreich-Korrespondent der *Frankfurter Zeitung*, Reisereporter in Mitteleuropa, in Südfrankreich, aber auch in Galizien, der Heimat seiner Vorfahren. Er konnte hinschauen, beschreiben, und er war fähig zu pointierten politischen Urteilen. (»Für Hitler sind die Juden Kommunisten und Bankiers zugleich.«) Aber in seinen Erzählungen und Romanen und bald auch in seinen politischen Urteilen versank er in sehnsüchtig beschworenen Traumwelten. Das machte ihn zum Gefährten der Legitimisten, und die Habsburger-Anhänger bis hinauf zu Thronprätendent Otto hielten ihn für einen nützlichen Verbündeten. Dabei war gar nicht klar, wie ernst der eingebildete Leutnant seine Rolle nahm.

Als Jugendlicher und junger Mann hatte er das Kaiserreich bekämpft; davon leitete er das Recht ab, ihm nun nachzutrauern. Das war vor allem ein ergiebiges literarisches Thema, seine innere Provinz gleichsam. Als er nach 1933 Deutschland verlassen musste, übersiedelte er keineswegs nach Wien, sondern nach Paris. In Wien war er nur Besucher, noch kurz vor dem Anschluss, als er sich für den Beauftragten von Otto von Habsburg ausgab und von Schuschnigg empfangen werden wollte (was dieser ablehnte). Paris war sein Ort, Hotel und Bars in der Rue de Tournon, gleich unterhalb des Jardin du Luxembourg. Ein Jahr lang wohnte er in Nizza, gelegentlich in Marseille, in Amsterdam, wo er Beziehungen zu drei Exilverlagen hatte, oder in Ostende. Sein engster Kontakt war Stefan Zweig, der ihn finanziell unterstützte. Seiner Frau in Wien, die in einer psychiatrischen Anstalt vegetierte, schickte er zuweilen Geld, seine Gefährtinnen in Frankreich und Belgien waren zunächst die Schauspielerin Andrea Manga Bell, die mit ihren zwei Kindern lebte; später die Autorin Irmgard Keun, auch sie eine begabte Trinkerin. Wahrscheinlich brauchte Joseph Roth die reale Welt immer weniger.

Manche Freunde und Kollegen machten ihm Vorhaltungen, etwa Ludwig Marcuse, der sein Exil in Sanary verbrachte. Er mochte Roths Nostalgie nicht und las ihm die Leviten: »Weil Du böse bist auf das Jahrhundert des Fortschritts, das auch Dich betrogen hat, lobst Du, was davor war. Das ist ein Kunstgriff, gewiß. Aber in welche Gesellschaft gerätst Du mit diesem Kunstgriff?«[67]

Seit 1935 hatte Roth engere Kontakte mit den Legitimisten. In der Zeitschrift *Der christliche Ständestaat* las man im Sommer 1935, als Replik auf eine Kritik, sein Bekenntnis zu Österreich: »Wir sind […] nicht ›das kleine Alpenländchen‹, in dem zu leben wir gezwungen sind, wir sind immer noch jener große Gedanke, ohne den nicht einmal unser ›kleines Ländchen‹ eine Woche Bestand haben könnte! Der ›Österreichische Gedanke‹ ist kein ›patriotischer‹, sondern beinahe ein religiöser. Wir sind nicht ›der zweite deutsche Staat‹, sondern der erste, sozusagen: *der allererste deutsche und übernationale und christliche Staat!*«[68]

Aber das ist nicht gerade ein Gedanke, der die Republik stärkt, im Gegenteil. Doch auch die Republik sei ohne Bezug auf die Vergangenheit nicht denkbar, nicht lebensfähig, glaubte er. Er hielt fest an etwas, das nicht mehr war, und glaubte an etwas, das noch nicht war. Und nie kommen würde. Er glaubte sogar an einen Ausgleich zwischen Katholiken und Juden, allerdings müssten »die Wirtsvölker« aufhören, Antisemiten zu sein und zu wünschen »die Juden möchten aus ihrer Mitte verschwinden«.[69]

In *Die Kapuzinergruft* vollendete er seinen persönlichen Habsburgmythos: die Geschichte eines Verlorenen, die im März 1938 aufhört. *Flucht ohne Ende* hatte er schon 1927 einen Roman benannt; seine eigene Flucht war auch ohne Ende, wie sein Freund und Kollege Soma Morgenstern in seinen biographischen Anmerkungen zu Roth schrieb. Morgenstern hatte in Wien ausgeharrt, floh aber bald nach dem Anschluss nach Paris und später weiter in die USA. Morgenstern verließ Wien mit dem Zug am 13. März. An allen größeren Bahnhöfen wurden die Passagiere kontrolliert, einzelne herausgeholt und befragt, nur nicht in Linz, wo sich an diesem Tag Hitler aufhielt und man unbehelligt durchreisen konnte.[70]

Joseph Roth wurde zum Befürworter des Ständestaats, weil er ihn als Schutz gegen den Nationalsozialismus verstand und weil es seiner Tendenz entsprach, die Vergangenheit zu verklären, wie er sie in seinen Erzählungen auch betrieb. Kanzler Schuschnigg schätzte er nicht sonderlich, fand aber dessen Rede vom 24. Februar 1938 eines Cicero würdig. Er war an diesem Tag in Wien eingetroffen und wollte Schuschnigg bewegen, die Macht an Otto von Habsburg zu übergeben. Er wurde nur von Michael Skubl empfangen, Schriftsteller und seit 1933 Polizeipräsident, der ihm riet, Österreich schnell wieder zu verlassen. Drei Tage vor dem Einmarsch der deutschen Truppen, also am 9. März, verließ Roth das Land für immer.[71]

In Roths Roman *Die Kapuzinergruft* resümiert eine Figur: »Österreich ist kein Staat, keine Heimat, keine Nation. Es ist eine Religion.« Roth verehrte Otto von Habsburg persönlich, sprach von der »Apostolischen Majestät des Kaisers«.[72]

Als Glaubensinhalt war Roths Habsburgmythos Fiktion, Traum, Illusion – nicht von dieser Welt. Und was von der Hauptfigur Trotta gesagt wird, galt erst recht für den Autor in seinem letzten Stadium: Er war ausgeschaltet unter den Menschen, unter den Lebenden war er nur ein »Exterritorialer«. Indem er diesen Glauben in die Literatur gerettet hat, hat er ihn doch aufbewahrt.

Bis in die letzten Tage hinein schrieb Roth weiter, obwohl er körperlich stark abbaute. Ihm gelang das Wunder, ein literarisches Juwel zu vollenden wie *Der Heilige Trinker*. Er starb 1939, nach kurzem Aufenthalt im Krankenhaus, und er wirkte zuletzt so alt und verfallen, alt wie der Kaiser Frank Joseph, alt wie jemand, der sich aus Urzeiten herübergerettet hatte – und war doch erst 45 Jahre alt.

* * *

Hermann Broch gehörte zu denen, die ihren eigenen Vorhersagen nicht folgten. Nach 1933 hatte er keine Illusionen mehr über Hitler, doch er blieb im Lande und hoffte immer noch, dass die Westmächte Österreich beschützen würden. Nach dem Krieg sprach er auch von dem verlockenden Reiz der Gefahr, aber das war in diesem Fall eher Lust am Untergang.[73]

Am 13. März 1938 wurde er verhaftet. Er lebte in Altaussee, in der nördlichen Steiermark, nicht in Wien. Es war wohl ein Racheakt: Vier junge Nazis kamen, bewaffnet mit Gewehren und Maschinenpistolen, dazu Hakenkreuzbinden am Arm. Im Ort galt er als Kommunist, weil er die in Moskau erscheinende Literaturzeitschrift *Das Wort* abonniert hatte. Als die Kerle hereinplatzten, wollte seine Haushälterin Angela Zand gerade das Frühstück servieren. Man brachte ihn ins Gefängnis nach Bad Aussee, ein kleines Gebäude neben dem Bezirksgericht.

Am nächsten Tag durfte ihm Angela Papier, etwas zu schreiben und ein angefangenes Manuskript bringen. Zwei Männer teilten sich die Zelle mit ihm, einer musste auf dem Boden schlafen, da es nur zwei Pritschen gab. Broch durfte Postkarten verschicken, so an Annemarie Meier-Graefe in ihrem südfranzösischen Exil Saint-Cyr: Sie möge andere von seiner Verhaftung benachrichtigen, gab er der Geliebten zu verstehen, die er 1936 kennengelernt hatte, als sie Wien besuchte.[74]

Da er ein Magen- und Darmleiden hatte, gestattete man ihm Sonderverpflegung mit Buttersemmeln, die er mit seinen Zellengenossen teilte. Er hatte schreckliche Visionen, die er in einem Manuskript festhielt, *Erzählung vom Tode*. Darin geht es vor allem um Stimmen. Alle Stimmen der Welt, vergangene wie künftige, vermischen sich, innere wie äußere, Stimmen von jenseits des Lebens. Dies war die Keimzelle seines großen Romans *Tod des Vergil*, der sich in den nächsten schwierigen Monaten immer weiter entwickelte und zum indirekten Spiegel seiner Erlebnisse wurde. In die nächsten Fassungen seines Romans gingen auch seine Visionen und Erfahrungen aus dem Gefängnis ein: Dichter in einer Endzeitsituation, Untergang einer Kultur im Bewusstsein des Dichters.[75] Gerettet wurde er durch den Regierungsrat Erich Dumann, Richter in Bad Aussee: Er ließ Broch frei. Er hielt ihn für einen Privatgelehrten, der politisch ungefährlich war.

In der ersten Aprilwoche war Broch in Wien, musste sich aber bei der Polizei melden. Es war sicher besser gewesen, in Bad Aussee eingesperrt zu werden, als dem blutigen März-Taumel in Wien ausgesetzt zu sein.[76]

In Wien begab sich der 52-Jährige in eine Privatklinik. In seiner Wohnung in der Gonzagagasse hielt er sich selten auf. Er kam unter bei Jadwiga F. Judd, einer Wienerin, die von ihrem Mann, einem Amerikaner, geschieden war, ihre US-Staatsangehörigkeit jedoch behalten hatte, was für sie als Jüdin Schutz bedeutete. Aus der Gastfreundschaft wurde eine Liebesbeziehung, sogar von Heirat war die Rede. Die hatte Broch manchen Frauen versprochen, als unerwünschte Nebenwirkung von zu vielen Briefen, wie er es nannte.[77]

Es folgte ein mehrwöchiger Kampf um ein Visum für England, Frankreich oder die USA, alles drehte sich im Kreise, immer fehlte ein Papier oder eine Bürgschaft, oder ein Ausweis war gerade ungültig geworden. In Wien fühlte er sich noch sicher im Promenaden-Café am Schwarzenberg-Platz, Ecke Schubertring. Oft war er stundenlang in der Stadtbahn unterwegs, um sich zu verbergen. Heimatlos also schon in Wien.[78] Sein Grundgefühl angesichts der Ereignisse war Ekel. Er musste sich immer wieder übergeben. Er fand das Nazi-Wien »zum Kotzen«. Später nannte er diese Übelkeit »mein ärgstes Hitler-Erlebnis«.[79]

In diesen schwierigen Wochen des Wartens konnte Broch

kaum noch schreiben. Erst am 20. Juli erhielt er ein englisches Visum, am 24. bestieg er in Aspern ein Flugzeug, das über Rotterdam nach Croydon flog, wo er nach fast sieben Stunden Flug ankam. Er hatte nur 20 Reichsmark bei sich.[80] Als er 1944 den Roman *Tod des Vergil* abschloss, besserte sich sein Zustand nur bedingt. Auf den Nobelpreis, Schimäre vieler emigrierter Autoren, hoffte er vergeblich.

* * *

Ende November 1937 suchte Alma Mahler-Werfel einen Handleser auf, der ihr prophezeite, sie werde mit 59 Jahren Wien verlassen und mit ihrem Mann in ein anderes Land ziehen. Dass es genauso kommen würde, hat sie bestimmt nicht geglaubt.[81]

Es fällt schwer, bei Alma Mahler-Werfel an persönliche Tragik zu denken, zu grotesk kommt ihr Bild daher, auch aus den Zeugnissen von Zeitgenossen. Und doch lässt sich einiges in dem Sinn zusammentragen, vom Komponierverbot ihres ersten Mannes, Gustav Mahler, über den Tod zweier Kinder bis hin zum Exil. Die zahlreichen Anekdoten über sie helfen vielleicht, die Schwärze der Zeiten etwas erträglicher zu machen.

Ehen und Liebschaften waren für sie Mittel zum gesellschaftlichen Zweck. Sie war politisch und künstlerisch einflussreich, wie es sonst wohl nur einige Damen der Pariser Gesellschaft waren: indem sie andere zu ihrem Instrument machte. Ihre ältere Konkurrentin Berta Zuckerkandl konnte sie schließlich übertreffen, als sie 1931 eine Villa auf der Hohen Warte erwarb, einem über 200 Meter hohen Hügel im XIX. Bezirk, im nördlichen Vorort Döbling.

Den Bestsellerautor Franz Werfel hat eigentlich sie lanciert, indem sie ihn überzeugte, von expressionistischen Gedichten auf historische und zeitgenössische Romane umzusteigen. Und sie regte die Gründung des Zsolnay Verlags an, der es österreichischen Autoren ermöglichte, nicht länger auf deutsche Verleger angewiesen zu sein. Werfels Bücher gehörten zu den Säulen des Verlags.

Das Ehepaar Werfel gehörte zu den Säulen des Ständestaates. Franz Werfel konnte auf diese Weise seinen katholischen Komplex ausagieren, und als Romancier des (verlorenen) Glaubens war er dem Regime durchaus willkommen, das ihn förderte und auszeichnete und seine revolutionäre Jugend gern vergaß.[82] Alma, die in dritter Ehe zum zweiten Mal einen Juden geheiratet hatte, war in bösen Momenten durchaus zu antisemitischen Ausfällen fähig, die man eher als Laune denn als Überzeugung verbuchen sollte. Ihre Ehe mit Werfel war eine Art Boulevardkomödie. Während ihre Tochter Anna ein Verhältnis mit Kanzler Schuschnigg hatte, zählte zu ihren eigenen Geliebten der Priester Johannes Hollnsteiner, ein Duzfreund des Kanzlers und zugleich die rechte Hand von Kardinal Innitzer. Werfel tolerierte die Beziehung. In einem Brief an den Kanzler stützte Hollnsteiner eine Intrige Almas gegen den Opernchef Weingartner, der dann auch abberufen wurde.[83] Alle drei, Alma, Franz und Hollnsteiner, unternahmen einen Besuch bei Thomas Mann in Zürich. Beim Tee unterschrieben alle eine Grußkarte an Schuschnigg.[84]

Alma hatte eine gewisse Anfälligkeit für den Schneid der Nazis. Ende Oktober 1937 in Berlin war sie beeindruckt von der Disziplin und der allgemeinen Mobilisierung.[85] Als der Spanische Bürgerkrieg begann, verteidigte sie Franco, während Werfel für die spanischen Republikaner Stellung bezog. Bürgerkrieg dort, Ehekrieg hier. Ihr Stiefvater, der Maler Carl Moll, war ein naiver Anhänger der Nazis.[86]

Als sie ihr Haus auf der Hohen Warte eingerichtet hatte und dort die große Welt empfing, vor allem die politische Prominenz, hatte sie Berta Zuckerkandl endlich übertroffen. Aber Franz Werfel, dessen Tantiemen den Kauf ermöglicht hatten, gefiel es in dem Anwesen trotz des herrlichen Blicks auf die Stadt überhaupt nicht. Er reiste zum Arbeiten lieber nach Breitenstein.[87]

1937 entschloss sich Alma, das Haus zu verkaufen. Man veranstaltete ein letztes Fest dort, ein Heurigenfest, das sich bis weit in den nächsten Tag hinein erstreckte. Zu den Gästen gehörten Politiker, Minister, der Hochadel, Künstler (Zuckmayer, Bruno Walter, Ödön von Horváth, auch der Regisseur Ernst Lothar und seine Frau Adrienne Gessner). In der erotischen Atmosphäre eines duftenden Gartens trank man Champagner und Bowle bei Heurigenmusik, Alma glänzte als Gastgeberin. Niemand dachte an die kommende Katastrophe. Und doch muss eine Art untergründiger Verzweiflung geherrscht haben, denn sie tranken viel zu viel: Werfel fiel in den Zierteich, Zuckmayer schlief in der Hundehütte.[88] Die Koffer waren bereits gepackt, die Werfels wollten vorerst in einem Hotel wohnen und ahnten nicht, dass es schon ein Packen fürs Exil war.

Max Reinhardt war im Herbst 1937 aus Amerika nach Wien gekommen, um am Burgtheater ein neues Stück von Franz Werfel zu inszenieren: *In einer Nacht.* Darin ging es um Leben und Spuk und die Verwandlung realer Personen in Geister, um den Wechsel der »Seelengestalt« in der Nacht zwischen Allerheiligen und Allerseelen. War das schon eine Vision kommender Abschiede – mitsamt der Hoffnung auf eine Art Wiedergeburt? Ein rätselhaftes Stück und doch ein großer Erfolg – Reinhardts letzter auf einer heimischen Bühne. Im März 1938 war der Regisseur schon wieder in Amerika. Werner Krauß überbrachte das Angebot, Reinhardt zum »Ehrenarier« zu ernennen, aber dieser lehnte dankend ab. Sein Schloss Leopoldskron wurde beschlagnahmt und als Gästehaus für Besucher der Salzburger Festspiele genutzt. Reinhardt, nunmehr Emigrant, pendelte zwischen Los Angeles und New York bis zu seinem plötzlichen Tod im Jahr 1943.[89]

Almas einstiger Geliebter, der Maler Oskar Kokoschka, hatte sich seit Anfang der 30er Jahre meistens in Prag aufgehalten, war nur noch als Besucher nach Wien gekommen. In der Nazi-Ausstellung »Entartete Kunst« wurden 1937 in München neun seiner Werke gezeigt. Im Herbst 1938, als die Lage in Prag eskalierte, rettete er sich mit seiner tschechischen Gefährtin nach England, wo er die Kriegsjahre verbrachte. 1942 entstand dort sein Bild *Anschluß – Alice im Wunderland*, eine Allegorie auf das untergehende Wien und ganz allgemein auf das Unterliegen der Vernunft in diesen brandgefährlichen Jahren.[90]

Im März 1938 hielten sich beide Werfels in Italien auf. In den kritischen Tagen blieb Franz dort, Alma kehrte nach Wien zurück, um ihre Flucht vorzubereiten. Sie konnte Geld in Gürtel einnähen, Partituren von Bruckner und Mahler einstecken und auch Schmuck. Am 12. März reiste sie mit dem Zug nach Prag, nach einer letzten Hotelzimmernacht mit Hollnsteiner. Über Ungarn und Jugoslawien erreichte sie Triest und dann Mailand, wo sie mit Werfel zusammentraf. Gemeinsam reisten sie zu dessen Schwester an den Zürichsee. Am 1. Juni 1938 trafen sie in Paris ein, genau an dem Tag, als dort Ödön von Horváth von einem herabfallenden Ast getötet wurde.

Werfel wollte in London leben, aber Alma war es dort zu kühl und zu feucht, und so teilten sie ihr französisches Exil zwischen Paris und Sanary-sur-Mer. Ihr Freund Hollnsteiner wurde als Schuschnigg-Vertrauter verhaftet, verbrachte einige Monate in Dachau, kam später frei und heiratete.[91]

Im September 1940 erlebten die Werfels eine dramatische Flucht aus dem besetzten Frankreich. In den USA setzten sie ihr Emigrantenleben fort. Franz Werfel blieb ein Bestsellerautor, getreu seinem Motto »Kunst ist das Gegenteil von Zeitvertreib. Sie ist Zeit-Verhaftung. Sie ist Tod-Vertreib«.[92]

Werfel starb 1945, bald nach Kriegsende. Alma zog von Los Angeles nach New York und wurde zu einer legendenhaften Persönlichkeit, hatte mit 80 Jahren noch junge Liebhaber. Der Freund Friedrich Torberg, auch er ein österreichischer Emigrant in Amerika, unterzog sich später der Mühe, Almas Erinnerungen von antisemitischen Einsprengseln zu säubern. Dabei waren doch an dieser temperamentvollen Jahrhundertfigur die Widersprüche das Interessante.

* * *

Es gibt verfehlte Dichter, aber Friedrich Torberg war ein verfehlter Fußballer. Hingegen reüssierte er als Schriftsteller und als Wasserballer, schrieb sogar den ersten Wasserball-Roman der Welt (*Die Mannschaft*). Bei der Hakoah Wien, dem führenden jüdischen Sportclub, gab es einfach zu viele Anmeldungen für die Fußballsektion, so wurde der dreizehnjährige Fritz Kantor (wie er hieß, bevor er sein Pseudonym erfand)[93] Mitglied der Schwimmsektion. Mit 24 Jahren nahm Torberg die tschechische Staatsbürgerschaft an.

Mit 22 Jahren berühmt geworden durch seinen Gymnasiastenroman *Der Schüler Gerber hat absolviert*, gehörte er zu jenen Autoren, die zwischen Literatur und Feuilletonismus schwankten, weil sie beides zum Leben nötig hatten, und die immer wieder große Themen aufgriffen, mit feinem Sinn für Fragen der Zeit. Torbergs persönliche und zeitkritische Verse haben Anklänge an Erich Kästner, sind aber geschmeidiger und hintergründiger als diese.

Im März 1938 hielt er sich in Prag auf, wo er einen Vortrag halten sollte. Er verfolgte die Ereignisse in Wien am Radio, dessen Empfang immer wieder gestört war. Mit einem Freund begab er sich mitten in der Nacht zum Masaryk-Bahnhof, aber nicht ein Passagier aus Wien saß im Zug.[94] Von Prag aus konnte er in die Schweiz und dann nach Paris ausweichen. Zum Glück war der ehemalige Sportler wehruntauglich, was ihn vor dem tragischen Untergang in der tschechischen Legion bewahrte, die 1940 an der Seite der Franzosen vergeblich gegen die Wehrmacht kämpfte.[95]

Torberg versuchte sich im Filmgeschäft in Hollywood, ohne großen Erfolg. Auch im Exil blieb er ein hartnäckiger Europäer. Bald nach dem Krieg kehrte er nach Wien zurück, schrieb die berühmteste Abhandlung über die Kaffeehauskultur (*Die Tante Jolesch*, 1975), die zugleich eine gewitzte Form der Erinnerung ist, in der vieler Zeitgenossen gedacht wird. Einen ganz anderen Lobgesang auf die »versunkene Stadt«, wie er das Wien der Zeit vor dem Anschluss nannte, bot sein im amerikanischen Exil verfasster, aber erst postum veröffentlichter Roman *Auch das war Wien*, der das Schicksal einer Flucht aus dem besetzten Land schildert, das ihm selbst erspart geblieben war.

Die Erfahrung des Exils, aber auch die jüdische Erfahrung hat er in vielen Texten und Polemiken auf seine Weise thematisiert, gern auch gegen den Strich. Ein Emigrant kann kein Versöhnler sein, weil schon seine Existenz auf eine Wunde verweist. Geehrt und mit Preisen bedacht (und schließlich mit einem Ehrengrab auf dem Zentralfriedhof) wurde er trotzdem. Allerdings blieb er einer neuen Form der Verkennung ausgesetzt, weil er durch die äußerst erfolgreichen Übersetzungen der Satiren von Ephraim Kishon zur Stimme eines anderen wurde (dabei hatte er doch die Texte des israelischen Kollegen mit eigenem Sprachwitz gewürzt).

* * *

Vergleichbar mit Torberg und doch so anders in Persönlichkeit und Tonlage war der deutlich ältere Alfred Polgar, dem das Scheinlob »Meister der kleinen Form« eher wie eine Last anhing, denn auch er hatte große literarische Ambitionen. Das Feuilleton, was immer man davon hält, war die zeit- und mediengemäße Zwischenform in dieser Zwischenkriegszeit. Und auch er war ein kritischer Geist, der viel Affirmation ausstrahlte. »Eine Verteidigung der Donau, wie wenig muß sie, nichtwahr, dem anstehen, der gerade gegen diesen Strom dauergeschwommen ist – und doch tat er's um der echten ›Schätze‹ willen, die er besser sah als die, die prinzipienfest mit dem Strom schwimmen«, so gratulierte Karl Kraus in der letzten Nummer seiner Zeitschrift *Die Fackel* dem Kollegen Alfred Polgar zum 60. Geburtstag.[96]

Gegen den Strom geschwommen war Polgar schon 1914, als er sich der Kriegsbegeisterung verweigerte wie nur wenige seiner schreibenden Zeitgenossen. Als Autor schwankte er zwischen Kleinkunst, gehobenem Feuilleton und Literatur, zwischen Theaterkritik und Biographie. Anfang der 1920er Jahre schrieb er Farcen gemeinsam mit Egon Friedell und prägte unvergessliche Scherzworte (»Österreich ist so deutsch, wie die Donau blau ist«).

Vor 1933 gehörte er zu den österreichischen Autoren, die in Berlin Erfolg hatten, dann kam die erste Flucht, der 1938 die zweite folgte, rechtzeitig mit dem Nachtzug nach Zürich, ehe er in den Anschluss-Strudel geriet. In der Schweiz protestierten die einheimischen Autoren gegen die zugereisten Dichter und Schreiber, die ihnen doch keinen Platz als Heimatdichter streitig gemacht hätten.[97]

In Paris erging es Polgar etwas besser, zumal er dank seiner offiziellen Verbindungen von der Internierung als »feindlicher Ausländer« verschont blieb. Als aber die Wehrmacht das Land besetzte, erlebte er in Marseille und an der spanischen Grenze ein wahres Drama, ehe er dank amerikanischer Fluchthelfer die Pyrenäen zu Fuß überqueren konnte, nach Lissabon und von dort mit dem Schiff nach Amerika gelangte. Er schrieb für amerikanische Filmgesellschaften, wurde Amerikaner, blieb aber im Herzen Europäer. Nach Europa zurückgekehrt, hielt er Sicherheitsabstand zu Wien und wohnte lieber in Zürich, wo er auch begraben wurde.[98]

In dem Glanz, den sein Name durchaus behielt, ist auch eine wärmende Erinnerung an den Wiener Geist vor 1938 erhalten, und da er immer über seine Heimatstadt hinaus gewirkt hatte, war er im Sinne von Musil ein »Weltösterreicher«.

* * *

Im Dreiklang der Kaffeehausliteraten war Alfred Polgar der vornehme, Friedrich Torberg der kumpelhaft-sportliche und Anton

Kuh (1890–1941) der bittere, bissige, gallige, vordergründig politische und der am wenigsten mit literarischem Ehrgeiz behaftete (aber auch das Nichtschreiben, meinte er, sei das Resultat langen Nachdenkens). Er wirkte im Dreieck Prag (wo seine Familie herstammte und wo schon Großvater und Vater Journalist gewesen waren), Wien (wo er geboren wurde, sein Vater es zum Chefredakteur des *Neuen Wiener Tagblatts* brachte) und Berlin (wo er sein Publikum durch Stegreif-Conférencen köstlich unterhielt).[99] Sein Familienname entlockte Freunden wie Feinden platte Wortspiele, während er, musste er seinen Namen nennen, nur müde hinzufügte: »Alle Witze schon gemacht« – alle bis auf den einen, selbsterdachten, eine zweisprachige Perle des Exils: »Bisher war ich der Kuh aus Wien, nun bin ich der Kuh de Paris« (auszusprechen wie »cul«). Sein Talent waren die Aphorismen, die zum Allgemeingut wurden (»Nicht gleich sachlich werden, es geht doch auch persönlich«; »Geist ist die Luftlinie vom Gehirn zur Sache«) oder es zu werden verdient hätten (»Idee – beliebter Gegenstand in Plagiatsprozessen«; »Melancholie ist das Heimweh nach sich selber«).

Kuh war Pazifist, außer wenn es um Karl Kraus ging: Den attackierte er nach Herzenslust, auch in öffentlichen Auftritten, bezeichnete ihn als »Affen Zarathustras« und als »Intelligenzplebejer«.[100] 1914 war Kuh Kriegsgegner gewesen, nach 1918 hatte er eine revolutionäre Phase im Umkreis von Werfel und Kisch, gehörte dann zu den Anhängern des Sexualrevolutionärs Otto Gross, lebte zwischen 1925 und 1933 zumeist in Berlin, dann aber wieder in Wien. Begnadeter Polemiker, ätzender Spötter, beschränkte sich auf die kleine Form, auf Feuilletons, Essays, Spruchdichtung, enthielt sich der erzählerischen Form, sammelte lieber Aphorismen großer Vorgänger.

Durch scharfe politische Äußerungen und als Jude war er nach 1933 gefährdet. In Salzburg wäre er 1937 beinahe über die deutsche Grenze gelockt und entführt worden.[101] Februar/März 1938 pendelte er zwischen Prag und Wien hin und her. Die Aufdeckung des Tavs-Plans zur Machtübernahme der Nazis in Österreich und die von der Regierung Schuschnigg praktizierte Geheimhaltung alarmierten ihn, er war plötzlich besessen von der Idee, er müsse Österreich retten. »Ich wollte das Spiel der Weltpolitik spielen, mich als Literat in den politischen Strom werfen.«[102]

Über die beziehungsreiche Alma Mahler-Werfel gelang es ihm, mit dem Unterrichtsminister Pernter zu sprechen. Kuh beschwor ihn, der seit Februar inhaftierte ehemalige Bürgermeister von Wien, Karl Seitz, der unbestechlichste Mann der Sozialdemokratie, müsse über Radio frei reden, um die Arbeiterschaft zu mobilisieren. Der Literatentraum erfüllte sich, der Minister hörte ihm zu, bis er rätselhafterweise fortberufen wurde durch einen plötzlich auftauchenden Boten. Anton Kuh begriff noch in diesem Gespräch, wie unsinnig sein Vorhaben war. Er nahm den Mittagszug zurück nach Prag: Es war der letzte Zug an jenem fatalen 11. März, der Österreich unkontrolliert verlassen konnte.[103]

Ins Exil ging er mit der trostvollen Aussicht: »Schnorrer kann man überall brauchen«.[104] Er absolvierte die Exil-Etappen Paris und New York. In der Neuen Welt begann er sich eingehend mit der jüdischen Tradition zu befassen, behielt aber auch hier seine Methode der »produktiven Taktlosigkeiten« bei. Doch der Gedankenspieler versagte so völlig in der »Kunst, Hitler zu überleben« – so hieß sein Vortrag nach einer Formulierung von Max Pallenberg[105] –, und erlag 1941 einem Herzinfarkt.

* * *

Nicht nur Bücher haben ihre Schicksale, sondern auch Buchhändler. Martin Flinker hatte einen echt altösterreichischen Lebenslauf. 1895 in Ungarn geboren als Sohn eines Militärarztes, studierte er in Wien Jura und promovierte. Da er sich heimlich mehr nach Kultur sehnte als nach Beamtenstatus oder Politik, machte er eine Ausbildung zum Buchhändler bei Hugo Heller am Wiener Bauernmarkt. Heller stammte ebenfalls aus Ungarn, war mit Sigmund Freud befreundet – und mit vielen bedeutenden Wienern. Auch Flinker wurde später zum Buchhändler, der die Autoren liebte (und sie ihn) mit Ausnahme von Elias Canetti. Was zwischen den beiden vorgefallen war, wusste niemand.

1929 gründete Flinker seine »Buchhandlung am Kärntnertor«. Sie war *die* literarische Buchhandlung in Wien. Flinker mochte nur Kunden, die genau wussten, was sie suchten; in den Regalen zu stöbern war unerwünscht.[106]

Er veranstaltete Lesungen und gab zu jeder eine Broschüre heraus mit Informationen zu Werk und Person, gelegentlich auch mit Unveröffentlichtem des jeweiligen Autors. Schon in dieser Wiener Zeit bestand der Kontakt mit Thomas Mann, der 1938 in Zürich fortgesetzt wurde und 1950 in Paris wieder auflebte.

Im März 1938 entschloss sich Flinker, ohne zu zögern, zur Flucht mit seinem Sohn Karl. Seine Frau wollte nicht mitkommen und ging zurück zu ihrer tschechischen Familie. Sie starben allesamt im Holocaust.[107]

Erste Exilstation von Flinker und Sohn war der Zürichsee, wo sie in einer Pension an der Seefeldstraße logierten. Bald flohen sie weiter nach Frankreich. In Paris kamen sie am Vorabend des 14. Juli 1938 an und erlebten eine ausgelassene Feier in der Stadt, aber sie, die Flüchtlinge aus Wien, kamen sich elend und abgerissen vor. In Paris mit seinen fast 30 000 Flüchtlingen aus Österreich fühlten sie sich nicht wohl. Im Frühjahr 1939 zogen sie nach Caen in die Normandie, wo Karl ebenfalls ein Gymnasium besuchte. Bei Kriegsausbruch wurden sie interniert und in ein Lager bei Limoges gesteckt.[108] Da der Sohn noch keine 16 war, kam er wieder frei und konnte in Limoges eine Arbeit aufnehmen. Er freundete sich mit einem der Notabeln der Stadt an, dem es gelang, den Vater aus dem Lager freizubekommen.

Als die Offensive der Wehrmacht begann, mussten die Flüchtlinge heraus aus Frankreich. Sie schlugen sich durch nach Bordeaux, verpassten aber das letzte Schiff nach England. Nun wollten sie zu Freunden nach Madrid. In der Grenzstadt Bayonne herrschte ein unbeschreibliches Chaos. Etwas traumhaft erinnerte der Sohn später die Weiterfahrt: Ein Rolls-Royce habe angehalten und ein Herr mit rotem Käppchen habe sie gefragt, wohin sie denn wollten. Nach Madrid? Dahin wolle er auch. Und so fuhren sie sicher nach Spanien hinein, denn der Herr war ein hoher katholischer Geistlicher mit diplomatischem Status.[109]

Von Madrid erreichten sie mit dem Zug das andalusische Algeciras; ein Fischer nahm sie mit, versteckt in der Kajüte, setzte sie vor Tanger ab, einer freien internationalen Stadt. An Land gelangten sie in zwei hohlen Fässern. Die Stadt war voller Flüchtlinge, es gab aber auch deutsche Soldaten. Ein französischer Widerständler besorgte ihnen falsche Papiere. Dort lebten sie bis Kriegsende.

1945 kehrten sie zurück nach Paris. Nun wollte Flinker senior eine Buchhandlung aufmachen, was auch gelang mit Hilfe von einflussreichen politischen Freunden wie dem Außenminister Robert Schuman. Bald kam kulturelle Prominenz zu ihm wie einst in Wien. Seine Buchhandlung wurde zur Legende, und auch die Adresse war legendär: Quai des Orfèvres 68, wenige Schritte entfernt von der berühmtesten Polizeiwache Frankreichs. 1950 schaute Thomas Mann vorbei, dem Flinker dank seiner Beziehungen die Ehrenlegion beschaffte. Aber Thomas Mann war enttäuscht, er wurde nur Offizier, nicht Kommandeur wie sein Freund Bruno Walter.

Martin Flinker starb mit 91 Jahren. Die Buchhandlung ging bald ein. Heute erinnert nur noch eine Gedenktafel an sie. Nach Wien ist er nie zurückgekehrt, anders als sein Sohn. Vom einstigen Hausbesitz dort war nichts übrig, und der Vater hatte jede

Entschädigung abgelehnt: »Sonst könnten sie am Ende glauben, sie hätten etwas gutgemacht!«[110]

* * *

Die Familie von Ari Rath wohnte im IX. Bezirk, Porzellangasse 9, gleich um die Ecke von Freuds Haus in der Berggasse. Die Eltern Josef und Laura stammten aus Galizien, der Vater betrieb in Wien einen Papierhandel, gemeinsam mit seinem älteren Bruder Jakob Fried (durch ein bürokratisches Versehen trugen sie verschiedene Familiennamen); die Firma nannte sich Fried & Rath. Immerzu hatten die Brüder Streit untereinander, aber sie machten gute Geschäfte und erwarben fünf Miethäuser in Berlin (die in der NS-Zeit enteignet und nie erstattet wurden.) Die Familie lebte religiös, wenn auch nicht streng, pflegte Verbindungen zur Herkunft aus dem Umland von Lemberg.[111]

Die Mutter war krank und depressiv, nahm sich das Leben, als Ari fünf Jahre alt war. Die Großmutter mütterlicherseits verwöhnte ihn und beeinflusste neben wechselnden Gouvernanten seine Erziehung. Wie sein älterer Bruder Max ging Ari seit 1934 auf das Wasagymnasium, ebenfalls im IX. Bezirk. Die Schüler wurden in Christenklassen und Judenklassen aufgeteilt, wie es der damalige Erziehungsminister Schuschnigg angeordnet hatte.[112] Am 1. Mai 1935 mussten alle Haupt- und Mittelschüler Wiens zu einer Kundgebung im Praterstadion antreten, auch die Judenklassen. Vorher hatten sie das Dollfuß-Lied auswendig gelernt.[113]

Einige Verwandte wanderten schon im Herbst 1935 nach Palästina aus. Aris Vater machte mit seiner zweiten Frau Rita 1936 die Hochzeitsreise nach Palästina, man bot ihm ein Grundstück in Tel Aviv zum günstigen Kauf an, doch er lehnte ab. 1937 reiste Ari nach Berlin, ein Geschenk zur Bar Mitzwa. Er wunderte sich, wie unbeschwert die jüdischen Verwandten dort noch lebten. Seine Familie kaufte öfter in Berlin ein, da sie die Mieteinnahmen nicht ausführen durften.[114]

Am 11. März 1938 gab es Schlägereien zwischen Nazis und Anhängern der Vaterländische Front, die sich mit Sozialdemokraten zusammentaten. Die Buben wollten der VF helfen. Vater und Stiefmutter Rita hielten sich gerade in Berlin auf, kehrten aber bald nach Wien zurück.[115]

Die Schule, die nach dem 11. März ausgesetzt worden war, nahm den Betrieb am 22. März 1938 wieder auf. Der Deutschlehrer entschuldigte sich dafür, dass er die Hakenkreuzbinde tragen musste. Die Judenklassen wurden noch größer, mussten zum Teil ausquartiert werden. Das christliche Hauspersonal musste den Dienst bei der jüdischen Familie kündigen. Das väterliche Geschäft wurde arisiert, ebenso das Auto. Ein Garagenmitarbeiter hatte es sich aneignen wollen, aber der als Nazi-Kommissar eingesetzte SA-Sturmführer stand höher im Rang und beanspruchte das Auto für sich.[116] Anfang Mai 1938 wurde der Vater verhaftet, genau wie 3000 andere jüdische Kaufleute. Man brachte ihn nach Dachau, später nach Buchenwald. Er überlebte, war aber sehr krank und in seinen letzten Lebensjahren auf einen Rollstuhl angewiesen. Erst 1946 hat er seine Söhne in New York wiedergesehen.

Ari und Max machten im Sommer 1938 in Wien einen Test für die Auswanderung nach Palästina (obwohl sie auch mit dem Kindertransport nach England hätten fahren können). Nur ein Viertel der Bewerber wurde genommen, aber die Brüder hatten Glück. Nach dem tränenreichen Abschied in der Schule in der Schiffamtsgasse am 31. Oktober 1938 liefen Ari und zwei Freunde nach Hause. Am nächsten Tag sollten sie den Zug nach Triest nehmen und dort das Schiff nach Palästina. Im Dunkeln wurden sie umzingelt von HJ-Mitgliedern, die sie beschimpften und schlugen: Judenbuben! Judenbuben! Man zwang sie, auf einen LKW zu steigen mit dem Plakat »Hermann-Göring-Alteisensammlung«. Sie wurden zu einem großen Fabrikhof im Prater gebracht, dort sollten sie umgeladen werden, um am nächsten Morgen in Lobau auf der anderen Donauseite Alteisen zu sortieren. Da es dunkel war, konnten sie das Durcheinander beim Umladen zur Flucht nutzen.[117] Und so lebte Ari bald darauf doch noch in einem Kibbutz, lernte Hebräisch, wurde Journalist und machte Karriere bei der *Jerusalem Post* (bis 1990 die einzige englischsprachige Zeitung Israels). In seinen letzten Lebensjahren war Ari Rath als Zeitzeuge in Wien und in Deutschland unterwegs.

* * *

Hans Robert Fliegel sollte im Jahr 1938 die Matura absolvieren. Sein Vater, Dr. Julius Fliegel, war einer der bekanntesten Wiener Diamantenhändler. Die Familie lebte in der Leopoldstadt am Lassingleithnerplatz 3. Noch 1937 hatte man unbeschwerte Sommerferien in Italien verbracht.

Am 7. Januar 1938 nahm ihn ein Klassenkamerad beiseite, ein Prinz von Hohenlohe-Schillingsfürst, dessen Vater ein strammer Nazi war und dem Vorstand der Dresdner Bank angehörte. Als sein Freund rate er ihm, Österreich schnell zu verlassen. Als Hans Robert dies zu Hause sagte, bekam er zu hören, er sei zu jung, um solche Ratschläge zu geben. Mit seinem autoritären Vater konnte man nicht reden. Der Schüler nahm die Ereignisse nun deutlicher wahr, obwohl er sich zugleich auf vier schwere schriftliche Prüfungen vorbereiten musste, in Deutsch, Mathematik, Französisch und Latein. Er schaute sich die Menschenmenge vor dem Deutschen Reisebüro an und sah auch sonst allerlei auf den Straßen.

Am 13. März rief ihn sein Vater an und befahl ihm, sofort ein Taxi zu nehmen und zum Hauptzollamt zu kommen. Dort mussten Papiere ausgefüllt werden. Hans ging zur US-Botschaft und holte Visa-Anträge, doch der Vater zerriss sie aus Angst, die Gestapo könnte dies als Fluchtvorbereitung deuten. Denn er war sogleich bedrängt worden, seine Besitztümer preiszugeben. Sein Vermögen hatte er in Grundbesitz angelegt, dazu in Diamanten,

Schmuck, ausländischen Währungen. Etwas zu verkaufen wäre nun illegal gewesen.

Ein Anwalt namens Dr. Wotruba wurde ihr Kommissar. Sie mussten einzelne Diamanten weit unter Wert verkaufen an die arische Firma Kochert in der Kärntnerstraße. Goldbarren und anderes ging in Nazibesitz über. Der Wert der Immobilien wurde geschätzt. Die Gestapo kam zum Verhör ins Haus, knöpfte sich den tschechischen Hausmeister vor, der aber standhielt und sogar einen kleinen Goldbarren versteckte, den ihm Hans in einem chaotischen Moment übergeben hatte.

Hans wurde nach kurzer Festnahme wieder freigelassen. Die Schule hatte nach dem 11. März für zwei Wochen geschlossen, aber nun konnte die Matura – vereinfacht und verkürzt – absolviert werden, und Hans schaffte es. Auch sein Vater wurde verhaftet und kam am 20. Juni wieder frei. Die Fliegels kannten einen Juden namens Goldhirsch, der wiederum einen bestechlichen Nazi kannte, von dem sie Pässe kaufen konnten, für 6000 Schilling das Stück, auch für die Mutter und einen jüngeren Bruder. Mitte Juli 1938 erhielten sie die Unbedenklichkeitsbescheinigung, was eigentlich lächerlich war, denn sie besaßen nichts mehr. Der Reichsfluchtsteuerbescheid vom 7. Juli 1938 vermerkte: 115 422 RM Gesamtvermögen, davon war ein Viertel als Steuer fällig: 28 855 RM.

Am Sonntag, 24. Juli, konnten sie alle mit dem Zug Wien verlassen, zunächst nach Antwerpen, schließlich per Schiff in die USA. Am Tag nach der Ausreise kam die Gestapo und wollte den Vater nach Dachau bringen. Mehrere Verwandte starben im Holocaust. In New York musste Hans Robert sich mit vielen kleinen Jobs durchschlagen. Die Matura nützte ihm wenig in der Neuen Welt.[118]

* * *

Im Jahr 1988 las Robert Mildwurm ein in Wien erschienenes Buch über die Angriffe gegen Juden in den Tagen nach dem Anschluss. Das Foto auf dem Umschlag zeigte ihn selbst und seine Mutter neben einem unbekannten Herrn. 1920 geboren, hatte er mit seiner Familie im IV. Bezirk gelebt. Im März 1938 wurden er und seine Mutter von Nazis aus der Nachbarschaft gezwungen, die Favoritenstraße mit Bürsten zu putzen. Nach sieben Monaten Haft in Dachau kam er noch vor Kriegsbeginn frei, konnte nach England auswandern und von dort die Ausreise seiner Mutter bewirken, die es nach Shanghai verschlug und später nach San Francisco. Das Foto von 1938 zeigt einen trotzigen, ungebrochen stolzen Mann.[119]

* * *

Gedächtnis ist etwas Sonderbares, es hilft und es stört, gerade im Exil. Trotz aller Bitterkeit behielten die Ausgewanderten oft eine verklärte Erinnerung an das unvergessene Wien. Der junge Kent Nagano lernte sein Musikerhandwerk in San Francisco bei dem Wiener Emigranten László Varga. Danach waren er und seine kleinen Kameraden völlig überzeugt: Wien ist die allerschönste Stadt der Welt.

17
Transit

Der englische Journalist G. E. R. Gedye hatte schon zu viel mit angesehen und zu vieles berichtet, was den neuen Herren in Wien unangenehm war. Am Nachmittag des 18. März wurde er aufgefordert, noch am selben Abend in der Zentrale der Pressepolizei zu erscheinen. Hofrat Zoffals, ganz österreichischer Beamter alten Stils, sagte, er müsse ihn zu seinem Bedauern bitten, innerhalb von drei Tagen Wien zu verlassen. Gedye hatte ohnehin nicht vor, noch länger zu bleiben.[1]

Am nächsten Vormittag wurde Gedye kurzfristig zur SS befohlen. SS-Führer Klein kritisierte seinen Bericht über die kurzzeitige Sistierung von österreichischen Stabsoffizieren während der Hitlerrede auf dem Heldenplatz. Doch der Journalist war nicht bereit, seinen Bericht zurückzuziehen. Im Prinzip nahm Klein die Ausweisung zurück, aber Gedye blieb starkem Druck ausgesetzt und packte die Koffer. Und bald stellte man ihm die endgültige Ausweisung zu; der Befehl dazu kam direkt aus Berlin. Auf der letzten Pressekonferenz, die er im Rathaus miterlebte, wurden Drohungen gegen ausländische Journalisten ausgestoßen, die zu viel hermachten von den belanglosen Zwischenfällen mit Juden.[2]

Am Bahnhof verabschiedeten ihn die Kollegen der Anglo-Amerikanischen Presse. Die Bahnhofspolizei wollte ihn aber nicht abreisen lassen, da er angeblich nicht alle Formalitäten erledigt hatte (denen er als Ausländer gar nicht unterlag, wie etwa der Reichsfluchtsteuer). Es dauerte eine Weile, bis jemand von der Gestapo herbeigerufen werden konnte. Alle Gepäckstücke wurden gründlich untersucht. Besonders seine Angelruten wurden argwöhnisch betastet. Schließlich allgemeines Händeschütteln, viele linke Freunde waren gekommen, Abfahrt, letzter Blick auf die Arbeitersiedlungen von Wien, wo auch schon viele Hakenkreuzfahnen hingen. Der Zug war fast leer. Sein brauner Dackel Mephisto hob zum Abschied die Pfote, als wäre es ein Hitlergruß. Dieses Kunststück beherrschte er schon lange. In Prag stieg Gedye am Masaryk-Bahnhof aus, wo ihn einige Bekannte begrüßten. Der Journalist war am Schauplatz des nächsten Dramas angekommen, und er wusste schon, dass auch diese Bastion fallen würde.[3]

* * *

Sich in Lebensgefahr zu bringen, indem man anderen das Leben rettet und das noch in einem fremden Land, ist kein alltägliches Schicksal. Die Amerikanerin Muriel Gardiner lebte seit 1926 in Wien und blieb dort bis 1938. Im Widerstand hatte sie schon seit 1934 gelebt. In Wien hatte sie sich der Psychoanalyse zugewandt und auch Medizin studiert, war aber vor allem in Kreise der (verbotenen) Sozialdemokratie geraten und auf diesem Weg in die konspirative Politik.

Muriel Morris, wie ihr Geburtsname lautete, kam 1901 in Chicago zur Welt. Ihre Eltern waren sehr wohlhabend, denn sie besaßen einige Schlachthöfe in der Metropole von Illinois. Muriel studierte in Boston Literatur und Geschichte. 1922 begab sie sich auf eine Europa-Reise, besuchte Rom, Paris und London. In Oxford setzte sie ihr Literaturstudium fort. Dort heiratete sie Julian Gardiner, mit dem sie eine Tochter hatte, Connie. Die Ehe hielt nicht lang und wurde geschieden.

Muriel beschloss 1926, nach Wien zu reisen, denn sie hatte

schon einige Bücher von Sigmund Freud gelesen. Freud wollte sie nicht als Patientin annehmen, worum sie ihn brieflich ersucht hatte. Er verwies sie an seine Schülerin Ruth Mack Brunswick, die ebenfalls Amerikanerin war. Die Analyse dauerte etwa drei Jahre, wurde auch später gelegentlich wieder aufgenommen. Schließlich wollte Muriel sich zur Analytikerin ausbilden lassen und begann gleichzeitig ein Medizinstudium.

Sowohl ihre Tochter als auch ihre politischen Aktivitäten beanspruchten viel von ihrer Zeit. 1932 war sie in die Sowjetunion gereist, aber die kommunistischen Sympathien der Millionärstochter hielten nicht lange an. Hingegen entwickelte sie enge Beziehungen zum linken Flügel der österreichischen Sozialdemokratie. Nachdem die Partei 1934 im Ständestaat verboten worden war, machte sich der amerikanische Pass von Muriel bezahlt. Immer wieder unternahm sie Reisen ins benachbarte Ausland, um den Genossen als Kurier zu dienen. Die Leitung der illegalen Partei saß im tschechischen Brünn. Eine der Schlüsselfiguren war der Arbeitersohn und Politiker Joseph Buttinger, der alle Parteikämpfe seit 1927 mitgemacht hatte. Er arbeitete mit Decknamen (etwa »Wieser«), für die Freunde hieß er schlicht Joe. Es entwickelte sich eine enge Arbeitsbeziehung zwischen Joseph und Muriel, die schließlich zu einer Liaison wurde.

Als der Anschluss vollzogen wurde, hatte Muriel ihr Medizinstudium immer noch nicht abgeschlossen. Manche Prüfung hatte sie wiederholen müssen, weil die konspirativen Unternehmungen Zeit gekostet hatten. Im besetzten Wien gab es viele Genossen, denen falsche Pässe besorgt werden mussten, und andere Gefährdete mussten sicher einquartiert oder ins Ausland geschmuggelt werden. Immerhin gelang es ihr, das Studium in diesem hektischen Jahr abzuschließen, obwohl sie bei den Nazis als Halbjüdin galt, als »Mischling ersten Grades«.

Der Schriftsteller Hermann Broch rief Muriel Gardiner unter einem Decknamen in Wien an und erhielt von ihr gute Ratschläge, wie er zu einem Visum kommen könne. Zu den Personen, denen sie bei der Ausreise half, gehörte auch der Russe Sergej Pankejeff, der als Freuds Patient unter dem Namen »Wolfsmann« bekannt geworden ist. Da er kein Jude war, lebte er zunächst weiter unbehelligt in Wien, allerdings war er, als er nach der Oktoberrevolution die Sowjetunion verlassen hatte, staatenlos geworden und besaß nur den Nansen-Pass des Völkerbunds. Auch er war bei Ruth Mack Brunswick in der Analyse, und so lernte Muriel ihn schon in ihrer ersten Wiener Zeit kennen; bevor sie in die Sowjetunion reiste, nahm sie bei ihm Russischunterricht. Seit dem Tod seiner Frau litt er unter schweren Depressionen, und so konnte Muriel ihn überzeugen, seiner Analytikerin nach England zu folgen. Ruth Mack Brunswick hatte Österreich gleich nach dem Anschluss verlassen.[4]

Muriel Gardiner stellte so vielen Ausreisewilligen wie möglich Bürgschaften aus, damit sie auf dem amerikanischen Konsulat Visa für die USA beantragen konnten. Auf ihren vielen Reisen innerhalb Österreichs sowie in die Schweiz, wo schon ihre Tochter lebte (die einen britischen Pass hatte, da ihr Vater Engländer war), vor allem aber auf Fahrten nach Brünn wurde sie von der Gestapo beschattet. Sie hatte bei Kontrollen vorgegeben, als Touristin nach Prag gereist zu sein, kam aber in Schwierigkeiten, als sie das nicht beweisen konnte. Auf die Dauer schien es ihr geraten, außer Landes zu gehen, vor allem nach einem letzten Versuch als ›Touristin‹ in Klagenfurt und Salzburg. Manche Leute, denen sie vertraut hatte, waren schon Nazispitzel oder zumindest Parteimitglieder geworden.[5]

Joseph Buttinger hielt sich während der Anschluss-Tage in Prag auf, ist aber mindestens einmal heimlich nach Wien zurückgekehrt. Er war schon auf anderem Wege nach Paris gelangt, als Muriel ihn dort wiedertraf. Beide engagierten sich für die Emigranten aus Österreich, die in Frankreich Zuflucht gesucht hatten. Hier, als Flüchtlinge in Paris, konnten Buttinger und

Muriel erstmals offen als Paar zusammenleben. Er schlug ihr vor zu heiraten, was ihr eigentlich nicht recht war. Sie sah aber ein, dass seine politische Arbeit durch eine Ehe mit einer Amerikanerin leichter würde, zumal sie in die USA gehen wollten.

Mit der eigenen Überfahrt warteten sie zu lange. Als 1939 der Krieg ausbrach, wurde Buttinger wie so viele Emigranten von den Franzosen als feindlicher Ausländer interniert (denn seit dem Anschluss galt er als Deutscher). Nur dank der Intervention französischer Freunde kam Buttinger frei. In Bordeaux versuchten Muriel und er das letzte amerikanische Schiff zu besteigen, das Frankreich verließ. Der kontrollierende französische Offizier wollte Buttinger nicht durchlassen, da er als feindlicher Ausländer registriert war. Es bedurfte einiger List und Tücke, um doch noch an Bord zu kommen.

In den USA setzte Buttinger seine politische Arbeit fort, schrieb Bücher und Artikel und engagierte sich in dem Rettungskomitee für europäische Intellektuelle, für das Varian Fry in Marseille tätig war. Muriel Gardiner Buttinger wurde eine angesehene Psychoanalytikerin, die sich vor allem für Problemkinder engagierte. Ihre Erinnerungen veröffentlichte sie unter dem Titel *Codename Mary*, denn ihre Genossen im Wiener Untergrund hatten sie nur als »Mary« gekannt.

* * *

Es komme eine Welt, in die Menschen wie sie nicht mehr hineingehörten, hatte Stefan Zweig zu Carl Zuckmayer ein halbes Jahr vor seinem sechzigsten Geburtstag gesagt. Zweig wurde schon lange von düsteren Visionen heimgesucht, das war ein wesentlicher Zug von ihm, der so gar nicht zu seinem glänzenden gesellschaftlichen Dasein passte.[6] Dergleichen konnte die joviale Fröhlichkeit Zuckmayers nicht ankränkeln. Auch im Wiener Exil behielt der deutsche Erfolgsdramatiker, von dessen jüdischem Hintergrund nur wenige wussten, seinen Optimismus.

Eine Art kollektive Verblendung herrschte in Wien, alles Bedrohliche wurde weggelacht. Max Pallenberg, der 1934 in Salzburg den Mephisto probte, sagte zu Zuckmayer, dass aus der Gemütlichkeit »jederzeit das Ungemütlichste, Haß, Neid, Kälte, Roheit hervorbrechen könnte, als etwas Unerträgliches, als die Verschleierung eines Abgrunds, in den sich die Masse, einmal verführt, nur allzu willig hineinstürzen würde«.[7] Die böse Erfahrung, damit recht zu haben, blieb ihm erspart. Noch im selben Jahr 1934 kam Pallenberg bei einem Flugzeugabsturz ums Leben.

Die Salzburger Festspiele waren von 1933 bis 1937 ein Ort, wo man sich vom Wiener Politiktheater erholen konnte, fast eine utopisch-unwirkliche Enklave in der Zeit. Von vielen Besuchern wurde der wunderschöne Sommer 1937 gerühmt. Erich Maria Remarque war gekommen und aus Amerika Thornton Wilder. Im Herbst 1937 spielte auf Schloss Kammer am Attersee das Streichquartett von Arnold Rosé. Zum Abschluss wurde Joseph Haydns Kaiserquartett aufgeführt, nicht als indirekte Hymne, sondern so schlicht und fromm, wie es vom Komponisten gemeint war, fast ein Gebet. Die prominenten Zuhörer hatten Tränen in den Augen. Das war der Nachklang eines harmonischen Österreichs, das es so nie wieder geben sollte. Und der Abschied der Gäste, die so nie mehr zusammenkommen sollten.[8]

Anfang 1938 herrschte ein ungewöhnliches Wetter. Wochenlang fiel weder Regen noch Schnee, es gab einen strahlenden Himmel und trockene Erde. Im unheilvollen März brannte die Sonne an manchen Tagen sehr heiß. Obst, Wein, Sträucher fingen früh an zu knospen und zu blühen, dafür wurde der Mai sehr kalt und tötete vieles wieder ab. In den Straßen von Wien tobte eine Art Fastnachtstreiben. Die Nazis schickten Massen von Kindern auf die Straße, Jugendliche aller Altersstufen mit Hakenkreuzfahnen und Heil-Hitler-Rufen. Untereinander stritten die Kinder, wessen Eltern schon länger für den Anschluss eintraten.[9] Trotzdem glaubten sich die Leute in Wien sicher. Mussolini würde helfen … Und auch Emigranten aus Deutschland wie Zuckmayer waren naiv optimistisch; er hatte sein Geld auf die österreichische Nationalbank überwiesen.[10] Im Februar hatte Zuckmayer die österreichische Staatsangehörigkeit erhalten. Der neue Pass lag abholbereit in Salzburg. Seine Theaterarbeit in Wien hielt ihn ab, dorthin zu fahren. Nach dem Krieg lag der Pass noch immer dort, aber auch der Gestapobefehl, ihn zu verhaften, sollte er auftauchen.[11]

Am 11. März lief im Theater in der Josefstadt die erste Arrangierprobe von Zuckmayers neuem Stück, mit Schauspielern wie Attila Hörbiger und Paula Wessely, in der Regie von Ernst Lothar. So waren sie über Stunden abgeschnitten von der Realität, die alle Spielpläne sinnlos machen sollte. Als sie am Nachmittag das Theater verließen, war alles vorbei. Nun stand ein anderes Stück auf dem Plan.[12]

Am Abend brach die Hölle los, es herrschte wüstes, hysterisches Gekreisch. Dergleichen hatte Zuckmayer noch nie erlebt, selbst im Weltkrieg nicht und auch nicht in den wilden 20er Jahren. In Deutschland ging die Machtergreifung scheinlegal vor sich. Hier war es ein Aufstand, eine Entfesselung, »blinde böswillige Rachsucht«, »Hexensabbat des Pöbels«, ja »das Getöse des Weltuntergangs«. Es war eben ein Schauspiel, das die Essenz des Nazismus zeigte: Appell an die niedersten Instinkte, religiöser Wahn, eine Opferzeremonie ohne Liturgie. Zuckmayer war im Zustand des Schocks, gab sich nach außen kühl und entschlossen, wollte Widerstand leisten, war aber unfähig zu rationalem Handeln.

Im Taxi fuhr er mit Franz Horch (Dramaturg und Lektor) durch Wien zu einer neutralen Wohnung. Unterwegs musste Zuckmayer auf Hochdeutsch brüllen und so tun, als riefe er Heil Hitler, um sich zu retten, denn Leute, die im Taxi fuhren, hielt man für fluchtwillige Juden. Es trafen sich dann ein paar

Freunde: Ödön von Horváth, Franz Theodor Csokor, Albrecht Joseph, Alexander Lernet-Holenia. Man überbot einander in Galgenhumor.[13]

Am 12. März rief Emil Jannings an und wollte sich bei der deutschen Botschaft für Zuckmayer einsetzen. Der junge katholische Attaché Wilhelm von Ketteler, ein enger Mitarbeiter Franz von Papens, versicherte ihm telefonisch, es bestünde gar keine Gefahr für Zuckmayer. In Österreich werde alles anders laufen, glaubte er. Zuckmayer sei ja katholisch. Der Diplomat unterschätzte die Gefahr, die für ihn selbst bestand. »Zwei Stunden später war dieser Mann tot.« Ketteler wurde von einem Rollkommando entführt und erschlagen, ein nie aufgeklärter Mord.[14]

Zuckmayers Frau und Tochter flogen nach Berlin und entkamen von dort ins Ausland, er fuhr allein über die Schweizer Grenze, und zwar am 15. März, als Hitler in Wien triumphierte. Koffer und Körper wurden schon in Innsbruck gefilzt, von österreichischen Zöllnern. An der Grenzstation Feldkirch bekam er es mit deutschen Uniformierten zu tun. Mit Glück und Chuzpe kam Zuckmayer durch, weil er seine Auszeichnungen aus dem Ersten Weltkrieg trug und besonders schneidig auftrat, weil man nicht wusste, dass er eine jüdische Mutter hatte, vielleicht auch weil einige Kontrolleure ihn erkannten und heimlich mit ihm sympathisierten – und wir glauben ihm jedes Wort aus seinen packenden Erinnerungen, auch wenn sich manches liest wie die blutvollen Theaterdialoge in seinen Stücken, denn eigentlich liebte er die Menschen und gönnte ihnen die bestmöglichen Rollen.

* * *

Mitte der zwanziger Jahre hatte der Dirigent Bruno Walter genug von den antisemitischen Anfeindungen in München und wechselte nach Berlin. 1929 wurde er Gewandhauskapellmeister in Leipzig, nachdem gezielte Intrigen verhindert hatten, dass er nach Wien berufen wurde, wo er hunderte Male dirigiert hatte. Er hatte Bekanntschaft geschlossen mit Alban Berg und war häufig zu Gast bei Franz Werfel und Alma Mahler-Werfel.[15]

Als er mit seiner Frau, der Sopranistin Elsa Korneck, im Frühjahr 1933 von einer USA-Tournee zurückkehrte, spürte er schon auf dem Schiff nach Cuxhaven eine veränderte Atmosphäre; alle deutschen Reisenden äußerten sich nur noch zurückhaltend. Niemand sprach über Hitler. In der Hafenstadt, wo die beiden Töchter ihre Eltern abholten, sah man überall Hakenkreuzfahnen.

Ein für den 17. März 1933 in Leipzig geplantes Konzert wurde nach massiven Drohungen abgesagt, obwohl der Vorstand des Gewandhausorchesters sich wehrte. Goebbels persönlich hatte von Berlin aus interveniert. An Walters Stelle dirigierte Richard Strauss. Frau Walter riet ihrem Mann, er müsse Deutschland sofort verlassen, was er auch tat, und so ging er zunächst nach Wien. Er dirigierte dann in Amsterdam, wo es schon bei seiner Ankunft zu großen Sympathiekundgebungen für ihn kam. Vor dem Konzerthaus versammelten sich viele Menschen und sangen ein altes holländisches Freiheitslied. Walter äußerte sich mit Rücksicht auf die Familie nur vorsichtig. Schließlich konnten die Seinen mit dem Zug nach Holland ausreisen. Die Aufführung von Mahlers Achter Sinfonie wurde sehr freundlich aufgenommen. Später in Paris organisierte man ein Bankett für Emil Ludwig und für ihn.

1934 dirigierte Bruno Walter bei den Salzburger Festspielen. Es gab ein Wiedersehen mit Thomas Mann, einst sein Nachbar im Münchner Herzogpark, nun selber im Exil in Küsnacht bei Zürich. Die Regierung des Ständestaats war sehr an seinem Aufenthalt interessiert. Walter mietete eine Wohnung an den Abhängen des nördlichen Wienerwalds, reiste aber zum Dirigieren oft in andere Metropolen, in Europa wie in den USA.

Er freundete sich an mit Kurt Schuschnigg und dessen Frau Herma. Walter hielt den Kanzler für »eine stille, ernste, feste Persönlichkeit«, einen Menschen von »vollkommener Ehrenhaftigkeit«, einen Idealisten, den Hitler wütend hasste, weil er an Österreich glaubte. Schuschnigg kam gern zu Walters Konzerten. Nachdem seine Frau bei einem Autounfall gestorben war, entwickelte er eine Vorliebe für Glucks Oper *Orfeo ed Euridice*.[16]

Die jüngere Tochter der Walters heiratete in London. Ihr Mann war ein deutscher Filmarchitekt, und so musste sie in Deutschland leben, hatte einen deutschen Pass, kam aber oft nach Wien.

1936 übernahm Bruno Walter die Leitung der Wiener Staatsoper. Zum 25. Todestag von Gustav Mahler dirigierte er dessen Achte Symphonie (*Das Lied von der Erde)*. Die Veranstaltung stand unter der Schirmherrschaft des Kanzlers. Er selbst und seine Minister waren gekommen, aber auch Bundespräsident Miklas und Kardinal Innitzer.[17] Walter wurde vom Publikum frenetisch begrüßt. Als Ruhe einkehrte, rief jemand: »Hoch, Walter!« Neue Beifallsstürme. Von der Bühne herab sprach Walter zum Publikum: »Ich freue mich so, in Wien eine Heimat gefunden zu haben –, ich werde dieser Stadt stets meine Treue bewahren.« Schuschnigg erhob sich in seiner Loge und applaudierte. Der Saal jubelte.

Der sehr nationalistische Münchner Komponist Hans Pfitzner wollte nicht nach Wien kommen, solange die jetzige Regierung im Amt sei. Deutsche Sänger schrieben ähnlich lautende Absagen. Dennoch wurde Pfitzners *Palestrina* 1936 in Wien gespielt. Bei einer *Tristan*-Aufführung im Jahr 1937 wurden mitten in der Vorstellung Stinkbomben geworfen, wie zur selben Zeit in anderen Theatern und Kinos in Wien, eine abgestimmte Aktion der Nazis. Walter dirigierte weiter, aber der Sängerin der Isolde versagte die Stimme, der Liebestod wurde nur vom Orchester gespielt.

Bevor Walter Ende 1937 für eine längere Zeit nach Amsterdam ging, erhielt er einen Anruf eines Staatssekretärs. Man bat ihn, seinen Vertrag um drei Jahre zu verlängern, das sei von Bedeutung für die Stabilität der Verhältnisse. Seine Leitung war zum Politikum geworden. Der polnische Geiger Bronisław Huberman, der 1935 das Palestine Orchestra gegründet hatte, aus dem 1948 das Israel Philharmonic Orchestra hervorgehen sollte, riet Walter, Europa zu verlassen, was er selbst alsbald tat. Walter aber vertraute auf Schuschnigg.

Ende Februar 1938 dirigierte er in Wien Smetanas Oper *Dalibor*. Als Schuschnigg seine Loge betrat – kurz nach seiner großen Rede vom 24. Februar –, wurde er vom Publikum gefeiert. Zum späteren Empfang im Foyer erschienen auch Vertreter der tschechischen Regierung. Bruno Walter fuhr zurück nach Amsterdam, ohne zu wissen, dass dies sein Abschied von Wien sein würde.

Von Holland aus verfolgten die Walters die Märzereignisse in Österreich. Im Radio hörten sie Schuschniggs Rede zum Rücktritt. Sie hörten noch eine Weile das sonderbare Musikprogramm der nächsten Stunden, als aber eine Frau aus dem Volk einem Reporter sagte: »I frei mi aufs neue Österreich«, schalteten die nunmehr staatenlosen Walters ab. Dass ihre Villa in Hietzing geplündert wurde, erfuhren sie erst viel später.

Am 13. März spielte das Concertgebouw-Orchester in Amsterdam auf Wunsch von Bruno Walter nicht *Tod und Verklärung* von Richard Strauss, wie vorgesehen, sondern *Prosperos Beschwörungen*, fünf sinfonische Stücke nach Shakespeares Drama *Der Sturm*, von Egon Wellesz. Dieses Werk hatte Walter noch am 19. und 20. Februar 1938 von den Wiener Philharmonikern uraufführen lassen. Am 16. März wurden die *Beschwörungen* in Rotterdam wiederholt. Walter hatte den Komponisten nach Holland eingeladen, der so den Stürmen in Wien entging und außer Landes blieb. Die Universität Wien entzog Wellesz die Lehrbefugnis. 1941 wurden ihm und seiner Frau, einer deutschen Kunsthistorikerin, die Wiener Doktortitel entzogen.

Der Komponist und Musikwissenschaftler Wellesz, 1885 in Wien geboren, hatte zu den Mitbegründern der Internationalen Gesellschaft für Neue Musik gehört (neben Bartók, Hindemith, Milhaud, Honegger, Kodály). Er war ein eher unpolitischer Mensch, tendenziell Monarchist und auch kein Gegner des Ständestaates. Von Holland aus reiste Wellesz weiter nach Oxford, wohin man ihn eingeladen hatte. Im Juli 1938 konnte seine Familie nachkommen. 1940 wurde er als »feindlicher Ausländer« auf der Isle of Man interniert, was einen Nervenzusammenbruch auslöste. Nach der Freilassung kehrte er als Dozent nach Oxford zurück. Nach dem Krieg wurde er in Wien mit Preisen und Orden geehrt, doch seine dortige Lehrbefugnis hat er nie wiedererlangt.[18]

Die Walters mussten sich im Frühjahr 1938 große Sorgen machen um ihre ältere Tochter Lotte: Sie war in Wien verhaftet worden. Das wurde sogar im Radio gemeldet, wie der Vater in einer Konzertpause erfuhr. Die Tochter befand sich im Polizeigefängnis an der Elisabethpromenade. Der Berliner Schwiegersohn, den sie anriefen, konnte keinen Kontakt aufnehmen. Wie geplant, reisten die Walters zu Konzerten nach Nizza und Monaco. Dort erfuhren sie, dass man die Tochter freigelassen hatte.

In Monaco bemühten sie sich vergeblich um Einbürgerung, doch in Frankreich gelang es dank der Intervention des Politikers Paul Reynaud, schließlich war der Dirigent 1937 mit der höchsten Klasse der Ehrenlegion ausgezeichnet worden. Es dauerte nur zwei Stunden, dann war der Pass fertig, der für eine Konzertreise nach London benötigt wurde. Ihre ältere Tochter Lotte, die als Sängerin auftrat, durfte dank (erfundener) Konzerteinladungen nach Prag und Zürich ausreisen und gelangte in die Schweiz. Da die Walters Wohnrecht in der Schweiz hatten, blieben sie eine Zeit lang in Lugano, wohin auch Lotte kam. Die jüngere Tochter Grete lebte inzwischen mit ihrem Mann Robert Neppach in Zürich. Ein Abstecher führte nach Florenz, wo Brahms' *Deutsches Requiem* aufgeführt wurde.

Eine Flugreise nach Griechenland hätte beinahe ein böses Ende genommen: Die Maschine stürzte nach einem Blitzschlag über einem Strand ab, doch alle Passagiere überlebten. Eine andere Katastrophe blieb den Walters nicht erspart: Ihre jüngere Tochter Grete wurde in Zürich von ihrem Mann aus Eifersucht erschossen. Sie hatte eine Affäre mit einem Darsteller des Don Giovanni gehabt. Es geschah genau an jenem Tag Ende August 1939, als die Welt vom Abschluss des Hitler-Stalin-Pakts in Moskau erfuhr, womit der Weg in den Zweiten Weltkrieg geebnet war.

Den Krieg überlebten die Walters in den USA, in enger Verbindung mit Thomas Mann und den Seinen. Nach dem Krieg kehrte der Dirigent nach Wien und Salzburg zurück. Niemand sprach dort über sein Exil. Walter hingegen zeigte sich versöhnlich gegenüber Kollegen, die sich mit dem NS-Regime eingelassen hatten wie Böhm oder Furtwängler. Von den Exilanten erwartete man Verzeihen, wenn sie aber Entschädigungen forderten, schallte ihnen Hass und Ablehnung entgegen, wurde ihnen Habgier unterstellt.[19]

* * *

Die Empfangsdame schaut ihre Gäste fassungslos an: »Sie sind wegen eines Regierungswechsels geflüchtet? Bei uns in Frankreich passiert so etwas alle Tage!« In Paris war das einfach: Regierungen kommen und gehen, aber die Republik bleibt. Doch in den Pariser Hotels kommen und gehen in diesem Frühjahr 1938 viele Flüchtlinge aus Österreich, fast 25 000 insgesamt. Denn der Regierungswechsel, der sie aus ihrer Heimat vertrieb, war ein ungewöhnlicher.[20]

Mit diesem Dialog in dem Hôtel de l'Univers, 9 Rue Victor-Cousin, im fünften Arrondissement könnte ein Film anfangen, der vom Schicksal einer Gruppe flüchtender Autoren erzählt, eine Vielecksgeschichte um Liebe, Literatur, Todesarten und immer neue Fluchten und Schicksalswendungen. Liebe zur Unzeit, am Abgrund. »Die Brücke von Clairac« könnte der Film heißen, nach der intensivsten und absurdesten Episode aus dieser Geschichte. Im Mittelpunkt stünde eine Frau mit schmalem, hohem Gesicht, dessen dreieckige Form von feinen Locken gekrönt wird, vielleicht nicht gefällig, aber intensiv, voll innerer Unruhe und Unsicherheit. Sie heißt Hertha Pauli und hat in diesem Hotel ein Zimmer im Parterre gemietet. Ihr Kollege Karl Frucht (Spitzname Carli), der noch nie in Paris war, hat eine Dachkammer bezogen. Im ganzen Hotel gibt es nur ein Badezimmer für alle Gäste. Kleines Universum.[21]

Ganz in der Nähe, im Hôtel Trianon (3, Rue de Vaugirard), wohnt Walter Mehring, ein klein gewachsener Dichter aus Berlin, der seine Stadt 1933 verlassen hatte und sich vor allem in Paris und in Wien aufhielt. Er ist unglücklich verliebt in Hertha Pauli – »Traum, unser einziges Stelldichein«, dichtete er später.[22] Mehring hat nützliche Verbindungen in Pariser Regierungskreisen, und auf rätselhafte Weise besitzt er immer genug Geld. Wer in diesem Kreis mit wem liiert ist, ist nicht ganz klar, jedenfalls nie mit dem oder der Richtigen, wie in den Tragödien von Racine.

Jetzt aber müssen sie ans Überleben denken, aber wo findet man Zuflucht? Bald auch nicht mehr in Paris, aber das ahnt die unerschütterliche Zimmerwirtin nicht, die über Regierungswechsel nur lachen kann. Nur die Dichter sehen weiter, wie Walter Mehring: »Geborgen lebt man noch am ehesten in der Vergangenheit, selbst in der einer k. u. k. Monarchie, wo die Tradition des Hauses Habsburg weiter existierte in der Fürstengruft, im freudianischen Unterbewußtsein, dem einzigen noch unpolitischen System (weder marxistisch noch faschistisch).«[23]

Karl Frucht hatte als Sekretär des Vielschreibers und Erfolgsautors Paul Frischauer angefangen. Er stammte aus einer jüdischen Familie, aber sein Vater hatte vergessen, ihn beschneiden zu lassen. Dafür hatte er ihn gezwungen, Jura zu studieren, weil man nur so einen zukunftsträchtigen Beruf fand. Trotzdem hatte Karl zur Literatur gefunden. Zu Beginn des Jahres 1938 hatte Karl Frucht, wie so viele Zeitgenossen, die symbolischen Warnzeichen bemerkt, das dämonische Nordlicht und das häufige Auftreten von Totenvögeln. Mit dem Dichter und Politiker Guido Zernatto hatten er und Hertha Pauli über die politische Lage diskutiert, doch Zernatto hatte sie beruhigt, weil er selber daran glauben wollte, dass alles gut ausgehen würde. Und so verschoben sie die schon erwogene Ausreise.

Unruhig war ihr Gemüt, und ihre Zugehörigkeit war unsicher. *Der Riss der Zeit geht durch mein Herz*, nannte Hertha Pauli ihre Erinnerungen, und das war ein treffendes Bild für ihr sprunghaftes Gefühlsleben. Man möchte bei ihr stehen bleiben. So viele Liebesgeschichten ließen sich mental abfilmen, immer an bemerkenswerten Schauplätzen, mit ungewöhnlichen Personen. Ihre Nervosität hielt sie mit Kettenrauchen nieder.

Ihr Vater, Professor für Chemie, stammte aus einer jüdischen Prager Familie, war aber zum Katholizismus übergetreten. Er hatte auch seinen Namen verändert, von Wolf Pascheles zu Wolfgang Joseph Pauli. Hertha selbst fühlte sich als Halbchristin, nicht als Halbjüdin. Ihre Mutter war die Journalistin und Frauenrechtlerin Berta Maria Schütz. Ihr Bruder Wolfgang Pauli (Spitzname Zweistein) wurde ein international anerkannter Physiker, der seit 1928 an der ETH Zürich lehrte, nach 1940 in Princeton lebte und in Zürich erst wieder geduldet wurde, nachdem er im Dezember 1945 den Physik-Nobelpreis erhalten hatte.[24]

1925 debütierte Hertha Pauli in Wien als Schauspielerin. 1927 nahm sich ihre Mutter das Leben, nachdem sie eine Affäre ihres Mannes aufgedeckt hatte. Hertha ging nach Berlin, wo sie bis 1932 bei Max Reinhardt Theater spielte. Sie heiratete 1929 ihren Kollegen Carl Behr, von dem sie sich 1932 scheiden ließ, weil sie sich in den Dramatiker Ödön von Horváth verliebt hatte.

Als der ihr mitteilte, er würde eine andere Frau heiraten, versuchte sie sich umzubringen.

Nach Hitlers Machtübernahme in Berlin lebte sie erneut in Wien. Zusammen mit Karl Frucht, einem promovierten Juristen, gründete sie die Österreichische Korrespondenz, eine literarische Agentur für aus Deutschland geflüchtete Autoren, die bald auch Wiener Autoren vertrat wie Egon Friedell. Als Büro diente Herthas Mansardenzimmer in einer Wiener Cottage-Villa in der Weimarer Straße 31 im XVIII. Bezirk.[25] Hertha Pauli kümmerte sich nicht nur um die Bücher der anderen. 1937 erschien in Leipzig ihre Biographie von Bertha von Suttner (*Nur eine Frau*). 1938 wurde das Buch als schändliches und unerwünschtes Schrifttum auf die schwarze Liste gesetzt. Als sie im Wiener Rundfunk aus ihrem Buch las, warfen Nazis Stinkbomben ins Studio.

Walter Mehring ist anhänglicher, als ihr lieb ist. Sie findet ihn grotesk mit seiner verhuschten kleinen Gestalt, dem leichten Buckel, dem etwas schiefen Gesicht, ein Gnom, ein Kobold, ein gehetztes kleines Tier. Aber er ist ein Dichter, dem die Verse nur so aus den Ärmeln fließen, und immer sind es Zeitgedichte, satirisch, grausam, hart, spöttisch, im Berliner Tempo. Im Berliner Slang. Aber wohl fühlt er sich nur in Paris. Und in Wien. Zum Freundeskreis gehörte auch der Autor Franz Theodor Csokor. Hertha Pauli, Csokor und Frucht feierten ihre Geburtstage stets gemeinsam, da sie kurz nacheinander lagen.[26]

Nach der Abschiedsrede von Schuschnigg wurde im Radio Joseph Haydn gespielt. Hertha Paulis Vater meinte: Wenn sie unsere Kaiserhymne spielen, kann es doch nicht so schlimm sein.[27] Mehring war nicht so optimistisch. Er hatte zu genaue Erinnerungen an Hitlers erste Untaten in Deutschland, als nach dem Reichstagsbrand eine große Verhaftungswelle begonnen hatte, vor der viele Schriftsteller ins Ausland geflohen waren, genau wie er selbst. Kurz zuvor hatte er ein Gedicht geschrieben, das eine alte Volkssage wieder aufnahm, die vom großen Krebs im

Mohriner See, der dort schon 2000 Jahre darauf wartet, schreckliches Unheil anzurichten. In diesem Wiener März waren seine Verse aktueller denn je. »Denn kröche der Krebs aus dem Morast, / Marschierte ein ganzes Heer, / Das würgt und mordet, hetzt und hasst/Ihm hinterher./Im Krebsgang rückwärts und verquer [...] / Dann kreiste zurück die Jahrhundertuhr / Zur ewigen Mitternacht / [...] Zu Hexenbränden und Judenpogrom ...«[28]

Am Morgen des 12. März wird im Freundeskreis beschlossen, einzeln in die Schweiz zu fliehen, Mehring zuerst, denn nach ihm wurde schon gefahndet. Mehring telefoniert mit Pierre Comert in Paris, Pressechef im Außenamt am Quai d'Orsay, dem er seine französischen Papiere verdankte. In Herthas Zimmerofen werden alle kompromittierenden Unterlagen verbrannt. Sobald er in Zürich eintreffe, solle Mehring telegrafieren: »Grüße, Onkel Emil«.[29]

Am Westbahnhof wird Mehring von seinen Freunden verabschiedet. Sie geben ihn als ihren Französischlehrer aus und sprechen mit ihm natürlich französisch. Er kommt problemlos bis nach Zürich und schickt das vereinbarte Telegramm. Zum Glück fasst er den Beschluss, nicht auf die Freunde zu warten und gleich nach Paris weiterzufahren. Die Franzosen schließen für ein paar Tage die Grenze zur Schweiz; es kommen einfach zu viele Leute aus Wien.[30]

Nach einem letzten Treffen mit Horváth und Csokor nimmt Hertha Pauli am 13. März den Zug. Angesichts der rabiaten Aktionen gegen Juden in den Straßen von Wien muss sie daran denken, dass Horváth schon in seinen *Geschichten aus dem Wienerwald* die »Bestialität des Wiener Kleinbürgers« gezeigt hatte.[31]

An diesem Tag haben alle Züge große Verspätungen. Noch vor der Schweizer Grenze durchwühlen Horden von Hitlerjungen in Lederhosen und mit Hakenkreuzbinden alle Abteile und das Gepäck der Reisenden. Hertha Pauli kann sie mit Schokolade und kessen Bemerkungen ablenken. An der Grenze kommen keine österreichischen Zöllner, es kommt deutsche SS. Hertha muss sich einem langen Kreuzverhör unterziehen. Sie reise dienstlich, erklärt sie, sie wolle deutsche Bücher im Ausland verkaufen, das sei doch nichts Schändliches. Nach fünf Stunden fährt der Zug weiter. Die Abteile sind nach der Wühlaktion der Grenzer in chaotischem Zustand. Ihren Bruder Wolfgang trifft Hertha in Zürich nicht an, denn der Physiker macht gerade eine Reise nach England.[32] Informationszentrale für die Flüchtlinge ist das Zürcher Verlegerehepaar Emil und Emmie Oprecht, bei denen Mehring einen Brief für Hertha hinterlassen hat. Selbst Menschen, denen die Flucht aus Wien geglückt war, fühlten sich nicht erleichtert. Hertha Pauli berichtet von Selbstmorden in ihrem Hotel.

Karl Frucht ist am 15. März noch in Wien und erlebt die Menschenmenge, die auf Hitlers Rede wartet. Er hat einen Freund gebeten, einen Koffer zu kaufen, damit seine Fluchtvorbereitungen nicht auffallen. Er trifft sich noch einmal mit Csokor und Horváth im Café Astoria in der Türkenstraße, Ecke Währinger Straße. Csokor hat eine offizielle Einladung nach Polen zu einem literarischen Vortrag erhalten, die ihm auch tatsächlich ein paar Tage später die Ausreise ermöglicht. Horváth ist kein Jude und besitzt einen ungarischen Pass, aber auch er findet bald den Weg nach Paris.

Bevor er ein Taxi zum Westbahnhof besteigt, verabschiedet sich Karl Frucht von seinem Vater, der ihn um Verzeihung dafür bittet, dass er damals auf dem Jurastudium bestanden hatte: »War ja doch alles für die Katz!« Auch das die Bilanz einer Epoche. Der Vater gelangt später über Prag nach Polen, kommt aber nicht weiter nach England, wie geplant, strandet in Lemberg, wo er 1939 vom Krieg überrollt wird.

Frucht löst eine Fahrkarte erster Klasse nach Zürich und entgeht so den Kontrollen! Auf der Strecke bis Innsbruck kommen

Hitlerjungen durch den Zug und zwingen alle Juden, die sie in der 2. Klasse entdecken, zum Aussteigen. Hertha Pauli trifft Karl im Zürcher Café Odeon wieder.[33]

In Paris suchen sie Mehrings Freund Pierre Comert auf. Der elegante Herr mit gepflegtem Schnurrbart erklärt ihnen, dass man kein Visum brauche, um von der Schweiz her einzureisen; das hätten sich Beamte des französischen Konsulats ausgedacht, um Flüchtende abzuschrecken.[34]

Im Café de Tournon sitzt Joseph Roth neben Hermann Rauschning, dem alle misstrauen. Auch Andrea Manga Bell und Soma Morgenstern halten sich dort auf. Zuweilen geht man ins Café Capoulade am Boulevard Saint-Michel. Im Exil wird die Österreichische Korrespondenz vorerst weitergeführt. Und dann geschieht das Drama mit Ödön von Horváth, der in einem Gewitter nahe dem Rond-Point des Champs-Élysées vom Ast einer Ulme erschlagen wird. Dieser Tod war so absurd, dass einem nichts einfiel dazu außer Walter Mehring, dem immer etwas einfiel, denn er dichtete, wie er atmete: »Doch Horváth, den ein Baum erschlug, / Damit solch Kleinod im Exil / Den Säuen nicht zum Fraße fiel, / Starb ganz er selbst: ein Satyr-Spuk …«[35]

Irgendwann ist auf die Franzosen kein Verlass mehr. Auch hier werden die Regierungswechsel gefährlich und lösen Fluchten aus. Aber noch bevor die Wehrmacht ins Land einmarschiert, sperrt man die Flüchtlinge aus Deutschland und Österreich ein. Und da es kein Österreich mehr gibt, spricht man nun von Ex-Autrichiens. Ein Ehrentitel? Eine Erfindung der französischen Bürokratie. Bald darauf kann man auch von der französischen Ex-Republik sprechen. »Die Franzosen machten es uns schwer, ihr Land zu lieben«, schrieb Karl Frucht im Rückblick.[36]

Bei Kriegsausbruch 1939 werden die Männer für vier Wochen im Pariser Stade de Colombes interniert. Im Mai 1940 sperrt man sie in ein Lager bei Meslay-du-Maine westlich von Le Mans.[37]

Als sie wieder freikommen, irren sie durch Südfrankreich. Und was macht Hertha Pauli? Sie verliebt sich. In einen Franzosen. Auf einer Brücke im Midi. In Clairac, einem 2000-Seelen-Ort am Flusse Lot, zehn Kilometer bevor dieser sich in die Garonne ergießt. Auf der großen Brücke über den Lot traf sie der Blitz. Dabei war jener freche Gilbert nur der Dorf-Schönling, der mit Kameraden gewettet hatte, er würde die reizende Fremde bezirzen. Eine Dummheit? Leichtsinn? Ein Versuch, das Schicksal zu überlisten? Es wurde echte Leidenschaft und sogar Anhänglichkeit, denn später in Marseille tauchte Gilbert auf und half der Flüchtenden; im Krieg bewährte er sich als Mitglied der Résistance. Aber der Krieg hatte sie getrennt, denn Hertha Pauli und ihre Fluchtgenossen gelangten nach langem Kampf um das Visum über die spanische Grenze nach Lissabon und dort auf das Schiff Nea Hellas, das New York am 12. September 1940 erreichte.

All das wie auch die Jahre in Amerika, eine neue Heirat von Hertha Pauli, das Wiedersehen mit Gilbert im Midi, der Tod Herthas nach langer Krankheit, ihre Beisetzung in Wien auf dem Zentralfriedhof, Karl Fruchts spätere Beisetzung im selben Grab, Mehrings Leben und Sterben in Zürich – das müssen wir dem Film überlassen, der aus diesen Schicksalen zu drehen wäre. All das liegt jenseits dieses Panoramas aus Wiener Fluchtgeschichten. Erwähnt sei nur Karl Fruchts Eindruck bei seiner Rückkehr nach Wien, das ihm nicht mehr so recht gefiel: »Es fehlen einfach die Juden.«[38] Es fehlen die Juden als gesellschaftlich und geistig belebendes Element, aber ihr Erbe eignet man sich gerne an.

* * *

Da der schweizerische Verlagsbuchhandel den S. Fischer Verlag nicht im eignen Land haben wollte, wich der Verleger Gottfried Bermann Fischer nach Wien aus. Dort fand er ein schönes Haus nahe dem Schloss Schönbrunn, im XIII. Bezirk, ein gelb gestrichenes einstöckiges Gebäude in der Wattmanngasse 11, einst für

Bedienstete des Hofstalls gebaut, mit gepflastertem, efeuumranktem Hof und wildem Garten dahinter. Bermann Fischer war erstaunt und beunruhigt über den »ahnungslosen Optimismus unserer österreichischen Freunde«; sie glaubten, England und Mussolini würden sie beschützen. Viele Freunde besuchten den Verleger, die Werfels, Musil, Zuckmayer, Zsolnay; Thomas und Katia Mann, auch Jean Giraudoux und Bruno Walter.[39]

Im Herbst 1937 reiste Gerhart Hauptmann nach Wien, im Burgtheater wurden *Die Ratten* gespielt. Die literarische Karriere des Nobelpreisträgers von 1912 war eng mit dem Verlag von Samuel Fischer verbunden. Hauptmann bat Bermann Fischer, alle Prominenten zu einem Fest in dessen Haus einzuladen. 80 Einladungen ergingen, drei Tage vorher traf ein gewundenes Schreiben von Gerhart Hauptmann ein: das Treffen sei abzusagen. Er befürchte Schwierigkeiten für sich, falls er das Haus eines Emigranten aufsuchen würde. In der Kaiserloge des Burgtheaters nahm er die Huldigungen des Publikums entgegen. Die österreichische Regierung war vertreten, aber Gerhart Hauptmann zeigte sich nur neben von Papen. Am Abend danach kamen er und seine Frau diskret und verschämt in die Wattmanngasse. Er war kein Held der Freiheit mehr, er war übergelaufen ins Lager der Ratten.[40]

Am 7. März 1938 rief der Fischer-Autor und einstige Lektor Otto Flake aus Baden-Baden an. Er schlug eine gemeinsame Reise nach Ragusa vor, er würde die Tickets besorgen; das war eine verdeckte Warnung an den Verleger, Wien zu verlassen. Direkter warnte Pierre Bertaux per Telefon aus Paris, aber es war zu spät. Am 11. März war die Verlegerfamilie immer noch im Land.[41]

Bermann Fischer ging nur noch einmal ins Büro, packte einige Koffer, verzichtete darauf, mit dem Auto zur ungarischen Grenze zu fahren. Er kannte den Leiter des Österreichischen Reisebüros am Ring und ließ ihn am Samstag, dem 12. März zwei Schlafwagenabteile nach Rapallo in Italien buchen. Dort hielt sich

Frau Fischer senior auf, die Witwe des Verlagsgründers Samuel Fischer. Bermann Fischer reiste mit seiner Frau und den beiden Töchtern. Zum leichten Gepäck gehörten eine Stradivari sowie Autographen von Bach und Mozart.[42]

Am Südbahnhof fragte der Gepäckträger, ob er seinen Pass dabei habe. Bermann: »Ja, einen deutschen Pass!« Das war sein Glück, mit einem österreichischen Pass wäre er nicht weggekommen. Sie kamen durch alle Kontrollen, sahen, wie andere Reisende verhaftet wurden.

In der Nacht erreichten sie die italienische Grenze. Man hörte Kontrollen draußen, schließlich kamen Italiener zu ihnen ins Abteil, machten Licht und sahen den Geigenkasten: »Ist die alt oder neu?« – »Oh, die ist sehr alt. Italienisch. Stradivarius.« – »Va bene.«[43]

In Rapallo trafen sie Gerhart Hauptmann, der vor Glück strahlte. Hauptmann war immer ein Fan von Mussolini gewesen, wurde von diesem empfangen. Er freute sich über den Anschluss und Hitlers große Tat, die einen alten Traum erfüllte. Hauptmann: »Wir werden die Hauptstadt Europas!« Ja, aber als Hauptstadt des Unheils.

Am Montag gab es eine Durchsuchung im Wiener Verlagshaus. Große Buchbestände und besonders wertvolle Gemälde, der gesamte Hausrat, alles wurde beschlagnahmt und im Dorotheum versteigert. Drei SS-Leute fragten nach Bermann Fischer. Er sei abgereist, antwortete die Kinderschwester. »Hat der ein Schwein«, sagten die SS-Leute.[44]

Bermann Fischer reiste über Italien nach Zürich. Es folgte ein Kampf um einen neuen Standort und einen Partnerverlag (Stockholm/Bonnier) sowie der Kampf um den Autor Thomas Mann, der Bermann sehr unfreundlich behandelte, weil er seine Zukunft in Amerika sah und glaubte, ihn dort nicht zu brauchen. Aber das spielte in einer anderen Welt.

18
Freud geht fort

Schicksale muß man ertragen, wie immer sie sein mögen.
Sigmund Freud, 1921

Am späten Abend des 10. Mai 1933 organisierte die NS-Studentenschaft auf dem Platz neben der Berliner Oper, direkt gegenüber der Friedrich-Wilhelms-Universität, ein Autodafé. Die Verbrennung der Werke von unerwünschten Autoren wurde von sogenannten Feuersprüchen begleitet. Der vierte Spruch lautete: »Gegen die seelenzerfressende Überschätzung des Trieblebens, für den Adel des menschlichen Geistes! Ich überantworte den Flammen die Schriften von Sigmund Freud!«

Als er davon erfuhr, kommentierte Freud: »Welch ein Fortschritt gegenüber dem Mittelalter – damals hätte man mich verbrannt, nicht nur die Bücher.«

* * *

Im Rückblick kann man uns für Idioten halten, sagte Anna Freud in ihren späten Jahren. 1937 hätten wir problemlos ausreisen können. Es war ja seit 1936 absehbar, dass Hitler Österreich erobern oder dass Österreich sich Deutschland anschließen würde. Selbst die Kinder, mit denen sie als Pädagogin arbeitete, hätten nur gefragt, was passiert, wenn Hitler kommt, denn *dass* er kommen würde, war auch ihnen klar. Es sieht aus, als hätten wir nicht nur den Kopf in den Sand gesteckt, sondern den ganzen Körper, so Anna Freud. Und der Antisemitismus? Ja, »das war das Schlimmste«, aber wir hatten »unser ganzes Leben im Schatten eines ziemlich lautstarken österreichischen Antisemitismus verbracht«. Und also an keine gesteigerte Gefahr gedacht.[1] Das passt zu dem, was Anna Freud am 20. Februar 1938 an Ernest Jones geschrieben hatte, kurz nach dem Treffen von Schuschnigg mit Hitler in Berchtesgaden: In Wien herrsche Panikstimmung, »aber wir machen die Panik nicht mit«.

Eine Flucht, fürchtete Freud, wäre das Signal zur völligen Auflösung der psychoanalytischen Gruppe. Seine Gedanken waren ganz auf die Rettung seines Lebenswerkes gerichtet. Dass er aber gerade deshalb fliehen musste, ging ihm erst allmählich auf.[2] Allerdings war ihm der Gedanke an Auswanderung nicht völlig fremd, zumal seine beiden in Berlin lebenden Söhne 1933 ins Exil gegangen waren, Oliver nach Frankreich und Ernst nach England. Martha Freud schrieb im Jahr 1931 aus Berlin, wohin sie allein gereist war: »Die Zeiten sind eigentlich fürchterlich schlecht und ganz ohne Garantie einer erträglichen Zukunft.«[3] Schon nach dem Dollfuß-Mord 1934 hatte Freud überlegt, er könnte eines Tages gezwungen sein, Wien zu verlassen. Doch er tröstete sich mit dem Gedanken, »unser Pöbel ist ein Stück weniger brutal als der stammesverwandte deutsche«.[4]

* * *

Dass ihm nicht mehr viel Lebenszeit bleiben würde, war Sigmund Freud Anfang 1938 sehr wohl bewusst. Seinen Humor hatte er gleichwohl nicht verloren. Marie Bonaparte hatte ihm aus Athen geschrieben, sie habe geträumt, dass er gestorben sei, doch sie wünsche sich noch viele Unterhaltungen mit ihm im Diesseits, ehe man die Gespräche in den elysischen Gefilden fortsetze. In seiner Antwort vom 27. Januar 1938 malte Freud aus, wie ihn die Prinzessin im Jenseits begrüßen würde. Seine äußere Erscheinung wäre dann ansehnlicher, ohne Spuren der Operationen, die nun seinen Mund entstellten.[5]

In der Tat hatte das Jahr mit heftigen Beschwerden begonnen. Und so musste am 19. Februar der Kiefer erneut operiert werden. Nicht nur die Sorge um die Sicherheit der Seinen musste er in den nächsten Monaten ausstehen, sondern auch körperliche Schmerzen. Überdies war der Psychoanalytische Verlag in großen Schwierigkeiten, seit Freuds Bücher in Deutschland nicht mehr verkauft werden durften.[6]

Bald nach dieser Operation schickte Freud einen Brief an seinen Sohn Ernst nach England. Eine Flucht lehnte er noch ab, hatte sie aber immerhin schon erwogen. Nach dem Treffen zwischen Schuschnigg und Hitler in Berchtesgaden könne man mit »den letzten Vorgängen in unserem Vaterland« nicht zufrieden sein. Dass alles doch zum Unheil ausschlage, sei nicht auszuschließen. »Ob das Ende wirklich so sein wird wie in Deutschland, darf man noch immer bezweifeln. Die katholische Kirche ist sehr stark und wird großen Widerstand leisten. Unser Schuschnigg ist ein anständiger, mutiger und charaktervoller Mensch. Am Tag nach seiner Rückkehr hat er drei Vertreter der jüdischen Großindustrie zu sich eingeladen, um ihnen zu versichern, daß die Juden hier nichts zu befürchten haben. [...] Was geschehen wird, wenn er gehen muß, ist eine andere Frage. [...] Eine Auswanderung wie bei Dir [...] kommt für mich mit den zwei alten Frauen nicht in Betracht. [...] Wären wir reich und ich kein Invalid, so wäre die Versuchung groß, dies Asyl an einem schönen Fleck der Mittelmeerküste zu suchen. [...] Im schlimmsten, nicht sehr wahrscheinlichen Fall, daß Leben und Freiheit hier gefährdet sind, muß mich eine kurze Automobilfahrt über Pressburg in Sicherheit bringen.«[7]

* * *

Nach Schuschniggs Rücktrittsrede, die er im Radio gehört hatte, schrieb Freud in sein Tagebuch: »Abdankung Schuschnigg – Finis Austriae.« Er notierte auch, dass es der 24. Geburtstag seines Enkelsohnes Ernst war.

Am Samstag, dem 12. März entdeckte das Hausmädchen Paula am Giebel des gegenüberliegenden Hauses eine Hakenkreuzfahne. Sie servierte das Frühstück wie immer, aber Freud rührte kaum etwas an. An Arbeit war nicht zu denken. Den ganzen Vormittag saß die Familie Freud beisammen. Nur Paula verließ an diesem Tag das Haus. Durch die Straßen zogen SA-Horden, an den Fassaden flatterten immer mehr Hakenkreuzfahnen.[8]

Anna Freud konnte von ihrem Fenster aus beobachten, wie das kleine Lebensmittelgeschäft im Haus gegenüber von einem Trupp Nazis zerstört wurde. Die Angreifer warfen Möbel und Waren auf die Straße, die Söhne des Händlers wurden verschleppt, die Frau lief schreiend aus dem Laden.[9]

Die offizielle Bekanntgabe des vollzogenen Anschlusses geschah am Abend des 13. März. Freud hörte dies im Radio und notierte es ebenfalls in sein Tagebuch. Für den 13. März war eine Vorstandssitzung der Wiener Psychoanalytischen Vereinigung in Freuds Wohnung einberufen. Den Vorsitz übernahm Anna Freud. Ihr Vater gab allen Teilnehmern die Hand. Es wurde besprochen, wer ins Ausland fliehen sollte. Freud selbst dachte noch nicht daran. Andererseits erinnerte er an den Rabbi Jochanan ben Sakkai, der nach der Zerstörung des Tempels in Jerusalem das Recht erbat, eine Thoraschule in Jabne zu eröffnen, und so die Fortdauer der Tradition ermöglichte, auch ohne Tempel oder Heimatstaat. Dass er sich dies zum Vorbild nahm, um die Fortdauer der Psychoanalyse jenseits von Wien zu gewährleisten, sagte er nicht ausdrücklich. Er arbeitete schon längst an einem kurzen Abriss der von ihm begründeten Seelenkunde, seinem wissenschaftlichen Testament.[10] Am 20. März tagte die Vereinigung erneut; dieses Mal nahmen der Engländer Ernest Jones und Marie Bonaparte an der Sitzung teil. Der Verlag war hochverschuldet. Marie Bonaparte erklärte sich bereit, die restlichen Buchbestände aufzukaufen und ins Ausland zu bringen.[11]

* * *

Am 15. März hämmerten Fäuste gegen die Tür der Praxisseite von Freuds Wohnung. Fünf SA-Männer standen da und drängten Paula Fichtl beiseite. Martha Freud kam hinzu und sagte ganz gelassen: »Nehmen Sie doch im Vorzimmer Platz, es ist in meinem Haus nicht üblich, Besucher stehen zu lassen.« Die SA-Männer waren sichtlich verlegen. Da bat Martha die Herren ins Wohnzimmer, leerte ihr Portemonnaie auf dem Tisch aus und sagte: »Bedienen Sie sich.«[12]

Unterdessen musste Anna mit dem Anführer der Bande zum Tresor gehen und diesen öffnen. 6000 Schilling betrug die Beute. In dem Augenblick trat Freud aus seinem Arbeitszimmer. Er schaute grimmig drein, sagte aber nichts. Der Trupp verließ die Wohnung rasch: »Wir kommen wieder.« Paula schloss schnell die Tür hinter ihnen.[13] Sie hatten auch alle Pässe der Freuds mitgenommen. Da es österreichische Pässe waren, waren diese seit dem Anschluss ohnehin ungültig.

Paula erhielt den Auftrag, beim nächsten unerwünschten Besuch über die hausinterne Leitung bei Dorothy Burlingham anzurufen, die einen Stock höher wohnte. Diese könnte dann die US-Vertretung alarmieren. Die war nämlich längst um Freuds Sicherheit bemüht. Der Generalkonsul John Cooper Wiley hatte schon am 10. März vorbeigeschaut.

Der amerikanische Botschafter in Paris, William Bullitt, war Mitte der zwanziger Jahre, als er die USA in Wien vertrat, Patient bei Freud gewesen. Später wurde er nach Moskau versetzt, hinterließ dem neuen Geschäftsträger in Wien aber den Auftrag, Freud und die Seinen zu schützen. In den Tagen des Anschlusses blieb Bullitt, nunmehr von Paris aus, in ständiger Telefonverbindung mit Wien, aber auch mit Marie Bonaparte. Seinem deutschen Kollegen in Paris, Johannes Graf von Welczek, einem Mann der alten Schule, sagte Bullitt auf einem Empfang, dass ein Übergriff gegen Freud einen internationalen Skandal bedeuten würde. In Berlin kontaktierte der dortige US-Vertreter Hugh

Robert Wilson Staatssekretär Ernst von Weizsäcker vom Berliner Auswärtigen Amt: Man solle Freuds Ausreise nicht behindern. Nach der Hausvisite bei Freud am 15. März telegrafierte Wiley nach Washington an Außenminister Cordell Hull: »Fear Freud, despite age and illness, in danger.« Dass Präsident Roosevelt eingeschaltet wurde, ist allerdings unwahrscheinlich.[14]

Ebenfalls am 15. März erschien ein SA-Kommando im Büro des Psychoanalytischen Verlags in der Berggasse 7. Freuds Sohn Martin, dem wie allen jüdischen Anwälten am 14. März die Zulassung entzogen worden war, versuchte gerade, kompromittierende Unterlagen zu vernichten. Da ihn ein Besucher aufgehalten hatte, war er noch nicht fertig damit, als das Rollkommando erschien. Immerhin hatte er schon einige Dokumente beiseitegelegt, was den Nazis nicht auffiel. Das Kommando war mit Gewehren bewaffnet, eins davon ständig auf Martin gerichtet. Erst nach einer Weile wurde ihm gestattet, Tee zu trinken und zur Toilette zu gehen, wobei er eine Gelegenheit suchte, weitere Papiere zu vernichten. Martin hatte nicht gemerkt, dass er die ganze Zeit aus einer Wohnung auf der gegenüberliegenden Straßenseite von einem Nazi beobachtet wurde. Irgendwann erschien Anna Freud, die mit ihrem Bruder nach Abzug der Nazis in die elterliche Wohnung zurückging.[15] (In seiner späteren Schilderung nennt Martin den 13. März, aber in Sigmund Freuds Tagebuch steht unter dem 15. März: »Kontrolle in Verlag und Haus«.)

* * *

Dass auch der italienische Diktator Benito Mussolini zu den Fürsprechern von Freud in den kritischen Wiener Tagen gehört hat, ist ein pures Gerücht. Freud war sehr wohl bewusst, dass Mussolini als Garant der österreichischen Unabhängigkeit galt, aber Sympathien für ihn hegte er keineswegs. In einem Text von 1928 hatte er Mussolini als Despoten mit Lenin verglichen und beide gleichermaßen verabscheut. Im Juni 1934 machte sich Freud Sorgen, Mussolini könne Österreich eines Tages an Hitler verkaufen. Ein Jahr zuvor hatte es eine Art indirekte Verbindung zum Duce gegeben, ganz einseitig allerdings.[16]

Am 25. April 1933 war der Triester Psychoanalytiker Edoardo Weiss, ein Schüler von Freud, in Begleitung des Schriftstellers Giovacchino Forzano in die Berggasse gekommen, dessen Tochter Weiss vergeblich behandelt hatte. Nun wollte Weiss den schwierigen Fall an Freud übergeben. Dieser empfing die mitgereiste Tochter Concetta aber nur kurz, begnügte sich mit dem Einblick in Weiss' Aufzeichnungen.

Nach der Visite, wahrscheinlich erst am nächsten Tag, kamen die Italiener erneut in die Berggasse, und man sprach über Mussolini, den Forzano persönlich kannte. Er hatte auf Wunsch von Mussolini ein Theaterstück über Napoleons Ende geschrieben. Offiziell galt der Duce als Mitverfasser, er hatte aber lediglich Ratschläge erteilt und einige Sätze in die Schlussszene eingefügt. Napoleons Untergang wurde in dem Stück vor allem durch Verrat erklärt. Mussolini selbst hegte die Furcht, er könnte vom eigenen Volk verraten werden.[17]

Forzano überreichte Freud ein gedrucktes Exemplar dieses Dramas, das 1932 am Burgtheater in der Regie von Werner Krauß gespielt worden war. Das Buch enthielt eine Widmung in italienischer Sprache (»Für Sigmund Freud, der die Welt besser machen wird, mit Bewunderung und Dank«), und zwar im Namen von Mussolini und von Forzano. Wahrscheinlich hatte Forzano von sich aus diesen Satz hineingeschrieben. Nun bat der italienische Schriftsteller Freud seinerseits um ein Buch mit einer Widmung für den Duce. Freud wählte ein Exemplar von *Warum Krieg?*, seinem Briefwechsel mit Albert Einstein, einer Art pazifistischem Manifest, das kurz zuvor erschienen war. Als Widmung schrieb er: »Benito Mussolini mit dem ergebenen Gruß eines alten Mannes, der im Machthaber den Kulturheros erkennt. Wien 26. 4. 1933 Freud«.[18]

Das war eine vorsichtige Formel, beinahe eine Mahnung, gewiss kein Ausdruck der Bewunderung und bezog sich vielleicht auf die Tatsache, dass Mussolini wiederholt archäologische Ausgrabungen in Rom gefördert hatte, was Freud durchaus gefiel. Das Exemplar gelangte in Mussolinis Bibliothek, doch dass der Duce (dessen Deutsch ganz passabel war) es je zu Gesicht bekommen, geschweige denn gelesen hätte, ist völlig unwahrscheinlich. Den Pazifismus hat er stets verabscheut, und seine Polizei hätte Freud bei einer versuchten Einreise nach Italien gewiss verhaftet; entsprechende Instruktionen lagen vor. Davon konnte Freud nichts wissen. Sein letzter Rom-Besuch hatte 1923 stattgefunden.[19]

Am 29. Juni 1933 erschien ein von Mussolini gezeichneter Artikel in der Zeitung *Popolo d'Italia*, in dem die Psychoanalyse als Betrug bezeichnet und Freud als deren Hohepriester namentlich angegriffen wurde. Die Initiative von Forzano hatte keinerlei Wirkung erzielt.[20]

Wahr ist, dass Forzano am 14. März 1938 einen Brief an Mussolini gerichtet hat, in dem er den Duce bat, sich für Freud einzusetzen. Der Hinweis, dieser sei Jude, war angesichts der Tatsache, dass Mussolini längst die antisemitische Linie der deutschen Nazis übernommen hatte, höchst zweideutig. Der Brief blieb ohne Echo, und die Fabel von Freuds Sympathie für den Duce oder gar den Faschismus ist schlicht absurd.[21]

* * *

Dass sich Hitler seit dem Abend des 14. März in Wien aufhielt, war Freud nicht entgangen, wie der entsprechende Eintrag in sein Tagebuch beweist. Alle Briefe, die Wien in diesen Tagen verließen, mussten den Stempel tragen »Der Führer in Wien«, auch die Briefe, die Freud verschickte. In den nächsten Tagen stellten sich viele Besucher ein, die meiste Zeit aber saß Freud an seinem Schreibtisch und arbeitete unverdrossen weiter an seiner Moses-

Schrift. Dorothy Burlingham hatte inzwischen Ernest Jones in England angerufen und über die Lage in Wien informiert.[22]

Jones seinerseits telefonierte mehrmals mit Marie Bonaparte in Paris. Er war entschlossen, Freud zur Ausreise zu überreden. Es gab keine direkte Verbindung von London aus, so flog er am 16. März nach Prag und buchte dort einen Eindecker zum Weiterflug nach Wien. Auf dem Flughafen in Aspern bemerkte er die vielen deutschen Militärmaschinen, die dort geparkt waren oder von dort aus in Schwärmen tief über die Stadt flogen, um die Menschen durch ihren Fluglärm einzuschüchtern. Durch Wien rollten Panzer, hinter ihnen zogen Scharen von NS-Anhängern durch die Straßen, die »Heil Hitler!« schrien. Jones hatte den Eindruck, dass es größtenteils Menschen waren, die aus Deutschland stammten.

Er wurde von Anna Freud abgeholt und begab sich mit ihr zum Psychoanalytischen Verlag. Flure, Treppen und Innenräume der Berggasse 7 waren von bewaffneten Burschen besetzt. Martin Freud saß in einer Ecke und wurde in Schach gehalten. Man raubte alles vorhandene Bargeld. Als Jones etwas sagen wollte, um auf den internationalen Charakter des Verlags hinzuweisen, wurde er verhaftet und erst nach einer Stunde wieder freigelassen. Die Empfehlungsschreiben der Britischen Botschaft beeindruckten die Nazis nicht.

Erst jetzt begab sich Jones in die Berggasse 19. Er hatte eine längere Unterredung mit Freud, der sich allen Ausreiseplänen widersetzte. Er könne doch seine Heimat nicht im Stich lassen, sagte Freud. Jones erzählte, dass der Zweite Offizier der Titanic vor Gericht zu seiner Verteidigung vorgebracht hatte, nicht er habe das Schiff verlassen, das Schiff aber ihn. Der Satz verfehlte seinen Eindruck auf Freud nicht. Während seines kurzen Aufenthalts in Wien wurde Jones von vielen Leuten bedrängt, er möge auch für ihre Ausreise etwas unternehmen, aber das konnte er nicht versprechen.[23]

Jones hatte den Zweck seiner Mission erreicht; Freud war nun zur Ausreise entschlossen. Nach Frankreich wollte Freud auf keinen Fall, dort werde die Psychoanalyse nicht geschätzt. Außerdem wollte er möglichst viele Angehörige mitnehmen, dazu seinen Arzt Max Schur sowie Paula Fichtl, die ja bei den Freuds wohnte; die beiden anderen Hausbediensteten waren schon nicht mehr zur Arbeit erschienen. Fast beiläufig fragte Freud: »Paula, wir ziehen jetzt also um, kommen S' mit?«[24]

Am 17. März traf Marie Bonaparte in Wien ein und blieb bis zum 10. April; so konnte Jones Wien verlassen, um in London die Einreiseerlaubnis für die Freuds zu erwirken. Er hoffte auf den Innenminister Sir Samuel Hoare (später Lord Templewood), den er aus seinem Eislaufklub kannte. »Eislauffreund« lautete das Codewort für ihn in den Briefen und Telefonaten zwischen Jones und Freud. Auch die Royal Society in England war zu Schutzmaßnahmen für Freud bereit. In der Tat bewilligte Innenminister Hoare die Einreise samt Arbeitserlaubnis für Freud, das Mitkommen von Angehörigen, Schülern, Leibärzten, und all das, ohne eine Bürgschaft zu verlangen.[25]

An dem Tag, als Jones in London die Blankoformulare für die Einreise erhielt, klopfte es am Vormittag um elf Uhr wieder bei Freuds an der Tür. Im Flur standen zwei Männer im Ledermantel, dazu drei uniformierte Polizisten mit Gewehr und Bajonett. Paula Fichtl schloss die Tür rasch wieder zu. Es wurde gebrüllt: »Sie unverschämtes Frauenzimmer, machen Sie sofort auf!« Paula stemmte sich gegen die Tür und schrie und weinte. Da erschien Freud im Vorzimmer und sagte nur: »Lassen Sie die Herren herein, Paula.«[26]

Als Freud sagte, die Kleine fürchte sich so, entspannte sich die Lage. Die Herren traten ein, nahmen sogar den Hut ab. Dem Professor passiere nichts, »wenn er macht, was wir wollen«, sagte der Anführer. Er verhandelte dann mit Freud, während die anderen zu Martha gingen und ihr erneut Geld abverlangten. Die ließ sich immerhin eine Quittung ausstellen. Erst jetzt fiel Paula ein, dass sie Dorothy anrufen sollte, aber dazu war es zu spät.

Dann hieß es, Freud solle zum Verhör zur Gestapo mitkommen. Nun rettete Anna Freud die Situation. Sie sagte: »Mein Vater kann keine Stiegen gehen. Ich komme mit und werde über alles Auskunft geben.« Sie begleitete die fünf Herren zum offenen schwarzen Auto. Sie hatte ein Röhrchen mit Veronal dabei, das ihr Schur zugesteckt hatte. Auch Freuds Sohn Martin hatte Schur damit bedacht, als dieser im Verlag Rede und Antwort stehen musste.

Man wartete. Freud rauchte eine Havanna nach der anderen. Inzwischen hatte Dorothy Burlingham im amerikanischen Konsulat angerufen und den Geschäftsträger Wiley informiert. In dieser Zeit kam Schur zu Freud in die Berggasse. »Das war der schlimmste Tag«, erinnerte er sich später. »Die Stunden zogen sich endlos hin. Es war das einzige Mal, daß ich Freud tief bekümmert sah. Er ging im Zimmer auf und ab und rauchte ununterbrochen. Endlich, spät abends, kam Anna Freud zurück. Freud, der selten seine Zuneigung offen zur Schau trug, zeigte an diesem Abend seine Gefühle ziemlich unverhüllt. [...] Ich habe Anna nie danach gefragt, was bei der Gestapo damals wirklich geschah.« In Freuds Tagebuch steht nur: Anna bei Gestapo.[27]

Im Hauptquartier der Gestapo hatte Anna Freud darauf bestanden, sofort vernommen zu werden. So wollte sie der Gefahr entgehen, über Nacht dabehalten und womöglich in ein KZ verschleppt zu werden. Während ihrer Vernehmung gab es einen mysteriösen Anruf, vielleicht eine Intervention hinter den Kulissen.[28] Jahre später berichtete Schur, Anna Freud habe ihren Vater gefragt, ob es nicht besser wäre, wenn sie sich alle das Leben nähmen. Darauf Freud, ironisch und doch heftig: »Warum? Weil sie gerne möchten, daß wir das tun?«[29]

Martin Freud schreibt in seinen Erinnerungen, die Gestapo schien zu glauben, es ginge um eine »jüdische Terrorgruppe aus ehemaligen Soldaten«. Anna wurde gefragt, was es bedeutete, einer internationalen Vereinigung anzugehören. In aller Ruhe erklärte sie, dass die Internationale Psychoanalytische Vereinigung völlig unpolitisch sei und sich um rein wissenschaftliche Themen bemühe. Zum Beleg zeigte sie den Brief eines nichtjüdischen deutschen Mitglieds der Vereinigung.[30]

* * *

Marie Bonaparte hielt sich vom 29. April bis zum 4. Mai erneut in Wien auf. Gemeinsam mit Anna Freud sah sie alle Briefe und Papiere durch. Was nicht erhaltenswert schien, wurde verbrannt. Die folgenden Nächte verbrachte die Prinzessin als Freuds Leibwache auf den Treppenstufen vor dessen Wohnung. Sie trug einen schwarzblauen Nerzmantel, Wildlederhandschuhe, einen Hut. In ihrer Krokodillederhandtasche hatte sie ihren griechischen Diplomatenpass dabei. Freud hat dies nie erfahren, aber das Hausmädchen Paula wusste Bescheid und brachte dem in eine Duftwolke von Stephanotis (Kranzschlinge) gehüllten Schutzengel Tee und Schokolade.[31]

In diesen dramatischen Tagen beendete Anna Freud die Übersetzung des Buches, das Marie Bonaparte ihrer Hündin gewidmet hatte: *Topsy. Les raisons d'un amour*, die Geschichte eines kranken Hundes, der durch eine Operation und durch Fürsorge geheilt wird. Manche Kapitel wurden von Sigmund Freud übersetzt.[32]

Jahrelang habe sie keine Hunde gewollt, schrieb Marie Bonaparte, trotz der guten Erinnerungen an die Hunde ihrer Kindheit. Die Bitten ihrer Kinder hatte sie abgeschlagen: Warum sein Herz an einen Hund verschwenden? Als ihre eigene Tochter mit 16 Jahren schwer krank wurde, gab sie deren Bitte nach.

Nun wollte auch ihr Mann, Prinz Georg, einen Hund; er bekam einen tibetanischen Chow-Chow mit goldenem Fell, Tatoun. Mit seiner Gefährtin Chiki zeugte er Nachkommen, darunter

Teaupi, genannt Topsy. Diese Hündin gewöhnte sich sehr an Marie, nur auf Reisen mochte sie nicht mitkommen. Als sie selber krank war, entdeckte Marie Bonaparte eines Tages bei Topsy einen Tumor unter der Lippe. Das hätte tödlich enden können, doch schweren Herzens und beeindruckt durch die Blicke der Hündin, entschloss sie sich, Topsy zur Strahlenbehandlung zu schicken. In ihrem Buch berichtet Marie nicht nur vom Schicksal des Hundes, sie denkt auch über andere Themen nach, etwa das Jenseits; das christliche Paradies reizt Marie nicht, es ist ihr zu kalt, sie hätte gern eines aus einer anderen Mythologie.

Topsy überlebt die intensive Behandlung, das einst so goldene Fell wird weiß. Und was ist das Besondere an dieser Hündin? Dank Topsy könne sie sich von den Menschen erholen, schreibt Marie Bonaparte. – War es das, was auch Freud an seinen eigenen Hunden gefiel?[33]

Topsy mache sie bescheiden und weise, schrieb Marie; sie beschränke sich auf den jeweiligen Tag; wenn sie selbst krank sei, bleibe Topsy an ihrem Bett. Solange der Hund da war, glaubte sie, wäre ihre Krankheit leicht und kurz. So konnte der Tod nicht in ihr Zimmer hineingelangen. Topsy war ein Talisman des Lebens und gab ihr Kraft.[34]

Das Buch war zwischen Mai 1935 und Mai 1936 geschrieben worden. Freud hatte es gelesen und an die Verfasserin geschrieben, ihr Manuskript sei anrührend und wahrhaftig, wenn auch keine Analyse, aber man spüre hinter allem die Wahrheitssuche der Analytikerin. Er erklärte Marie Bonaparte, weshalb man einen Hund mit so merkwürdiger Tiefe lieben könne: Es handle sich um eine »Zuneigung ohne Ambivalenz, die Vereinfachung des Lebens von dem schwer erträglichen Konflikt mit der Kultur befreit, die Schönheit einer in sich vollendeten Existenz«. Hinzu komme »das Gefühl einer innigen Verwandtschaft, einer unbestrittenen Zusammengehörigkeit«.[35]

Die Prinzessin hatte eine große Veränderung in das Leben von

Freud gebracht: Sie machte ihn zum Hundeliebhaber. Sie schenkte ihm die Hündin Jo-Fi, die meist bei Freuds analytischen Sitzungen dabei war. Jo-Fi war eine Schwester ihrer Lieblingshündin Topsy. Jo-Fi wusste genau, wann die Zeit einer Sitzung abgelaufen war, und erhob sich dann stumm. Dank der Prinzessin lernte der Psychoanalytiker eine neue Art von Affekten kennen. Zu einem Klienten sagte Freud, Tieren gegenüber verhalte es sich wie mit Babys, es gebe keine Ambivalenz, keinen Widerstand; keine menschliche Liebe sei frei von Ambivalenz, die Liebe zu Hunden aber schon.[36]

Für Marie Bonaparte verkörperte Topsy das Schicksal einer Frau, die ab einem bestimmten Punkt in ihrem Leben nicht mehr begehrenswert ist. Auf dem Umweg über Topsy konnten Freud und die Prinzessin das Problem des Todes erörtern. Am 13. August 1937 hatte Freud an Marie Bonaparte geschrieben: Für einen Schriftsteller heiße Unsterblichkeit, in der Erinnerung vieler Anonymer weiterzuleben; er selbst hoffe nur, in Maries freundlicher Erinnerung weiterzuleben, das sei die einzige Form der Unsterblichkeit, die er für sich wünsche.

Dass Freud sich inmitten der Bedrohung durch die deutsche Barbarei nicht nur mit der mythischen Gestalt des Moses, sondern auch mit dem Überleben einer geliebten Hündin beschäftigte, kennzeichnet seine Haltung in dieser furchtbaren Zeit. Die Übersetzung des Hunde-Buches von Sigmund und Anna Freud erschien noch 1939 im Amsterdamer Exilverlag Allert de Lange.[37] Die Hündin Topsy starb im selben Jahr – im Bett von Marie Bonaparte.

* * *

An einem regnerischen Morgen im Mai 1938 ging der junge Fotograf Edmund Engelman durch leere Straßen zur Berggasse im IX. Bezirk. Er trug einen kleinen Koffer mit zwei Kameras darin und Vorsatzlinsen, dazu mehrere Filmrollen und Belichtungsmesser; in der anderen Hand hielt er ein Stativ. Er hatte eine Rolleiflex dabei sowie eine Leica mit 50-mm-Objektiv und mit einem 28-mm-Weitwinkel-Objektiv. Engelman schaute sich etwas ängstlich um, weil er befürchtete, die Nazis könnten bemerken, wem sein Besuch galt. Als er das Haus Berggasse 19 von außen fotografierte, glänzten die Pflastersteine zwischen den Häuserreihen noch vom letzten Regenschauer. Es war dunkel an diesem Morgen, und er fragte sich, ob das Licht in der Wohnung ausreichen würde, um dort möglichst unauffällig Aufnahmen zu machen. Blitzlicht und Scheinwerfer könnten die Gestapo misstrauisch machen.[38]

Der junge Mann wurde 1907 in Wien geboren. Sein Vater war als Kind aus Osteuropa eingewandert, brachte es zum mittelständischen Geschäftsmann. Die Engelmans wohnten in der Leopoldstadt wie viele jüdische Familien. Eduard ging auf das dortige Realgymnasium (das einst auch Freud besucht hatte), dann wechselte er an die Technische Hochschule Wien. Er machte Abschlüsse in Maschinenbau und Elektrotechnik, studierte aber auch Chemie und Kinographie.

Sein Studium endete 1931. In diesen Jahren gab es heftige und oft gewalttätige Kämpfe an der Universität, und immer wieder Ausschreitungen gegen Juden. Trotz aller Zurückhaltung und Vorsicht wurden jüdische Studenten von nationalistischen Banden überfallen. Spitzenkräfte der Forschung und faschistische Deppen existierten nebeneinander, und keine Schutzmacht trennte sie. Als Engelman 1932 keine Anstellung als Fotoingenieur finden konnte, hatte er das Geschäft Photo-City in der Kärntnerstraße eröffnet, nahe bei der Oper. Seinen Kunden bot er viele technische Neuheiten. Im Jahr 1934 versuchte er, die brutale Polizeigewalt gegen die Arbeiter im Goethehof fotografisch zu dokumentieren. 1938 hat er diese Bilder vorsichtshalber vernichtet.

1933 lernte Engelman in der Villa eines Freundes August Aichhorn kennen, einen nichtjüdischen Psychoanalytiker aus dem Umkreis von Freud. Aichhorn kümmerte sich besonders um die *Verwahrloste Jugend* (so hieß sein Buch) und um junge Delinquenten, doch die Behörden schlossen sein Institut. Aichhorn war ein breitschultriger, stets lächelnder Mann mit Spitzbart und freundlichen Augen. Er trug meist einen schwarzen Hut und ging nie ohne seinen Dackel aus. Die Beziehung zum Fotografen Engelman wurde im Laufe der Zeit zu einer engen Freundschaft.

Im Mai 1938 verabredeten sich die Freunde im Café Museum am Karlsplatz, das einst von Adolf Loos eingerichtet worden war; es war Aichhorns Stammcafé. Sich vorsichtig nach Spähern umschauend, erzählte Aichhorn von den Belästigungen der Freuds durch die SA, von Anna Freuds Verhör bei der Gestapo, von der bevorstehenden Ausreise der Familie. Ehe alles verpackt und verschickt werde, müsse man die Wohnung dokumentieren. Später könne der Ort zum Museum werden, »wenn der Sturm der Jahre vorüber ist«. Er nannte keine Namen von Freuds Helfern. Aichhorn bat den Fotografen, Freud nicht beim Ablichten zu erschrecken und immer nur jene Zimmer aufzunehmen, in denen er sich gerade nicht aufhielt. Er erklärte ihm den Grundriss der Wohnung und Freuds Tagesplan.[39]

Engelman machte sich an die Arbeit. Als er das Haus von außen fotografierte, bewegte ihn der Gedanke, dass es in einem künftigen Krieg zerstört werden könnte (was dann aber nicht geschah). Links vom Eingang des Hauses 19 befand sich eine koschere Fleischerei, rechts davon ein Lebensmittelgeschäft. Über der Haustür hing eine kleine Hakenkreuzfahne, oben am Dach baumelte eine deutlich längere. Man betrat das Gebäude unter einem Torbogen, rechter Hand ging es zum Mezzanin hinauf. Zur Linken lagen die Privaträume mit eigenem Eingang. Die Tür zur Praxis lag rechts: »Prof. Dr. Freud, 3–4« (womit die Sprechstunden gemeint waren).

Eduard Engelman klingelte, und die eingeweihte Paula Fichtl

öffnete. Die Bildserie begann im Flur und im Vorraum. Oft war es zu eng, um das Stativ aufzustellen. Im jetzigen Wartezimmer war einst die Psychoanalytische Gesellschaft gegründet worden als Psychologische Mittwoch-Gesellschaft. Damals waren Adler, Rank, Stekel, Jung, Jones, Abraham und viele andere hierhergekommen. Im Sprechzimmer mit der Couch standen unzählige Figurinen auf Tischen, in Vitrinen, in Regalen. Durch eine versteckte Tapetentür konnten die Patienten das Sprechzimmer verlassen, ohne im Wartezimmer gesehen zu werden. Das Tageslicht war schwach, Engelman drehte alles verfügbare Licht an und hoffte, dass es unbemerkt bliebe. Zu jeder Aufnahme machte er umfangreiche Notizen. Den ganzen Tag über machte er Fotos, die er abends und nachts daheim entwickelte. Vom ersten Tag an klebte er Abzüge in ein Album, das er Freud schenken wollte.[40]

Am dritten Tag der Aufnahmen traf der Fotograf überraschend auf Freud, beide erschraken. An diesem Tag war Aichhorn anwesend und erklärte alles. Man gab sich erleichtert die Hand. Zum Glück hatte Engelman schon das Album fertig und sogar dabei. Freud setzte sich und schaute es in Ruhe an. Allmählich lächelte er, und dann lachte er sogar. Wieder ernst geworden, sagte er: »Ich danke Ihnen herzlich. Das wird für mich viel bedeuten.« Der Bitte, ihn fotografieren zu dürfen, stimmte Freud sogleich zu und setzte sich an den Schreibtisch.[41]

Engelman kam noch ein paarmal in die Wohnung, machte weitere Porträtaufnahmen von Freud, seiner Frau und Anna. Er fertigte sogar Passbilder für alle. Martha Freud führte ihn herum in den Wohnräumen, zeigte die schweren Möbel, die orientalischen Teppiche. Im Wohnbereich gab es keine antike Kunst, dafür viele persönliche Stücke, Souvenirs, Fotos, Kristallvasen, Objekte aus Porzellan, auch ein Foto mit Widmung von Einstein, von dem Martha Freud bewundernd sprach.

Anna Freud kam gerade zurück von der Auswanderungsbehörde im Palais Rothschild, wo sie langes Warten und unwürdige Behandlung erdulden musste. Juden durften in öffentlichen Gebäuden keine Aufzüge benutzen. In dieser Situation entstand das vielleicht schönste Foto von Anna Freud, das sie inmitten all der Zumutungen würdevoll und aufrecht zeigt. Man bat den Fotografen, eine Porträtaufnahme von Freud zu vergrößern. Freud gab sie ihm zurück mit der Widmung: »Herzlichen Dank dem Künstler 1938 Freud«.[42]

Nach der Abreise der Freuds bemühte sich auch Engelman um Ausreise. Es dauerte bis nach der Kristallnacht. Nach einer kurzzeitigen Verhaftung und einem kleinen medizinischen Eingriff erhielt er ein Transitvisum durch Frankreich und ein Einreisevisum für Bolivien. Am 1. Januar 1939 flog er nach Paris, hatte nur einen kleinen Koffer dabei. Die Negative der Aufnahmen aus Freuds Wohnung hatte er zuvor bei Aichhorn deponiert. Engelmans Braut reiste über Polen aus, man traf sich in Frankreich wieder, wo das Paar bis September 1939 illegal blieb, weil sie gar nicht nach Bolivien wollten. Endlich erhielten sie Einreisevisa für die USA, doch wurde Eduard nach Kriegsbeginn im September 1939 auf Ellis Island interniert. Erst Wochen später gelang die Einreise nach New York.[43]

Nach dem Krieg versuchte der Fotograf, Kontakt zu Aichhorn aufzunehmen, der aber schon verstorben war. Seine Sekretärin, Fräulein Regele, hatte die Negative aufbewahrt und, so bald es möglich war, Anna Freud zukommen lassen. Engelman reiste nach London und erhielt die Negative von Anna zurück. Paula Fichtl führte den Fotografen durch die Räume in Maresfield Gardens, und er erkannte viele Möbel wieder. Paula erzählte, wie glücklich Freud hier gewesen sei. Und dass er gern und oft gescherzt hätte: Das verdanken wir unserem Führer. Vor allem den Garten hinter dem Haus habe Freud sehr geliebt. Er sei mit dem Fensterblick zum Garten gestorben.

1969 wurde Freuds Wohnung in der Berggasse erworben und

umgebaut. Bis dahin konnte man auf dem Holzfußboden den Umriss der Couch erkennen. Dann verschwand auch diese letzte Spur von Freuds Anwesenheit in Wien. 1977 wurde die vollständige Serie von Eduard Engelmans Aufnahmen aus Freuds Wiener Wohnung veröffentlicht.

* * *

Am Montag, dem 28. März meldete Ernest Jones, dass die Genehmigung für die Einreise nach England erteilt worden sei. Nun mussten die Modalitäten der Ausreise verhandelt werden. Für Freud wurde der Anwalt Dr. Alfred Indra tätig, der auch zwischen der Familie Wittgenstein und den NS-Behörden vermittelte, die es auf das Auslandsvermögen der Töchter und Söhne des Industriellen Karl Wittgenstein abgesehen hatten. Wem gegenüber der Anwalt loyal war oder ob er sehr persönliche Interessen verfolgte, ist eine andere Frage.[44]

Anna Freud unternahm die vielen mühseligen Gänge zur Auswanderungsbehörde im ehemaligen Palais Rothschild. Es gab ein Hin und Her der Bescheide, und die Stimmung schwankte entsprechend. Die Behörden erhoben immer neue Forderungen. Nur wenige Bücher durften mitgenommen werden. Der Wiener Buchhändler Heinrich Hinterberger hat viele Bücher an sich genommen. Ein Jahr später konnte Dr. Jacob Schatzky aus New York die meisten Bücher aufkaufen für 1850 Reichsmark und somit Teile von Freuds Bibliothek retten.

Die Prinzessin ihrerseits rettete Aufzeichnungen aus Freuds Papierkorb. Sie nahm auch Statuetten mit und schickte sie als ihr Eigentum nach Paris. Paula Fichtl rettete die Tarock-Karten: »Letzte Karten von Prof. Freud 1938«, schrieb sie darauf. Manchmal schickte Freud Paula los und bat sie, Stadtpläne von London zu kaufen.[45]

Am 12. Mai 1938 schrieb Freud an seinen Sohn Ernst nach London: »Zwei Aussichten erhalten sich in diesen trüben Zeiten,

Euch alle beisammen zu sehen und – to die in freedom.« Er verglich sich mit dem alten Jakob der Bibel, der im hohen Alter mit all seinen Kindern nach Ägypten gezogen war.[46]

Freuds Schwägerin Minna Bernays litt unter Herzbeschwerden und musste in ein Sanatorium. Am 10. April kehrte sie zurück in die Berggasse. Als erstes Familienmitglied verließ Minna am 5. Mai 1938 die Stadt Wien, begleitet von Dorothy Burlingham, die zuvor ein paar Tage mit ihrem Sohn Bob in der Schweiz verbracht hatte, von wo sie die Ausfuhr einiger Möbel organisierte, deklariert als ihr Besitztum. Als Dorothys Mann erfuhr, dass seine Frau nicht zu ihm nach New York zurückkehren, sondern die Freuds nach England begleiten würde, nahm er sich durch einen Fenstersturz das Leben. Neben allen anderen Problemen mussten sich die Freuds in der ersten Exilzeit auch um den Gemütszustand von Dorothy kümmern.[47]

Martin Freud war aus der Anwaltskammer ausgeschlossen worden. Immerhin ließ man seine Frau und die zwei Kinder schon bald ausreisen, und er selbst durfte 14 Tage vor den andern mit dem Oostende-Express nach Belgien fahren, von wo aus er sich nach Paris begab. Es folgte Freuds älteste Tochter Mathilde mit ihrem Mann Robert Hollitscher. Bis zum 26. Mai waren sie alle in London eingetroffen.[48]

Martin Freud hatte versucht, seines Vaters Testament zu vernichten, aus dem hervorging, dass dieser Geld im Ausland deponiert hatte, wurde dabei aber erwischt und deshalb bedroht. Schon am 16. März war Dr. Anton Sauerwald zum kommissarischen Leiter des Psychoanalytischen Verlags bestimmt worden, dessen Geschäftsführung bis dahin bei Freuds ältestem Sohn Martin gelegen hatte. Sauerwald wusste von Freuds Testament, behielt die Information aber für sich.[49]

Sigmund Freud kümmerte sich um Hanna Breuer, die Witwe eines Sohnes von Josef Breuer, seinem einstigen Mentor; man verschaffte ihr ein Affidavit für die Einreise in die USA. Am

17. April bestand Freuds Praxis seit 52 Jahren, auf den 6. Mai fiel sein 82. Geburtstag – beides war kein Grund zum Feiern.[50]

In diesen Tagen traf endlich auch das französische Transitvisum ein. Das auf den 13. Mai 1938 datierte Dokument enthielt ein Arbeitsverbot für Sigmund Freud in Frankreich und beschränkte die Aufenthaltsdauer im Lande auf 10 Tage. Am 20. Mai schrieb Freud an seine Schwägerin Minna nach London: »Ich bin in dieser Woche zweimal ausgefahren, um von Wien Abschied zu nehmen. Der Kobenzl in der ersten Frühlingspracht war wunderschön.« In Wien empfinde er ein Gefühl der Unwirklichkeit, lebe wie in einem undefinierten Schwebezustand. Martha halte sich sehr tapfer, merkte er noch an.[51]

Die Liste der 16 Personen, für die englische Visa ausgestellt wurden, sah so aus: Prof. Sigm. Freud, 82 J; Frau Martha 77 J; Minna Bernays 73 J (die schon zuvor ausgereist war); Tochter Anna 42 J; Sohn Dr. Martin, 48 J; dessen Frau Esti 41 J; beider Sohn Walter 16 J; beider Tochter Sophie 13 J; Enkel Ernst Halberstadt 24 J; Tochter Mathilde 50 J; deren Mann R. Hollitscher 62 J; Leibarzt Dr. Max Schur 41 J; dessen Frau und zwei kleine Kinder sowie die Hausgehilfin Paula Fichtl 36 J. Am 15. Mai erhielten alle Genannten deutsche Pässe mit dem Reichsadler darauf. Auch Freuds Bruder Alexander (eine Autorität in Tarif- und Verkehrsfragen, Professor und Kaiserlicher Rat) sowie dessen Frau reisten ab. Ihr Sohn Harry war schon in Kanada.[52]

Am 1. Mai zog Marie Bonaparte mit ihrer kleinen Kamera durch Wien und filmte die Straßen. Über dem Eingang des Hauses Berggasse 19 prangte das Spruchband: »Dieser erste Mai soll dokumentieren, daß wir nicht zerstören wollen, sondern aufzubauen gedenken.«

Das letzte Kapitel in Wien betraf das Lösegeld. Jeder fliehende Jude musste 25 Prozent seines Besitzes als Reichsfluchtsteuer zahlen. Der Besitz wurde aber willkürlich berechnet zum Stichtag

1. Januar 1938. Freuds Konten waren konfisziert worden. Wie hätte er die Steuer zahlen können? Dass er Geld im Ausland hatte, konnte er nicht zugeben. So zahlte Marie Bonaparte, und Freud bestand darauf, es ihr später zurückzuzahlen. Marie Bonaparte hatte Freuds Goldbestände (seine eiserne Reserve) über die griechische Botschaft in Wien per Kurier an den König von Griechenland schicken lassen (ihren Schwager also). Aus Athen wurde es später an die griechische Botschaft in London überwiesen.

Der mit der Schätzung der Kunstwerke beauftragte Hans Demel, Direktor des Kunsthistorischen Museums, war ein Bekannter von Freud; er schätzte absichtlich niedrig auf ›nur‹ 30000 RM. Das Vermögen insgesamt wurde angesetzt mit 125 318 RM, zu versteuern mit 25 Prozent, also 31 329 RM. Alle Summen wurden von Marie Bonaparte beglichen. Sie hatte die Familie Freud praktisch freigekauft. Am 2. Juni bescheinigten die Behörden, dass keine Forderungen mehr bestünden. Nun konnten die Freuds Wien verlassen. Anna ging zum Reisebüro Cook und löste die Fahrkarten nach Paris und von dort nach London.

Die Unbedenklichkeitserklärung der Behörden wurde ergänzt durch Freuds Erklärung, dass er korrekt behandelt worden sei. Um diese Erklärung rankt sich das Gerücht, Freud habe hinzugefügt, er könne den Besuch bei der Gestapo jedermann empfehlen. Paula Fichtl hat dies später behauptet, und die Erinnerungen von Martin Freud enden mit diesem Gag. Dass Freud seinen grimmen Humor behalten hatte, hatte er oft genug bewiesen. Warum aber hätte er die Gestapo in diesem Augenblick provozieren sollen?[53]

Erhalten ist ein handschriftliches Dokument, offensichtlich vom Anwalt Indra aufgesetzt, mit folgendem Inhalt: »Ich bestätige gerne, dass bis heute den 4. Juni 1938, keinerlei Behelligung meiner Person oder meiner Hausgenossen vorgekommen ist. Behörden und Funktionäre der Partei sind mir und meinen Hausgenossen ständig korrekt und rücksichtsvoll entgegen getreten. Wien, den 4. Juni 1938.« Von eigener Hand wurde daruntergesetzt: »Prof. Dr. Sigm. Freud«.

Da der 4. Juni der Abreisetag war, ist das Dokument wohl vordatiert worden und vermutlich am 2. Juni entstanden. Das Wörtchen *gerne* mag die Quelle der späteren Anekdote gewesen sein. Vielleicht hat Freud auch mündlich, damals oder später, eine ergänzende Bemerkung in dem Sinne gemacht. Schriftlich hat er es jedenfalls nicht getan und war auch gut beraten damit.[54]

* * *

Am 3. Juni waren alle Vorbereitungen abgeschlossen. Alle Schränke waren leer. Die Antikensammlung und die Bücher steckten in Holzkisten oder Kartons. Die Familie saß zum letzten Mal am Esszimmertisch beisammen. Paula servierte Tee. Kaum jemand sprach. Paula hatte ihren einzigen Koffer am Nachmittag gepackt. Sie nahm eine Fotografie von Martha Freud als junger Frau mit, ein Geschenk der Hausherrin. Alle Gold- und Silbermünzen, die man ihr in den letzten Jahren geschenkt hatte, nähte sie in das Futter ihres Mantels ein. »Heute wollen wir einmal etwas früher zu Bett gehen«, sagte Freud zu Paula.[55]

Der 4. Juni war Pfingstsamstag. Paula servierte wie immer das Frühstück. Ein weiches Ei mit Tartar für den Professor, geröstetes Weißbrot und Konfitüre für die anderen. Anna bat Paula, für ihren Vater ein Glas Wermut zu holen. Gleich nach dem Frühstück rief Josefine Stroß an, eine Kinderärztin, seit einem Jahr Mitglied der Psychoanalytischen Vereinigung, eine Mitarbeiterin von Anna Freud. Sie würde Max Schur auf der Reise vertreten, da Freuds Arzt wegen einer Blinddarmentzündung ins Spital musste. Gegen Mittag bestellte Paula telefonisch zwei Taxis. Um halb drei verließen die Freuds mit ihrem Chow-Chow die Wohnung. Anna Freud hatte zwei Abteile reserviert, eins für die Freuds und den Hund, das andere für Josefine Stroß und Paula Fichtl.

Kurz nach der Abfahrt kam ein Herr ins Abteil von Paula und fragte, ob sie zur Reisegruppe Freud gehöre. Paula erschrak. Doch es war kein Nazi, sondern ein Beauftragter der US-Vertretung, der die Reise diskret überwachen sollte. Auch den Freuds stellte er sich vor, hielt sich aber ansonsten zurück.

Am Bahnhof in Salzburg gab es eine Überraschung: Paula Fichtls Familie hatte sich zum Abschied eingefunden; ihr Vater und drei andere Familienmitglieder brachten Edelweiß für die Freuds. Der Professor schüttelte Paulas Neffen Fritz die Hand. Eigentlich waren die Ausreisenden entsetzt: so viel Aufsehen sollte nicht sein. Paula hatte es doch nur gut gemeint. Auch für sie war es ein Abschied. Für den Rest der Reise wurde Paula geschnitten und war gekränkt.

Weiter ging es über München. Josefine Stroß wurde mehrmals ins Abteil der Freuds gerufen, dem Professor ging es nicht gut. Er brauchte Herzmittel. Als sich der Zug am frühen Morgen Kehl näherte, wurde auch Paula ins Abteil der Freuds gebeten. Martha Freud wollte, dass alle beisammen seien beim Überqueren der Grenze. Freud blieb stumm, Anna übernahm die Gespräche mit den deutschen Zöllnern. Paula will gehört haben, dass der Schaffner noch einmal die Abteiltür öffnete und sagte: »Ich wollt', ich könnt' mit Ihnen fahren, Herr Professor.«[56]

Wundersamerweise wurde in Kehl keine Kofferkontrolle vorgenommen. Als der Zug die Grenze überquerte, sagte Freud: »Jetzt sind wir frei.« Es war genau 2.45 Uhr morgens.[57]

* * *

An diesem Pfingstsonntag, dem 5. Juni 1938, erwarteten Dutzende Fotografen den berühmten Wissenschaftler im Pariser Ostbahnhof. Anders als die meisten Emigranten reiste Freud nicht ins Ungewisse, in prekäre Verhältnisse, in die Bedeutungslosigkeit. Außerhalb von Wien war er eine Berühmtheit, fast eine

Legende, was auch nur ein Missverständnis ist. Es war ein Vorgeschmack auf das, was ihn in London erwartete. Die Ausreisenden selbst machten allerdings einen jämmerlichen Eindruck. Der Stress der letzten Wochen und die Reisestrapazen waren ihnen deutlich anzusehen.

Begrüßt wurden die Wiener von Marie Bonaparte, vom US-Botschafter Bullitt, von Freuds Sohn Ernst und von seinem Neffen Harry. Freud wirkte kraftlos und verloren. Man griff ihm unter die Arme, zudem stützte er sich auf einen schwarzen Gehstock mit Elfenbeinknauf, ein Geschenk der Prinzessin. Martha Freud trug einen verknitterten Trenchcoat, einen Schlapphut, eine große Handtasche. Anna hatte einen Regenmantel angezogen, der viel zu groß war, dazu eine Wollkappe. Alle wirken recht seltsam, elend, etwas heruntergekommen.

Hingegen die Prinzessin! Sie trug ein Modellkleid und einen Zobelumhang sowie einen breiten Hut mit Margeriten. Der Botschafter war im feinen Anzug erschienen, mit Krawatte und Einstecktuch. Vor dem Bahnhof warteten ein Bentley und ein Rolls-Royce. Es war herrliches Frühlingswetter, als sie zur Villa der Bonapartes an der Rue Adolphe-Yvon in Saint-Cloud fuhren. Im Garten waren Korbstühle aufgestellt, dazu ein Sofa mit Wolldecke für Freud. Paula Fichtl wurde wie ein Mitglied der Familie behandelt. Auch sie saß beim Abendessen am Tisch, hatte aber mit den Austern ihre liebe Mühe. Marie Bonaparte schenkte Freud eine weitere Statuette: eine bronzene Athene als Symbol der Freiheit. In eine Wolldecke gewickelt, fand das Kunstwerk Platz in Paulas Koffer.[58]

Marie Bonaparte hat auch anderen Wienern bei ihrer Ausreise geholfen. In diesen aufregenden Wochen der Fürsorge für Freud musste sie sich außerdem um die Hochzeit ihrer Tochter Eugénie kümmern, die am 30. Mai 1938 in Paris den polnischen Prinzen Dominique Radziwill heiratete.[59]

Dieser Sonntag im Juni war Freuds dritter Aufenthalt in Paris.

Um 22 Uhr konnte die Familie ihre Reise mit dem Zug ab Nordbahnhof fortsetzen. In Calais wurden die Waggons auf die Fähre geschoben; man konnte in den Abteilen sitzen bleiben. Die Überfahrt verlief ruhig. Im Mondlicht glänzten die weißen Klippen von Dover, das lockte die Passagiere an Deck. Die Einreise geschah ohne Kontrolle: Ernest Jones hatte für die Gruppe bei den englischen Behörden den Diplomatenstatus erwirkt. Nur die Hündin hatte es nicht so leicht; sie musste für sechs Monate in Quarantäne, in der Hinsicht machte England keine Ausnahme. Allerdings konnte man sie im Tierheim in Ladbroke Grove im Westen der Hauptstadt besuchen.[60]

Freuds Arzt Max Schur musste in Wien ein zweites Mal operiert werden. Die Gestapo forschte schon nach ihm, auch im Krankenhaus. Erst am 10. Juni reisten Schur und seine Familie ab, im letzten Moment. Der nichtjüdische Arzt, der Schur behandelt hatte, stellte ein Attest aus, das die Zöllner davon abhielt, in seinem Verband nach Geld oder Schmuck zu suchen. Aufatmen konnte er erst in Paris, wo er sich bei Marie Bonaparte erholte, ehe er nach London weiterreiste. Im Rückblick schrieb Schur: »Was für ein unglaublicher Kontrast war es, der Welt von Wahnsinnigen entronnen zu sein, die die Macht hatten, über unser Sein oder Nichtsein zu entscheiden, und in dem schönen Haus Marie Bonapartes liebevoll umsorgt und geachtet zu werden.«[61]

Aus London sandte Freud ein Dankesschreiben an die Prinzessin: »Der eine Tag in Ihrem Haus in Paris hat uns Würde und Stimmung wiedergegeben.«[62]

* * *

Für 16 Personen insgesamt wurde die Einreise nach England beantragt, nur die vier betagten Schwestern von Sigmund Freud mussten in Wien zurückblieben. Drei von ihnen waren verwitwet, eine war unverheiratet geblieben. Freud selbst und sein

Bruder Alexander setzten 160 000 Schilling aus (das waren über 22 000 Dollar), damit für sie gesorgt werden könne. Marie Bonaparte versuchte Ende 1938, die vier nach Frankreich zu holen, doch die französischen Behörden verweigerten das Einreisevisum.[63]

Der Schutz der alten Damen lag nun ganz in den Händen von Anton Sauerwald, dem von den Nazis eingesetzten Aufseher über den Verlag für Psychoanalyse. Er war ein Nazi mit schlechtem Gewissen. Der Doktor der Chemie hatte bei einem alten Bekannten von Sigmund Freud Chemie studiert, Professor Herzig, den er sehr respektierte. Sauerwald war Sprengstoffexperte bei der Wiener Polizei gewesen, hatte vor dem Anschluss heimlich den österreichischen Nazis Sprengstoff für Attentate geliefert.

Anfangs hatte er die Leute im Verlag beschimpft, weil sie mit Juden zusammengearbeitet hatten, dann hatte er aus Langeweile begonnen, die Werke Freuds zu lesen, die ihn durchaus beeindruckten, und nachdem er ihn kennengelernt hatte, beeindruckte ihn auch die Persönlichkeit Freuds. Er sprach sich dafür aus, die Familie Freud ausreisen zu lassen, und arbeitete mit Freuds Anwalt Dr. Indra zusammen, der Mitglied der NSDAP war. Als sich SA-Leute Freud gegenüber respektlos äußerten, meinte Sauerwald: »Was soll man auch erwarten? Diese Preußen wissen nicht, wer Freud ist.«

1939 tauchte Sauerwald plötzlich in London auf und besuchte Freuds jüngeren Bruder Alexander. Er fragte nach dem Zustand von Freud. Das war wohl ein Spionageauftrag. Alexander versuchte seinerseits, aus Sauerwald schlau zu werden. Als er ihn fragte, wie er seine Hilfsbereitschaft gegenüber Freud und seiner Familie mit seiner nazistischen Weltanschauung vereinbaren könne, erklärte dieser: Der Führer, der alles am besten wisse, habe erkannt, dass das Vaterland in Gefahr sei. Er habe auch erkannt, dass die Juden, wegen ihrer internationalen Verbindungen, kein zuverlässiger Bestandteil des Volkes sein könnten. Deshalb müssten sie das Land verlassen. Das schließe nicht aus, dass einzelnen Schonung zuteil werde. So sah es im Kopf dieses sonderbaren Menschen aus, der nun ein Beschützer für die vier Freud-Schwestern war. Er besuchte sie häufig, kümmerte sich um sie. Nachdem er 1941 zur Wehrmacht eingezogen worden war, verloren sie diesen Schutz und wurden deportiert.[64]

Adolfine Freud (genannt Dolfi), Pauline Winternitz, Marie Freud und Rosa Graf wurden zunächst in einer Sammelwohnung in der Biberstraße 14 zwangsweise einquartiert. Die Schwestern schrieben an den von den NS-Behörden eingesetzten Vermögensverwalter Erich Führer, sie müssten zu viert in einem Raum leben: »Wir können nicht glauben, daß Sie einer solchen Anordnung fühllos gegenüberstehen.«[65] Dieser Hilferuf blieb ungehört.

Schließlich wurden sie nach Theresienstadt gebracht, immer wieder getäuscht und beraubt. Adolfine starb an Unterernährung. Paula und Marie wurden im September 1943 ins Vernichtungslager Malyj Trostenez verschleppt und dort ermordet. Rosa Graf wurde im Frühjahr 1943 nach Treblinka deportiert.[66]

Ein Überlebender von Treblinka sagte 1946 in Nürnberg aus: »Der Zug kam aus Wien an. Ich stand damals auf dem Bahnsteig, als die Leute aus den Waggons geführt wurden. Eine ältere Frau trat auf Kurt Franz zu, zog einen Ausweis hervor und sagte, daß sie die Schwester von Sigmund Freud sei. Sie bat, man solle sie zu einer leichten Büroarbeit verwenden. Franz sah sich den Ausweis gründlich an und sagte, es sei wahrscheinlich ein Irrtum, führte sie zum Fahrplan und sagte, daß in zwei Stunden ein Zug nach Wien zurückgehe. Sie könne alle ihre Wertgegenstände und Dokumente hierlassen, ins Badehaus gehen, und nach dem Bad würden ihre Dokumente und ihr Fahrschein für sie nach Wien zur Verfügung stehen. Natürlich ist die Frau ins Badehaus gegangen, von wo sie niemals mehr zurückkehrte.«[67]

Anton Sauerwald wurde im Krieg schwer verwundet, litt an

Tuberkulose. Nach 1945 wurde er in Wien als Kriegsverbrecher angeklagt. In dieser Situation haben Anna Freud und Marie Bonaparte zugunsten von Sauerwald ausgesagt und bestätigt, dass er sich als Helfer der Familie erwiesen habe und dass er an der Deportation der Schwestern keine Schuld trage. Er wurde freigesprochen.[68]

* * *

Wie sehr die Umstände von Freuds Fortgang eine Ausnahme darstellten, zeigt sich im Vergleich mit seinen Nachbarn. Die Hälfte der Mieter im Jahr 1938 waren Juden, im Haus wohnte aber auch ein illegaler Nazi. Nach Freuds Abreise wurde es zum Judenhaus: 79 Juden wurden zusätzlich einquartiert. Das Haus war zum Transitlager geworden.

Siegmund Kornmehl, der im Parterre eine koschere Fleischerei unterhielt und vor allem jüdische Wohlfahrtseinrichtungen belieferte, musste sein Geschäft im Oktober 1938 schließen. Nach der Zahlung von 100 000 Reichsmark Fluchtsteuer durften er und seine Frau nach Palästina auswandern. Er starb 1942 in Tel Aviv, seine Frau kämpfte nach dem Krieg vergeblich um Restitution.[69]

Im ersten Stock der Berggasse 19 wohnte Rudolf Hauser, der sein Textilgeschäft aufgeben musste. Nach Ableistung einer hohen Fluchtsteuer konnten er, seine Frau und ihre beiden Söhne ausreisen. Als sie nach dem Krieg aus den USA zurückkehrten, erhielten sie ihre Firma nicht zurück, der »Ariseur« behielt sein unrecht Gut.[70]

Im zweiten Stock wohnten 26 Jahre lang Dorothea und Emil Humburger, der mit Südfrüchten handelte, wie schon sein Vater. Sein Geschäft im III. Bezirk wurde gleich nach dem Anschluss geplündert und arisiert. 1939 floh Humburger mit seiner Frau und den drei Töchtern nach Athen. Eine weitere Tochter überlebte in Wien, wo sie in eine katholische Familie eingeheiratet hatte. Die Tochter Grete war seit 1935 mit dem

Schriftsteller Leo Perutz verheiratet und wanderte mit ihm und ihren drei Töchtern 1938 über Italien nach Palästina aus. Nach dem Tod seiner Frau zog Humburger 1941 nach Tel Aviv. 1947 kehrte er nach Wien zurück. Ob er je entschädigt wurde, ist unklar. Zuletzt betrieb er wieder einen Südfrüchtehandel im V. Bezirk.[71]

Im dritten Stock wohnten Victor John und seine Frau Antoinette mit ihren beiden Töchtern. Er war 30 Jahre lang Direktor bei einer Versicherungsgesellschaft gewesen und wurde nach dem Anschluss in den Ruhestand versetzt. Ab 1939 wurde die Familie gezwungen, weitere Juden aufzunehmen, bis zu 12 Personen. Ihre Ausreise nach Uruguay scheiterte, beide wurden nach Lódź deportiert. Dort verlor sich ihre Spur.[72]

19
Epilog in London

Ich habe mir nie vorgestellt, daß England so schön ist.
Anna Freud, 1914

Sigmund Freud erreichte London am 6. Juni 1938 um 6 Uhr in der Früh. An der Victoria Station warteten seine Kinder Mathilde und Martin sowie der zuverlässige Fluchthelfer Ernest Jones. Der Oberaufseher der Southern Railway und der Bahnhofsvorsteher der Victoria Station waren ebenfalls zur Begrüßung erschienen. Mit ihrem Einverständnis war der Zug aus Paris auf einem anderen als dem üblichen Gleis eingelaufen, um die zahlreichen Journalisten fernzuhalten. Wie schon bei der Einreise nach England wurde am Bahnhof auf jede Kontrolle verzichtet. Vor einem abgesperrten Seiteneingang hatte Jones sein Auto geparkt. Er nahm Martha und Sigmund Freud mit, die anderen folgten in zwei Taxis.

Jones chauffierte das Ehepaar Freud durch London, und Sigmund war ganz stolz, dass er einige Sehenswürdigkeiten der englischen Hauptstadt erkannte, er hatte noch in Wien einige Stadtführer studiert. Die Fahrt endete vor dem Haus Elsworthy Road 39, das Ernst Freud für ein paar Wochen gemietet hatte. Das einstöckige Gebäude im Cottage-Stil aus roten Ziegelsteinen hatte ein kleines Portal und einen holzverkleideten Giebel. Auf dem Dach waren viele kleine Schornsteine aufgereiht wie Orgelpfeifen.[1]

Der Garten des Hauses grenzte an Primrose Hill, einen 80 Meter hohen grünen Hügel, vor dem sich der Regent's Park erstreckte, so dass man einen freien Blick auf die City hatte. Freud war überwältigt von so viel Schönheit. Er fand unendlich viel Begrüßungspost vor, auch von völlig unbekannten Personen. »Wir schwimmen in Blumen«, schrieb Freud in einigen Briefen. In Wien waren sie rechtlos gewesen, hier waren sie schon beim Eintreffen prominent. Besucher, Freunde, Verwandte erschienen in großer Zahl, aber auch Schnorrer. Bei allem Entgegenkommen der englischen Behörden: eine vorzeitige Einbürgerung der Freuds wurde abgelehnt; man wollte angesichts des hohen Flüchtlingsaufkommens aus Mitteleuropa keinen Präzedenzfall schaffen.[2]

Nachdem der erste Trubel überstanden war, begann Freud wieder an der *Moses*-Schrift zu arbeiten; zunächst schrieb er ein neues Vorwort, in dem er seine Erleichterung kundtat, »in dem schönen, freien, großherzigen England« ohne Rücksicht auf Widersacher aus Kirche oder Politik arbeiten zu können.[3]

Anna und Ernst suchten ein Haus, das zu kaufen wäre. Endlich fanden sie etwas Passendes im Stadtteil Hampstead, in dem viele Intellektuelle und Künstler lebten, darunter bald auch die Emigranten Elias und Veza Canetti, die Österreich Mitte November 1938 verlassen konnten, übrigens genau wie die Freuds mit dem Zug über Kehl. Doch unterschrieb Freud den Kaufvertrag erst, nachdem Mitte August die Möbel, Bücher und Statuetten aus der Wiener Wohnung in London eingetroffen waren, darunter die legendäre Couch. Das Speditionsunternehmen Bäuml hatte den Transport zuverlässig erfüllt. Es war im 19. Jahrhundert von Eliazim Bäuml gegründet worden, doch wurde die jüdische Traditionsfirma im Laufe des Juni 1938 »arisiert«.[4]

Im neuen Haus mussten einige Umbauten vorgenommen werden, ehe es bezogen werden konnte. Da der Mietvertrag für das erste Domizil auslief, wechselte man am 6. September 1938 in das feine Esplanade-Hotel (heute The Colonnade-Hotel) am Warrington Crescent. Doch zunächst ging Freud für eine weitere Kieferoperation in ein Krankenhaus.

Die Zeitungen berichteten viel über Sigmund Freud, der hier eine populäre Figur war, fast wie Einstein in den USA. Das hatte er in Wien nicht gekannt. Und so wusste bald jeder, wo »Freud's place« war: 20, Maresfield Gardens, eine ruhige Ecke, eine Idylle im Exil. Hampstead wurde zu Freudstead.[5]

Das Haus aus dem 19. Jahrhundert hatte zehn Zimmer und ein ausgebautes Dachgeschoss, dazu eine ebenerdige Terrasse und einen weitläufigen Garten von 700 Quadratmetern, mit Pappeln, Platanen und Rosensträuchern. Ernst Freud sorgte für den Einbau eines Fahrstuhls in den ersten Stock, der vor allem für die kranke Minna Bernays gedacht war. Aus Freuds Arbeitszimmer konnte man direkt in den Garten hinausgehen. Alles war größer, heller, luftiger als in der finsteren Wohnung in der Berggasse. Freud war wirklich nicht ins Elend gekommen, eher schon ins gelobte Land. Sein letztes Heim in der Fremde erinnerte den Ausgewanderten an die Sommermonate in Wiener Vororten, in Döbling oder in Grinzing.[6]

Den Einzug bereiteten Martha und Paula vor, was vor allem hieß, die alte Ordnung in Arbeitszimmer und Sprechzimmer herzustellen. Paula wusste noch den Platz von jedem Objekt, die Arbeitsfläche auf dem Schreibtisch wurde nicht verändert gegenüber Wien. Als Freud die kleine Ägypterin wiedersah, streichelte er sie lächelnd; 24 Jahre zuvor hatte sie ihm der »Wolfsmann« geschenkt, Sergej Pankejeff, der inzwischen auch in London lebte und Freud gelegentlich besuchte. Als Freud erstmals sein Arbeitszimmer betrat, sagte er: »Alles ist wieder da, nur ich nicht.«[7]

Wie schon in Wien pflegte ihn allein seine Tochter Anna. Lucie, die Frau seines Sohnes Ernst, berichtete später: Als Anna sich in London um ihren todkranken Vater kümmerte, habe ihr

Gesicht die ganze Zeit einen Ausdruck von Glück gezeigt, obwohl die Pflege eine fast selbstzerstörerische Aufopferung bedeutete; seine Gegenwart wirkte immer noch aufbauend.[8] Er allerdings habe nicht ein Wort des Dankes gesagt.

* * *

Und so lebte Freud dahin auf einer kleinen Insel des Schmerzes inmitten eines Ozeans von Indifferenz, wie er an Marie Bonaparte im Juni 1939 schrieb.[9] Dass er von den Seinen umsorgt wurde, erwähnte er nicht eigens. Er vollendete seine *Moses*-Schrift, die er für einen würdigen Abschluss seiner wissenschaftlichen Arbeit hielt, und konnte noch ihren Druck und den Verkauf der Übersetzungsrechte nach Amerika erleben. Er empfing viele Besucher, darunter wiederholt Stefan Zweig und Arnold Zweig. Zweimal machte der amerikanische Botschafter in Paris, Bullitt, den Freuds seine Aufwartung. Salvador Dalí schaute vorbei und ließ sich zu zwei Porträts inspirieren.

Im Juli 1938 reisten Anna Freud und Ernest Jones zum Psychoanalytischen Kongress nach Paris, wo sie kurz über die Ereignisse in Wien seit dem März berichteten.[10] Auch Marie Bonaparte wohnte der Tagung bei. Wenn sie nach London kam, hatte sie stets ihre kleine Filmkamera dabei. Und so besitzt die Nachwelt etwas verwackelte, aber eindrucksvolle Bilder von Freud in seinem letzten Domizil. Man erkennt, wie sehr ihm Ausreise, Krankheit und Alter zugesetzt haben, man ahnt aber auch, dass er seine stolze Persönlichkeit bewahrt hatte.

Im neuen Londoner Heim erschien eine alte Pariser Bekannte, die Chansonsängerin Yvette Guilbert. Freud hatte sie im August 1889 kennengelernt, als er in Paris einem internationalen Kongress über Hypnose beiwohnte. Es war das Jahr der Weltausstellung, für die der Eiffelturm errichtet worden war. Die Frau seines Pariser Lehrmeisters, des Psychiaters und Modearztes Jean-Martin Charcot, hatte ihm empfohlen, im Eldorado die erst seit kurzem berühmt gewordene Sängerin mit der spitzen, kessen, lasziv-provozierenden Stimme und dem scharfen, kehligen R anzuhören. Ihre Erscheinung, ein grünes Kleid und dazu armlange schwarze Handschuhe, ein Lieblingsmotiv des Malers Toulouse-Lautrec, dazu die anzüglichen Lieder müssen Freud hypnotisiert haben. In Wien ist Yvette Guilbert wiederholt aufgetreten. 1897 hatte sie den Wiener Biologen Max Schiller geheiratet.[11]

1926 war eine Nichte von ihr, Eva Rosenfeld, Freuds Patientin geworden. In der Folgezeit lebte Freuds Kontakt mit Yvette Guilbert wieder auf. Viele Briefe wurden gewechselt. Wenn sie in Wien auftrat, schickte sie ihm Freikarten, und er sandte ihr Blumen ins Hotel Bristol, wo sie stets logierte. Ihr letzter Besuch in Wien fand am 10. November 1935 statt, als sie mit einem historischen Programm gastierte: »La France qui chante« – französische Chansons vom 15. Jahrhundert bis zur Gegenwart. Im Oktober 1938 trat sie in London auf und besuchte den »cher grand homme«, wie sie ihn nannte, der nun ein Emigrant war. Auf das Foto, das sie ihm verehrte, schrieb sie die Widmung: »Au savant Sigmund Freud le salut d'une artiste Yvette Guilbert«.[12]

* * *

Marie Bonaparte hatte schon 1937 die Briefe, die Freud in seinen frühen Jahren an seinen Berliner Kollegen Wilhelm Fließ geschickt hatte, dessen Witwe abgekauft. Freud war das gar nicht recht, er hätte sie lieber verbrannt gesehen. Erst einige Jahre nach dem Krieg wurde diese Korrespondenz von Marie Bonaparte und Anna Freud herausgegeben.[13] Nach dem Anschluss unterstützte Marie Bonaparte in Frankreich Emigranten aus Österreich und finanzierte deren Zeitung *Freies Österreich.* Im Zweiten Weltkrieg emigrierte sie mit ihrem Mann nach Südafrika und kehrte erst nach der Befreiung von Paris im Herbst 1944 dorthin zurück. Bald nahm sie auch wieder ihre herzliche Beziehung zu Anna Freud auf, die nun von London aus das Erbe ihres Vaters verwaltete.

Nach dem Abschied von Marie Bonaparte im August 1939 hatte Freud zu Schur gesagt, was für ein Glück es gewesen sei, so viele wertvolle Freunde gefunden zu haben.[14] Beim Nachdenken über diese besondere Beziehung bleibt das Staunen über die schicksalhafte Begegnung eines Nachfahren böhmischer Juden, der sich als Wegbereiter einer aufgeklärten Welt verstand, und der fernen Erbin einer korsischen Familie, deren Name durch die Weltgeschichte mythische Qualität gewonnen hatte.

* * *

Den Kriegsbeginn im September 1939 kommentierte Freud mit den Worten, dies sei auf jeden Fall *sein* letzter Krieg. Nicht mehr erleben musste er, dass die tapfere Paula Fichtl auf der Isle of Man als feindliche Ausländerin interniert wurde wie so viele Emigranten. Für die zu leistende Zwangsarbeit wurde sie allerdings bezahlt. Trotz zahlreicher Fürsprecher kam sie erst nach Monaten wieder frei.[15]

Freuds letzte Lektüre war ein früher Roman von Balzac, *La Peau de Chagrin*. Das Stück Chagrinleder hilft dem Helden des Romans beim Erfüllen seiner Wünsche, schrumpft aber mit jeder Beglückung, bis zuletzt nichts mehr übrig bleibt und die Zauberkraft erschöpft ist. Eine angemessene Lektüre für den Seelenkundler, der das menschliche Trieb- und Traumleben als verwandelte Form der Wunscherfüllung verstand.

Anna Freud und Dorothy Burlingham nahmen ihre Arbeit unter veränderten Bedingungen wieder auf, und Josefine Stross (wie sie fortan ihren Namen schrieb) fand in deren pädagogischen Einrichtungen eine angemessene Beschäftigung. Der Leibarzt Max Schur nahm die Chance wahr, mit seiner Familie in die USA auszuwandern, als sie endlich das Visum erhielten, aber in Freuds letzten Tagen war er zur Stelle und verabreichte ihm eine leicht überhöhte Dosis Morphium, die seine Leiden am 23. September 1939 beendete. Anna Freud, die eingeweiht und eigentlich auch einverstanden war, fiel die Zustimmung sehr schwer.

Schon am ersten Freitagabend nach Sigmunds Tod zündete die Witwe des Religionskritikers Sabbatkerzen an, wie sie es in ihrer Kindheit gelernt hatte, während ihrer Ehe aber nicht tun durfte. Bald auch gönnte sie sich wieder ausgiebige Lektüren wie in ihren jungen Jahren, auch wenn ihr das nach lebenslanger Arbeit als unziemlicher Müßiggang vorkam. Nach dem Tod ihrer jüngeren Schwester Minna 1941 vertiefte sich die Beziehung der Frau Professor zu ihrem Hausmädchen Paula, die sehr um sie trauerte, als Martha am 2. November 1951 starb.[16]

* * *

Sigmund Freud, »an important Jew who died in exile«, so lautete das dichterische Epitaph, das W. H. Auden dem Vater der Psychoanalyse widmete. In seinem Requiem auf Freud verband Auden in knappen Versen Anspruch, Widerspruch und bleibende Wirkung des Arztes, der auch im hohen Alter über unser Leben nachdenken wollte und mit seinen problematischen Theorien Epoche gemacht hatte.

> For one who lived among enemies so long;
> If often he was wrong and at times absurd,
> To us he is no more a person
> Now but a whole climate of opinion.[17]

Als Jude hatte sich Freud immer bekannt, vor allem in seinen letzten Lebensjahren. Sein *Moses* war (unter anderem) ein komplizierter Versuch, dem Antisemitismus die »historische Begründung« zu entziehen. Freud hinterließ darüber hinaus eine andere Kritik des Antisemitismus. Doch die bedurfte der genauen Lektüre und Deutung.

Ein Wort zum Antisemitismus hieß ein kurzer Artikel von Freud, der am 25. November 1938 in der Pariser Exil-Zeitung *Die Zukunft* erschien mit dem redaktionellen Kommentar: »Der nachstehende Aufsatz ist die erste Veröffentlichung aus der Feder Sigmund Freuds seit seiner Verbannung aus Wien.«[18] Der kommunistische Dissident Willi Münzenberg gab dieses Blatt heraus, in dem er wie in seinen besten Partei-Zeiten berühmte Autoren präsentierte, von Thomas Mann bis Arthur Koestler und Aldous Huxley.

Freud zitiert in dem am 31. Oktober 1938 geschriebenen Text aus dem Gedächtnis eine Äußerung zu den »letzten Judenverfolgungen«. Leider könne er sich nicht erinnern, in welchem Aufsatz er diese Bemerkung gefunden habe; es sei auf jeden Fall nicht die verdienstvolle Analyse des Grafen Heinrich Coudenhove-Kalergi, *Das Wesen des Antisemitismus.* Sinngemäß sage jener Autor, der selbst kein Jude war, er habe sich »für die antisemitischen Ausbrüche unserer Zeit lebhaft interessiert und besonders den Protesten gegen sie« seine Aufmerksamkeit geschenkt. Diese Proteste seien von kirchlicher Seite gekommen, bis hinauf zu »seiner Heiligkeit, dem Papst«, aber auch im Namen schlichter Humanität. Vermisst habe jener ungenannte Autor ein Bekenntnis zur »Religion der Liebe«. Man verstoße gegen diese, wenn man zulasse, dass die Juden »verhöhnt, mißhandelt, beraubt und ins Elend vertrieben werden«. Vermisst habe er auch die Feststellung, »daß wir das Volk der Juden durch lange Jahrhunderte ungerecht behandelt haben und daß wir darin fortfahren, indem wir sie ungerecht beurteilen«. Denn: »Die Juden sind nicht schlechter als wir, sie haben etwas andere Eigenschaften und andere Fehler, aber im ganzen haben wir kein Recht, auf sie herabzusehen.« Sie hätten sogar einige Vorzüge, sie betränken sich seltener, seien viel seltener an schweren Verbrechen beteiligt als Christen, wären besonders freigiebig gewesen, hätten sich »durch wertvolle Beiträge in allen Gebieten der Wissenschaft, Kunst und Technik verdient gemacht, haben unsere Toleranz reichlich vergolten«. Sie hätten nicht herablassende Gnade verdient, sondern schlicht Gerechtigkeit. »Eine so entschiedene Parteinahme von seiten eines Nichtjuden hat auf mich natürlich einen tiefen Eindruck gemacht.«

Spätestens bei diesem Satz dämmert einem, was Freud sagen möchte: Niemand hat angesichts der neuen Judenverfolgungen eine solche Kritik des Antisemitismus veröffentlicht. Nur zum Schein verweist er auf sein schlechtes Gedächtnis als alter Mann. Denn er schließt: »Oder irre ich mich überhaupt, gibt es etwas dergleichen nicht und ist das Werk der beiden Coudenhove wirklich ohne jeden Einfluß auf die Zeitgenossen geblieben?«

Ja: die angebliche Erinnerungslücke war seine Art, Schmerz und Enttäuschung auszudrücken.[19]

Im Mai 1939 erhielt Sigmund Freud Besuch von seinem Wiener Anwalt Dr. Alfred Indra. Er kam aus New York, wo er im Auftrag des Deutschen Reichs mit der Familie Wittgenstein über deren Auslandsvermögen verhandelt hatte. Als er Indra verabschiedete, sagte Freud: »Sie gehen also zurück nach – ich komme nicht auf den Namen der Stadt!«[20]

20
Gedächtnisspuren

Mein Leben besteht zu 99 Prozent aus Erinnerung.
Alfred Polgar

Anfang 1938 machte der New Yorker High-School-Lehrer Murray Burnett eine größere Erbschaft. Ein Onkel hinterließ ihm 10 000 Dollar (nach heutigem Wert das Zehnfache). Da er frisch verheiratet war, wollte er sich von dem Geld eine Europareise mit seiner Frau leisten, um deren Verwandte in Belgien zu besuchen. Als sie Ende März in Antwerpen ankamen, erfuhren sie von den Vorgängen in Wien und den Ausschreitungen gegen die Juden. Auch dort lebten Verwandte, allesamt Juden, wie sie selbst. Burnetts Frau drängte darauf, nach Wien zu fahren und zu sehen, ob sie helfen könnten. Das amerikanische Konsulat in der belgischen Hafenstadt stellte die nötigen Papiere aus, warnte die beiden aber, nie ohne die Anstecknadel mit der amerikanischen Flagge auszugehen, sonst könnte es gefährlich werden.

Als sie am Westbahnhof ankamen, traten sie demonstrativ als amerikanische Touristen mit Tennis- und Golfschlägern auf, scheinbar entspannt und unbeteiligt. In Wahrheit war ihnen mulmig zumute. Sie wurden Zeugen von Misshandlungen, sie sahen riesige antisemitische Schmähplakate in der Stadt, auf denen alle Juden als Diebe und Mörder bezeichnet wurden: »Judentum ist Verbrechertum«. Ein Taxi zu benutzen war Juden verboten. Und plötzlich fühlten sie sich selbst als Juden, was zuvor kaum der Fall gewesen war. Niemand kann hier neutral bleiben, dachte Burnett.

Für ihre Verwandten war es schwierig, die Ausreiseerlaubnis zu erhalten. Immerhin nahmen die Burnetts für einige von ihnen Wertsachen mit, als wären diese ihr eigener Besitz. An jedem Finger trugen sie teure Ringe, Frau Burnett hatte trotz milder Temperaturen zwei Pelzmäntel übereinandergezogen. Problemlos erreichten die beiden Amerikaner mit dem Zug die Schweizer Grenze, ihren Fotoapparat mit Aufnahmen aus Wien versteckten sie in einem Kissen.

Danach verbrachten sie noch etwas Zeit in Südfrankreich. Eines Tages gerieten sie dort in eine Bar, in der ein schwarzer Pianist Jazzmusik spielte. Ob es in Cannes oder in Marseille war, wussten sie später nicht mehr. In dieser Gegend Europas lebten im Jahr 1938 schon viele Flüchtlinge aus Deutschland, nun kamen Flüchtlinge aus Österreich hinzu. Im Kopf hatten die Burnetts noch immer die Szenen aus Wien, die Demütigungen der Juden, die verzweifelten Bemühungen um Ausreise, die Schlangen vor den Konsulaten, und diese Erinnerungen verschmolzen mit den Eindrücken aus der Bar: Ein großes Szenario, dachte Burnett, der sich schon einmal an einem Drehbuch versucht hatte.

Zurück in New York, erarbeitete er gemeinsam mit Joan Alison bis 1941 ein Bühnenstück mit dem Titel *Everybody comes to Rick's*. Rick ist ein rätselhafter Amerikaner, der vielleicht im Spanischen Bürgerkrieg auf Seiten der Republikaner gekämpft hat und nun diese Bar führt, in der sich Flüchtlinge treffen, die auf eine Ausreiseerlaubnis hoffen. In den New Yorker Zeitungen konnte man seit Mai 1940 viele Artikel lesen über Flüchtlinge aus den inzwischen von den Nazis besetzten Ländern Europas, die auf private Hilfe und oft genug auf falsche Papiere angewiesen waren, da die amerikanischen Behörden ihre Flucht nach Amerika nicht fördern wollten. Im Herbst 1940 erschienen immer mehr Interviews mit berühmten Emigranten. Kein Theater in New York wollte das Stück aufführen. Die USA waren noch nicht in den Krieg involviert, und so erschien der Stoff nicht aktuell genug.

Schließlich kamen Burnett und Alison in Kontakt mit Iris Lee, die für die Filmproduktion Warner Bros. (Hollywood) nach Stoffen suchte und sich in der New Yorker Theaterszene umschaute. Sie nahm das Skript mit, empfahl es ihren Bossen (die später Lees Anteil an der Entdeckung abstritten). Das Manuskript wurde noch vor Weihnachten 1941 angekauft, kurz nach dem japanischen Angriff auf Pearl Harbor und dem Eintritt der USA in den Zweiten Weltkrieg. Das Stück machte seinen Weg durch das Studiosystem, im Spätsommer und Herbst 1942 wurde gedreht, im Dezember 1942 wurde der Film einem Testpublikum in Los Angeles vorgeführt, darunter vielen Emigranten.

Anfang 1943 kam die endgültige Version mit dem Titel *Casablanca* in die amerikanischen Kinos, vielleicht in Erinnerung an den erfolgreichen Film *Algiers* mit der aus Wien emigrierten Hedy Lamarr. Als der Film gespielt wurde, war der Name der Stadt Casablanca in allen Medien präsent: Dort hatten sich Churchill und Roosevelt zu einer Unterredung getroffen, um über das weitere Vorgehen im Krieg gegen Nazideutschland zu beraten. Hier wurde erstmals die Forderung nach bedingungsloser Kapitulation Deutschlands erhoben. Nun begünstigte die Aktualität den engagierten Film, obwohl sich Szenen, wie sie dort geschildert werden, an Orten wie Marseille und Lissabon abgespielt hatten, aber sicher nicht in der marokkanischen Stadt Casablanca mit ihren schönen Art-Deco-Bauten, die im Krieg vergleichsweise unbehelligt blieb. Eben weil es so friedlich war, konnten Churchill und Roosevelt dort ihr Treffen abhalten.[1]

Von den etwa 75 Mitwirkenden des Films *Casablanca* hatte fast die Hälfte eine Fluchtgeschichte aus Europa hinter sich. Viele Schauspieler, die aus dem von Hitler besetzten Europa geflohen waren, schlugen sich in Hollywood durch, indem sie Nazis spielten und damit für lange Zeit das Naziklischee im amerikanischen Film prägten, wie zum Beispiel Helmut Dantine, der sich in Wien als Führer einer antinazistischen Jugendgruppe betätigt hatte. Sein Vater war Chef der österreichischen Eisenbahn gewesen. Helmut wurde im März 1938 verhaftet, kam in ein Lager außerhalb von Wien, wurde aber im Juni freigelassen, nachdem ein Arzt bescheinigt hatte, dass er dringend medizinischer Behandlung bedürfe. Er konnte fliehen und gelangte nach Los Angeles.

Der Wiener Schauspieler Ludwig Stössel war bis 1933 in Berlin sehr erfolgreich gewesen, danach trat er meist in Österreich auf, spielte unter Max Reinhardt im Salzburger *Jedermann* den Teufel. Sein Stammhaus in Wien wurde das Theater in der Josefstadt, wo er in Goethes *Faust* den Wagner spielte und in Grillparzers *Die Jüdin von Toledo* auftrat. Kurz vor dem Anschluss hatte er einen großen Erfolg bei der Premiere des Stücks *Kammerjungfer* von Jacques Deval gefeiert (Originaltitel: *Mademoiselle*). Gleich nach dem Anschluss wurde allen jüdischen Schauspielern gekündigt, neben Stössel auch Albert Bassermanns Frau, Else Schiff, Helene Thimig und Ernst Deutsch.

Das Theater beließ es bei der dürren Mitteilung, dass Stössel in einer Neuinszenierung von Max Mells *Apostelspiel* die ihm zugedachte Rolle nicht mehr übernehmen und von Alfred Neugebauer ersetzt werde. Man habe ihm eine Filmrolle in London angeboten, wohin er sich im Juni begeben werde. Knapp und zynisch hieß es noch, dass Ludwig Stössel in der nächsten Saison wahrscheinlich nicht in Wien sein werde.

Seine nächsten Auftritte hatte Stössel in drei verschiedenen Wiener Gefängnissen, als sogenannter Schutzhäftling, ehe er tatsächlich über London in die USA ausreisen konnte. Nach dem Krieg erhielt er die Nachricht über den grausamen Mord an seinen nächsten Familienangehörigen. In Hollywood wurde er ein gefragter Darsteller für Nebenrollen. Sein Auftritt in *Casablanca* als hoffnungsvoller, naiver Flüchtling, der in falschem Englisch nach der Uhrzeit fragt, ist unvergesslich. Was die Stunde geschlagen hatte, war ihm in Wien sehr bewusst geworden. Er »strandete« in Hollywood, wirkte mit an dem Kultfilm *Casablanca*, der auch ein Film zur Erinnerung an den März 1938 in Wien ist.[2]

* * *

Bevor er Zionist wurde, hatte Theodor Herzl noch von einer Konversion der Wiener Juden phantasiert: Alle sollten sich in einer langen Prozession zum Stephansdom begeben und zum Katholizismus übertreten, er selbst würde vorneweg schreiten.[3] Für den März 1938 müsste man eine ähnliche Prozession imaginieren, aber zur Stadt hinaus – den Exodus der Vertriebenen, ob Juden oder nicht, den Zug all derer, die gewaltsam bekehrt wurden zu der sonderbaren Lebensform des Emigranten, die man nie wieder loswird. In den Exilorten wie Marseille sammelten sich »zu Juden degradierte Literaten, Maler, Musiker, Schauspieler, studierte Advokaten, Ärzte, ein Nobelpreis-Nuklearphysiker und etliche Rabbiner«.[4]

Sie wurden Weltösterreicher wider Willen, Zeugen einer feinen Lebenskultur noch in Shanghai, Auckland, Buenos Aires, immer mit Wien im Herzen. Erst mit ihrem Auszug starb das vielfältige Altösterreich, die Kultur mit Genuss, Spiel und Kritik, deren Vorfahren noch aus den Provinzen des Habsburgerreiches stammten oder aus den inneren Bezirken Wiens, und so waren sie, wie Friedrich Torberg von sich selber sagte (in Anspielung auf die Bonbontüten, die einst vor den Theatern verkauft wurden), die »feine Monarchiemischung«.[5]

Manche freilich mussten draußen sterben, andere fanden ein neues Leben, in dem sie vielleicht *happy*, aber niemals *glücklich* waren. Sonderbare Vorstellung bei den Daheimgebliebenen, die Emigranten hätten es gut gehabt: Die größte Demütigung und der größte Verlust waren ihnen doch schon zugefügt worden.

Der junge Heinz Grünwald, der 1938 aus seiner Heimat auswanderte, verstand sich als »Altösterreicher jüdischer Herkunft«. Hitler hatte ihm die Matura verhagelt. Er gelangte über Casablanca in die USA, wo er sich mit kleinen Jobs durchschlug und später ein erfolgreicher Journalist wurde, der es bis zum Chefredakteur des Nachrichtenmagazins *Time* brachte. 1987 kehrte er als amerikanischer Botschafter unter dem Namen Henry Grunwald nach Wien zurück.[6]

Genauso bemerkenswert war die Laufbahn des Schriftstellers Albert Drach, eines Ur-Wieners, dessen Familie in Mödling die sogenannten Drach-Höfe besaß, wo er und die Seinen am 26. April 1938 überfallen wurden (ein Hausmeister, dem viele hitlerkritische Bemerkungen zu Ohren gekommen waren, hatte sie denunziert). Am 25. Oktober ging Drach ins Exil, seine Mutter blieb zurück und starb noch im Jahr 1939. Er hatte ein Durchreisevisum nach Jugoslawien. Über Split gelangte er nach Triest, im Februar 1939 finden wir ihn in Nizza, 1940 wurde er von den Franzosen interniert (Les Milles, Rivesaltes). Erstaunlicherweise stellte eine Vichy-Behörde ihm die nützliche Bescheinigung aus, dass er nicht der »jüdischen Rasse« angehöre. 1948 kehrte er zurück nach Wien, schrieb erst Jahre später Romane der Erinnerung, die mit Preisen bedacht wurden.[7]

Das Wasa-Gymnasium, in das der junge Erich Fried ging, wurde 1938 aufgelöst. Sein Vater, der Speditionsunternehmer Hugo Fried, und seine Mutter, die Modedesignerin Nelly Fried, wurden am 24. April 1938 verhaftet wegen angeblicher Devisenvergehen. Ein Kellner hatte sie denunziert, nachdem er sie im Café über Ausreisemodalitäten sprechen hörte. Der Vater wurde schwer misshandelt, wieder freigelassen, starb bald darauf mit 48 Jahren. Die Mutter kam nach 13 Monaten frei und konnte zu ihrem Sohn nach England reisen, wohin dieser unterdessen geflohen war. Die Großmutter wurde aus Wien nach Theresienstadt und weiter nach Auschwitz deportiert und dort umgebracht. Erich Fried schrieb sein Leben lang Gedichte. Konnte man ihm verdenken, dass sie nicht nur von Liebe handeln, sondern auch von Politik und Engagement?[8]

Dr. Robert Gerstmann war ein angesehener Anwalt, Sozialdemokrat und Jude. Seine nichtjüdische Frau Luise Zeitlinger starb 1937 an Tuberkulose. Sie hatten zwei Töchter und einen Sohn. Alle drei Kinder waren hervorragende Schüler. Die mittlere Tochter, Hertha, war 1938 gerade 17 Jahre alt, besaß Abonnements in Oper und Burgtheater, war Mitglied im Eislaufverein, machte regelmäßig Skiferien. Am 5. März 1938 kam Hertha aus den Skiferien zurück. Unterwegs bemerkte sie große Mengen deutscher Nazis: Sie wurden nach Österreich eingeschleust, um den Anschluss vorzubereiten. Am 14. März gelang es dem Vater im zweiten Anlauf, das Land in Richtung Italien zu verlassen. Ein Freund der Eltern kümmerte sich nach der Ausreise des Vaters um die Kinder, zahlte das Schulgeld für sie. Ein anderer Freund war der Rechtsanwalt Dr. Engländer. Er wollte auf keinen Fall auswandern: »Ich bin lieber Schuhputzer in der Kärntner Straße als Kaiser in China.« Der letzte Kaiser von China endete immerhin als Gärtner, Dr. Engländer aber in einem deutschen Vernichtungslager.

Hertha ging weiter zur Schule, auch wenn die Wandertage nur mehr für ›arische‹ Schüler galten. Sie ließ sich von jungen Männern zum Heurigen einladen oder zu Paddeltouren. Und jeden Sonntag ging sie wie gewohnt in die katholische Messe. Jeder Schultag begann mit dem Horst-Wessel-Lied und jede einzelne Schulstunde mit dem Hitlergruß. Ab September 1938 begannen Luftschutzübungen, Gasmasken wurden verteilt, Angst vor dem Krieg kam auf.

Schon Anfang Mai 1938 war der Vater von Italien nach Prag übergesiedelt. Er ließ seinen Sohn Fredi dorthin nachkommen. Nun lebten nur noch die beiden Töchter in Wien, Trude und

Hertha. Beide machten Umschulungskurse für künftige Auswanderer. Man lernte, wie man anderswo Tee zubereitet oder die Betten macht.

Als am 1. September das neue Schuljahr begann, ließ die Rektorin sie wissen, es sei in der Klasse kein Platz für sie frei trotz ihrer vorzüglichen Noten. Zur Matura fehlte Hertha ein Jahr. Sie fand Arbeit bei einem Anwalt. Nach der Pogromnacht im November musste auch der Bürojob aufgegeben werden. Nach einer kurzen Phase der Trübsal fand Hertha ihren Mut wieder und beschloss: auf nach Chile, wo eine Schwester ihrer verstorbenen Mutter lebte. Mit offensiv eingesetztem Charme und reichlich Frechheit drängte sich Hertha auf dem Konsulat vor, ging direkt zum Konsul und tat so, als wäre sie keine Jüdin. Der Konsul fand sie reizend und half ihr, das Visum zu ergattern. In der Zeit vor der Ausreise wurde sie von Heißhunger befallen und musste all die guten Dinge aus der heimischen Küche nochmals kosten, auch eine Art, Abschied zu nehmen. Aber manches war schon knapp geworden, Schlagobers zum Beispiel.

Die Ausreise im Januar 1939 war umständlich, weil die beiden Schwestern zuerst nach Prag fuhren, wo es ihnen nach einiger Mühe gelang, den Vater zum Mitkommen zu überreden. Über Dresden und Bremen ging es mit dem Schiff nach Chile, wo sie Mitte Februar ankamen. Hertha heiratete dort und lebte in der fremden Sprache, ohne Wien zu vergessen. Der Vater fand Arbeit im Versicherungs- und Gesundheitswesen und starb 1947 mit nur 63 Jahren.[9]

* * *

Am 10. Februar 1938 geschah in Wien ein Straßenbahnunfall. Der junge Schauspieler Stefan Herz-Kestranek geriet auf dem Opernring unter eine Tram der Linie J, kam aber glimpflich davon. Er war für ein anderes dramatisches Schicksal aufgespart. Stefan war der Sohn von Dr. Eugen Herz und seiner Frau Ida, geborene Kestranek. Es war eine großbürgerliche, kultivierte

Industriellenfamilie, eng verbunden mit den Wittgensteins und den Hofmannsthals. Eugen Herz war 1907 vom Judentum zum Katholizismus konvertiert. Der Sohn Stefan, Jahrgang 1909, besuchte das Schottengymnasium, wurde Jurist mit Doktorexamen, dann Schauspieler in Graz, schließlich aber doch in der Industrie tätig, in der Stahlbranche. Stefan Herz wurde 1934 von seinem Onkel Hans Kestranek adoptiert, damit dieser Name fortbestehe.

Stefan war seit 1934 Mitglied der Heimwehr, engagierte sich für den Ständestaat und war deshalb 1938 gefährdet. Er floh in die Schweiz, aber dort zu bleiben war schwierig, ein längerer Aufenthalt wurde selten bewilligt. Stefans erste Frau, Maria, kam mit nach Zürich, verließ ihn aber noch im Juli 1938, wollte nicht länger mit einem Juden verheiratet sein.

Eine kleine Kolonie ausgereister Wiener hatte sich an der Côte d'Azur niedergelassen, in dem kleinen Ort Le Lavandou. Dort war das Leben billiger und entspannter als in Paris. Aber ein politisch toter Winkel war es keineswegs. Es bildete sich eine kleine Gemeinde von Exil-Österreichern um den Schriftsteller Emil Alphons Rheinhardt, der seit 1928 hier lebte und gut integriert war. 1933 hatte er Thomas Mann und die Seinen hier begrüßt, auf deren erster Station im französischen Exil.

Stefan Herz-Kestranek mietete eine kleine möblierte Villa, das Chalet Hélène. Er nannte es »Helenenheim«, lebte von Deutschunterricht, während seine Gefährtin Hilde Kellner Gymnastikstunden anbot. Das Paar züchtete Kaninchen im Garten und baute Gemüse an. In Le Lavandou wurden kulturelle Abende veranstaltet, oft auch Kabarett. Stefan schrieb und spielte Sketche, etwa »Graf Bobby und Graf Rudi in der Emigration«.

Zum Kreis in Le Lavandou gehörte Kurt Liechtenstern, ein Absolvent des Wiener Schottengymnasiums (»Altschotte«). Er stammte aus einer Unternehmerfamilie, hatte sein Vermögen in der Schweiz deponiert, war aber Mitglied der KPÖ. Im März 1938 war er über Prag nach Frankreich geflohen. Ehe er weiterfloh in die USA, hinterließ er etwas Geld, das Herz-Kestranek die Überfahrt nach Südamerika finanzieren sollte. Ein anderer Altschotte in Le Lavandou war Dr. Julius Munk, zuvor Polizeiarzt in Wien, der mit seiner Frau Lieselotte hier lebte. Das KPÖ-Mitglied Fritz Brügel und die Tschechin Vera Dubček schauten vorbei. In Le Lavandou lebte Brügel unter falschem Namen, aber jeder wusste, wer er war. 1941 floh er weiter über Spanien und Portugal nach England. Nach 1945 trat er in den diplomatischen Dienst der Tschechoslowakei ein. Ende März/Anfang April 1940 hielt sich auch Egon Erwin Kisch in Le Lavandou auf.

Bei Kriegsbeginn wurden die Ex-Österreicher unterschiedslos als feindliche Ausländer interniert, auch der schon so lange hier ansässige Rheinhardt. Im Herbst 1941 gelang Herz-Kestranek die Überquerung der spanischen Grenze. In Lissabon fand er ein Schiff nach Montevideo. Auch in Uruguay lebten er und seine Gefährtin von Gymnastikkursen und Deutschunterricht. Ende 1945 war Stefan wieder in Wien. Im Exil war er nicht unter die Räder gekommen. Anders erging es Emil Alphons Rheinhardt, der in Le Lavandou geblieben war, ebenso wie Julius Munk. Sie engagierten sich für die Résistance, wurden denunziert, verhaftet, gefoltert und starben in deutschen Konzentrationslagern. Auf dem Ehrenmal von Le Lavandou findet man ihre Namen in der Liste der für Frankreich Gefallenen.[10]

Auch Hans J. Thalberg hatte im Exil den Weg nach Le Lavandou gefunden. Noch im Kaiserreich geboren, als Sohn des Anwalts Oscar Thalberg und Enkel des Bankiers Joseph Thalberg. Seine Mutter war eine ausgezeichnete Klavierspielerin. Sein Vater hatte einst Sigmund Freud eine Totengottheit aus Ägypten geschenkt.[11]

Nach der Matura arbeitete Hans für ein bescheidenes Gehalt in einer Textilfabrik. 1937 lebte ganz Wien wie in einer Traumwelt.

Der erste Schock kam, als man vom Treffen Schuschnigg – Hitler in Berchtesgaden im Februar 1938 erfuhr. Der Kanzler hatte jedoch alle beruhigt. Noch dachte niemand daran, seine Koffer zu packen. Am Tag nach Schuschniggs Rücktritt sah Hans auf dem Weg ins Büro eine veränderte Stadt. Deutsche Soldaten patrouillierten auf dem Ring. Hans schlich um die Ecken, traf unterwegs keinen einzigen Bekannten. Von den jüdischen Angestellten waren nur wenige erschienen; die ›Arier‹ kamen mit Parteiabzeichen und waren schon zur Übernahme der Firma entschlossen. Der jüdische Eigentümer war bereits verhaftet worden.

Mittags ging Hans Thalberg nach Hause. Die Mutter in ihrem Kosmetiksalon durfte nur noch jüdische Kundinnen bedienen. Der jüdische Buchhändler unten im Haus war verhaftet worden, sein Laden arisiert, der neue Besitzer trug SA-Uniform. In Geschäften mussten Juden anderen den Vortritt lassen. Ein Arzt aus dem Haus wurde nicht mehr gesehen. Verhaftet? Selbstmord? Niemand wusste es. Menschen verschwanden spurlos in diesem Wiener März. Der Hausmeister trug nun SA-Uniform und verlangte von Hans, eine alte Schuld von 3,75 Schilling zu begleichen, was dieser sofort tat, froh, damit wegzukommen.

Im September 1938 erhielt Hans ein Visum für Jugoslawien, allerdings nur, weil noch kein J-Stempel in seinem Pass war. Er fuhr zum Südbahnhof. Nie wieder hörte er von seinem Vater oder seiner Schwester Marietta (sie wurde auf der Straße verhaftet, nach Polen gebracht, später in ein Vernichtungslager). Die Mutter schrieb 1942 aus Theresienstadt, da war der Vater schon tot. Sie schickte ihrem Sohn Kants *Kritik der reinen Vernunft*, aus Vaters Besitz, mit dessen handschriftlichen Anmerkungen darin. Sie hatte den Band die ganze Zeit aufbewahrt.

In Le Lavandou hatte Thalberg engen Kontakt mit E. A. Rheinhardt, nutzte dessen Bibliothek und genoss den geistigen Austausch. Es bestand bald keine Hoffung mehr auf Ausreise nach Amerika. Ab November 1942 dachte Thalberg an Flucht in die

Schweiz. Die Deutschen begannen die Gegend in Südfrankreich nach Flüchtlingen und Widerständlern durchzukämmen. Mit Glück passierte er die verschneite Grenze in den Bergen.

Hans kehrte später nach Wien zurück, wurde österreichischer Diplomat, arbeitete für Bruno Kreisky, schwieg zu allen Anzeichen von Antisemitismus, an denen es im Außenamt nicht fehlte, schrieb über die »Kunst, ein Österreicher zu sein«. Schließlich wurde Hans J. Thalberg österreichischer Botschafter in Bern. Dorthin war er schon einmal geflüchtet.

* * *

Irgendwann schauen die Ausgewanderten, die in der Neuen Welt erfolgreich waren, auf ihre beiden Leben zurück. Die Erinnerung verblasst, verschwimmt, im Gedächtnis bleibt nur eine nächtliche Traumfahrt mit Fragmenten, bevor das Gedächtnis selbst erlischt und damit diese sonderbare Anwesenheitsform, das Exil nach dem Exil, das immer ein uneigentliches Leben bleibt, ein amputiertes Leben, wie Hans Thalberg es nannte.[12]

Im Exil spricht man immer zwei Sprachen, eine tote und eine fremde. Die eigene Geschichte zerteilt sich und spielt zunächst im Seinerzeit-Land und später in den gelobten Ländern, manchmal auch im »Aber-bei-uns-Land« und auf jeden Fall im »Es-war-einmal-Land, das in Wahrheit ein Niemals-niemehr-Land war«.[13]

Zwischen Fremde und Heimat treibt man wie auf einem Floß durch den Ozean der Nacht, auf dem alle Personen gegenwärtig sind, die einst Bedeutung für einen hatten. Wie in den kurzen Erzählungen, die der Architekturhistoriker Adolf Placzek am Ende seines Lebens verfasst hat, elegant, flüchtig, unwahr wie ein Traum und doch die dichteste Wahrheit von allen. Ihm wurde Ende Mai 1938 von dem bedeutenden Hans Sedlmayr, der so viel über den Verlust der Mitte zu sagen wusste, das weitere Studium der Kunstgeschichte an der Universität Wien verweigert.

So ganz gegen die Familientradition war Placzek zuvor im Medizinstudium gescheitert und hatte umgesattelt.[14] Am 1. März 1939 wurde er als wehrunwürdig bezeichnet. Mit einem Reisepass mit rotem J erreichte er am 29. April 1939 den englischen Hafen Harwich. Später in Amerika zahlte sich sein Interesse an Kunstgeschichte, von der Familie als nutzlos kritisiert, freilich aus: er machte es zum Beruf.[15] Was hatte in jener Zeit dauerhaften Wert? Worauf konnte man bauen? Was war vernünftig unter solchen Umständen? Da half keine tradierte Weisheit mehr. Vor 1938 galt Englisch in Wien als unnütze Sprache.[16]

Nur noch erinnern, nicht mehr ergründen. Die Bühne der Zwischenzeit war verloren, und doch war Wien der Mittelpunkt des Weltalls gewesen, alles Wichtige ging doch von Wien aus. 1927: Das kleine Österreich fing fürchterlich an zu wackeln. Das Unabsehbare stand ganz absehbar vor der Tür. »Das kleine Österreich, Erbe des großen, war jetzt eine Festung – eine Festung allerdings schon ganz voll von den Feinden.«[17]

Einst glänzten in Wien die großen Namen, aber es waren doch nur lauter »letzte Leute«, wie Karl Kraus formulierte, der so viel über Untergänge zu sagen wusste. Und war man selber vielleicht etwas Letztes? Im Exil ist man bestenfalls »ein bescheidenes Gespenst aus einer großen Epoche«.[18] In manchen Stunden flackern Bilder auf: Sigmund Freud geht die Berggasse hinauf, an einem anrüchigen Stundenhotel vorbei.[19]

1937 war das Jahr, in dem alles noch ein letztes Mal besonders schön, besonders klar, besonders erlebenswert war, aber dann folgte kein versöhnender Schlussakkord, sondern »die häßliche demütigende Katastrophe«.[20] Wie zum Hohn erklangen unablässig Walzer. Doch die Walzerklänge wurden zu Henkerskrakeel (wie von Maurice Ravel erahnt).[21]

Kurz vor dem Anschluss besuchte Adolf Placzek mit seiner Freundin den Opernball. Er hatte nur den einen Wunsch: diese Frau zu heiraten. Und als er sich im März auf die Flucht vorbereitete, begriff er, dass er diese Frau niemals wiedersehen würde. Die Eintrittskarten vom Ball bewahrte er sein Leben lang auf.

Und rings um Wien: Prag, Belgrad, Warschau – wartende Städte. Die Städte warteten auf den Krieg und wussten es nicht.[22] Im März 1938 ertönte der größte Lärm, den Wien je gehört hatte, das Brüllen von Hunderttausenden Menschen. »Eine Stadt war gefallen, aber es war nur unsere Traumstadt, unser geborgtes Troja.«[23]

* * *

Ganz am Ende der Erinnerungskultur steht das Stadium der Abstraktion, steht die Erforschung der Prozesse und Kommunikationswege in jenen Gehirnzellen, die für das Gedächtnis zuständig sind. Eric Kandels wissenschaftliches Interesse fußte auf einer persönlichen Erinnerung an eine Jugend in Wien, die im Jahr 1938 endete und zu einer Geschichte von Flucht und Exil und neuem Leben in den USA wurde. In seinem Buch aus dem Jahr 2012 über das Jahrhundert der Erkenntnis (»The age of insight«) und den Versuch, die Beziehungen von Körper und Geist zu erforschen, der in Wien um 1900 begann, fragt der Neurologe Kandel nach dem Zusammenhang aller geistigen und künstlerischen Strömungen, in denen Wien damals groß war.

Erich Richard Kandel, wie er ursprünglich hieß, hatte als Kind in der Severingasse 8 im IX. Bezirk gewohnt. Die Wohnung lag nördlich des Universitätsgeländes, und so wurde das Medizinmuseum, das Josephinum, zu einem Ort, der ihn früh faszinierte. Die Berggasse war nicht allzu weit entfernt, und auch der Name Freud war ihm früh schon vertraut. Sein Vater Hermann Kandel besaß ein kleines Spielwarengeschäft in einem Souterrainladen am Kutschkermarkt. Im November 1938 wurde die Familie aus ihrer Wohnung vertrieben und ausgeraubt. Den Eltern gelang es, die beiden Söhne zu Verwandten in die USA zu schicken; ein paar Monate später konnten sie selbst nach New York emigrieren. Eric studierte in Harvard und heiratete eine

Frau, die den Holocaust in Frankreich überlebt hatte, mit anderen jüdischen Kindern in einem Kloster versteckt. Erinnerte Lebensgeschichte begründete Kandels Frage nach den neuronalen Voraussetzungen von Phänomenen wie Lernen, Gedächtnis, Vergessen, Kreativität. Für seine Erkenntnisse erhielt er im Jahr 2000 den Nobelpreis für Medizin.

Den Versuch, Psychologie und Hirnforschung zusammenzubringen, verstand Kandel durchaus als Anknüpfen an Sigmund Freud. Wie er seine speziellen Erfahrungen produktiv verwandelt hat in einen Erkenntnisgewinn für die Allgemeinheit, belegt ein Film, der Lebensgeschichte und Zeitgeschichte, Persönlichkeit und Arbeitsweise, Theorien und Taten, Umfeld und öffentliche Wirkung, Wiederbegegnung mit den Orten der Kindheit und Veranschaulichung des Innenlebens von Gehirnzellen in beispielhafter Montage ineinanderfließen lässt.[24] Der amerikanische Gelehrte wurde Ehrenbürger seiner alten Heimatstadt. Feierlich und fröhlich präsentierte sich der Gedächtnisforscher auf dem Wiener Opernball 2017 mit dem Verdienstorden der Zweiten Republik.

* * *

Der März hat es in sich. […] Wieder mal eine große Zeit.
Joseph Goebbels, Berlin, 11. März 1938

O träume Dich durch diese ›großen Zeiten‹,
bis daß sie wieder klein und glücklich sind.
Fritz Löhner-Beda, Buchenwald 1940

Im März 1938 ging nicht nur die Seele Wiens verloren. Es fiel auch die letzte Zuflucht der deutschen Geistesfreiheit, ein Gipfel an Kritik, Kreativität, Wissen, Philosophie und Wagemut, dazu eine ganz eigene Art des Humors. Verloren ging die glitzernde Konstellation der Metropolen Prag, Berlin, Budapest mit ihrem geheimen Zentrum in Wien, das allem Schreiben, Treiben, Dichten, Musizieren und Spielen nicht nur einen Rahmen, sondern auch Stil und Würze gab. So viel Austausch, so viel Anregung, so viele reale und fiktive Orte in bemerkenswerten Lebensläufen: Eine ganze Hochkultur war plötzlich von gestern.

Mit dem Fall von Wien war der Weg frei in die Katastrophe Europas. Gegen die Barbaren, die von außen und von innen kamen, war die Stadt dieses Mal wehrlos. Die neuen Machthaber waren durch den »frechen Raub Österreichs« (Werfel) gestärkt, aber ihr Kampf konnte, nach kurzem Triumph, nur dazu führen, dass am Ende Wien real und moralisch in Trümmern lag (und Berlin erst recht).

Alles, was man der verlorenen Stadt nachrühmen konnte, Wien als geistige, sinnliche, stilvolle Lebensform, fähig zu Offenheit, Zusammenfügung und Verständnis, gemischt mit einem Schuss kreativer Bosheit, all das haben die Vertriebenen und Verstoßenen gerettet und in alle Welt verpflanzt und für die Nachwelt aufbewahrt. Vieles davon ist nach und nach in das Wien der Gegenwart wieder eingekehrt.

Und wenn seither immer wieder die Bäume blühen in den Wiener Gärten und Parks und die sorgenlösenden Walzer ihre Unschuld wiedergefunden haben, so treten im erinnerten März nicht nur frische Zweige hervor, sondern oft genug auch Zweifel und Schatten.

ANHANG

Anmerkungen

1 Anschluss, Ausschluss, Abschluss

1 Hamann 2000, S. 135.
2 Bertin 1989, S. 320 f.
3 Hiebl 2002, S. 988; zur Baugeschichte des Obersalzberg siehe Ullrich 2013, S. 673–675.
4 Sigmund Freud 2010a, S. 439 f.
5 Wildgans 1976, S. 7.
6 Ebenda, S. 19.
7 Ebenda, S. 27 und S. 31.
8 Ebenda, S. 39.
9 Zu den Bedeutungen des Begriffs siehe Haas in: Tálos 1988, S. 1 und Hagspiel 1995, S. 17.
10 Kreissler 1984, S. 74.
11 Clare 1981, S. 193.

2 Wien bleibt

1 Schuschnigg 1978, S. 77.
2 Torberg 1987, S. 424–442.
3 Zuckerkandl 1970, S. 44.
4 Goederen 1988, S. 137.
5 Canetti 1988, S. 232.
6 Zuckerkandl 1970, S. 186.
7 Zu Zuckerkandls Mission in der Schweiz 1917 siehe Schulte 2006, S. 160 ff.

8 Zuckerkandl 1970, S. 207; siehe Meysels 1984, S. 275 f.
9 Meysels 1984, S. 281 ff.
10 Puaux 1966, S. 15.
11 Ebenda, S. 9.
12 Ebenda, S. 19 f.
13 Ebenda, S. 42 f.
14 Ebenda, S. 61.
15 Puaux 1966, S. 67; Woller 2016, S. 136 ff.
16 Woller 1966, S. 140.
17 Puaux 1966, S. 65 und S. 91.
18 Canetti 1988, S. 244.
19 Le Rider 1990, S. 367 f.
20 Gedye 1981, S. 16 f.
21 Magris 2000, S. 289.
22 Hirsbrunner 2014, S. 93.
23 Ebenda, S. 329.
24 Ebenda, S. 335 und S. 241.

3 Ohne Juden

1 Goederen 1988, S. 140.
2 Zitiert wird die Ausgabe Bettauer 1988.
3 Rezeptionsgeschichte bei Murray G. Hall 2009, S. 64 ff.
4 Näheres bei Murray G. Hall im Nachwort zur Ausgabe Bettauer 1988.
5 Zitiert nach Weinzierl 1995, S. 120.
6 Bettauer 1988, 102 f.
7 Ebenda, S. 103.
8 Ebenda, S. 107.
9 Bierbaum 1980, S. 103.
10 Ebenda, S. 646.
11 Salten 1925, S. 171; Lothar 2016, S. 218.
12 Goederen 1988, S. 137.
13 Salten 1925, S. 44.
14 Goederen 1988, S. 142.
15 Kraus 1967, S. 107.
16 Salten 1925, S. 52 und S. 103.
17 Ebenda, S. 69.
18 Ebenda, S. 139.
19 Ebenda, S. 254 f.

20 Coudenhove-Kalergi 1992, S. 279.
21 Ebenda, S. 285.
22 Ebenda, S. 12–14.
23 Ebenda, S. 18–20.
24 Ebenda, S. 31.
25 Conze 2004, S. 14.
26 Ebenda, S. 51.
27 Ebenda, S. 54.
28 Über das Leben in der Leopoldstadt siehe Beckermann 1992.
29 Zahlenangaben zur jüdischen Bevölkerung Wiens in Rosenkranz 1978, S. 13 ff.
30 Zitiert nach Sternburg 2009, S. 429; siehe Loewenstein 1968, S. 41.
31 Stern/Eichinger 2009, S. XXIV.
32 Die umfassendste Analyse der Paradoxien der Assimilation sowie der Rolle der Juden in der österreichischen Kultur bei Botstein 1991.

4 Die veruntreute Republik

1 Schausberger 1980, S. 16.
2 Baier/Demmerle 2002, S. 78.
3 Siehe Kershaw 2009, S. 435.
4 Matzner-Holzer 2005, S. 58.
5 Heer 1968, S. 328.
6 Matzner-Holzer 2005, S. 60.
7 Gedye 1981, S. 31 ff.
8 Kuh 1983, S. 71.
9 Zum Habsburgmythos siehe Löffler 2009 sowie Magris 2000.
10 Lothar 1960, S. 35 ff.
11 Siehe Woller 2016, S. 129 ff.
12 Puaux 1966, S. 19 ff.
13 Ebenda, S. 45.
14 Rabinovici 2000, S. 49.
15 Puaux 1966, S. 26 f.
16 Ebenda, S. 29; Novak 2005, S. 27 f.
17 Heer 1968, S. 328; Puaux 1966, S. 29.
18 Lunzer 1994, S. 210.
19 Kraus 1967, S. 314.
20 Goederen 1988, S. 146.
21 Torberg 1987, S. 195 f.

22 Schuschnigg 1978, S. 305.
23 Weigel 2008, S. 173.
24 Schuschnigg 1978, S. 20f. und ebenda, S. 454.
25 Woller 2016, S. 137; Puaux 1966, S. 49.
26 Puaux 1966, S. 50; Feigl 1987, S. 162.
27 Puaux 1966, S. 47.
28 Haas in: Tálos 1988, S. 2; siehe Puaux 1966, S. 51.
29 Schuschnigg junior 2008, S. 46.
30 Ebenda, S. 50f.; Binder 1997, S. 65f.
31 Schuschnigg 1978, S. 6.
32 Ebenda, S. 7.
33 Ebenda, S. 24.
34 Ebenda, S. 24f.
35 Ebenda, S. 25f.
36 Scheuch 2005, S. 72.
37 Starhemberg 1971, S. 59ff. und S. 74f.
38 Baier/Demmerle 2002, S. 113f.
39 Ebenda, S. 118.
40 Ebenda, S. 119f.
41 Feigl 1987, S. 50.
42 Schuschnigg 1978, S. 302.
43 Baier/Demmerle 2002, S. 124.
44 Ebenda, S. 118.
45 Eugen Kogons frühe Schriften abgedruckt in: Kogon 1999.
46 Voegelin 1989, S. 4–7.
47 Ebenda, S. 16f. und S. 33.
48 Ebenda, S. 34f.
49 Ebenda, S. 40.
50 Ebenda, S. 41.
51 Puaux 1966, S. 29.
52 Liebmann 1988, S. 24.
53 Ebenda, S. 38.
54 Ebenda, S. 61ff.
55 Ebenda, S. 44; Weinzierl 1988, S. 35.
56 Erika Weinzierl 1988, S. 59 und S. 66ff.
57 Liebmann 1988, S. 51f.
58 Ebenda, S. 65.
59 Ebenda, S. 40.
60 Sauer in: Tálos 1988, S. 517.

61 Torberg 1987, S. 348.

62 Siehe den Artikel von Hansjakob Stehle »Ein kardinaler Irrtum«, in: *Die Zeit*, 24. Juni 1988.

5 Roman der Seele

1 Gay 2006, S. 40.

2 Ebenda, S. 39.

3 Werfel 1988, S. 143.

4 Ebenda, S. 41 und S. 86.

5 Ebenda, S. 151; S. 192 f.; S. 359; S. 357; S. 419.

6 Ebenda, S. 529; S. 536 f.

7 Werfel 1990, S. 11.

8 Ebenda, S. 93.

9 Ebenda, S. 94.

10 Ebenda, S. 95.

11 Ebenda, S. 279–281.

12 Zur Frage der Identität Österreichs bei Musil siehe Stieg 2013.

13 Corino 1971, S. 57.

14 Pfohlmann 2012, S. 83.

15 Canetti 1988, S. 161.

16 Siehe Stieg 2013.

17 Musil 1981, S. 514.

18 Ebenda, S. 88.

19 Ebenda, S. 107.

20 Ebenda, 184.

21 Ebenda, S. 597.

22 Pfohlmann 2012, S. 116.

23 Siehe Corino 2003, S. 1335.

24 Musil 1981, S. 429 f.

25 Corino 2003, S. 1274.

26 Ebenda, S. 1271.

27 Ebenda, S. 1283.

28 Corino 1971, S. 63.

29 Canetti 1988, S. 161.

30 Kreisky 2000, S. 313.

31 Broch 1976, S. 470 und S. 474.

32 Ebenda, S. 475.

6 In Freuds Welt

1 Musil 1981, S. 906.
2 Ebenda, S. 1028.
3 Ebenda, S. 103.
4 Ebenda, S. 474.
5 Ebenda, S. 598.
6 Bettelheim 1984, S. 89.
7 Jones 1984, S. 254.
8 Siehe Tögel 2015; Maciejewski 2006, S. 110 f.; Krüll 1992, S. 139.
9 Siehe Peter Gay in: Engelman 1977, S. 42.
10 Doolittle 1975, S. 25.
11 Mayer 2016, S. 50 und S. 19.
12 Zur Familiengeschichte der Bernays siehe Alt 2016, S. 87 ff.; ferner Behling 2002, S. 19 ff.
13 Siehe Anna Freud-Bernays 2004; siehe Tögel 2013; siehe Freud-Marlé 2006, S. 61 f.
14 Alt 2016, S. 165.
15 Zur Baugeschichte siehe Marinelli 2003, S. 30 f.
16 Mayer 2016, S. 51.
17 Behling 2002, S. 25.
18 Weissweiler 2006.
19 Jones 1983, S. 250.
20 Zu Martha Freuds Persönlichkeit siehe Behling 2002, S. 221 ff.
21 Flem 1986, S. 198.
22 Coles 1995, S. 25 f.
23 Ebenda, S. 246.
24 Ebenda, S. 27; zu Freuds Steuerung von Annas Berufsweg siehe Weissweiler 2006, S. 208.
25 Bertin 1989, S. 293.
26 Eine Analyse des Verhältnisses beider Frauen bei Schmölzer 2009, insbesondere S. 195 ff.
27 Schur 1977.
28 Grubrich-Simitis 1994, S. 46.
29 Weissweiler 2006, S. 181.
30 Doolittle 1975, S. 41.
31 Bertin 1989, S. 282 f.
32 Ebenda, S. 284 f.
33 Ebenda, S. 287.

34 Marinelli 2003, S. 31.
35 Berthelsen 1989, S. 25 f.
36 Ebenda, S. 23.
37 Martin Freud 1958, S. 38 f.
38 Berthelsen 1989, S. 29 ff.
39 Ebenda, S. 32.
40 Freud-Marlé 2006, S. 191.
41 Berthelsen 1989, S. 33.
42 Ebenda, S. 47; Faksimile ebenda, S. 184 ff.
43 Marinelli 2003.
44 Tichy 1999, S. 264.
45 Ebenda, S. 269.
46 Siehe Freud: *Formulierungen über die zwei Prinzipien psychischen Geschehens*. In: Freud, GW Bd. VIII, S. 230–238.
47 Kreisky 2000, S. 286.
48 Freud/A. Zweig 1968, *Briefwechsel*, S. 121.

7 Der Mann Freud und der Mythos Moses

1 Singer 2005, S. 97.
2 Ebenda, S. 93 f.
3 Gay 2006, S. 86 und S. 198, auch S. 368.
4 Alt 2016, S. 238.
5 Zu Schliemanns Mythomanie siehe Manfred Flügge: *Heinrich Schliemanns Weg nach Troia*. München 2001.
6 Freud 1960, S. 454 f.
7 Freud 2010b, S. 115.
8 Freud, GW Bd. XIV, S. 353 f.; Jones 1984, S. 414.
9 Tögel in Freud 1996, S. 339.
10 Freud/Andreas-Salomé 1966, *Briefwechsel*, S. 224
11 Jones 1984, S. 232 und S. 257.
12 Assmann 2000, S. 223.
13 Zum Mythenbegiff von Thomas Mann siehe Flügge 2015, S. 205 ff.
14 Schur 1977, S. 566; zu Thomas Mann in Wien 1935 und 1936 siehe Seeber 2003, S. 71 ff.
15 Freud/A. Zweig 1968, *Briefwechsel*, S. 102.
16 Zapperi 2016, S. 92; Weinzierl 1988, S. 24.
17 Zur Biographie von Pater Schmidt und zu seiner Kritik an der Psychoanalyse siehe Pape 2006, S. 97 ff.

18 Freud/A. Zweig 1968, *Briefwechsel*, S. 108 f.

19 Krüll 1992, S. 286.

20 Ebenda, S. 176 ff. und S. 286.

21 Maciejewski 2006, S. 11, S. 14 ff. und S. 129.

22 Maciejewski 2006, S. 169; Krüll 1992, S. 181 und S. 284 f.; in der Moses-Abhandlung selbst spricht er vom »Widerstreit meiner Motive«, Freud 2010a, S. 23.

23 Abraham, Karl: Traum und Mythus. Eine Studie zur Völkerpsychologie (1909). In: Abraham: *Psychoanalytische Studien*. Bd. 1, Gießen 1999, S. 321.

24 Mayer 2016, S. 91.

25 Assmann 2000, S. 240.

26 Freud: *Die Zukunft einer Illusion*. In: Freud, GW Bd. XIV, S. 352.

27 Freud, GW Bd. XIII, S. 139–142.

28 Mayer 2016, S. 111 f.

29 Ebenda, S. 138 f.

30 Ebenda, S. 140.

31 Freud/Pfister 2014, *Briefwechsel*, S. 272.

32 Freud: *Neue Folge der Vorlesungen zur Einführung in die Psychoanalyse*, GW Bd. XV, S. 173.

33 Belege bei Assmann 2000, S. 256 f.

34 Siehe Jones 1984, S. 423.

35 Ebenda, S. 432 ff.

36 Freud 2010b, S. 114.

37 Siehe das Nachwort von Jan Assmann in der Reclam-Ausgabe von Freuds Moses-Schrift, Stuttgart 2010, S. 175 ff.; ebenso Assmann 2000, S. 173–205.

38 Assmann 2000, S. 247.

39 Freud 2010b, S. 111.

40 Freud: *Die Zukunft einer Illusion*, GW Bd. XIV, S. 365.

41 Robert 1977, S. 144.

42 Ebenda, S. 145.

43 Ebenda, S. 156.

44 Siehe Alt 2016, S. 862.

45 Assmann 2000, S. 29 und S. 217.

46 Ebenda, S. 242.

47 Gay 2006, S. 603.

48 Krüll 1992, S. 290.

49 Schwarz 2009, S. 201.

50 Blumenberg 2014, S. 84.
51 Mayer 2016, S. 92 und S. 100.
52 Lockot 1985, S. 87 ff.
53 Ebenda, S. 90; Spillmann 2010, S. 49.
54 Spillmann 2010, S. 52.
55 Ebenda, S. 53.
56 Lockot 1985, S. 93 f.
57 Ebenda, S. 97 f.
58 Ebenda, S. 102.
59 Ebenda, S. 103 ff.
60 Ebenda, S. 171.

8 Hitlers Wien-Lüge

1 Kraus 1967, S. 9.
2 Ebenda, S. 11.
3 Ebenda, S. 20.
4 Ebenda, S. 216 f.
5 Ebenda, S. 325.
6 Ebenda, S. 11.
7 Ebenda, S. 112.
8 Ebenda, S. 9.
9 Ebenda, S. 20.
10 Zum Themenkreis Hitler und Wagner umfassend Vaget 2017, S. 110 ff.
11 Blumenberg 2014, S. 134.
12 Siehe Kershaw 2009, S. 436; siehe Weber 2016, S. 245 f.
13 Hitler 2016, Bd. I, S. 93.
14 Zur Beziehung Hitler – Mussolini siehe Woller 2016, S. 133 f.
15 Kuh 1981, S. 483.
16 Hitler 2016, Bd. I, S. 133.
17 Das Folgende nach Pyta 2015 und Weber 2016; mit Einschränkungen nach Hamann 2000.
18 Hamann 2000, S. 7 f.
19 Ebenda, S. 576.
20 Ebenda, S. 502; siehe Ullrich 2013, S. 57 f.
21 Hamann 2000, S. 33 f. und S. 56 f. Zum Gebrauch des Begriffs Edeljude siehe Hamann 2010, S. 236.
22 Hamann 2000, S. 52.
23 Ebenda, S. 222 ff.

24 Ebenda, S. 239 f.
25 Zur Geschichte des Heine-Denkmals siehe Flügge 2008, S. 9–24.
26 Hamann 2000, S. 240.
27 Ebenda, S. 498; Weber 2016, S. 223 f.
28 Ebenda, S. 507 ff. Näheres zu Morgenstern bei Hamann 2010, S. 301 f.
29 Hamann 2000, S. 394 f.
30 Voegelin 2006, S. 138 f.
31 Hamann 2000, S. 285 f.; Weber 2016, S. 363 f.
32 Hamann 2000, S. 547.
33 Ebenda, S. 39; zu Hitlers Rienzi-Deutung Vaget 2017, S. 110 ff.
34 Hamann 2000, S. 94.
35 Ebenda, S. 108.
36 Die These, dass Wagner Hitlers Stil, aber nicht seinen Antisemitismus beeinflusste, vertritt auch Vaget 2017, etwa S. 60 ff. Zur Bedeutung von Roller ebenda, S. 205 f.
37 Pyta 2015, S. 133; Ullrich 2013, S. 96 f.
38 Zum Künstler-Begriff in Bezug auf Hitler siehe Schwarz 2009 und Vaget 2017.
39 Ullrich 2013, S. 436.
40 Salten 1909, S. 132.
41 Weber 2016, S. 158 f.
42 Ebenda, S. 81 ff.
43 Kraus 1967, S. 15.
44 Weber 2016, S. 283.
45 Ebenda, S. 308 f.; Daten verifizierbar im Itinerar von Sandner 2016.
46 Weber 2016, S. 228 f. und S. 231.
47 Ebenda, S. 322.
48 Ebenda, S. 388 f.; verifizierbar bei Sandner 2016.
49 Ullrich 2013, S. 18.
50 Ebenda, S. 429 ff.
51 Weber 2016, S. 418.
52 Ullrich 2013, S. 150.
53 Zum Genie-Begriff bei Hitler siehe Schwarz 2009 und Pyta 2015.
54 Vaget 2017, S. 90.
55 Ebenda, S. 22, S. 38 und S. 49.
56 Ebenda, S. 183–186.
57 Ebenda, S. 49.
58 Ebenda, S. 59 und S. 151.
59 Ebenda, S. 73 und S. 79.

60 Ebenda, S. 243; Vaget spricht von »self-fashioning«.

61 Voegelin 2006, S. 86.

9 Winterspiele

1 Pohanka 1997, S. 155 ff.

2 Hopfgartner 1989, S. 172.

3 Schwarberg 2000, S. 74.

4 Stehlin 1964, S. 58 f.

5 Hopfgartner 1989, S. 125 ff.

6 Ebenda, S. 149 ff.

7 Schuschnigg 1978, S. 23.

8 Hopfgartner 1989, S. 183.

9 Ebenda, S. 164 f.; Puaux 1966, S. 85.

10 Hopfgartner 1989, S. 176 f.

11 Puaux 1966, S. 89.

12 Ebenda, S. 90.

13 Ebenda, S. 93.

14 Kershaw 2009, S. 436.

15 Hopfgartner 1989, S. 181.

16 Schuschnigg 1978, S. 119.

17 Schuschnigg junior 2008, S. 59–62.

18 Puaux 1966, S. 96 f.

19 Fest 2000, S. 773 ff.

20 Ebenda, S. 775 f.

21 Zuckmayer 1996, S. 76 f.

22 Schwarberg 2000, S. 74 f.

23 Schuschnigg junior 2008, S. 43.

24 Freud 2010 a, S. 32; Weissweiler 2006, S. 398.

25 Schausberger 1978, S. 505 f.

26 Czeike 1978, S. 259; Heißler 2016, S. 121 f.

27 Hopfgartner 1989, S. 198.

28 Schausberger 1978, S. 507 ff.

29 Ullrich 2013, S. 784.

30 Puaux 1966, S. 99 f.

31 Gedye 1981, S. 212 f.; Schuschnigg 1978, S. 36.

32 Hopfgartner 1989, S. 202.

33 Hiebl 2002, S. 972 und S. 979.

34 Ebenda, S. 981.

35 Schuschnigg 1978, S. 38.
36 Passagen aus der Unterredung bei Schuschnigg 1978, S. 38 ff.
37 Ebenda, S. 46 ff.
38 Kershaw 2009, S. 439 f.
39 Schuschnigg 1978, S. 45.
40 Ebenda, S. 440.
41 Schuschnigg 1978, S. 40.
42 Ebenda, S. 41 f.
43 Ebenda, S. 52 f.
44 Ebenda, S. 53.
45 Neugebauer in: Tálos 1988, S. 163.
46 Schausberger 1978, S. 535.
47 Bermann Fischer 1967, S. 143; Schuschnigg 1978, S. 55; Puaux 1966, S. 102 f.
48 Puaux 1966, S. 103 f.
49 Hopfgartner 1989, S. 207.
50 Ebenda, S. 208; Schuschnigg 1978, S. 57.
51 Puaux 1966, S. 107.
52 Kreissler 1984, S. 54 f.
53 Einzelheiten bei Breuer 1988.
54 Zitiert nach Schuschnigg 1969, S. 21; Schausberger 1978, S. 537 f.
55 Feigl 1987, S. 39 und S. 47 ff.
56 Hopfgartner 1989, S. 205 f.
57 Puaux 1966, S. 106.
58 Kershaw 2009, S. 441.
59 Gedye 1981, S. 258.

10 Verhängnisvolle Frühlingsnacht

1 Schuschnigg 1988, S. 61.
2 Gedye 1981, S. 251; Puaux 1966, S. 107 f.
3 Erika Weinzierl in: Czeike 1978, S. 165.
4 Schuschnigg 1969, S. 226.
5 Hopfgartner 1989, S. 209 f.
6 Heißler 2016, S. 126 f.
7 Scheuch 2005, S. 234 f.; Kreissler 1984, S. 56 ff.; Schausberger 1978, S. 552.
8 Schuschnigg 1978, S. 63 f.; Schmidl 1994, S. 94.
9 Hopfgartner 1989, S. 211.

10 Schuschnigg 1978, S. 113.
11 Goebbels 2000, S. 198.
12 Moser in: Tálos 1988, S. 185.
13 Moser in: Czeike 1978, S. 173.
14 Reichhold in: ebenda, S. 29.
15 Gedye 1981, S. 273 f.
16 Das Folgende nach Kershaw 2009, S. 442 ff., und Fest 2000, S. 779 ff., sowie nach Schuschnigg 1978, S. 114 ff.
17 Goebbels 2000, S. 202 f.
18 Schuschnigg 1978, S. 114 f.
19 Matzner-Holzer 2005, S. 88; Kreissler 1984, S. 62 und S. 87.
20 Fest 2000, S. 779 f.
21 Schuschnigg 1969, S. 13 f.
22 Goebbels 2000, S. 443.
23 Fest 2000, S. 779; Hopfgartner 1989, S. 215; Feigl 1987, S. 44.
24 Puaux 1966, S. 112 f.
25 Schuschnigg 1978, S. 66 ff.
26 Pohanka 1997, S. 92.
27 Ebenda, S. 95.
28 Schmidl 1994, S. 100.
29 Schuschnigg 1978, S. 67 f.
30 Pohanka 1997, S. 95 f.
31 Erika Weinzierl in: Czeike 1978, S. 166.
32 Schausberger 1980, S. 536.
33 Schuschnigg 1978, S. 69.
34 Ebenda, S. 70.
35 Ebenda, S. 72.
36 Ebenda, S. 73.
37 Puaux 1966, S. 114.
38 Ebenda, S. 114 f.
39 Reichhold in: Czeike 1978, S. 30.
40 Hopfgartner 1989, S. 217; Schuschnigg 1978, S. 76 f.
41 Reichhold in: Czeike 1978, S. 32.
42 Schmidl 1994, S. 103.
43 Schuschnigg 1978, S. 78 f.
44 Hilmes 2004, S. 277 f.
45 Henz in: Czeike 1978, S. 279.
46 Schuschnigg 1978, S. 79.
47 Binder 1997, S. 35.

48 Zitiert nach Rosar 1971, S. 287, korrigiert nach Mitschnitt auf youtube http://www.oesterreich-am-wort.at/treffer/atom/015C6FC2-2C9-0036F-00000D00-015B7F64/
49 Schuschnigg 1978, S. 81.
50 Ebenda, S. 82.
51 Dickel 2007, S. 330.
52 Henz in: Czeike 1978, S. 284 f.
53 Redetext bei Rosar 1971, S. 289.
54 Schmidl 1994, S. 107.
55 Schuschnigg 1978, S. 81; Hopfgartner 1989, S. 219.
56 Gedye 1981, S. 278 f.
57 Schausberger 1980, S. 540.
58 Schmidl 1994, S. 105.
59 Stehlin 1964, S. 86.
60 Schmidl 1994, S. 105 f.
61 Puaux 1966, S. 114.
62 Hopfgartner 1989, S. 219.
63 Botz 2008, S. 93; Schausberger 1980, S. 541 f.
64 Stehlin 1964, S. 88.
65 Torberg 1987, S. 392.
66 Neuman 1970, S. 110.
67 Erika Weinzierl in: Czeike 1978, S. 167.

11 Land ohne Namen

1 Neugebauer in: Tálos 1988, S. 163 f.
2 Chronologie nach Schmidl 1994 und nach Sandner 2016.
3 Petschar/Pfunder in: Fetz 2013, S. 32.
4 Ullrich 2013, S. 791.
5 Vollständiger Text bei Rosar 1971, S. 306 f.
6 Fest 2000, S. 781; Schmidl 1994, S. 212 f.
7 Kershaw 2009, S. 446 ff.; Schausberger 1980, S. 542.
8 Maimann in: Czeike 1978, S. 118.
9 Ullrich 2013, S. 791; Goebbels 2000, S. 203.
10 Schmidl 1994, S. 214 f.
11 Heer 1968, 325; Schmidl 1994, S. 215.
12 Schausberger 1980, 545 f.
13 Siehe die Bildseiten in Schmidl 1994, S. 160; Gedye 1981, S. 305.
14 Gedye 1981, S. 301.

15 Kreissler 1984, S. 94.
16 Gedye 1981, S. 308.
17 Zitiert nach Rosar 1971, S. 315.
18 Botz 2008, S. 102; Schmidl 1994, S. 218.
19 Schmidl 1994, S. 161.
20 Ebenda, S. 11.
21 Weinzierl 1988, S. 81 f.
22 Liebmann 1988, S. 202; Erika Weinzierl in: Czeike 1978, S. 168.
23 Weinzierl 1988, S. 82.
24 Goebbels 2000, S. 213.
25 Chronologie des Deutschen Nachrichtenbüros, veröffentlicht u. a. im *Linzer Volksblatt* vom 16. März 1938.
26 Schmidl, 1994, S. 161.
27 *Linzer Volksblatt*, 15. März 1938.
28 Schmidl 1994, S. 109.
29 Zitiert nach *Reden des Führers. Politik und Propaganda Adolf Hitlers.* Hg. von Erhard Klöss, München 1967, S. 178–186.
30 Schmidl 1994, S. 161.
31 Botz 2008, S. 183.
32 Maimann in: Czeike 1978, S. 125.
33 Ebenda, S. 116 f.
34 Kreissler 1984, S. 94.
35 Hagspiel 1995, S. 9.
36 Maimann in: Czeike 1978, S. 121 f.
37 Herbert 2014, S. 373.
38 Sauer in: Talos 1988, S. 521 f.
39 Faksimile-Abbildungen der Erklärungen bei Weinzierl 1988, S. 303 f.
40 Scholz/Heinisch 2001, S. 111 f.
41 Ebenda, S. 89 ff.
42 Ebenda, S. 96 f.
43 Ebenda, S. 98.
44 Ebenda, S. 94.
45 Andics 1988, S. 111.
46 Goebbels 2000, S. 211.
47 Ebenda, S. 209.
48 Hagspiel 1995, S. 248 ff.; siehe Neugebauer in: Tálos 1988, S. 170.
49 Kreissler 1984, S. 107.
50 Ebenda, S. 95.
51 Hamann 2010, S. 309.

12 Ohne Gnade

1 Burke 2014, S. 75.
2 Ebenda, S. 61 ff.
3 Ebenda, S. 69 f.
4 Ebenda, S. 75.
5 Ebenda, S. 92.
6 Ebenda, S. 95.
7 Safrian/Witek 2008, S. 61.
8 Zitiert nach Göring 1938, S. 348 f.
9 Mosley 1975, S. 353.
10 Ebenda, S. 16 f.
11 Rabinovici 2000, S. 57; zu den Etappen der Diskriminierung ebenda, S. 61 ff.
12 Botz 2008, S. 128.
13 Beispiele für Galgenhumor und böse Witze bei Reibpartien siehe Rosenkranz 1978, S. 23 f.
14 Botz 2008, S. 126.
15 Moser in: Czeike 1978, S. 174.
16 Zuckmayer 1996, S. 84.
17 Herbert 2014, S. 374.
18 Gedye 1981, S. 19.
19 Ebenda, S. 291.
20 Ebenda, S. 294 f.
21 Ebenda, S. 297.
22 Ebenda.
23 Rabinovici 2000, S. 65.
24 Zur Tätigkeit von Eichmann in Wien siehe Rabinovici 2000, S. 71 ff.
25 Moser in: Czeike 1978, S. 175 f.
26 Ebenda, S. 176; siehe Schuschnigg 1969.
27 Czeike 1978, S. 176–79.
28 Kreissler 1984, S. 89.
29 Zeugnisse zu Eugen Kogons Haftzeit in: Michael Kogon 2014.
30 Weinzierl 1988, S. 23.
31 Ebenda, S. 27.
32 Eberle 1947, S. 46 ff.
33 Ebenda, S. 53 und S. 59.
34 Ebenda, S. 65 ff.
35 Voegelin 1989, S. 42 ff.

36 Ebenda, S. 54 ff.
37 Ebenda, S. 44.
38 Weinzierl 1988, S. 143.
39 Liebmann 1988, S. 197 f.
40 Kreissler 1984, S. 140 f.
41 Liebmann 1988, S. 200 ff.; Weinzierl 1988, S. 144 f.
42 Kreissler 1984, S. 142; Weinzierl 1988, S. 147.

13 Ehrenhäftling Schuschnigg

1 Schuschnigg 1978, S. 23.
2 Ebenda, S. 104 f.
3 Zur Geschichte der Textfassungen von Schuschniggs Publikationen nach 1945 siehe Hopfgartner 1989, S. 260 ff.
4 Zu den Haftbedingungen von Schuschnigg siehe Koop 2010, S. 95–109.
5 Schuschnigg 1978, S. 120; Schuschnigg junior 2008, S. 123.
6 Binder 1997, S. 13.
7 Zu den Haftbedingungen von Schuschnigg siehe Hopfgartner 1989, S. 230 ff.
8 Baur 2008, S. 187.
9 Schuschnigg junior 2008, S. 84 ff. und S. 207.
10 Schuschnigg 1978, S. 125.
11 Hopfgartner 1989, S. 233, Schuschnigg junior 2008, S. 96.
12 Schuschnigg 1978, S. 340.
13 Ebenda, S. 143.
14 Hopfgartner 1989, S. 237.
15 Schuschnigg 1978, S. 144 f.
16 Ebenda, S. 148.
17 Schuschnigg junior 2008, S. 117; Binder 1997, S. 35.
18 Binder 1997, S. 21.
19 Zu den Bedingungen für Ehrenhäftlinge in KZs siehe Gun 1968, S. 140 ff.
20 Schuschnigg junior 2008, S. 120 und S. 129 f.; Binder 1997, S. 7 ff.
21 Zum Transport nach Flossenbürg und von dort nach Dachau siehe Gun 1968, S. 150 ff.
22 Koop 2010, S. 107 f., Schuschnigg 1978, S. 484.
23 Schuschnigg 1978, S. 502; zur letzten Phase und zur Befreiung siehe Gun 1968, S. 163–167.
24 Gun 1968, S. 167.

14 Wiener Requiem

1 Friedell 2003, S. 220 f.
2 Zuckerkandl 1970, S. 96 ff.
3 Frucht 1992, S. 114.
4 Details im Nachwort von Ulrich Weinzierl in: Friedell 2009, S. 1774 ff.
5 Friedell 2009, S. 1775.
6 Ebenda, S. 37.
7 Ebenda, S. 1730.
8 Ebenda, S. 1730.
9 Ebenda, S. 1742.
10 Ebenda, S. 1742 ff.
11 Ebenda, S. 1784.
12 Ebenda, S. 1778.
13 Ebenda, S. 1748.
14 Ebenda, S. 1752 f.
15 Ebenda, S. 1753 f.
16 Schwarberg 2000, S. 9 f.
17 Biographische Notiz zu Fritz Grünbaum in: Veigl 1992, S. 175 ff.
18 Ebenda, S. 36.
19 Ebenda, S. 39.
20 Ebenda, S. 41.
21 Ebenda, S. 47 ff.; siehe Frey 1999, S. 299 ff.
22 Schwarberg 2000, S. 63.
23 Ebenda, S. 64.
24 Ebenda, S. 65.
25 Ebenda, S. 67 f.
26 Ebenda, S. 73; siehe Frey 1999, S. 338 ff.
27 Denscher 2002, S. 187.
28 Schwarberg 2000, S. 75 f.
29 Ebenda, S. 82 f.
30 Ebenda, S. 82.
31 Schweinburg 1988, S. 29 und 38; Reich 2007, S. 17.
32 Reich 2007, S. 19 f.
33 Schwarberg 2000, S. 93.
34 Ebenda.
35 Walzer/Templ 2001, S. 98 ff.
36 Schwarberg 2000, S. 94.
37 Ebenda, S. 105.

38 Ebenda, S. 107.
39 Ebenda.
40 Ebenda, S. 119.
41 Erika Weinzierl in: Czeike 1978, S. 169.
42 Schwarberg 2000, S. 133.
43 Ebenda, S. 146.
44 Ebenda, S. 531.
45 Ebenda, S. 171.
46 Denscher 2002, S. 194.

15 Deutsche Verwandlung

1 Weinzierl 1985, S. 207.
2 Schausberger 1978, S. 579.
3 Ebenda, S. 580 f.
4 Ebenda, S. 238 und S. 248.
5 Ebenda, S. 247.
6 Ebenda, S. 254.
7 Neugebauer in: Klamper 1988, S. 255 f.
8 Hagspiel 1995, S. 295.
9 Trebitsch 1951, S. 435.
10 Amann in: Tálos 1988, S. 284.
11 Goebbels 2000, S. 207 f.
12 Ebenda, S. 219.
13 Heißler 2016, S. 130.
14 Klusacek in: Czeike 1978,. S. 248 f.
15 Ebenda, S. 250.
16 Ebenda, S. 253.
17 Rathkolb 1991, S. 58.
18 Ebenda, S. 59.
19 Ebenda, S. 130.
20 Ebenda, S. 56 f.
21 Czeike 1978, S. 249.
22 Rathkolb 1991, S. 152 ff.
23 Goebbels 2000, S. 207.
24 Amann in: Tálos 1988, S. 288.
25 Kaiser 1988, S. 375 f.
26 Amann in: Tálos 1988, S. 290.
27 Kaiser 1988, S. 378 f.

28 Amann in: Tálos 1988, S. 284 f.

29 Kaiser 1988, S. 379 f.

30 Ebenda, S. 381.

31 Novak 2005, S. 108.

32 Ebenda, S. 41.

33 Ebenda, S. 52.

34 Ebenda, S. 99.

35 Schulz 1980, S. 59.

36 Rathkolb 1991, S. 38; Schulz 1980, S. 56 f.

37 Rathkolb 1991, S. 38 f.

38 Lichtenberger-Fenz in: Tálos 1988, S. 269.

39 Ebenda, S. 277.

40 Ebenda, S. 279; siehe Hagspiel 1995, S. 170 ff.

41 Lichtenberger-Fenz in: Tálos 1988, S. 269.

42 Botz 2008, S. 98.

43 Einzelheiten bei Hagspiel 1995, S. 280 ff.

44 Kreissler 1984, S. 124; zu Verkehr und Infrastruktur siehe Hagspiel 1995, S. 280.

45 Weinzierl 1988, S. 299.

46 Hagspiel 1995, S. 57 f.

47 Brainin 1993, S. 58.

48 Marinelli 2003, S. 33; Brainin 1993, S. 98.

49 Vgl. //www.geschichtewiki.wien.gv.at/Matthias_Sendelar.

50 Zur Geschichte des Profifußballs in Österreich und der Vorreiterrolle der jüdischen Vereine siehe Schulz-Marmeling 2003, S. 11–24.

51 John 2003, S. 238.

52 Foer 2004, S. 69 ff.; Torberg 1981, S. 134 ff.

53 Foer 2004, S. 66 ff.

54 Zur Geschichte des Vereins siehe John 2003.

55 Walzer und Templ 2001, S. 92 f.

56 Ebenda, S. 43.

57 Goebbels 2000, S. 334.

58 Jäger-Sunstenau 1965, S. 84 ff.

59 Hitler 2016, Bd. I, S. 115.

16 Amputierte Lebensläufe

1 Goebbels 2000, S. 206.

2 Torberg 1981, S. 152.

3 Weinzierl 1985, S. 196.
4 Höllriegel 1995, S. 378 f.
5 Ebenda, S. 381 f.; detaillierte Fluchtschilderung in Höllriegel 1998, S. 316 ff.
6 Höllriegel 1995, S. 386.
7 Kreisky 2000, S. 285–289.
8 Ebenda, S. 298–310.
9 Gessner 1985, S. 46, S. 62 und S. 75.
10 Ebenda, S. 76.
11 Lothar 1960, S. 74 ff.
12 Ebenda, S. 89.
13 Heißler 2016, S. 118 f.
14 Lothar 1960, S. 94.
15 Ebenda, S. 97 f.
16 Gessner 1985, S. 99 ff.
17 Lothar 1960, S. 101.
18 Ebenda, S. 102.
19 Ebenda, S. 109 f.
20 Ebenda, S. 112.
21 Heißler 2016, S. 135 ff.
22 Weigel 2008, S. 260 ff.
23 Kreissler 1984, S. 105.
24 Moore 2012, S. 52.
25 Ebenda, S. 275.
26 Ebenda, S. 277 f.
27 Ebenda, S. 285.
28 Ebenda, S. 289 f.
29 Ebenda, S. 296.
30 Breuer 1988, passim.
31 Kraus 1967, S. 105 f.
32 Dickel 2007, S. 433.
33 Ebenda, S. 464.
34 Kaiser 1988, S. 377.
35 Dickel 2007, S. 460.
36 Ebenda, S. 465.
37 Ebenda, S. 468.
38 Ebenda, S. 472 f.
39 Ebenda, S. 473 f.
40 Ebenda, S. 473.

41 Trebitsch 1951, S. 439 f.
42 Ebenda, S. 472.
43 Hofeneder 2013, S. 37 f.
44 Kaus 1990, S. 235.
45 Ebenda, S. 148.
46 Die Flucht ebenda, S. 163 ff.
47 Ebenda, S. 127.
48 Siehe das einfühlsame Nachwort von Sibylle Mulot in Kaus 1990; die biographischen Schlüssel bei Hofeneder 2013, S. 15 ff.
49 Pfohlmann 2012, S. 118.
50 Corino 1971, S. 18.
51 Pfohlmann 2012, S. 117.
52 Ebenda, S. 124.
53 Corino 2003, S. 1220 ff.
54 Ebenda, S. 1294 ff.; siehe Corino 1971, S. 39 ff.
55 Corino 1971, S. 46 f.
56 Corino 2003, S. 1277 f.
57 Ebenda, S. 1284.
58 Ebenda, S. 1300 ff.
59 Ebenda, S. 1314.
60 Ebenda, S. 1327.
61 Ebenda, S. 1328 f.
62 Canetti 1988, S. 182.
63 Corino 2003, S. 1393.
64 Corino 2003, S. 1237, auch Pfohlmann 2012, S. 81.
65 Corino 2003, S. 1375 f.
66 Morgenstern 1998, S. 189.
67 Sternburg 2009, S. 450.
68 Ebenda, S. 464 f.
69 Ebenda, S. 465.
70 Morgenstern 1998, S. 185 ff.
71 Lunzer 1994, S. 262.
72 Ebenda, S. 258.
73 Lützeler 1985, S. 218.
74 Ebenda, S. 218 f.
75 Ebenda, S. 220.
76 Ebenda, S. 221 f.
77 Ebenda, S. 222 f.
78 Ebenda, S. 224.

79 Ebenda, S. 225.
80 Ebenda, S. 232.
81 Hilmes 2004, S. 289.
82 Jungk 2001, S. 239.
83 Hilmes 2004, S. 283.
84 Ebenda, S. 281.
85 Ebenda, S. 288.
86 Jungk 2001, S. 238.
87 Ebenda, S. 195 f.
88 Gessner 1985, S. 107 f.; Hilmes 2004, S. 287.
89 Novak 2005, S. 82; Gessner 1985, S. 93 f.
90 Kokoschka 1971, S. 257; zur Flucht aus Prag ebenda, S. 246 ff.
91 Hilmes 2004, S. 293 ff.
92 Werfel 1938, S. 11.
93 Torberg 1987, S. 247 und S. 388.
94 Ebenda, S. 399.
95 Axmann 2008, S. 138 ff.
96 Weinzierl 1985, S. 183.
97 Ebenda, S. 197 f.
98 Ebenda, S. 233 ff.
99 Kurzgefasster Lebenslauf von Anton Kuh von Ruth Greuner in Kuh 1981, S. 499 ff.
100 Kuh 1925, S. 32.
101 Kuh 1983, S. 263 f.
102 Ebenda, S. 274.
103 Kuh 1981, S. 523.
104 Torberg 1987, S. 333.
105 Kuh 1981, S. 524.
106 Scherer 1988, S. 11 ff.
107 Ebenda, S. 14.
108 Ebenda, S. 16 f.
109 Ebenda, S. 21 f.
110 Ebenda, S. 15.
111 Rath 2012, S. 12 ff.
112 Ebenda, S. 23 f.
113 Ebenda, S. 25.
114 Ebenda, S. 29 f.
115 Ebenda, S. 33.
116 Ebenda, S. 37 f.

117 Ebenda, S. 7 f.

118 Siehe Fliegel, Typoskript o. J., im Literaturhaus Wien.

119 Safrian/Witek 2008, S. 9 f.; Interview in *profil* No. 5/1989.

17 Transit

1 Gedye 1981, 314.

2 Ebenda, S. 318 f.

3 Ebenda, S. 321 ff.

4 Gardiner 1983, S. 86 f. und S. 120 ff.

5 Ebenda, S. 88 ff.

6 Zuckmayer 1996, S. 63 f.

7 Ebenda, S. 66.

8 Ebenda, S. 75; cf. Meysels 1984, S. 276 ff.

9 Zuckmayer 1996, S. 77.

10 Ebenda, S. 78.

11 Ebenda, S. 79.

12 Ebenda, S. 83.

13 Ebenda, S. 84 ff.

14 Ebenda, S. 89 f.

15 Walter 1963, S. 358.

16 Ebenda, S. 412.

17 Hilmes 2004, S. 281 f.

18 Harrandt in: Fetz 2013, S. 92 ff.

19 Novak 2005, S. 369 f.

20 Frucht 1992, S. 139.

21 Ebenda, S. 140.

22 Mehring 2014, S. 167.

23 Mehring 1981, S. 32.

24 Ebenda, S. 94 ff. und S. 143.

25 Ebenda, S. 100 f.

26 Ebenda, S. 111.

27 Pauli 1990, S. 18.

28 Pauli 1990, S. 20; Text in Mehring 2014, S. 103 f.

29 Pauli 1990, S. 22.

30 Ebenda, S. 27.

31 Ebenda, S. 25.

32 Ebenda, S. 31.

33 Frucht 1992, S. 126.

34 Ebenda, S. 38.
35 Mehring 2014, S. 169.
36 Frucht 1992, S. 158.
37 Ebenda, S. 162.
38 Ebenda, S. 284.
39 Bermann Fischer 1967, S. 120 ff.
40 Ebenda, S. 125.
41 Ebenda, S. 144.
42 Ebenda, S. 146.
43 Ebenda, S. 147.
44 Ebenda, 149 f.

18 Freud geht fort

1 Coles 1995, S. 43 f.
2 Gay 2006, S. 693 f.
3 Behling 2002, S. 136.
4 Briefe an Jeanne Lampl-de Groot am 8. April, ähnlich an Ernest Jones am Tag zuvor; siehe Zapperi 2016, S. 75.
5 Bertin 1989, S. 344.
6 Schur 1977, S. 580; Martin Freud 1958, S. 199 ff.
7 Sigmund Freud 2010a, S. 440 f.
8 Berthelsen 1989, S. 62.
9 Brainin 1993, S. 13.
10 Jones 1984, S. 262.
11 Martin Freud 1958, S. 200; Lockot 1985, S. 295 ff.
12 Berthelsen 1989, S. 63. (Dort wird irrtümlich der 16. März genannt.)
13 Ebenda, S. 64.
14 Schur 1977, S. 585; Gay 2006, S. 700.
15 Martin Freud 1958, S. 206 ff.
16 Zapperi 2016, S. 9 ff.; Jones 1984, S. 227; siehe Tögel in Freud: Tagebuch 1996, S. 259.
17 Zapperi 2016, S. 42 ff.
18 Ebenda, S. 8.
19 Ebenda, S. 12 f. und S. 129. Zapperi korrigiert frühere Darstellungen; siehe Jones 1984, S. 216; Gay 2006, S. 503.
20 Zapperi 2016, S. 99.
21 Ebenda, S. 151.

22 Berthelsen 1989, S. 66 f.
23 Jones 1984, S. 261 f.
24 Berthelsen 1989, S. 68.
25 Jones 1984, S. 263.
26 Berthelsen 1989, S. 69.
27 Schur 1977, 587; Berthelsen 1989, S. 70.
28 Baur 2008, S. 194.
29 Ebenda, S. 587.
30 Martin Freud 1958, S. 212 f.; seine Datierungen stimmen nicht immer.
31 Berthelsen 1989, S. 71.
32 Jones 1984, S. 266.
33 Marie Bonaparte 2004, S. 126 und S. 129.
34 Ebenda, S. 144.
35 Jones 1984, S. 251; Marie Bonaparte 2004, S. 7 f.
36 Martin Freud 1958, S. 203.
37 Ebenda.
38 Engelman 1977, S. 51 ff.
39 Ebenda, S. 54.
40 Ebenda, S. 57 f.
41 Ebenda, S. 60.
42 Ebenda, S. 61.
43 Ebenda, S. 62.
44 Prokop 2003, S. 223.
45 Berthelsen 1989, S. 74.
46 Sigmund Freud 2010a, S. 443; Schur 1977, S. 587.
47 Schmölzer 2009, S. 207.
48 Jones 1984, S. 267.
49 Über Sauerwald im Zusammenhang mit dem Psychoanalytischen Verlag siehe Lockot 1985, S. 177 f.
50 Jones 1984, S. 268.
51 Gay 2006, S. 706.
52 Freud-Marlé 2006, S. 119.
53 Berthelsen 1989, S. 75.
54 Die Erklärung als Faksimile in Marinelli 2003, S. 44.
55 Berthelsen 1989, S. 75.
56 Ebenda, S. 77 f.
57 Gay 2006, S. 708.
58 Flem 1986, S. 223; Berthelsen 1989, S. 78 f.; Schur 1977, S. 592.
59 Bertin 1989, S. 346.

60 Ebenda, S. 79 f.
61 Schur 1977, S. 591.
62 Jones 1984, S. 269.
63 Ebenda, S. 273.
64 Schur 1977, S. 586; zur Biographie der Schwestern siehe Baur 2008, S. 208 ff.
65 Marinelli 2003, S. 47 f.; siehe Weissweiler 2006, S. 406.
66 Details der Deportation bei Baur 2008, S. 219 ff.
67 Schneider 1999, S. 144 f.
68 Schur 1977, S. 585 ff.; siehe Freud-Marlé 2006, S. 15 f. und S. 251 f.
69 Marinelli 2003, S. 40 ff.
70 Ebenda, S. 58 ff.
71 Ebenda, S. 65 ff.
72 Ebenda, S. 68 ff.

19 Epilog in London

1 Jones 1984, S. 270.
2 Ebenda, S. 278.
3 Freud 2010b, S. 72.
4 Schölnberger/Loitfellner 2016, S. 364.
5 Berthelsen 1989, S. 166.
6 Doolittle 1975, S. 42.
7 Berthelsen 1989, S. 85.
8 Sigmund Freud 2010a, S. 262.
9 Jones 1984, S. 286.
10 Brainin 1993, S. 15.
11 Flem 1986, S. 196 f.
12 Flem 1986, S. 197; Sigmund Freud 2010a, S. 211.
13 Zum Ankauf und zur Aufbewahrung der Briefe im Krieg siehe Bertin 1989, 340 f.
14 Schur 1977, S. 618.
15 Berthelsen 1989, S. 96 ff.
16 Behling 2002, S. 216 f.
17 Auden 1959, S. 171 ff.; »In Memory of Sigmund Freud«.
18 Freud, GW Nachtragsband, Texte aus den Jahren 1885–1938, S. 777.
19 Ebenda, S. 780 f.; siehe Jones 1984, S. 283.
20 Jones 1984, S. 272.

20 Gedächtnisspuren

1 Nach Harmetz 2002, S. 53 ff.
2 Nach Ziegler 2015, passim.
3 Andics 1988, S. 331 f.
4 Mehring 1981, S. 86.
5 Torberg 1987, S. 387.
6 Siehe *Neue AZ*, Wien 17. 8. 1987. Seine Memoiren: Henry Grunwald. *One Man's America*. New York 1997.
7 Fetz in: Fetz 2013, S. 108 ff.
8 Ebenda, S. 162 ff.
9 Gerstmann 1993, unveröff. Manuskript.
10 Ein Porträt von Rheinhardt bei Hahnl 1984, S. 163–166.
11 Thalberg 1984, S. 6.
12 Ebenda, S. 1.
13 Placzek 2000, S. 30 f. und S. 66.
14 Placzek 1999, S. 54.
15 Rotter in: Fetz 2013, S. 129 ff.
16 Placzek 1999, S. 27.
17 Ebenda, S. 45.
18 Placzek 2000, S. 81.
19 Placzek 1999, S. 56.
20 Ebenda, S. 58.
21 Ebenda, S. 53.
22 Ebenda, S. 57.
23 Ebenda, S. 63.
24 Seeger 2008.

Literaturverzeichnis

Alt, Peter-André: *Sigmund Freud. Der Arzt der Moderne. Eine Biographie.* München 2016.

Amann, Klaus: Literaturbetrieb 1938–1945. In: Tálos, Emmerich/Hanisch, Ernst/Neugebauer, Wolfgang (Hg.): *NS-Herrschaft in Österreich 1938 bis 1945*. Wien 1988, S. 283–299.

Andics, Hellmut: *Die Juden in Wien*. Wien 1988.

Assmann, Jan: *Moses der Ägypter. Entzifferung einer Gedächtnisspur*. Frankfurt/Main 2000.

Auden, Wystan Hugh: *Collected Shorter Poems 1930–1940*. London 1959.
Axmann, David: *Friedrich Torberg. Die Biographie*. München 2008.

Baier, Stephan/Demmerle, Eva: *Otto von Habsburg. Die Biografie*. Wien 2002.
Bair, Deirdre: *Jung. A Biography*. Boston, New York, London 2003.
Baur, Eva Gesine: *Freuds Wien. Eine Spurensuche*. München 2008.
Beckermann, Ruth: *Die Mazzesinsel. Juden in der Wiener Leopoldstadt 1918 bis 1938*. Wien 1992.
Behling, Katja: *Martha Freud. Die Frau des Genies*. Mit einem Vorwort von Anton W. Freud. Berlin 2002.
Bermann-Fischer, Gottfried: *Bedroht – bewahrt. Weg eines Verlegers*. Frankfurt/Main 1967.
Berthelsen, Detlef: *Alltag bei Familie Freud. Die Erinnerungen der Paula Fichtl*. München 1989.
Bertin, Celia: *Die letzte Bonaparte. Freuds Prinzessin. Ein Leben*. Aus dem Französischen von Christa von Petersdorff. Freiburg (Breisgau) 1989 [Originalausgabe: *La dernière Bonaparte*. Paris 1982].
Bettelheim, Bruno: *Freud und die Seele des Menschen*. Deutsch von Karin Graf. Düsseldorf 1984.
Bierbaum, Otto Julius: *Prinz Kuckuck. Leben, Taten, Meinungen und Höllenfahrt eines Wollüstlings*. München 1980 [Roman von 1907].
Binder, Dieter A./Schuschnigg, Heinrich: *»Sofort vernichten«. Die vertraulichen Briefe Kurt und Vera von Schuschniggs 1938–1945*. Mit einem Vorwort von Herbert Rosendorfer. Wien 1997.
Blumenberg, Hans: *Präfiguration. Arbeit am politischen Mythos*. Hg. v. Angus Nicholls und Felix Heidenreich. Frankfurt/Main 2014.
Böhm, Karl: *Ich erinnere mich ganz genau. Autobiographie*. Hg. v. Hans Weigel. München 1973.
Bonaparte, Marie: *Topsy. Les raisons d'un amour*. Neuausgabe Paris 2004.
Botstein, Leon: *Judentum und Modernität. Essays zur Rolle der Juden in der deutschen und österreichischen Kultur 1848 bis 1938*. Wien – Köln 1991.
Botz, Gerhard: *Nationalsozialismus in Wien. Machtübernahme, Herrschaftssicherung, Radikalisierung 1938/39*. Mit einem Nachwort von Karl R. Stadler. Überarb. und erw. Neuausgabe Wien 2008.
Bourgeron, Jean-Pierre: *Marie Bonaparte*. Paris 1997.
Brainin, Elisabeth/Ligeti, Vera/Teicher, Samy: *Vom Gedanken zur Tat. Zur Psychoanalyse des Antisemitismus*. Frankfurt/Main 1993.
Breuer, Robert: *Nacht über Wien. Ein Erlebnisbericht aus den Tagen des Anschlusses im März 1938*. Wien 1988.

Broch, Hermann: *Der Tod des Vergil*. Roman. Frankfurt/Main 1976.
Burke, William Hastings: *Hermanns Bruder. Wer war Albert Göring?* Aus dem Englischen von Gesine Schröder. Berlin 2014.

Canetti, Elias: *Das Augenspiel. Lebensgeschichte 1931–1937*. Frankfurt 1988.
Clare, George: *Letzter Walzer in Wien. Spuren einer Familie*. Deutsch von Gabriele Grunwald, Frank Hergün und Hedda Pänke. Frankfurt/Main – Berlin – Wien 1984.
Coles, Robert: *Anna Freud oder Der Traum der Psychoanalyse*. Aus dem Amerikanischen von Rainer Stach. Frankfurt/Main 1995.
Conze, Vanessa: *Richard Coudenhove-Kalergi. Umstrittener Visionär Europas*. Zürich 2004.
Corino, Karl: *Robert Musil und Thomas Mann*. Ein Dialog. Pfullingen 1971.
Ders.: *Robert Musil. Eine Biographie*. Reinbek 2003.
Coudenhove-Kalergi, Heinrich Graf: *Antisemitismus. Von den Zeiten der Bibel bis Ende des 19. Jahrhunderts*. Fortgeführt von Richard Coudenhove-Kalergi, dem Sohn und Begründer der Paneuropa-Bewegung. Hg. von Peter Landesmann. Wien – München 1992.
Czeike, Felix (Hg.): *Wien 1938*. Wien 1978.

Denscher, Barbara/Peschina, Helmut: *Kein Land des Lächelns. Fritz Löhner-Beda 1883–1942*. Salzburg 2002.
Dickel, Manfred: *»Ein Dilettant des Lebens will ich nicht sein«. Felix Salten zwischen Zionismus und Jungwiener Moderne*. Heidelberg 2007.
Doolittle, Hilda: *Huldigung an Freud. Rückblick auf eine Analyse*. Übersetzt und mit einer Einleitung von Michael Schröter. Mit Briefen von Sigmund Freud an Hilda Doolittle. Frankfurt/Main 1975.

Engelman, Edmund: *Berggasse 19. Das Wiener Domizil Sigmund Freuds*. Mit einem Vorwort von Peter Gay. Bildbeschreibungen von Rita Ransohoff. Aus dem Amerikanischen von Brigitte Weitbrecht. Stuttgart – Zürich 1977.
Eberle, Joseph: *Erlebnisse und Bekenntnisse. Ein Kapitel Lebenserinnerungen des früheren Herausgebers der Zeitschriften »Das Neue Reich« und »Schönere Zukunft«*. Stuttgart 1947.

Feigl, Erich: *Otto von Habsburg. Protokoll eines politischen Lebens*. Wien 1987.
Fest, Joachim: *Hitler. Eine Biographie*. München 2000.
Fetz, Bernhard u. a. (Hg.): *Nacht über Österreich. Der Anschluss 1938 – Flucht und Vertreibung*. Salzburg 2013.

Fischer, Lisa/Köpl, Regina: *Sigmund Freud. Wiener Schauplätze der Psychoanalyse.* Wien 2005.

Flem, Lydia: *La vie quotidienne de Freud et de ses patients.* Paris 1986.

Fliegel, Hans Robert: *The Holocaust and the Viennese Family Fliegel.* Typoskript, Literaturhaus Wien, Exilarchiv: N1.EB-83. o. J.

Flügge, Manfred: *Das flüchtige Paradies. Künstler an der Côte d'Azur.* Berlin 2008.

Ders.: *Das Jahrhundert der Manns.* Berlin 2015.

Foer, Franklin: *How Football explains the World. An Unlikely Theory of globalization.* New York 2004.

Freud, Martin: *Sigmund Freud. Man and Father.* New York 1958.

Freud, Sigmund: *Gesammelte Werke.* Band I–XVIII. Unter Mitwirkung von Marie Bonaparte hg. von Anna Freud u. a. London und Frankfurt/Main 1940–1968 (zitiert als GW).

Ders.: *Gesammelte Werke. Nachtragsband. Texte aus den Jahren 1885–1938.* Hg. von Angela Richards unter Mitwirkung von Ilse Grubrich-Simitis. Frankfurt/Main 1987.

Ders.: *Briefe 1873–1939.* Hg. von Ernst und Lucie Freud. Frankfurt/Main 1960.

Ders.: *Der Mann Moses und die monotheistische Religion. Drei Abhandlungen.* Hg. von Jan Assmann. Stuttgart 2010b.

Ders.: *Tagebuch 1929–1939. Kürzeste Chronik.* Hg. und eingeleitet von Michael Molnar. Deutsch von Christfried Tögel. Basel 1996.

Ders.: *»Unterdeß halten wir zusammen«. Briefe an die Kinder.* Hg. von Michael Schröter. Berlin 2010a.

Freud, Sigmund/Andreas-Salomé, Lou: *Briefwechsel.* Hg. von Ernst Pfeiffer. Frankfurt/Main 1966.

Freud, Sigmund/Pfister, Oskar: *Briefwechsel 1909–1939.* Hg. von Isabell Noth. Zürich 2014.

Freud, Sigmund/Zweig, Arnold: *Briefwechsel.* Hg. von Ernst L. Freud. Frankfurt/Main 1968.

Freud-Bernays, Anna: *Eine Wienerin in New York. Die Erinnerungen der Schwester Sigmund Freuds.* Hg. von Christfried Tögel. Berlin 2004.

Freud-Marlé, Lilly: *Mein Onkel Sigmund Freud. Erinnerungen an eine große Familie.* Hg. von Christfried Tögel. Berlin 2006.

Frey, Stefan: *»Was sagt ihr zu diesem Erfolg«. Franz Lehár und die Unterhaltungsmusik des 20. Jahrhunderts.* Frankfurt/Main – Leipzig 1999.

Friedell, Egon/Polgar, Alfred: *Goethe und die Journalisten. Satiren im Duett.* Hg. von Heribert Illig. Wien 1986.

Friedell, Egon: *Schriftsteller – Schriftspieler.* Wien 2003.

Ders.: *Kulturgeschichte der Neuzeit. Die Krisis der Europäischen Seele von der Schwarzen Pest bis zum Ersten Weltkrieg.* Zürich 2009 [Erstauflage Bd. 1: 1927; Bd. 2: 1931].

Frucht, Karl: *Verlustanzeige. Ein Überlebensbericht.* Wien 1992.

Gardiner, Muriel: *Code Name »Mary«. Memoirs of an American Woman in the Austrian Underground.* London 1983.

Garscha, Winfried R.: *Die NSDAP Österreichs im März 1938 – Regierungspartei oder fünfte Kolonne?* In: Felix Kreissler (Hg.): *Fünfzig Jahre danach – der »Anschluß« von innen und außen gesehen.* Wien – Zürich 1989, S. 149 bis 158.

Gay, Peter: *Freud, Juden und andere Deutsche. Herren und Opfer in der modernen Kultur.* Aus dem Amerikanischen von Karl Berisch. München 1989.

Ders.: *Freud. Eine Biographie für unsere Zeit.* Aus dem Amerikanischen von Joachim A. Frank. Frankfurt/Main 2006.

Gedye, George Eric Rowe: *Als die Bastionen fielen. Die Errichtung der Dollfuß-Diktatur und Hitlers Einmarsch in Wien und den Sudeten. Eine Reportage über die Jahre 1927–1938.* Wien 1981.

Gerstmann, Hertha: *Im rasenden Wirbel einer irrsinnigen Welt. Die wahre Geschichte eines Wiener Mädchens in den Jahren 1937–1939.* Santiago de Chile 1993, deutsch 1995. Unveröffentliches Manuskript im Literaturhaus Wien, Exilarchiv: 6/03 – N1.EB-31.

Gessner, Adrienne: *Ich möchte gern was Gutes sagen … Erinnerungen.* Wien 1985.

Goebbels, Joseph: *Die Tagebücher.* Hg. von Elke Fröhlich. Teil I, Bd. 5: Dezember 1937 – Juli 1938. München 2000.

Goederen, Philip de: *Österreichs Juden in der Ersten Republik und im Ständestaat.* In: Pototschnig, Franz/Putzer, Peter/Rinnerthaler, Alfred (Hg.): *Semitismus und Antisemitismus in Österreich.* München 1988, S. 137–148.

Göring, Hermann: *Reden und Aufsätze.* Hg. von Dr. Erich Gritzbach. 2. Aufl. München 1938.

Greinert, Wolff A.: *Hans Weigel: »Ich war einmal …«. Eine Biografie.* Wien 2015.

Grieser, Dietmar: *Liebe in Wien. Eine amouröse Porträtgalerie.* München 2006.

Grubrich-Simitis, Ilse: *Freuds Moses-Studie als Tagtraum. Ein biographischer Essay.* Frankfurt/Main 1994.

Gun, Nerin E.: *Die Stunde der Amerikaner.* Bruchsal 1968.

Haas, Hanns: *Der Anschluss*. In: Tálos, Emmerich/Hanisch, Ernst/Neugebauer, Wolfgang (Hg.): *NS-Herrschaft in Österreich 1938–1945*. Wien 1988, S. 1–24.

Hagspiel, Hermann: *Die Ostmark. Österreich im Großdeutschen Reich 1938 bis 1945*. Wien 1995.

Hahnl, Hans Heinz: *Vergessene Literaten. Fünfzig österreichische Lebensschicksale*. Wien 1984.

Hamann, Brigitte. *Hitlers Edeljude. Das Leben des Armenarztes Eduard Bloch*. München 2010.

Diess.: *Hitlers Wien. Lehrjahre eines Diktators*. 2. Aufl. München 1999.

Harmetz, Aljean: *The Making of Casablanca. Bogart, Bergman, and World War II*. New York 2002.

Heer, Friedrich: *Der Glaube des Adolf Hitler. Anatomie einer politischen Religiosität*. München 1968.

Heißler, Dagmar: *Ernst Lothar: Schriftsteller, Kritiker, Theaterschaffender*. Köln 2016 [online].

Henz, Rudolf: *Das Ende der RAVAG. Ein Erlebnisbericht über die Märztage 1938*. In: Czeike, Felix (Hg.): *Wien 1938*. Wien 1978, S. 277–285.

Herbert, Ulrich: *Geschichte Deutschlands im 20. Jahrhundert*. München 2014.

Herz-Kestranek, Miguel/Arnbom, Marie-Therese (Hg.): *… also hab ich nur mich selbst! Stefan Herz-Kestranek – Stationen eines großbürgerlichen Emigranten 1938–1945*. Wien – Köln – Weimar 1997.

Hiebl, Ewald: *Die Zeit des Nationalsozialismus (1933–1945)*. In: *Geschichte von Berchtesgaden. Stift – Mark – Land*. Bd. III. Hg. von Walter Brugger. Berchtesgaden 2002, S. 961–1016.

Hilmes, Oliver: *Witwe im Wahn. Das Leben der Alma Mahler-Werfel*. München 2004.

Ders.: *Berlin 1936. Sechzehn Tage im August*. München 2016.

Hirsbrunner, Theo: *Maurice Ravel und seine Zeit*. Laaber 2014.

Hitler, Adolf: *Mein Kampf*. Eine kritische Edition. Bd. 1. Hg. von Christian Hartmann u. a. München – Berlin 2016.

Hofeneder, Veronika: *Der produktive Kosmos der Gina Kaus. Schriftstellerin – Pädagogin – Revolutionärin*. Hildesheim 2013.

Höllriegel, Arnold (i. e. Richard A. Bermann): *Österreicher – Demokrat – Weltbürger*. München 1995 [Ausstellung des Deutschen Exilarchivs, Frankfurt/Main].

Ders.: *Die Fahrt auf dem Katarakt. Eine Autobiographie ohne Helden*. Wien 1998.

Hopfgartner, Anton: *Kurt Schuschnigg. Ein Mann gegen Hitler.* Graz/Wien/Köln 1989.

Hoerschelmann, Antonia (Hg.): *Oskar Kokoschka. Exil und neue Heimat 1934–1980.* Wien 2008.

Jäger-Sunstenau, Hanns: *Johann Strauss. Der Walzerkönig und seine Dynastie.* München 1965.

John, Michael: *»Körperlich ebenbürtig …« Juden im österreichischen Fußballsport.* In: Schulze-Marmeling, Dietrich (Hg.). *Davidstern und Lederball. Die Geschichte der Juden im deutschen und internationalen Fußball.* Göttingen 2003, S. 231–262.

Jones, Ernest: *Das Leben und Werk von Sigmund Freud.* Bd. 3: *Die letzte Phase 1919–1939.* Übersetzt von Gertrud Meili-Dworetzki unter Mitarbeit von Katherine Jones. 3., unveränd. Aufl. Bern – Stuttgart – Wien – München 1982.

Jungk, Peter Stephan: *Franz Werfel. Eine Lebensgeschichte.* Frankfurt/Main 2001.

Kaiser, Konstantin: *Die Spaltung der Literatur.* In: Klamper, Elisabeth u. a. (Hg.): *Wien 1938.* Wien 1988, S. 375–385.

Kandel, Eric: *The Age of Insight. The Quest to Understand the Unconscious in Art, Mind, and Brain, From Vienna 1900 to the Present.* New York 2012.

Kaus, Gina: *Von Wien nach Hollywood. Erinnerungen.* Neu hg. von Sibylle Mulot. Frankfurt/Main 1990.

Kershaw, Ian: *Hitler 1889–1945.* Aus dem Englischen von Klaus Kochmann. München 2009.

Klamper, Elisabeth u. a. (Hg.): *Wien 1938* [Sonderausstellung im Historischen Museum der Stadt Wien]. Wien 1988.

Klucasek, Christine: *Die Gleichschaltung der Wiener Bühnen.* In: Czeike, Felix (Hg.): *Wien 1938.* Wien 1978, S. 248–257.

Knepler, Henry: *Leaving Places.* Typoskript. Dezember 1998. Exilbibliothek im Literaturhaus Wien. Sigel N1.EB-76.

Kogon, Eugen: *Die Idee des christlichen Ständestaates. Frühe Schriften 1921 bis 1940.* Redaktion: Michael Kogon. Berlin 1999.

Kogon, Michael: *Lieber Vati! Wie ist das Wetter bei Dir? Erinnerungen an meinen Vater Eugen Kogon. Briefe aus dem KZ Buchenwald.* München 2014.

Kokoschka, Oskar: *Mein Leben.* München 1971.

Koop, Volker: *In Hitlers Hand. Die Sonder- und Ehrenhäftlinge der SS.* Köln 2010.

Kraus, Karl: *Die Dritte Walpurgisnacht*. Hg. v. Heinrich Fischer. München 1967.

Kreisky, Bruno: *Zwischen den Zeiten. Der Memoiren erster Teil*. Wien 2000.

Kreissler, Felix: *Der Österreicher und seine Nation. Ein Lernprozeß mit Hindernissen*. Wien 1984.

Krüll, Marianne: *Freud und sein Vater. Die Entstehung der Psychoanalyse und Freuds ungelöste Vaterbindung*. Frankfurt/Main 1992.

Kuh, Anton: *Der Affe Zarathustras (Karl Kraus). Eine Stegreifrede*. Gehalten am 25. Oktober 1925 im Wiener Konzerthaussaal. Wien 1925.

Ders.: *Metaphysik und Würstel. Feuilletons, Essays und Publizistik*. Hg. von Ruth Greuner. Zürich 1981.

Ders.: *Zeitgeist im Literatur-Café. Feuilletons, Essays und Publizistik*. Neue Sammlung. Hg. von Ulrike Lehner. Wien 1983.

Le Rider, Jacques: *Modernité viennoise et crises de l'identité*. Paris 1994.

Ders.: *Freud, de l'Acropole au Sinaï. Le retour à l'Antique des Modernes viennois*. Paris 2002.

Lichtenberger-Fenz, Brigitte: Österreichs Hochschulen und Universitäten und das NS-Regime. In: Tálos, Emmerich/Hanisch, Ernst/Neugebauer, Wolfgang (Hg.): *NS-Herrschaft in Österreich 1938–1945*. Wien 1988. S. 269 bis 282.

Liebmann, Maximilian: *Theodor Innitzer und der Anschluß. Österreichs Kirche 1938*. Graz – Wien – Köln 1988.

Lockot, Regine: *Erinnern und Durcharbeiten. Zur Geschichte der Psychoanalyse und Psychotherapie im Nationalsozialismus*. Frankfurt/Main 1985.

Löffler, Sigrid: *Habsburgs Nachleben in der österreichischen Literatur*. In: Der Spiegel, Oktober 2009, Sonderheft Die Habsburger.

Loewenstein, Rudolph M.: *Psychoanalyse des Antisemitismus*. Frankfurt/Main 1968.

Lohrmann, Klaus. *Kleine Geschichte der Wiener Juden*. In: Feurstein-Prasser, Michaela/Milchram, Gerhard: *Jüdisches Wien*. Mit einem Vorwort von Robert Schindel. 5., überarb. Aufl. Wien 2016, S. 17–31 [Mandelbaum City Guide].

Lothar, Ernst: *Das Wunder des Überlebens*. Erinnerungen und Ergebnisse. Wien 1960.

Ders.: *Der Engel mit der Posaune. Roman eines Hauses*. Mit einem Nachwort von Robert Menasse. Neuausgabe Wien 2016.

Lunzer, Heinz/Lunzer-Tálos, Victoria: *Joseph Roth. Leben und Werk in Bildern*. Köln 1994.

Lützeler, Paul Michael: *Hermann Broch. Eine Biographie.* Frankfurt/Main 1985.

Maciejewski, Franz: *Der Moses des Sigmund Freud. Ein unheimlicher Bruder.* Göttingen 2006.

Magris, Claudio: *Der habsburgische Mythos in der modernen österreichischen Literatur.* Wien 2000.

Maimann, Helene: *Die Reaktionen der Auslandspresse auf den »Anschluß« Österreichs an das Deutsche Reich.* In: Czeike, Felix (Hg.): *Wien 1938.* Wien 1978, S. 116–125.

Mann, Thomas: *Essays. Band 3: Schriften über Musik und Philosophie.* Frankfurt/Main 1978.

Marinelli, Lydia (Hg.): *Freuds verschwundene Nachbarn.* Wien 2003.

Mattl, Siegfried: *Wien im 20. Jahrhundert.* Wien 2000.

Matuschek, Oliver: *Stefan Zweig. Drei Leben. – Eine Biographie.* Frankfurt/Main 2008.

Matzner-Holzer, Gabriele: *Verfreundete Nachbarn. Österreich – Deutschland. Ein Verhältnis.* Wien 2005.

Mayer, Andreas: *Sigmund Freud zur Einführung.* Hamburg 2016.

Mehring, Walter: *Wir müssen weiter. Fragmente aus dem Exil.* Berlin 1981.

Ders.: *Dass diese Zeit uns wieder singen lehre. Gedichte, Lieder und Chansons.* Mit einem Nachwort von Martin Dreyfus. Zürich 2014.

Meysels, Lucian A.: *In meinem Salon ist Österreich. Berta Zuckerkandl und ihre Zeit.* Wien – München 1984.

Moore, Walter J.: *Erwin Schrödinger. Eine Biographie.* Aus dem Englischen von Thorsten Kohl. Darmstadt 2012.

Morgenstern, Soma: *Joseph Roths Flucht und Ende. Erinnerungen.* Hg. und mit einem Nachwort versehen von Ingolf Schulte. 2. Aufl. Berlin 1998.

Moser, Jonny: *Das Schicksal der Wiener Juden in den März- und Apriltagen 1938.* In: Tálos, Emmerich/Hanisch, Ernst/Neugebauer, Wolfgang (Hg.): *NS-Herrschaft in Österreich 1938–1945.* Wien 1988, S. 185–198.

Mosley, Leonard: *Göring. Eine Biographie.* Mit einer Einführung von Wolfgang Jacobmayer. Ins Deutsche übertragen von Hans Jürgen von Koskul. München 1975.

Musil, Robert: *Der Mann ohne Eigenschaften. Roman.* Erstes und Zweites Buch. Hg. von Adolf Frisé. Reinbek 1981.

Neck, Rudolf/Wandruszka, Adam (Hg.): *Anschluß 1938.* Protokoll des Symposiums in Wien am 14. und 15. März 1978. München 1981.

Neck, Rudolf. (Hg.): *Wien 1938*. Wien 1978.

Neugebauer, Wolfgang: *Das NS-Terrorsystem*. In: Tálos, Emmerich/Hanisch, Ernst/Neugebauer, Wolfgang (Hg.): *NS-Herrschaft in Österreich 1938–1945*. Wien 1988, S. 163–183.

Ders.: *Widerstand und Opposition*. In: Klamper, Elisabeth u. a. (Hg.): *Wien 1938*. Sonderausstellung im Historischen Museum der Stadt Wien. Wien 1988, S. 247–259.

Neuman, Hendricus Johannes: *Arthur Seyß-Inquart*. Graz – Wien – Köln 1970.

Nolte, Ernst. *Die faschistischen Bewegungen*. München 1966 [dtv-Weltgeschichte des 20. Jahrhunderts].

Ders.: *Der Faschismus in seiner Epoche. Action Française – Italienischer Faschismus – Nationalsozialismus*. München 1984.

Novak, Andreas: *»Salzburg hört Hitler atmen«. Die Salzburger Festspiele 1933–1944*. München 2005.

Pape, Christian: *So erniedrigt wurde das menschliche Wesen wohl nie wie durch die Psychoanalyse. Katholische Kritik an der Psychoanalyse in der Ersten Republik*. Diplomarbeit an der Universität Wien. Wien 2006.

Pauli, Hertha: *Der Riß der Zeit geht durch mein Herz. Erlebtes – Erzähltes*. Mit einem Nachwort von Annemarie Stoltenberg. Berlin 1990.

Pfohlmann, Oliver: *Robert Musil*. Reinbek 2012.

Placzek, Adolf: *Traumfahrt mit der Familie*. Frankfurt/Main 1999.

Ders.: *Wiener Gespenster*. Wien 2000.

Pohanka, Reinhard: *Pflichterfüller. Hitlers Helfer in der Ostmark*. Wien 1997.

Pototschnig, Franz/Putzer, Peter/Rinnerthaler, Alfred (Hg.): *Semitismus und Antisemitismus in Österreich. Ein Unterrichtsversuch*. München 1988.

Prokop, Ursula: *Margaret Stonborough-Wittgenstein. Bauherrin, Intellektuelle, Mäzenin*. Wien 2003.

Puaux, Gabriel: *Mort et transfiguration de l'Autriche 1933–1955*. Paris 1966.

Pyta, Wolfram: *Hitler. Der Künstler als Politiker und Feldherr. Eine Herrschaftsanalyse*. München 2015.

Rabinovici, Doron: *Instanzen der Ohnmacht. Wien 1938–1945. Der Weg zum Judenrat*. Frankfurt/Main 2000.

Rath, Ari: *Ari heißt Löwe. Erinnerungen*. Aufgezeichnet von Stefanie Oswalt. Wien 2012.

Rathkolb, Oliver: *Führertreu und gottbegnadet. Künstlereliten im Dritten Reich*. Wien 1991.

Reich, Maximilian und Emilie: *Zweier Zeugen Mund. Verschollene Manuskripte aus 1938. Wien – Dachau – Buchenwald.* Wien 2007.

Robert, Marthe: *Sigmund Freud – zwischen Moses und Ödipus. Die jüdischen Wurzeln der Psychoanalyse.* Übersetzt von Hans Krieger. Frankfurt/Main – Berlin – Wien 1977.

Rosar, Wolfgang: *Deutsche Gemeinschaft. Seyß-Inquart und der Anschluß.* Frankfurt/Main – Zürich 1971.

Rosenkranz, Herbert: *Verfolgung und Selbstbehauptung. Die Juden in Österreich 1938–1945.* München 1978.

Roth, Joseph: *Ich zeichne das Gesicht der Zeit. Essays, Reportagen, Feuilletons.* Hg. und kommentiert von Helmuth Nürnberger. Zürich 2013.

Safrian, Hans/Witek, Hans: *Und keiner war dabei. Dokumente des alltäglichen Antisemitismus in Wien 1938.* Mit einem Vorwort von Erika Weinzierl. Wien 2008.

Salten, Felix: *Bambi. Eine Lebensgeschichte aus dem Walde.* 1923, Neuausgabe Wiesbaden 2016.

Ders.: *Das österreichische Antlitz. Essays.* 2. Aufl. Berlin 1909.

Ders.: *Neue Menschen auf alter Erde. Eine Palästinafahrt.* Berlin – Wien – Leipzig 1925.

Sandner, Harald: *Hitler. Das Itinerar. Aufenthaltsorte und Reisen von 1889 bis 1945.* Bd. 1–4. Berlin 2016.

Sauer, Walter: *Österreichs Kirchen 1938–1945.* In: Tálos, Emmerich/Hanisch, Ernst/Neugebauer, Wolfgang (Hg.): *NS-Herrschaft in Österreich 1938–1945.* Wien 1988, S. 517–536.

Schausberger, Norbert: *Der Griff nach Österreich. Der Anschluß.* Wien 1978.

Ders.: *Österreich. Der Weg der Republik 1918–1980.* Mit einem ergänzenden Bericht von Rudolf Kirchschläger. Graz – Wien 1980.

Ders.: *Der Anschluß.* In: *Österreich 1918–1938. Geschichte der Ersten Republik.* Hg. von Weinzierl, Erika/Skalnik, Kurt. Wien 1983, S. 517 ff.

Scherer, Hans: *Martin Flinker, der Buchhändler. Ein Emigrantenleben.* Frankfurt/Main 1988.

Scheuch, Manfred: *Der Weg zum Heldenplatz. Eine Geschichte der österreichischen Diktatur 1933–1938.* Wien 2005.

Schmidl, Erwin A.: *Der »Anschluß« Österreichs. Der deutsche Einmarsch im März 1938.* Bonn 1994.

Schmölzer, Hilde: *Frauenliebe. Berühmte weibliche Liebespaare der Geschichte.* Wien 2009.

Schneeberger, Paul: *Der schwierige Umgang mit dem »Anschluss«. Die Rezeption in Geschichtsdarstellungen 1946–1995.* Innsbruck/Wien/München 2000.

Schneider, Peter: *Sigmund Freud.* München 1999 [dtv porträt].

Schnitzler, Arthur: *Jugend in Wien. Eine Autobiographie.* Hg. von Therese Nickl und Heinrich Schnitzler. Mit einem Nachwort von Friedrich Torberg. Frankfurt/Main 1981.

Schölnberger, Pia/Loitfellner, Sabine: *Bergung von Kulturgut im Nationalsozialismus. Mythen – Hintergründe – Auswirkungen.* Wien 2016.

Scholz, Nina/Heinisch, Heiko: *»… alles werden sich die Christen nicht gefallen lassen.« Wiener Pfarrer und die Juden in der Zwischenkriegszeit.* Wien 2001.

Schulte, Michael: *Berta Zuckerkandl. Saloniere, Journalistin, Geheimdiplomatin.* Zürich 2006.

Schulz, Hedi: *Hans Moser. Der große Volksschauspieler, wie er lebte und spielte.* Wien 1980.

Schulze-Marmeling, Dietrich (Hg.): *Davidstern und Lederball. Die Geschichte der Juden im deutschen und internationalen Fußball.* Göttingen 2003.

Schur, Max: *Sigmund Freud. Leben und Sterben.* Frankfurt/Main 1977.

Schuschnigg, Kurt: *Im Kampf gegen Hitler. Die Überwindung der Anschlußidee.* Wien 1969.

Ders.: *Ein Requiem in Rot-Weiß-Rot.* Vorwort von Stephan Verosta. Wien 1978.

Schuschnigg, Kurt von (junior): *Der lange Weg nach Hause. Der Sohn des Bundeskanzlers erinnert sich.* Aufgezeichnet von Janet von Schuschnigg. Wien 2008

Schwarberg, Günther: *Dein ist mein ganzes Herz. Die Geschichte von Fritz Löhner-Beda …* Göttingen 2000.

Schwarz, Birgit: *Geniewahn: Hitler und die Kunst.* Köln 2009.

Seeber, Ursula (Hg.): *Asyl wider Willen. Exil in Österreich 1933–1938.* Wien 2003.

Seeger, Petra: *Auf der Suche nach dem Gedächtnis. Der Hirnforscher Eric Kandel.* (Ein Film) Köln – Wien 2008.

Singer, Peter: *Mein Großvater. Die Tragödie der Juden von Wien.* Aus dem Englischen von Wolfdietrich Müller. Hamburg – Leipzig – Wien 2005.

Spielmann, Heinz: *Oskar Kokoschka. Leben und Werk.* Köln 2003.

Spillmann, Brigitte/Strubel, Robert: *C. G. Jung. Zerrissen zwischen Mythos und Wirklichkeit. Über die Folgen persönlicher und kollektiver Spaltung im tiefenpsychologischen Erbe.* Gießen 2010.

Stangneth, Bettina: *Eichmann vor Jerusalem. Das unbehelligte Leben eines Massenmörders.* München – Zürich – Hamburg 2011.

Starhemberg, Ernst Rüdiger. *Memoiren*. Mit einer Einleitung von Heinrich Drimmel und einem Nachwort von Heinrich R. Starhemberg. Wien 1971.

Stehlin, Paul: *Auftrag in Berlin*. Berlin 1964.

Stern, Frank/Eichinger, Barbara (Hg.): *Wien und die jüdische Erfahrung 1900–1938. Akkulturation – Antisemitismus – Zionismus*. Wien – Köln – Weimar 2009.

Sternburg, Wilhelm von: *Um Deutschland geht es uns. Arnold Zweig. Die Biographie*. Berlin 1998.

Ders.: *Joseph Roth. Eine Biographie*. Köln 2009.

Stieg, Gerald: *L'Autriche: Une Nation chimérique?* Paris 2013.

Straub, Wolfgang (Hg.): *Hans Weigel. Kabarettist – Kritiker – Romancier – Literaturmanager*. Innsbruck 2014.

Suchy, Irene (Hg.): *Empty Sleeve. Der Musiker und Mäzen Paul Wittgenstein*. Innsbruck 2006.

Suchy, Victor: *Literatur »März 1938«*. In: Czeike, Felix (Hg.): *Wien 1938*. Wien 1978, S. 258–272.

Tálos, Emmerich/Hanisch, Ernst/Neugebauer, Wolfgang (Hg.): *NS-Herrschaft in Österreich 1938–1945*. Wien 1988.

Thalberg, Hans J.: *Von der Kunst, Österreicher zu sein. Erinnerungen und Tagebuchnotizen*. Wien 1984.

Tichy, Marina/Zwetler-Otte, Sylvia: *Freud in der Presse. Rezeption Sigmund Freuds und der Psychoanalyse in Österreich 1895–1938*. Mit einem Vorwort von Harald Leupold-Löwenstein. Wien 1999.

Tögel, Christfried: *Freud und Berlin*. Berlin 2006.

Ders.: *Die Rätsel Sigmund Freuds. Von den Geschlechtsorganen des Aals zur Traumdeutung*. Gießen 2013.

Ders.: *Freuds Wien. Eine biografische Skizze nach Schauplätzen*. Gießen 2015.

Torberg, Friedrich: *Die Tante Jolesch oder Der Untergang des Abendlandes in Anekdoten*. München 1987.

Ders.: *Die Erben der Tante Jolesch*. München 1981.

Trebitsch, Siegfried: *Chronik eines Lebens*. Zürich 1951.

Ullrich, Volker: *Adolf Hitler. Biographie. Band 1: Die Jahre des Aufstiegs 1889–1931*. Frankfurt/Main 2013.

Vaget, Hans Rudolf: *»Wehvolles Erbe«. Richard Wagner in Deutschland. Hitler, Knappertsbusch, Mann*. Frankfurt/Main 2017.

Veigl, Hans (Hg.): *Fritz Grünbaum. Der leise Weise.* Wien 1992.

Venus, Theodor: *Von der RAVAG zum Reichssender Wien.* In: Tálos, Emmerich/Hanisch, Ernst/Neugebauer, Wolfgang (Hg.): *NS-Herrschaft in Österreich 1938–1945.* Wien 1988, S. 301–318.

Voegelin, Eric: *Hitler und die Deutschen.* Hg. von Manfred Hennigsen. München 2006.

Ders.: *Autobiographical Reflections.* Baton Rouge 1989.

Walter, Bruno: *Thema und Variationen. Erinnerungen und Gedanken.* Frankfurt/Main 1963.

Walzer, Tina/Templ, Stephan: *Unser Wien. »Arisierung« auf österreichisch.* Berlin 2001.

Waugh, Alexander: *Das Haus Wittgenstein. Die Geschichte einer ungewöhnlichen Familie.* Aus dem Englischen von Susanne Röckel. Frankfurt/Main 2010.

Weber, Thomas: *Wie Adolf Hitler zum Nazi wurde. Vom unpolitischen Soldaten zum Autor von »Mein Kampf«.* Berlin 2016.

Weigel, Hans: *In die weite Welt hinein. Erinnerungen eines kritischen Patrioten.* Hg. von Elke Vujica. St. Pölten 2008.

Weinzierl, Erika: *Kirche und Nationalsozialismus in Wien im März 1938.* In: Czeike, Felix (Hg.): *Wien 1938.* Wien 1978, S. 164–171.

Dies.: *Prüfstand. Österreichs Katholiken und der Nationalsozialismus.* Mödling 1988.

Weinzierl, Ulrich: *Alfred Polgar. Eine Biographie.* Wien 1985.

Ders.: *Stefan Zweigs brennendes Geheimnis.* Wien 2015.

Weissensteiner, Friedrich: *Der ungeliebte Staat. Österreich zwischen 1918 und 1938.* Wien 1990.

Weissweiler, Eva: *Die Freuds. Biographie einer Familie.* Köln 2006.

Werfel, Franz: *Barbara oder Die Frömmigkeit.* Roman. Frankfurt/Main 1988.

Ders.: *Der veruntreute Himmel. Die Geschichte einer Magd.* Roman. Frankfurt/Main 1990.

Ders.: *Von der reinsten Glückseligkeit des Menschen.* Stockholm 1938.

Wildgans, Anton: *Rede über Österreich.* Salzburg 1976.

Woller, Hans: *Mussolini. Der erste Faschist. Eine Biografie.* München 2016.

Zapperi, Roberto: *Freud und Mussolini.* Aus dem Italienischen von Ingeborg Walter. Berlin 2016.

Zeder, Franz: *Thomas Mann in Österreich.* Siegen 2001.

Ziegler, Thomas: *Der Filmschauspieler Ludwig Stössel – Von Burgenland nach Hollywood.* Magisterarbeit Wien 2015. [http://othes.univie.ac.at/38111/1/2015-06-23_1005222.pdf]

Zweig, Arnold: *Freundschaft mit Freud. Ein Bericht.* Berlin 1996.

Zweig, Stefan: *Die Welt von gestern. Erinnerungen eines Europäers.* Frankfurt/Main 1992.

Zuckerkandl, Berta: *Österreich intim. Erinnerungen 1892–1942.* Frankfurt/Main 1970.

Zuckmayer, Carl: *Als wär's ein Stück von mir. Horen der Freundschaft.* Frankfurt/Main 1996.

Personenregister

Dank

Für Informationen, Hinweise, Materialien, Erkundigungen, Ermutigungen, Korrekturen und andere Formen der Unterstützung bedanke ich mich bei:

Iori Ganev, Wien; Mila Ganeva, Oxford (Ohio); Nathalie Huet, Paris; Martina Schofeld, Stuttgart; Silvia Ryf, Winterthur; Qinna Shen, Philadelphia; Michael Kogon, Basel; Edgar Feuchtwanger, London; Lennart Felix, München; Daniel Stegemann, Bremen; Jürgen Schultz, Berlin; Irmtraudt Kuss, Berlin.

Unterstützung fand ich auch bei Simone Faxa, Sigmund Freud Museum Wien; Ursula Schwarz, Dokumentationsarchiv des österreichischen Widerstandes; Veronika Zwerger, Wiener Literaturhaus/Exilarchiv; Michael Bunzl, Wien-Museum; Katrin Kokot, Exilarchiv in der Deutschen Nationalbibliothek Frankfurt/Main.

Meiner Lektorin Maria Matschuk danke ich für geduldige Lektüre und sorgsame Prüfung des Manuskripts sowie für wertvolle inhaltliche Anregungen. Franziska Günther vom Aufbau Verlag hat dieses Projekt von Anfang an begleitet und gefördert.

M. F.

Berlin im August 2017